Michael Helisch | Dietmar Pokoyski (Hrsg.)

Security Awareness

Edition <kes>
herausgegeben von Peter Hohl

Mit der allgegenwärtigen Computertechnik ist auch die Bedeutung der Sicherheit von Informationen und IT-Systemen immens gestiegen. Angesichts der komplexen Materie und des schnellen Fortschritts der Informationstechnik benötigen IT-Profis dazu fundiertes und gut aufbereitetes Wissen.

Die Buchreihe Edition <kes> liefert das notwendige Know-how, fördert das Risikobewusstsein und hilft bei der Entwicklung und Umsetzung von Lösungen zur Sicherheit von IT-Systemen und ihrer Umgebung.

Herausgeber der Reihe ist Peter Hohl. Er ist darüber hinaus Herausgeber der <kes>– Die Zeitschrift für Informations-Sicherheit (s. a. www.kes.info), die seit 1985 im SecuMedia Verlag erscheint. Die <kes> behandelt alle sicherheitsrelevanten Themen von Audits über Sicherheits-Policies bis hin zu Verschlüsselung und Zugangskontrolle. Außerdem liefert sie Informationen über neue Sicherheits-Hard- und -Software sowie die einschlägige Gesetzgebung zu Multimedia und Datenschutz.

IT-Sicherheit – Make or Buy
Von Marco Kleiner, Lucas Müller und Mario Köhler

Mehr IT-Sicherheit durch Pen-Tests
Von Enno Rey, Michael Thumann und Dominick Baier

Der IT Security Manager
Von Heinrich Kersten und Gerhard Klett

ITIL Security Management realisieren
Von Jochen Brunnstein

IT-Sicherheit kompakt und verständlich
Von Bernhard C. Witt

IT-Risiko-Management mit System
Von Hans-Peter Königs

Praxis des IT-Rechts
Von Horst Speichert

IT-Sicherheitsmanagement nach ISO 27001 und Grundschutz
Von Heinrich Kersten, Jürgen Reuter und Klaus-Werner Schröder

Datenschutz kompakt und verständlich
Von Bernhard C. Witt

Profikurs Sicherheit von Web-Servern
Von Volker Hockmann und Heinz-Dieter Knöll

www.viewegteubner.de

Michael Helisch | Dietmar Pokoyski (Hrsg.)

Security Awareness

Neue Wege zur erfolgreichen Mitarbeiter-Sensibilisierung

Mit 244 Abbildungen

Beiträge von Marcus Beyer, Ankha Haucke,
Michael Helisch, Dietmar Pokoyski, Kathrin Prantner

Präambel von Wolfgang Reibenspies

PRAXIS

VIEWEG+
TEUBNER

Bibliografische Information der Deutschen Nationalbibliothek
Die Deutsche Nationalbibliothek verzeichnet diese Publikation in der
Deutschen Nationalbibliografie; detaillierte bibliografische Daten sind im Internet über
<http://dnb.d-nb.de> abrufbar.

In dieser Publikation wird auf Produkte der SAP AG Bezug genommen. SAP, R/3, xApps, xApp, SAP Net-Weaver, Duet, PartnerEdge, ByDesign, SAP Business ByDesign und weitere im Text erwähnte SAP-Produkte und -Dienstleistungen sind Marken oder eingetragene Marken der SAP AG in Deutschland und anderen Ländern weltweit.
Business Objects und das Business-Objects-Logo, BusinessObjects, Crystal Reports, Crystal Decisions, Web Intelligence, Xcelsius und andere im Text erwähnte Business-Objects-Produkte und -Dienstleistungen sind Marken oder eingetragene Marken der Business Objects S. A. in den USA und anderen Ländern weltweit. Business Objects ist ein Unternehmen der SAP.
Die SAP AG ist weder Autor noch Herausgeber dieser Publikation und ist für deren Inhalt nicht verantwortlich. Der SAP-Konzern übernimmt keinerlei Haftung oder Garantie für Fehler oder Unvollständigkeiten in dieser Publikation.

Das in diesem Werk enthaltene Programm-Material ist mit keiner Verpflichtung oder Garantie irgendeiner Art verbunden. Der Autor übernimmt infolgedessen keine Verantwortung und wird keine daraus folgende oder sonstige Haftung übernehmen, die auf irgendeine Art aus der Benutzung dieses Programm-Materials oder Teilen davon entsteht.

Höchste inhaltliche und technische Qualität unserer Produkte ist unser Ziel. Bei der Produktion und Auslieferung unserer Bücher wollen wir die Umwelt schonen: Dieses Buch ist auf säurefreiem und chlorfrei gebleichtem Papier gedruckt. Die Einschweißfolie besteht aus Polyäthylen und damit aus organischen Grundstoffen, die weder bei der Herstellung noch bei der Verbrennung Schadstoffe freisetzen.

Umschlagbild: © rebel / PIXELIO, www.pixelio.de
Alle weiteren Abbildungen mit freundlicher Genehmigung der jeweiligen Unternehmen
Infografiken & Layout: Carina Linnemann, Dietmar Pokoyski (known_sense)

1. Auflage 2009

Alle Rechte vorbehalten
© Vieweg+Teubner | GWV Fachverlage GmbH, Wiesbaden 2009

Lektorat: Christel Roß | Sybille Thelen

Vieweg+Teubner ist Teil der Fachverlagsgruppe Springer Science+Business Media.
www.viewegteubner.de

Das Werk einschließlich aller seiner Teile ist urheberrechtlich geschützt. Jede Verwertung außerhalb der engen Grenzen des Urheberrechtsgesetzes ist ohne Zustimmung des Verlags unzulässig und strafbar. Das gilt insbesondere für Vervielfältigungen, Übersetzungen, Mikroverfilmungen und die Einspeicherung und Verarbeitung in elektronischen Systemen.

Die Wiedergabe von Gebrauchsnamen, Handelsnamen, Warenbezeichnungen usw. in diesem Werk berechtigt auch ohne besondere Kennzeichnung nicht zu der Annahme, dass solche Namen im Sinne der Warenzeichen- und Markenschutz-Gesetzgebung als frei zu betrachten wären und daher von jedermann benutzt werden dürften.

Umschlaggestaltung: KünkelLopka Medienentwicklung, Heidelberg
Druck und buchbinderische Verarbeitung: STRAUSS GMBH, Mörlenbach
Gedruckt auf säurefreiem und chlorfrei gebleichtem Papier.
Printed in Germany

ISBN 978-3-8348-0668-0

Präambel

Der Mensch ist die wichtigste Komponente der Security und damit der Schlüsselfaktor.

Damit wird der Mensch zum höchsten Gut, das Unternehmen im Kampf gegen Angriffe, die mittels Informations- und Kommunikationstechnologien geführt werden, schon heute auf der Habenseite verbuchen und damit einsetzen können. Nur durch die Menschen sind die wertschöpfenden Prozesse zu gestalten und sicher zu stellen.

Daneben ist der Mensch, glaubt man einschlägigen Studien, das größte IT- bzw. Informationsrisiko. Das Sicherheitsbewusstsein ist demnach der entscheidende Faktor zum Schutz der Unternehmenswerte und der Wertschöpfung.

Schon Kevin Mitnick schrieb: »Human Firewalls are a must!«. Frei übersetzt: »Security findet im Kopf statt – und nicht in der Technik.« Informationssicherheit ist eine Sache des Bewusstseins – und nicht der Technologie. Security ist letztendlich Loyalität.

Ergo: Awareness ist Loyalität und damit eine Frage der Unternehmenskultur. Welche Chancen hierin bestehen, aber auch, welche Störungen und mögliche Schieflagen zu berücksichtigen sind, wird in diesem Buch sehr treffend beschrieben.

Wolfgang Reibenspies

Konzernbevollmächtigter IuK-Security
IuK Security Manager

EnBW Energie Baden-Württemberg AG

Vorwort

Das vorliegende Buch handelt – vereinfacht – von der Art und Weise, wie mit dem Thema Informations- bzw. Unternehmenssicherheit mit besonderem Fokus auf den FAKTOR MENSCH im unternehmerischen Alltag umgegangen wird. Das Buch erhebt dabei nicht den Anspruch, einen Leitfaden oder ein Lehrbuch im Sinne einer Abhandlung standardisierter Vorgehensweisen darzustellen. Standardisierung ist nach Auffassung der Autoren kein Erfolg versprechender Ansatz für Security Awareness. Vielmehr lebt die Awareness-Arbeit von ihrer Individualität. Den oder die einzig richtigen Lösungswege wird man vergeblich suchen, hingegen einen Fächer von Möglichkeiten, deren Einsatz sich je nach unternehmensindividueller Situation und Zielsetzung empfehlen. Insofern berichtet das Buch zum einem über die aus Sicht der Verfasser besonders relevanten, theoretischen und praktischen Hintergründe von Awareness. Es liefert zum anderen einen Ausschnitt »angewandter Awareness«, derer sich der Leser bedienen kann aber nicht muss. Das Buch soll also weder aufdrängen noch belehren, es soll dem Leser vielmehr Denkanstösse und möglicherweise neue Einsichten in das Thema »Security Awareness« respektive »Mensch gemachte Sicherheit« im Unternehmen vermitteln – dies in einer Zeit, in der unter dem Eindruck eines radikalen Paradigmenwechsels im Bereich des Informationsschutzes um neue, tragfähige Konzepte gerungen wird.

Die Vielfalt, die Awareness inhärent ist, spiegelt sich im Aufbau des Buches wider. Da wird ein Blick auf die Sicherheitskultur geworfen (Kap. 2 und Kap. 5.3ff) und Awareness aus Sicht der Werbepsychologie (Kap. 4) betrachtet, ebenso wie aus der gestaltpsychologischen und tiefenpsychologischen Perspektive (Kap. 5). Es werden die kommunikationsrelevanten Erkenntnisse des klassischen Marketings (Kap. 4) behandelt wie auch die Sicht der integrierten und systemischen Kommunikation (Kap. 6). Auch wie man Sicherheit »lernen« kann (Kap. 3) und im Rahmen von Kampagnen interkulturellen Aspekten Rechnung trägt (Kap. 7) erfahren Sie in auf den folgenden Seiten.

Verständnis von Security Awareness

Dass Sicherheitskultur sich nicht nur über Produkte, Services und Branchenzugehörigkeit des Unternehmens, über Standorte oder dem Status des jeweiligen Sicherheitsverantwortlichen ausdrückt, sondern bereits im Verständnis von Security Awareness integriert ist, lässt sich aus den zahlreichen Ansätzen (s. Kap. 2.4, Kap. 5.4 und Kap. 5.9) ableiten, die mit dem Begriff bzw. dessen Definition verknüpft sind.

Denn der eine sensibilisiert, der andere macht »bewusst«, ein Dritter »wirbt« für mehr »Bewusstsein« oder »Aufmerksamkeit«. Für die einen sind Security Awareness Maßnahmen (fertige) »Programme«, die man quasi nur noch implementiert. Für den anderen eine »Marketing-Kampagne«, die strategisch geplant sein will und sich an kulturellen Bedingungen ausrichtet. Einer versteht unter Awareness Maßnahmen entlang einer klassischen Lerntheorie und schickt seine Mitarbeiter in Vorträge, Trainings, Workshops oder – jeden für sich – zurück an seinen PC, damit er sich mit allerlei E-Learning-Tools (s. Kap. 3.3ff) beschäftigt. Ein anderer entdeckt die psychologisch geleitete systemische Kommunikation für sich und wirbt z.B. für »Empowerment« (s. Kap. 5.5) oder verteilt Giveaways zur »paradoxen Intervention« (s. Kap. 6.3.1). Manche laden Gratisposter und Flyer aus dem Internet und lancieren Security-Propaganda via Schwarzem Brett. Wieder andere investieren große Summen, um Filme, Hörspiele (s. Kap. 6.3.8) oder Spiele zum Thema und zur Begleitung von Prozessen (s. Kap. 6.4.2) entwickeln zu lassen. Vereinzelt gibt es da auch den CISO, der sich »Change« auf die Fahnen schreibt und seine Awareness als Veränderungsprozeß begreift. Doch Veränderungen einleiten kann nur derjenige, der sich selbst kennt (s. Kap. 5.1) und sich im Kontext Security Awareness also auch der Identität seines Unternehmens bewusst ist (s. Kap. 2.4 und 5.7).

Dritten wiederum ist es wichtiger, für sich selbst zu sorgen; sie positionieren sich, die Sicherheitsverantwortlichen, als Marke und scheinen sich sicher zu sein, dass sich so Awareness »en passant«, also von ganz allein, einstellt.

Einer unterteilt seine Kampagne in »Phasen«. Dem anderen ist das egal; er orientiert sich pragmatisch an aktuellen Entwicklungen, indem er seine Kommunikation den ganz realen Security-Phänomenen im Tages- und Wochenlauf des Unternehmensalltags anpasst. Oder aber er schafft Spannung und Involvement gerade über Brüche bzw. über eine eher fragmentarische Dramaturgie. Auch dann, wenn man nur einen der hier genannten Enabler von Awareness, die Psychologie, näher betrachtet, existieren selbst innerhalb dieser Facette sehr unterschiedliche Vorstellungen (s. Kap. 4 und 5).

Aufgrund dieser verschiedenen Auffassungen von Security Awareness ist dieses Buch auch als eine Bestandsaufnahme unterschiedlicher Awareness-Philosophien und –Bausteine zu betrachten und gleicht daher eher einem Handbuch. Neben der Darstellung der Einzelthemen aus den jeweils individuellen Perspektiven der Autoren und Autorinnen, von denen jede(r) für sich auch Expertisen aus ihrem Wirken im Kontext der Security Awareness beigetragen haben, werden in Kapitel 5, 7 und 8 zudem zahlreiche Praxisbeispiele, z.T. über Interviews mit den Sicherheits- bzw. Kampagnenverantwortlichen (Kap 7.8 und 8), in Wort und Bild präsentiert.

Insofern ist der Mix aus Theorie und Praxis, basierend auf den hier dargestellten Methoden und Beispielen als eine Einladung zu verstehen, Offensichtliches zu hinterfragen und die »versteckten« Phänomene hinter der bis heute überwiegend technologisch und organisatorisch geprägten Sicherheit zu entdecken.

München/Köln, im Juli 2009

Michael Helisch | Dietmar Pokoyski

Inhaltsverzeichnis

1 Security Awareness: Von der OLDSCHOOL in die NEXT GENERATION – eine Einführung *(Dietmar Pokoyski)* 1

2 Definition von Awareness, Notwendigkeit und Sicherheitskultur *(Michael Helisch)* 9
   2.1 Was hat es mit Awareness auf sich? 9
      2.1.1 Awareness und Bewusstsein 9
      2.1.2 Security Awareness: Ein Begriff – viele Interpretationen 10
   2.2 Relevanz von Awareness 12
      2.2.1 Informationen als schützenswerte betriebliche Assets 13
      2.2.2 Weitere Treiber für Awareness 15
      2.2.3 Was spricht gegen Awareness? 19
   2.3 Zwischenfazit 21
   2.4 Was hat es mit Sicherheitskultur auf sich? 22
      2.4.1 Kultur und Sicherheit – gibt es einen Zusammenhang? 23
      2.4.2 Unternehmenskultur 24
      2.4.3 Unternehmenskultur und Sicherheitskultur 25

3 Awareness und Lernen *(Kathrin Prantner)* 29
   3.1 Grundzüge der Lerntheorie 29
      3.1.1 Was ist Lernen? 29
      3.1.2 Lernen und Arbeiten 31
      3.1.3 Lerntypen 31
      3.1.4 Erfolgsfaktoren der beruflichen Weiterbildung 33
   3.2 Informationsvermittlung 35
      3.2.1 Methoden der Informationsvermittlung 36
      3.2.2 Nutzung von neuen Medien 37
   3.3 Security Awareness mittels E-Learning 38
      3.3.1 Grundlagen E-Learning 39
      3.3.2 E-Learning für SECURITY AWARENESS NEXT GENERATION 39
      3.3.3 E-Learning, SECURITY AWARENESS NEXT GENERATION anhand der Erfolgsfaktoren 41
      3.3.4 Erprobte Kombinationsmöglichkeiten von E-Learning 45
      3.3.5 Einführung einer E-Learning-Lösung 49
      3.3.6 Fazit E-Learning und SECURITY AWARENESS NEXT GENERATION – Benefits und Barrieren 52

Inhaltsverzeichnis

4 Awareness aus der Perspektive des Marketings *(Michael Helisch)* — 55
  4.1 Relevanz marketingtheoretischer Überlegungen im Kontext Awareness — 55
    4.1.1 Der Begriff Marketing — 55
    4.1.2 Erkenntnisse der Konsumentenforschung — 57
      4.1.2.1 Konsumentenforschung und Wissenschaftstheorie — 57
      4.1.2.2 Paradigmen der Konsumentenforschung — 58
  4.2 Werbewirkungsmodelle — 60
    4.2.1 Wahrnehmung, Verarbeitung, Verhalten — 60
    4.2.2 Modelle der Kommunikationswirkung im Einzelnen — 63
      4.2.2.1 Stufenmodelle — 63
      4.2.2.2 Involvement — 65
      4.2.2.3 Das Elaboration Likelihood-Modell — 66
      4.2.2.4 Das Modell der Wirkungspfade — 68
  4.3. Zwischenfazit — 70
  4.4 Awareness im Kontext Marketing und Unternehmenskultur — 70
  4.5 Corporate Identity – Bindeglied zwischen Unternehmenskultur und Marketing — 72

5 Das geheime Drehbuch der Security – Awareness in Gestalt- und Tiefenpsychologie *(Ankha Haucke | Dietmar Pokoyski)* — 75
  5.1 Awareness in der Gestaltpsychologie *(Ankha Haucke)* — 76
    5.1.1 Definition von Awareness in der Gestaltpsychologie — 76
    5.1.2 Zwei Modi der Bewusstheit — 77
    5.1.3 Paradoxe Theorie der Veränderung — 77
    5.1.4 Phänomenologie — 78
    5.1.5 Dialog — 79
    5.1.6 Feldtheorie — 79
    5.1.7 Existentialismus — 80
    5.1.8 Gestaltpsychologie und Security Awareness — 80
    5.1.9 Zwischenfazit Gestaltpsychologie — 81
  5.2 Security-Wirkungsanalysen — 81
    5.2.1 Widersprüche, Übergänge, Zwischentöne – die morphologische Psychologie — 82
    5.2.2 Wie werden die Analysen durchgeführt? — 84
    5.2.3 Leitfaden: flexibel und mit-lernend — 85
    5.2.4 Ist psychologische Markt- und Medienforschung repräsentativ? — 85
  5.3 Die tiefenpsychologische Studie »Entsicherung am Arbeitsplatz« — 86
    5.3.1 Stichprobe und Quotierung der Studie — 87
    5.3.2 Besonderheiten Untersuchungsaufbau — 87
    5.3.3 Eingangsdynamik: Zäh und wie versteinert — 87
    5.3.4 Überraschende Ausbrüche — 88

5.3.5	Figuration »Sachliches Verschließen«	88
5.3.6	Zwischenfazit »Entsicherung am Arbeitsplatz«	90
5.3.7	Figuration »Menschliches Eröffnen«	91
5.3.8	Hauptmotive Security-Risiken	91
5.3.9	Fazit Security – oder: Die Digitalisierung des Menschlichen	96
5.3.10	Empfehlungen »Entsicherung am Arbeitsplatz«	98
5.3.11	Learnings Security Awareness	99
5.4	Die tiefenpsychologische Studie »Aus der Abwehr in den Beichtstuhl«	102
5.4.1	Stichprobe und Quotierung der Studie	102
5.4.2	Besonderheiten Probandenakquise	102
5.4.3	Eingangsdynamik: Mitteilungsbedürfnis und Spaltung	103
5.4.4	Zwischenfazit »Aus der Abwehr in den Beichtstuhl«	104
5.4.5	Die drei CISO-Typen	105
5.4.6	Märchenanalyse: Prinzessin oder Frosch	107
5.4.7	Fazit »Aus der Abwehr in den Beichtstuhl«	109
5.4.8	Empfehlungen »Aus der Abwehr in den Beichtstuhl«	112
5.4.9	Learnings Security Awareness	112
5.5	CISO-Coaching	113
5.6	Ausblick Security-Wirkungsanalysen	114
5.7	Interne Wirkungsanalysen zur Sicherheitskultur	115
5.7.1	Teilaspekte von Security-Wirkungsanalysen	117
5.7.2	Setting Security-Wirkungsanalysen	118
5.8	Seelisches steht nie still – Awareness und Figurationen *(Ankha Haucke)*	119
5.8.1	Beispiele von Figurationen	120
5.8.2	Figurationen im Rahmen von Leitfigur-Entwicklung *(Dietmar Pokoyski)*	123
5.9	Fazit	129

6	**Touch them if you can! – Awareness und integrierte, systemische Kommunikation** *(Dietmar Pokoyski)*	**131**
6.1	Integrierte und systemische Kommunikation	131
6.1.1	Integrierte Kommunikation	132
6.1.2	Systemische Kommunikation	136
6.2	Security Brand Management	138
6.3	Kommunikationstools und -kanäle	140
6.3.1	Giveaways – paradoxe Intervention	141
6.3.2	Plakatives – Poster, Aufsteller, Aufkleber & Co.	145
6.3.3	Learning Maps – Bilder sagen mehr	147
6.3.4	Comics und Cartoons – Stellvertreter in schwierigen Fällen	149
6.3.5	Print & Co. – Text alleine reicht nicht	151
6.3.6	Intranet – Einbindung und Austausch	152

      6.3.7   Social Media – Du bist Medium   **153**
      6.3.8   AV-Medien – zwischen Schulfunk und Laienspielschar   **153**
  6.4   Awareness-kompatible Methoden der systemischen Kommunikation   **156**
      6.4.1   Narratives Management – Security braucht Story   **156**
      6.4.2   Game Based Development – Unternehmensspiele als Prozessbeschleuniger   **170**
  6.5   Events und Audits – Involvement und Verantwortung   **179**
      6.5.1   Security Events – mehr als Training   **180**
      6.5.2   Social Audits – Experiment mit ungewissem Ausgang   **181**
  6.6   Fazit Awareness Kommunikation   **182**

7 Warum Weiß nicht gleich Weiß und Schwarz nicht gleich Schwarz ist – Interkulturalität in Awareness-Kampagnen *(Marcus Beyer)*   **185**
  7.1   Einleitung: Sensibilisierung für das »andere«   **185**
  7.2   Was ist eigentlich »Kultur«?   **186**
      7.2.1   Der Eisberg der Kulturen   **187**
      7.2.2   Kann man Kulturen klassifizieren?   **188**
  7.3   Interkulturelle Kommunikation   **189**
      7.3.1   Interkulturelle Kommunikation – Begriff und Herkunft   **190**
  7.4   Beispiel: Arabische Welt vs. D.A.CH   **191**
      7.4.1   Vorbereitung für die Arabischen Emirate   **192**
      7.4.2   Ankommen in Dubai   **192**
      7.4.3   Bevölkerungsstruktur in Dubai   **192**
      7.4.4   Regeln und Policies in Dubai   **192**
      7.4.5   Security Awareness für Dubai   **193**
  7.5   Interkulturelle Kommunikation – was kann ich wie nutzen?   **194**
      7.5.1   Die Kultur bestimmt den Kommunikationsstil   **194**
      7.5.2   Verständnis für kulturelle Unterschiede   **194**
      7.5.3   Nonverbale Gestaltungselemente   **195**
      7.5.4   Humor ist, wenn man trotzdem lacht   **196**
      7.5.5   Branding international   **196**
      7.5.6   Wie Farben wirken?   **197**
      7.5.7   Worauf ist bei der Wahl von Symbolen zu achten?   **198**
      7.5.8   Was ich sage und Schreibe – Verbales   **198**
      7.5.9   Was funktioniert konzernweit?   **199**
  7.6   Interkulturelle (Handlungs-)Kompetenz – Awareness international   **199**
  7.7   Fazit und Empfehlungen interkulturelle Kommunikation   **201**
  7.8   Verschiedene Kulturen, verschiedene Sichten – Interviews zur Interkulturalität   **203**
      7.8.1   Uwe Herforth, CISO, Ringier AG, Zürich   **203**
      7.8.2   Ralph Halter, Head of IT Governance, Panalpina AG   **204**
      7.8.3   Thomas R. Jörger, CISO EMEA, Bayer (Schweiz) AG, BBS-EMEA Central Europe   **205**

7.8.4	Samuel van den Bergh, van den Bergh Thiagi Associates GmbH	206
7.8.5	Pascal Gemperli, CEO, Gemperli Consulting	207
7.8.6	Gunnar Siebert, CEO, ISPIN MEA	209

Farbtafeln – Abbildungen Awareness-Brands, -Tools und -Medien — 210

8 Awareness Stories im Dialog

(M. Beyer, M. Helisch, K. Prantner und D. Pokoyski im Interview mit Harald Oleschko, Gerhard Wieser, Stefan M. Strasser, Uwe Herforth, Ronny Peterhans, Roger Hofer, Julia Langlouis, Klaus Schimmer, Heinrich Holst, Michael Lardschneider, Martin Sibler, Margrit Karrer, Manfred Schreck, Andreas Fritz, Dr. Christa von Waldthausen, Lutz Bleyer, Konrad Zerr und Jochen Matzer) — 243

- 8.1 Tiroler Wasserkraft AG: »Awareness als ein entscheidender Baustein« — 244
- 8.2 RRZ Raiffeisen Rechenzentrum Tirol GmbH/LOGIS IT Service GmbH: »Security Awareness – eine tragende Säule« — 246
- 8.3 Sunrise Communications AG: »Bewusster Umgang mit Sicherheitsrisiken« — 248
- 8.4 Ringier AG: »Positive Verhaltensänderung zur Verbesserung des Sicherheitsniveaus« — 249
- 8.5 Kanton Aargau: »User als Partner gewinnen« — 251
- 8.6 Biotronik AG: »Gemeinsam für mehr Sicherheit!« — 252
- 8.7 SAP AG: »Sicherheitsbewusst handen und leben« — 255
- 8.8 T-Systems: »In jeder Situation die richtig Entscheidung« — 257
- 8.9 Münchener Rückversicherungs-AG: »Sicherheit verstehen und leben« — 262
- 8.10 Swiss Reinsurance Company Ltd: »Awareness als permanente Ausbildung« — 267
- 8.11 Novartis International AG: »Sinnvolle Entscheidungen treffen« — 271
- 8.12 EnBW Energie Baden-Württemberg AG: »IT-Security als Hygiene« — 276
- 8.13 FIDUCIA IT AG: »Weniger ist mehr« — 284
- 8.14 Konrad Zerr (Hochschule Pforzheim/Steinbeis-Beratungszentrum Marketing): »Positive Einstellung mündet in sicherheitskonformes Verhalten« — 290
- 8.15 Red Rabbit Werbeagentur: »Awareness bedeutet Aufmerksamkeit« — 293

9 Fazit und Erfolgsfaktoren
für Security Awareness (*Michael Helisch | Dietmar Pokoyski*) — 295

- 9.1 Fazit SECURITY AWARENESS NEXT GENERATION — 295
- 9.2 Die 10 Erfolgsfaktoren für SECURITY AWARENESS NEXT GENERATION — 296

Literatur — 301
Über die Autoren — 309
Danksagung — 311
Schlagwortverzeichnis — 313

1 Security Awareness: Von der OLDSCHOOL in die NEXT GENERATION – eine Einführung

Dietmar Pokoyski

> »Menschen tragen eigentlich immer die Schuld. Schließlich ist es der Mensch, der das Regelwerk entwickelt, das bestimmt. Doch viel interessanter ist die Frage: Wie oft haben Menschen beim Versagen technischer Systeme mit ihrer Kreativität Unfälle vermieden?« (Carsten Jasner/brand eins)

Der so genannte »Faktor Mensch« ist in den letzten Jahren zum Lieblingsargument einer bis dato technisch sozialisierten Security-Branche stilisiert worden. Die Menschen zu verstehen, sie zu erreichen und sie am Ende auch zu überzeugen, sie vielleicht zu VERÄNDERN im Sinne einer gelebten und lebendigen Entwicklungsgeschichte, wird gerne als DER Erfolgsfaktor der Informationssicherheit dargestellt und der Security Awareness als primäre Aufgabe zugeschrieben.

Dabei gehört Security Awareness nach dem Verständnis vieler nicht selten zu den UNDANKBARSTEN Dingen, denen man sich in Unternehmen widmen kann. Denn sie bereitet Arbeit, thematisiert u.a. paradoxe Handlungen, erzeugt sogar neue Risiken und der Erfolg ist – zumindest aus der betriebswirtschaftlicher Perspektive – aufgrund der beteiligten »weichen Faktoren«, schwerlich fassbar. Einerseits. Anderseits ist es wie immer, wenn man sich dem RICHTIGEN LEBEN stellt: ohne BLUT, SCHWEISS und DRECK kein Weiterkommen und kein wirklicher Erfolg! Letztlich kommt kein Securitymanager daran vorbei, den von ihm verantworteten Unternehmensbereich weiter entwickeln zu wollen.

Obwohl die IT-orientierte Welt unsere Lehr- und Lernsysteme so ausgerichtet hat, als ob es darum ginge, Wissen praktisch downloaden zu wollen (Wielens 2008), wird sich auch die Securitybranche nicht länger um die tatsächliche Umsetzung hinsichtlich Faktoren jenseits von Technologie und Organisationslehre drücken können. Denn *»wer in der Evolution des Lebens mit ihren verrutschenden Zielen letztendlich überlebt, muss die Fähigkeit zum Spielen haben: Er darf sich nicht nur auf ein festes Ziel konzentrieren, sondern muss die Möglichkeit schaffen, verschiedenartigen zukünftigen Herausforderungen erfolgreich begegnen zu können. Dies verlangt Lebendigkeit, Flexibilität, Vermehrung von Optionen, anstatt Maximierung einer bestimmten Option.«* (Wielens 2008). Betrachtet man unseren Gegenstand aus einer derartigen, nahezu »sportlichen« Perspektive, so gibt es kaum ein anderes Thema, das sich facettenreicher gibt als Security Awareness.

Allerdings demonstrieren ja gerade Krisensituationen immer wieder, dass Options-Vielfalt zu den größten Lösungs-Bremsern in mitunter unbeweglich agierenden Chefetagen so mancher deutscher Unternehmen gehören. Und auch die relativ große Unsicherheit bezüglich einer klaren Definition von Security Awareness ist als eine mögliche Barriere bei der Entscheidung für Maßnahmen spürbar. Diese oft diffuse Wahrnehmung wird gerade auch in den Darstellungen durchgeführter wie auch aktueller Maßnahmen und Kampagnen deutlich. »Awareness« und »Bewusstsein« werden häufig als Synonym ver-

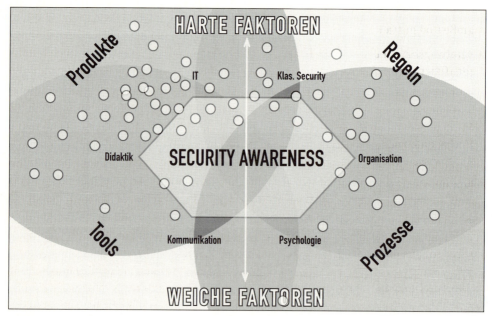

Abb. 1: Positionierungsmodell Anbieter und originäre Herkunft von Security Awareness Dienstleistern – je zentraler die Positionierung, um so stärker die Allrounder-Qualitäten des Anbieters (Quelle: known_sense 2009)

wendet. Es ist die Rede von »Sensibilisierung« und innerhalb Komposita erweitert um »Programme« und »Trainings«, etwa so, als könne man den Menschen Awareness wie eine Mütze oder einen Kopfhörer über das Haupt stülpen. Und als wäre das nicht schon verwirrend genug, zieht sich inzwischen auch der Begriff des »Empowerment«, der Awareness mit qualitativem Anspruch per se inhärent ist, durch die Fachmedien.

Der Security Awareness-Markt

Awareness mit oder ohne Empowerment – Sensibilisieren? Ermächtigen? Oder gar beides? Wer oder was hilft nun weiter? Wie finde ich z.B. den richtigen Awareness-Dienstleister? Inzwischen tummeln sich zahlreiche Anbieter mit z.T. sich überschneidenden, z.T. aber höchst unterschiedlichen Erfolgsmodellen auf dem Markt. Nicht nur, dass so ziemlich jedes IT-Beratungsunternehmen im Rahmen ihres Portfolios nice-to-have findet, auch Security-Awareness-Expertisen und -Konzepte anbieten zu können. Nein, selbst Wirtschaftsprüfer, Kanzleien oder Kommunikationsagenturen haben längst entdeckt, wie sich aus Unsicherheit in den Unternehmen und der Unsicherheit in Bezug auf den Begriff »Awareness« Kapital schlagen lässt.

Wer morgen eine Security Awareness-Kampagne angehen will, hat – je nach Strategie und Budget – heute die Wahl, seinen Dienstleister hinsichtlich Beratung und Produkt aus circa sechs Anbietergruppen zu wählen, deren Services sich mal mehr, mal weniger überschneiden und deren Protagonisten nicht selten miteinander kooperieren:

- große und mittlere IT- bzw. Technologiefirmen
- Beratungshäuser der IT- oder (klassischen) Sicherheitsbranche (oft auch zertifizierungs-, oder Audit-lastig)
- die bekannten »großen« Wirtschaftsprüfer bzw. Organisationsberatungen
- eher Produkt-getriebene Unternehmen mit Focus auf z.B. E-Learnings-Tools
- Hochschulen oder kleine innovative Research-Institute, z.T. mit psychologisch-sozialwissenschaftlichem Fokus
- Kommunikationsagenturen, die in der Regel individuelle Kampagnen kreieren, von denen einige wenige aber auch fertige Produkte oder Produktlinien wie z.B. Comics oder Giveaways lizenzieren

Darüber hinaus existieren auch etliche Anbieter kostenfreier Awareness-Tools, die Präsentationen bzw. Trainings- oder Learning-Einheiten, Print-Templates für Poster, Flyer o.a. klassische Medien, Videos oder Instant-Kontent fürs Intranet oder für Newsletter anbieten und aufgrund der in Regel minderen Qualität, vor allem aber wegen der »Neutralität« der angebotenen Tools (fehlende unternehmenskulturelle Anknüpfung) lediglich dann als seriös einzustufen sind, wenn sie den Anwendern nicht mehr als das berühmte GRUNDRAUSCHEN versprechen. An einen Mehrwert, etwa in Bezug auf Involvement oder gar eine potenziell beabsichtigte Verhaltensänderung, kann hier nur der Anwender glauben, der sich auch in seinem Job dem Rosenkranz verpflichtet fühlt oder aber Awareness für eine schnöde Pflichtveranstaltung hält.

Und selbst dann, wenn Sie die die Gratis-Tools rausfiltern und ebenso diejenigen, die in Ihren Service- oder Produktbeschreibungen mit unlauteren Bezeichnungen wie »*easy*«, »*einfach*« oder gar »*... ohne Beratung [...] in kürzester Zeit ...*« operieren, bleibt noch eine Vielzahl von Anbietern übrig, die vorgeben, tatsächlich Security Awareness betreiben zu wollen. Einer hat sich bei seiner Preisgestaltung offenbar beim Discounter um die Ecke inspirieren lassen und fordert »*Investieren Sie 99 Cent pro User [...] für die Schaffung eines Sicherheitsbewusstseins [...] als Bestandteil der Unternehmenskultur*«.

Billiger geht aber immer. So verspricht z.B. der Copytext einer im Awareness-Kontext angepriesenen Security-Management-Software u.a. »*...abc spart am Zeitaufwand: Die Teilnehmer brauchen nicht viel Zeit für die Tests [...] Der Sicherheitsbeauftragte braucht nicht viel Zeit zu investieren, um Untersuchungen zu entwickeln und zu organisieren ...*«. Wer sich darüber im Kontext Security Awareness verstanden und gut bedient fühlt, könnte zusätzlich auch über die Anschaffung eines Rosenkranzes nachdenken und den HEILIGEN AWARENESS-GEIST um Unterstützung bitten. Denn hierbei handelt es sich wie bei vielen anderen ausschließlich Produkt-getriebenen Anbietern um nichts anderes als strategischer Opportunismus, indem den (verunsicherten oder allzu bequemen) Unternehmen exakt das gesagt wird, was diese (offensichtlich) hören wollen.

»...meiner Meinung nach ist die Security Awareness DIE Basis für eine gelebte Sicherheitskultur. Nach Pareto sind das in meinen Augen 80% des IS Gesamterfolgs.«
(Information Security Officer einer Internationalen Bank)

»Als Key Account Manager, die ganzheitliche IT-Nutzungskonzepte inklusive Services wie z.B. TÜV-zertifizierter Datenlöschung anbieten, diskutieren wir zunehmend mit unseren Kunden über Security Awareness. Aus meiner Sicht einer der spannendsten Themen im Lande des Exportweltmeisters.«
(Stephan Köhler, Key-Account Manager einer namhaften IT-Leasing-Firma)

»Ohne ein kultiviertes Sicherheitsbewusstsein greifen alle darüber liegenden Maßnahmen nur bedingt.«
(Christian Wahl, secunomic GmbH)

»... merke immer mehr, dass man Security-Probleme nicht allein durch Technik lösen kann.«
(Thomas Wallutis)

»... ein leider wenig beachtetes und doch sehr wichtiges Thema in der IT-Security ...«
(Jochen Mohr, Booster GmbH)

»Die Aufklärung und Sensibilisierung der Mitarbeitenden, sowie die klaren Richtlinien zu Umgang, Lagerung und Verfügbarkeit von Informationen bekommen immer mehr Gewicht.«
(Michael Linder, CASSARiUS AG)

»Awareness - eindeutig eines »meiner« Themen. Bei meinen internen Schulungen bin ich immer wieder verblüfft über die Unkenntnis und Naivität der Mitarbeiter in Bezug auf Unternehmenssicherheit.«
(n.b.)

»... befasse mich schwergewichtig mit ISMS und BCMS. In beiden Themenbereichen spielt das Verhalten von Menschen eine Schlüsselrolle. Awareness ist darum in verschiedenen Dimensionen ein zentrales Thema.«
(Martin Leuthold, InfoGuard AG)

»Awareness scheint mir eine notwendige geistige Voraussetzung, viel zu wenig verbreitet, ebenso wie dass, was bewirkt werden soll: Sicherheit. Und ich bin fest überzeugt, das dies aufgrund menschlicher Eigenschaften so ist, und genau nicht wegen technischer Unzulänglichkeiten.«
(Johannes Hubertz, hubertz-it-consulting GmbH)

»Vor allem die Sicherheitskultur liegt mir am Herzen, denn der Mensch ist und bleibt der größte Sicherheitsfaktor, sowohl in der Prävention wie auch in der Gefährdung.«
(Christian Riesen, Projektleiter IT, Wangen/Schweiz)

Abb. 2: O-Töne von Awareness-Gruppenmitgliedern eines populären Social Media-Netzwerkes

»Ich bin IT-ler und werde leider genau deshalb von den Anwendern häufig missverstanden, wenn ich das größte Sicherheitsrisiko circa 50 Zentimeter vor dem Bildschirm vermute. Sicherheit ist kein IT-Thema, kein technisches Thema. Solange die Risiken wie beim Rauchen einfach ignoriert werden, hilft keine Technik und keine Organisation. Awareness ist aus meiner Sicht der Schlüssel zur Sicherheit, und Awareness ist eine Frage der Kultur.«

(n.b.)

»Das Thema Awareness gehört für mich bei Betrieb und Anwendung zur ersten Grundausstattung!!!«

(Volker Jung, Siemens AG)

»Besonders interessiert mich das Thema »Awareness« durch die Hierarchieebenen, vom Administrator bis zum CEO. Mit einer Strategie? Meine Erfahrung ist hier: Besser zielgruppenorientiert.«

(n.B.)

»Der Mensch ist bei Sicherheitsfragen, also nicht nur bei IT-Sicherheit, der wichtigste Faktor. Und was viele nicht wahrhaben wollen: Er ist Erfolgsfaktor für Sicherheit, nicht nur Risikofaktor.«

(Thomas Faber, Landesinitiative secure-it.nrw)

»Benutzer-Awareness wird immer wichtiger, da allein durch technische Maßnahmen Informationssicherheit nicht gewährleistet werden kann.
Die IT in Unternehmen ist definitiv der falsche Ansprechpartner für Awareness (aber auch für Informationssicherheit (IS) generell). Leider liegt aber in der Realität die IS Aufgabe (noch immer) in der IT. Die Geschäftsleitung wäre der richtige Ansprechpartner, nur dort ist die Awareness für IS immer noch nicht angekommen. Hoffnung besteht allerdings, da ja Richtlinien und Gesetz genau in diese Richtung zielen. Nur bis zum Verständnis, dass BenutzerAwareness als (kostengünstiges) Mittel der Risikoverringerung eingesetzt werden kann ist es noch ein weiter Weg. Firewalls & IDS Systeme kann man angreifen, die haben Gewicht, da bekommt man kg für sein Geld. Awareness ist eine »weiche« Maßnahme, das »bringt nix«. Das Sicherheitskultur in die Firmenkultur integriert wird, muss vor allem die Geschäftsleitung vom Nutzen überzeugt sein. Da helfen ganz sicherlich auch Bücher.«

(Thomas Schnabl, Business Protection e.U.)

»As an information security professional I see one of the most important aspects in my daily job the culture and mentality of people, thus security Awareness is one of the most powerful weapon to raise or even create this culture and mentality.«

(Jean Goetzinger, CISO, Banque centrale du Luxembourg)

»Das Thema Awareness ist meine Lieblingsbaustelle im meinem geschäftlichen Umfeld.«

(Axel Hannappel, HANNAPPEL APPLIED SECUR(IT)Y e.K.)

»Security Awareness ist in der Tat die wichtigste Maßnahme um das Security Level entscheidend zu heben.«

(Rainer Rehm)

Es geht aber auch anders! Vielleicht kennen Sie die die alles überragende Streetworker-Sendung im deutschen Fernsehen, »Die Kochprofis«, und insbesondere die Episode 56? Mittendrin überreicht man dem Schweizer Campingplatz-Restaurant-Betreiber Ueli die von den zur Hilfe gerufenen Kochprofis relaunchte Speisekarte für seinen mehr als schlecht laufenden Betrieb. Ueli, der eigentlich froh sein müsste, seine qualitative Positionierung gegenüber den Campingkochern mit ihrem Dosenfraß zu verbessern, stellt aber kopfschüttelnd fest, dass die neue Karte so nicht funktionieren würde. Denn falls er, der Restaurant-Besitzer, als Koch einspringen müsste, bräuchte er eine exakte Anleitung, ob und zu welchem Zeitpunkt er Sack 1, Sack 2 oder Sack 3 (Anm.: gemeint sind die bis dahin verwendeten XXL-Fertigprodukt-Tüten) zu öffnen hätte.

Oldschool Awareness vs. Awareness 2.0?

Hier kommt in Abgrenzung zu den vielen FERTIGPRODUKTEN der OLDSCHOOL AWARENESS die AWARENESS NEXT GENERATION ins Spiel, von dem in den folgenden Kapiteln häufig die Rede im sein wird – stets im Sinne eines idealen AWARENESS-METHODEN-MIX. Denn während die klassische Schule trotz der nicht zu verleugnenden positiver Ansätze, zumindest eine SÄTTIGUNG erzeugen zu wollen, vor allem auf Didaktik und hier insbesondere auf die klassische Lerntheorie bzw. Betriebswirtschaftslehre mit ihrem hohen Anteil an CONVENIENCE und GESCHMACKVERSTÄRKERN setzt, möchte die NEXT GENERATION in dem Wissen um die dynamischen, prozess-orientierten Komponenten von Awareness mehr als nur den ersten Heißhunger auf sicheres Verhalten stillen. Sie möchte aus einem Fundus an zahlreichen erprobten und qualitativ hochwertigen METHODIK-ZUTATEN nachhaltige Awareness-Menus ERKOCHEN – auch mit dem Ziel einer CORPORATE HEALTH, die einhergeht mit der persönlichen wie gemeinschaftlichen Lust, sich und das jeweilige unternehmerische Umfeld nachhaltig zu schützen.

Diese Trennung ist eine methodische Trennung, denn auch die schlichte SÄTTIGUNG, das Wissen um (respektive die Nutzung von) Basics der OLDSCHOOL gehören zu den Grundlagen der AWARENESS NEXT GENERATION – bilden also sozusagen einen kräftigen FOND, der nun noch VERFEINERT werden will.

> **In diesem Sinne orientiert sich Awareness Next Generation konsequent an ...**
>
> - unternehmenskulturellen Aspekten und deren methodische Transformation in praktische Maßnahmen
> - Blended Learning
> - klassischen und innovativem Marketing
> - integrierter und systemischer Kommunikation
> - psychologischen Grundlagen und
> - Changemanagement.

Denn der Schlüssel zur Security ist unterm Strich stets der Mensch. Ihn zu verstehen, ihn zu erreichen – und das nicht nur auf eine kognitive Art, sondern in dem Wissen um verdeckte Faktoren – und ihn am Ende auch zu überzeugen, ihn vielleicht zu verändern im Sinne einer Entwicklungsgeschichte, ist die große Aufgabe der Awareness.

Awareness Next Generation stellt also nicht nur den Menschen in den Mittelpunkt ihrer Betrachtung; sie betrachtet menschliches Handeln sowohl aus individueller Sicht als auch aus systemischer Sicht des Sozialgefüges Unternehmen. Awareness Next Generation nutzt schließlich auch Methoden, die über eine größtmögliche Passung zum Gegenstand ihrer Betrachtung, den Menschen, verfügen. Awareness Next Generation heißt: state-of-the-art-Ansätze zu nutzen, die sich bereits in anderen Kontexten der oben genannten Felder bewährt haben. Heißt z.B., das Bewusstsein dafür zu entwickeln, dass etwa die Struktur von Kampagnen nicht zwingend modular eingeteilt werden muss. Und es kann u.a. auch bedeuten, dass eine Kampagne nicht nur aus einem Comic und der maximalen Diversifizierbarkeit hinsichtlich der Verwertung seiner Figuren bis hin zum Tassenaufdruck und anderen Merchandising-Artikeln besteht.

Auch weigert sich Awareness Next Generation beharrlich, in den Schlüsselapplikation der Oldschool, den Trainings und anderen didaktischen Präsenzveranstaltungen (s. Kap. 6.5) mit ihrem ausschließlichem Bezug zur Lerntheorie (s. S. 75f.) stecken zu bleiben. Denn mit Blick auf den Leistungssport würde auch niemand erwarten, dass ein einmaliges Training – selbst eine Handvoll – einen nachhaltigen Effekt zur Leistungssteigerung generiert.

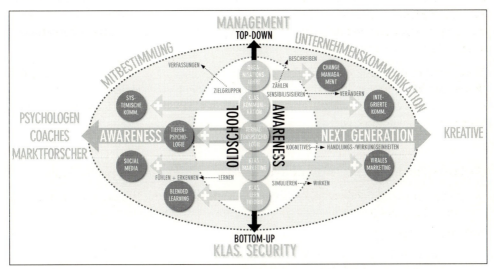

Abb. 3: Awareness Next Generation: Die eindimensionalen und vertikalen Top-Down- und Buttom-Up-Beziehungen der Oldschool werden zugunsten eines stärker in die Horizontale agierenden Modells erweitert, bei dem neben den relevanten Unternehmensbereichen vor allem auch der systemische Blick von Außen durch Experten verschiedener Fachrichtungen Erfolg und Nachhaltigkeit von Awareness-Maßnahmen sichert (Quelle: known_sense 2009)

AWARENESS NEXT GENERATION definiert zudem den Begriff der Zielgruppen neu. Neben Bildung, Status in der Unternehmenshierarchie, der Zugehörigkeit zu bestimmten Organisationseinheiten oder der funktionalen Rolle setzt es auf Verfassungsmarketing, das davon ausgeht, dass Mitarbeiter ihr Verhalten – je nach Stimmung, in der sie sich gerade befinden – verändern. Ein professionelles Awareness Marketing macht daher situative Verfassungen im Sinne von Befindlichkeiten, Metaphern oder Erlebniswelten zum psychologischen Trigger der Mediennutzung, denn sie sind die wirklichen Bezugspunkte von Kampagnen, die Anbindung an die Menschen sucht.

Zwar nutzt AWARENESS NEXT GENERATION auch quantitative Erfolgsmessungen, dies jedoch nicht in blindem Vertrauen auf die statistische Aussagekraft von Zahlen. Vielmehr setzt sie ebenso auf Verfahren, mit denen verdeckte Ursachen beschrieben werden können – mithin auf qualitative Ansätze wie z.B. der Wirkungsforschung (s. Kap. 5.2ff).

Kurz: AWARENESS NEXT GENERATION redet nicht nur über Menschen oder stellt Ihre Eigenschaften und Ausprägungen in Zahlen dar, sie tut auch etwas für sie.

> **Wir sprechen dann von Awareness Next Generation, ...**
>
> - wenn die Awareness-Maßnahmen im Unternehmen strategisch – d.h. unternehmenskuturell – unterfüttert implementiert werden.
> - wenn das mit Security Awareness-Maßnahmen einhergehende Veränderungsmanagement den ausgelösten Prozessen interaktiv begegnet, d.h. die Menschen in einen Dialog miteinander verwickelt.
> - wenn in diesem Rahmen auf methodisch fundierte, weil erprobte Methoden und Ansätze (z.B. Konsumenten- und Wirkungsforschung, Verfassungsmarketing, etc.) zurückgegriffen wird.
> - wenn in punkto Kommunikation die werblichen Möglichkeiten nicht mit den klassischen Medien ausgeschöpft sind und Marketing-Kampagnen – je nach Strategie – neue Wege suchen, um einen qualitativen Kontakt zu den Menschen zu finden (z.B. Guerilla Marketing, Blended Learning, Social Media, etc.).
> - wenn es zu den Zielen gehören, die Identifikation der Mitarbeiter mit dem Unternehmen und die Loyalität gegenüber dem Unternehmen zu thematisieren.

Gerade Loyalität ist keine Eigenschaft, die trainiert werden oder ausschließlich über Kommunikation erzeugt werden kann. Identifikation und Loyalität bedeuten Geben und Nehmen. Dieses Geben und Nehmen ist dabei aber nicht auf den Rahmen der rein betriebwirtschaftlichen Austauschbeziehung »Arbeitsleitung gegen Entlohnung« beschränkt, sondern lässt dies vielmehr links wie rechts stehen. Denn Identifikation und Loyalität gehen einher mit Verantwortung und Verantwortung mit einem Beteiligt-Sein. »*Ich schütze quasi aus mir selbst heraus, was mir lieb und teuer ist, weil ich es so will*« – so einfach könnte Awareness auch sein.

2 Definition von Awareness, Notwendigkeit und Sicherheitskultur

Michael Helisch

2.1 Was hat es mit Awareness auf sich?

2.1.1 Awareness und Bewusstsein

Security Awareness findet seine begriffliche Entsprechung im Terminus Sicherheitsbewusstsein bzw. in der Umschreibung: »Ein Bewusstsein für das Thema Sicherheit entwickeln.« Was aber ist das Bewusstsein? Ein Blick in Wikipedia zeigt, dass Bewusstsein eine Vielzahl von Bedeutungen haben kann:

1 **Bewusstsein als »belebt-sein« oder als »beseelt-sein«** in verschiedenen Religionen oder als die unbegrenzte Wirklichkeit in mystischen Strömungen.

2 **Bei Bewusstsein sein:** Hier ist der wachbewusste Zustand von Lebewesen gemeint, der sich unter anderem vom Schlafzustand oder von der Bewusstlosigkeit abgrenzt. In diesem Sinn lässt sich Bewusstsein empirisch und objektiv beschreiben und teilweise eingrenzen. Viele wissenschaftliche Forschungen setzten hier an; insbesondere mit der Fragestellung, inwieweit das Gehirn und das Bewusstsein zusammenhängen.

3 **Bewusstsein als phänomenales Bewusstsein:** Ein Lebewesen, das phänomenales Bewusstsein besitzt, nimmt nicht nur Reize auf, sondern erlebt sie auch. In diesem Sinne hat man phänomenales Bewusstsein, wenn man etwa Schmerzen hat, sich freut, Farben wahrnimmt oder friert. Es wird allgemein anerkannt, dass Tiere mit hinreichend komplexer Gehirnstruktur ein solches Bewusstsein haben. Phänomenales Bewusstsein ist als so genanntes Qualiaproblem eine Herausforderung für die naturwissenschaftliche Erklärung.

4 **Bewusstsein als gedankliches Bewusstsein:** Ein Lebewesen, das gedankliches Bewusstsein besitzt, hat Gedanken. Wer also etwa denkt, sich erinnert, plant und erwartet, dass etwas der Fall ist, hat ein solches Bewusstsein. Es ist als Intentionalitätsproblem eine Herausforderung für die naturwissenschaftliche Erklärung.

5 **Bewusstsein des Selbst und seiner mentalen Zustände:** Selbstbewusstsein in diesem Sinne haben Lebewesen, die nicht nur phänomenales und gedankliches Bewusstsein haben, sondern sich auch darüber im Klaren sind, dass sie ein solches Bewusstsein haben. Dieses Selbstbewusstsein ermöglicht somit ein Bewusstsein von sich selbst als Individuum. Man trifft es bei Menschen und rudimentär bei einigen Säugetieren an.

> 6 **Individualitätsbewusstsein** besitzt, wer sich seiner selbst und darüber hinaus sich seiner Einzigartigkeit als Lebewesen bewusst ist und die Andersartigkeit anderer Lebewesen wahrnimmt.

Aufgrund dieser Bedeutungsvielfalt existiert zum einen keine allgemeingültige Definition von Bewusstsein. Zum anderen muss der Begriff Bewusstsein immer im jeweiligen Kontext betrachtet werden, auf den er sich bezieht. So ist, wie sich in Wikipedia nachlesen lässt, das Phänomen des Bewusstseins eines der größten ungelösten Probleme der Philosophie sowie der Naturwissenschaft, während im Bereich der Psychologie Klärungsansätze vorhanden sind (siehe hierzu auch die Definition Security Awareness aus Sicht von Gestaltpsychologie in Kap. 5.1.1 bzw. aus Gestalt- und Tiefenpsychologie, Kap. 5.9).

2.1.2 Security Awareness: Ein Begriff – viele Interpretationen

Security Awareness zeichnet sich durch eine Vielfalt an Interpretationsmöglichkeiten aus. So bezieht mancher Awareness lediglich auf die Gefahren im Umgang mit dem Internet. Andere wiederum sehen Awareness in einem direkten Bezug zu IT-Sicherheit oder datenschutzrechtlichen Fragestellungen. In weiten Fassungen wird Awareness im Kontext der Informationssicherheit oder des Risikomanagements gesehen. Letztendlich bestimmt die unternehmensindividuelle Realität, welche Themen von den jeweils Verantwortlichen darunter subsumiert werden. Hinsichtlich des Bezugsobjekts von Security Awareness gibt es somit kein RICHTIG oder FALSCH, denn entscheidend ist auch hier der jeweilige Kontext, auf den sich Awareness-Maßnahmen beziehen. Bei der begrifflichen Abgrenzung hilft möglicherweise ein Perspektivwechsel, mithin die Definition des Begriffs Awareness aus der Sicht der von Sicherheitsmaßnahmen »Betroffenen«. Welche Themen bzw. Aspekte hat Sicherheit aus dem Blickwinkel der Anwender?

Allzu oft wird Awareness ausschließlich in einem Atemzug mit dem Begriff Training genannt (vgl. hierzu auch Kap. 3). Zwar beeinflusst die Art und Weise, wie Wissen vermittelt wird, den Erfolg von Awareness-Aktivitäten. Menschliches Verhalten ist allerdings nicht allein rational bedingt, weshalb es zu kurz gegriffen wäre, reduzierte man Awareness ausschließlich auf den Faktor Wissen.

> *»Training is formal, having a goal of building knowledge and skills to facilitate the job performance. ... Training strives to produce relevant and needed security skills and competencies.«*
>
> *»Awareness is not training. The purpose of Awareness is simply to focus attention on security. ...Awareness is intended to allow individuals to recognize security concerns and respond accordingly. ...Awareness relies on reaching broad audiences with attractive packaging techniques.«* (Wilson und Hash 2003)

»Awareness ist Einstellungssache« – dieses Statement wird gern und oft verbreitet. Awareness ist in der Tat auch Einstellungssache, aber eben NICHT NUR Einstellungssache. Um die vorhandene Einstellung eines Menschen zu verändern und sie in Hinblick auf

2.1 ▪ Was hat es mit Awareness auf sich?

ein bestimmtes Ziel auszubilden, kommen neben dem Faktor Training (Kap. 3), Marketingkommunikation (Kap. 4 und 6) und Psychologie (Kap. 4 und 5) ins (Awareness-)Spiel. Beide Faktoren geben wichtige Antworten darauf, warum Menschen so handeln wie sie handeln und wie darauf zu reagieren ist. Im Kontext von Awareness liefern sie wichtige Hinweise für das Modellieren von Botschaften, den Einsatz und die Gestaltung von Awareness-Tools und -Medien (s. Kap. 6.3ff) mit denen definierte Zielgruppen erreicht werden sollen.

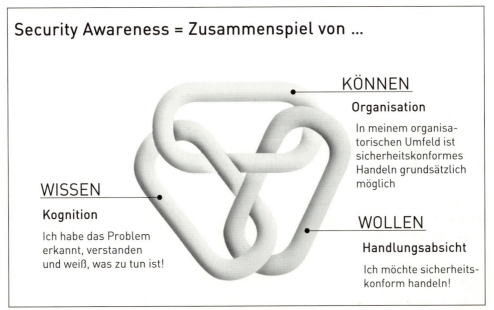

Abb. 4: Security Awareness = Zusammenspiel von Können, Wollen und Wissen

Security Awareness ist bekanntlich eine nie endende Aufgabe, ein stetiger Prozess. Diesem Prozess immanent ist Veränderung (vgl. Auch Kap. 5.1). Veränderung bei den von Awareness betroffenen Menschen – sei es in der Rolle des Mitarbeiters oder als Privatperson. Damit aber auch Veränderung in den Unternehmen selbst, in denen Menschen als MIT-ARBEITER ihre tägliche Arbeit verrichten und gleichzeitig sicherheitskonform handeln sollen. Das tun sie in den seltensten Fällen allein, sondern vielmehr interagierend mit anderen »Mit-Arbeitern«, was Awareness zunehmend komplex macht. Im Unternehmen als komplexes Organisationsgebilde müssen die Mitarbeiter aber die Chance haben, das nach einer Awareness-Kampagne erworbene Sicherheitswissen sowie die Motivation, sicher handeln zu wollen, in ihrem Arbeitsumfeld dauerhaft und nachhaltig ein- und umsetzen zu können. Das kann und wird sinnvoll nur funktionieren, wenn der organisatorische Rahmen, in dem sie Tag für Tag an vielerlei Themen MITARBEITEN, passt. Determiniert wird dieser Rahmen durch die unternehmensindividuelle und -kulturelle Ausgangslage, die Vision bzw. die zu erreichende Ziel-Situation sowie durch das strategische und operative Vorgehen bei der Umsetzung. Dieser Veränderungsprozess will also systematisch geplant, professionell begleitet und ebenso umgesetzt werden. Je nach Ausmaß der Veränderung bedeutet dies mehr oder weniger Aufwand.

> »Change capability is necessary for the organizations that will succeed in the future. Effective communication, full and active executive support, employee involvement, organizational planning and analysis and widespread perceived need for change are the big five when successful change is achieved.« (Heathfield 2008)

Bei hinreichender Größe des Awareness-Vorhabens sollte es in einem eigenen Projekt gemanaged werden. Was bedeutet hinreichend? Allein schon die Tatsache, dass ein solches Vorhaben die Zusammenarbeit mehrerer Personen aus möglicherweise unterschiedlichen Organisationseinheiten und/oder aus verschiedenen Standorten erforderlich macht, begründet das Aufsetzen eines Projektteams. Awareness-Aktivitäten bestehen meist aus einem Verbund von Maßnahmen. Jede einzelne Maßnahme muss für sich geplant und deren Umsetzung gesteuert werden. Damit die einzelnen Maßnahmen auch im Verbund den gewünschten Effekt erzielen, bedarf es ihrer übergeordneten Abstimmung. Auch an dieser Stelle entsteht Planungs-, Steuerungs- und Koordinationsaufwand. Glücklich kann sich das Unternehmen schätzen, das bei einem solchen Vorhaben auf einen übergeordneten »Kümmerer« zurückgreifen kann, der Prozesse, Termine und Ressourcen stets im Auge behält. Selbst bei extern eingekauften »Standard-Awareness-Lösungen« bleibt immer noch die Aufgabe, diese an die konkrete Situation im Unternehmen anzupassen. Auch das ist selten ein Selbstläufer.

In der Realität wird Awareness oft nur auf die Schlagworte Marketing und/oder ausschließlich nur auf den Begriff Training reduziert. Diese Reduktion wird der in der Realität nun mal vorliegenden Komplexität der Einflussfaktoren menschlichen Verhaltens aber nicht gerecht. Diesbezüglich werden die Kapitel zu den Teilaspekten Didaktik, Psychologie, Kommunikation und Marketing ein wenig mehr »Licht ins Dunkel« bringen. Auf die eingangs dieses Kapitels gestellte Frage: »Wie weit geht Security Awareness?« gibt es somit keine allgemeingültige Antwort. Awareness schließt aus meiner Sicht all' das ein, was menschliches Verhalten im Unternehmen und im Umgang mit sicherheitsrelevanten Informationen im Speziellen beeinflusst.

2.2 Relevanz von Awareness

> »Each participant is an important actor for ensuring security.« (OECD 2002)

Awareness macht einerseits Arbeit, andererseits ist der ROSI (return on security invest) im Kontext Awareness mangels eindeutiger Messbarkeit nur schwerlich nachweisbar. Was also tun? Einfach so weitermachen wie bisher? Abwarten, bis etwas passiert, in der Hoffung, dass nichts passiert? Falls etwas passiert, einfach den Ursachen auf den Grund gehen und daran arbeiten? Warum, so die berechtigte Frage, sollte man sich den mit Awareness verbundenen Aufwand freiwillig aufhalsen? Die Antwort darauf ist simpel: Wo der Mensch intervenierend in sicherheitsrelevante Prozesse oder Arbeitsabläufe ein-

2.2 • Relevanz von Awareness

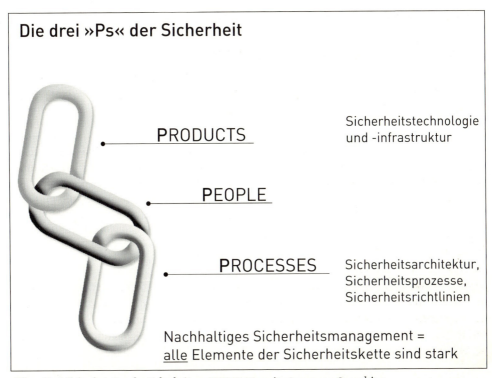

Abb. 5: Modell der drei »Ps« der Sicherheit von HECOM Security Awareness Consulting

wirkt, ist er automatisch Teil der SICHERHEITSKETTE. Dabei muss jedes Glied dieser Kette stark sein, sonst wird sie den ihr zugedachten Zweck, Sicherheit zu gewährleisten, nicht erfüllen können. Wer also ein nachhaltiges Risiko- bzw. Sicherheitsmanagement anstrebt, der kommt an der Einbeziehung des »Faktors Mensch« nicht vorbei.

Meiner Auffassung nach sind für ein nachhaltiges Sicherheits- und Risikomanagement drei »Ps« essentiell. Dabei handelt es sich zum einen um die Produkte, also den gesamten technischen Teil d.h. Sicherheitstechnologie, -infrastruktur, Hard- und Software, etc. Zum anderen geht es um die Prozesse, also den strategisch-konzeptionellen Sicherheitsrahmen inklusive der Sicherheitsarchitektur, Richtlinien und Standards. Zentrales Bindeglied zwischen Produkten und Prozessen ist der Mensch. Er ist derjenige, der die ihm zur Verfügung gestellte technische Infrastruktur richtig bzw. zweckmäßig bedienen soll, er ist zugleich derjenige, der die definierten Prozesse leben soll.

2.2.1 Informationen als schützenswerte betriebliche Assets

Mit dem Übergang von der industriellen Gesellschaft zur Wissensgesellschaft stellen Wissen und Innovation zunehmend die zentralen Objekte der Wertschöpfung dar. Wissen ist mittlerweile zum vierten Produktionsfaktor geworden. Jedoch: Kein Wissen ohne Informationen. Information ist unabdingbare Ressource im Leistungserstellungsprozess, gleichsam wesentlicher Faktor für erfolgreiches unternehmerisches Handeln. Sie ist die Basis für unternehmerische Entscheidungsprozesse, denn ohne Information keine (sinnvolle) Entscheidung. Informationen sind zugleich ein wesentlicher Wettbewerbsfaktor. »Wissen ist Macht« – wem ist dieses geflügelte Wort nicht bekannt? Wissen und Information ist nicht nur Macht – vielmehr begünstigen Wissensvorsprünge (Markt-)Macht. Informationen haben jedoch ambivalenten Charakter. Sinnvoll und nachhaltig geschützt sind sie ein Faktor für betriebswirtschaftlichen Erfolg, ungeschützt werden sie zu einem unternehmerischen Risiko. Informationen sind somit ein schützenswertes Gut. Die dauerhafte Sicherstellung der Verfügbarkeit, Vertraulichkeit, Integrität und Authentizität von Informationen sowie des Datenschutzes haben sich in diesem Kontext als weithin anerkannte Schutzziele der Informationssicherheit etabliert. Die Gewährleistung von Sicherheit und Datenintegrität – insbesondere bei elektronischen Transaktionen – beeinflussen nicht zuletzt Kundenbindung und Kaufverhalten. Allein der Anschein nur mäßig geschützter Informationen bzw. IT-Struktur kann negative Folgen für das Image und den Umsatz eines Unternehmens haben. Hier nachhaltig vorzubeugen ist nicht nur das Gebot der Stunde, sondern verpflichtet viele Unternehmen für ihr eigenes, zukünftiges Handeln. Vorbeugen bedeutet, über eine technische Infrastruktur zu verfügen, die Schritt hält mit den Risiken, das strategische Vorgehen in Sachen Sicherheit zu definieren, Sicherheitsprozesse und -richtlinien zu erstellen, diese kontinuierlich und gemäß den sich im Zeitablauf verändernden Risikoeinschätzungen zu pflegen und daraus eine adäquate Sicherheitsmaßnahmenplanung abzuleiten.

Die Einsicht in die Notwendigkeit technischer Vorsorgemaßnahmen ist im Markt weit verbreitet vorhanden. Mit der Einsicht in die Notwenigkeit strategischer Sicherheitsüberlegungen sowie der Einsicht in die Definition und laufende Anpassung risikoadäquater und gleichzeitig klarer Prozesse ist es im Vergleich zu den technischen Vorsorgemaßnahmen allerdings nicht ganz so gut bestellt. Dieser Sachverhalt wird auch durch die <kes>/Microsoft-Sicherheitsstudie 2008 bestätigt. Dort heißt es: *»Über ein Drittel der teilnehmenden Organisationen hat nach wie vor keine schriftliche Strategie zur Informationssicherheit. [...] Klare Policies sind weiterhin keine Selbstverständlichkeit, nicht einmal in der sicherheitsbewussten Zielgruppe der Studienteilnehmer! [...] Auch schriftlich formulierte Maßnahmen sind erneut in der Gunst gefallen und nunmehr nur noch bei 52 % (-5 Prozentpunkte) der Teilnehmer vorhanden (2006: 57%, 2004: 65%).«* (<kes>/Microsoft Sicherheitsstudie 2008)

Substantieller Nachholbedarf besteht bis dato immer noch beim »Faktor Mensch«. Zwar ist zu beobachten, dass man in jüngster Zeit häufiger bereit ist, dem Thema Gehör zu schenken, dennoch: Der Mensch wird in der betrieblichen Realität als Sicherheitsfaktor leider (noch) zu häufig vernachlässigt. Somit sind nicht ALLE relevanten Elemente der viel zitierten Sicherheitskette stabil. In der Konsequenz bedeutet dies, dass ein ganzheitliches, die relevanten Risikofaktoren integrierendes Sicherheitsmanagement in der Praxis eher die Ausnahme als die Regel darstellt. Gerade vor dem Hintergrund der zuvor erwähnten Ambivalenz von Informationen ist der Faktor Mensch aber kein unbedeutender. Je nachdem, welches Verhalten er im Umgang mit der IT-Infrastruktur und damit mit seinen eigenen oder den Informationen des Unternehmens an den Tag legt, wird er zu einem Risikofaktor oder einem entscheidenden Instrument zur Risikominimierung.

2.2.2 Weitere Treiber für Awareness

> »Es braucht zwanzig Jahre, um sich ein Ansehen aufzubauen, aber nur fünf Minuten, um es zu ruinieren.«
> (Warren Buffett, Amerikanischer Investor und Geschäftsmann)

Der Handlungsdruck, den die Rechtsprechung auf Geschäftsführer und Vorstände ausübt, hat in den letzten Jahren deutlich zugenommen (IDC 2006). Am deutlichsten ist dies im Bereich der Banken und Versicherungen zu beobachten. Nationale (z.B. MaRisk, § 93,3 AktG, KonTraG, Verschärfung der Organhaftung lt. UMAG) wie auch internationale Bestimmungen (z. B.: Basel II, Sarbanes-Oxley Act of 2002) erhöhen in diesem Sektor die Anforderungen an das Risikomanagement und damit einhergehend auch an die Informationssicherheit. Sensibilität für Informations-Risiken sowie einen risikoadäquaten Umgang mit diesen fordern zunehmend auch Rating-Agenturen von börsennotierten Unternehmen bzw. Kreditinstitute von ihren Firmenkunden im Rahmen des internen Rating-Prozesses.

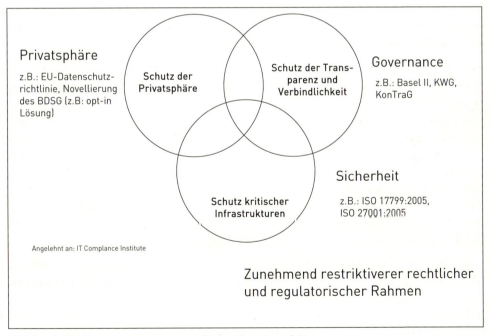

Abb. 6: Sicherheit im Kontext Governance und Schutz der Privatsphäre

Klassische Bedrohungen wirken ebenfalls als Treiber für Awareness. Hier ist festzustellen, dass diese in den letzten Jahren stetig zugenommen haben. So berichtet beispielsweise die Firma IKARUS Software, dass sich die Anzahl der täglich neu registrierten Malware Codes in 2008 im Vergleich zum Vorjahr von 8.800 auf durchschnittlich 31.000 verdreifacht hat (IKARUS 2009). Bereits im Jahr 2007 hatte sich die Zahl neu entdeckter Malware verdoppelt – es wurden so viele Schadprogramme verbreitet, wie in Summe in den vergangenen 20 Jahren (F-Secure 2008). Zu beobachten war in 2008 laut Ikarus auch eine Spezialisierung hin zu »intelligenten« Attacken mit immer ausgefeilteren Tarnfunktionen (IKARUS 2009). Da verwundert es nicht, dass »*Cybercrime … der am schnellsten wachsende Wirtschaftszweig in der IT-Industrie ist*« (Chip-Online 2008). Die Relevanz von Malware als Risikotreiber Nr.1. bestätigt auch die ‹kes›-/Microsoft-Sicherheitsstudie 2008.

Risikosituation

Gefahrenbereich	Bedeutung		Prognose		Schäden	
	Rang	Priorität	Rang	Priorität	Rang	bei
Malware	1	1,12	1	1,19	4	21%
Irrtum und Nachlässigkeit eigener Mitarbeiter	2	0,93	2	0,79	1	36%
Hacking (Vandalismus, Probing, Missbrauch,…)	3	0,59	3	0,77	8	11%
unbefugte Kenntnisnahme, Informationsdiebstahl, Wirtschaftsspionage	4	0,55	4	0,71	7	12%
Software-Mängel-/Defekte	5	0,54	5	0,49	3	26%
Hardware-Mängel-/Defekte	6	0,45	9	0,28	2	34%
Mängel der Dokumentation	7	0,40	10	0,27	6	15%
unbeabsichtigte Fehler von Externen	8	0,36	8	0,34	5	16%
Sabotage (inkl. DoS)	9	0,36	6	0,46	10	6%
Manipulation zum Zweck der Bereicherung	10	0,34	7	0,38	9	8%
höhere Gewalt (Feuer, Wasser, …)	11	0,25	11	0,15	11	4%
Sonstiges	12	0,06	12	0,01	12	2%

Abb. 7: ‹kes›/Microsoft-Sicherheitsstudie 2008

Indirekte Treiberfunktion für Awareness üben auch die Sicherheitsvorfälle aus, die 2008 breite Medienpräsenz erfahren haben. Zu den spektakulären Fällen dieses Jahres gehörten u.a. (Computer-Zeitung 2008):

- Verlust von Adressen, Sozialversicherungsnummern und Bankdaten von 25 Mio. Briten
- Verlust eines Laptops, auf dem Personaldaten von 600.000 Angehörigen des britischen Militärs gespeichert waren, darunter Pass- und Versicherungsnummern sowie teilweise Bankverbindungen
- Pentagon: Unmengen an Daten und Passwörtern ausspioniert
- Supermarktkette TJX: 45 Millionen Kreditkartendaten ausspioniert
- Datendiebstahl bei Googles Outsourcing-Provider

2.2 • Relevanz von Awareness

- Rechner mit Patientendaten der psychiatrischen Klinik der LMU auf dem Flohmarkt verkauft
- Verbraucherzentrale Schleswig-Holstein: CD mit über 17.000 Datensätzen mit Namen, den vollständigen Adressen mit Telefonnummern, Geburtstagen und den kompletten Bankdaten zugespielt
- Bundesregierung kommen 500 Rechner abhanden
- Verbraucherzentrale Bundesverband erwirbt sechs Millionen Datensätze für 850 Euro, vier Millionen davon mit zugehörigen Kontoinformationen
- PWC: 56.000 E-Mail Adressen inklusive zugehöriger Passwörter im Internet frei zugänglich
- Zugangsdaten von 208.000 Webseiten in den Händen von Hackerbanden
- Datenskandal bei T-Mobile: Mehr als 17 Millionen Kundendaten geklaut
- Telekom: Erneute Datenpanne
- Telekom: Adresshändler und Callcenter verschaffen sich Zugriff auf Namen, Adressen, Vertragsdaten und Bankverbindungen von mehreren tausend Festnetz kunden

Bereits im Lagebericht 2007 konstatiert das Bundesamt für Sicherheit in der Informationstechnik »einen massiven Handlungsbedarf in allen gesellschaftlichen Gruppen. Die Sicherheitskompetenz, so urteilen die Experten, »[...] müsse auf allen Ebenen entscheidend verbessert werden.« (Bundesamt für Sicherheit in der Informationstechnik 2007) Der Gesetzgeber hat darauf reagiert und die Anforderungen an das Risk-Management in Unternehmen erhöht, um Schadenspotentiale für ein Unternehmen, dessen Kunden und Partner zu minimieren. So beziffert beispielsweise das FBI das jährliche kumulierte Schadensvolumen allein aus Viren und Spyware-Angriffen für die betroffenen US-Unternehmen auf 54 Mrd. Euro. Die Schadenshöhe für die betroffenen US-Privathaushalte lag zuletzt

Folgende Kriterien sind...	sehr wichtig	wichtig	unwichtig	Vergleichszahl*	Vergleichszahl 2006*	Vergleichszahl 2004*
Verstöße gegen Gesetze/Vorschriften/Verträge	50%	44%	6%	1,44	1,46	1,40
Imageverlust	51%	41%	8%	1,42	1,36	1,35
direkter finanzieller Schaden durch Manipulationen an finanzwirksamen Informationen	46%	45%	9%	1,38	1,28	1,26
Verzögerung von Arbeitsabläufen	38%	53%	9%	1,29	1,31	1,21
Schaden bei Dritten/Haftungsansprüche	34%	54%	12%	1,22	1,28	1,27
indirekte finanzielle Verluste	37%	43%	21%	1,16	1,12	1,14
Verstöße gegen interne Regelungen	13%	68%	19%	0,94	0,89	0,72
direkter finanzieller Schaden an Hardware u.ä.	13%	63%	24%	0,88	0,95	0,75

Basis: Ø 132 Antworten *Vergleichszahl errechnet aus sehr wichtig = 3, wichtig = 1, unwichtig = 0

Abb. 8: Risiken aus der <kes>/Microsoft-Sicherheitsstudie 2008
* errechnet aus einer Kombination der Einstufung nach Wichtigkeit (sehr wichtig, wichtig, weniger wichtig)

Kapitel 2 · Definition von Awareness, Notwendigkeit und Sicherheitskultur

bei 747 Mio. Euro (Monitoring Informationswirtschaft 2006). Welche Schadensszenarien bzw. Risiken lassen sich hier exemplarisch ableiten?

Neben dem zunehmenden gesetzlichen Druck, der unverminderten Relevanz klassischer Bedrohungen (Malware), der Tatsache, dass Sicherheitsvorfälle, wenn auch unfreiwillig, immer häufiger öffentlich wirksam werden, sowie aufgrund der oben geschilderten Schadensszenarien leitet sich die Relevanz von Awareness aus dem »Faktor Mensch« selbst ab.

Die <kes>-/Microsoft-Sicherheitsstudie 2008 führt Irrtum und Nachlässigkeit der eigenen Mitarbeiter auf Position zwei aller Gefahrenbereiche. Gemäß der in Abb. 7 Risikosituation aufgeführten Prognose wird dieser Faktor, was seine Bedeutung unter den wichtigs-

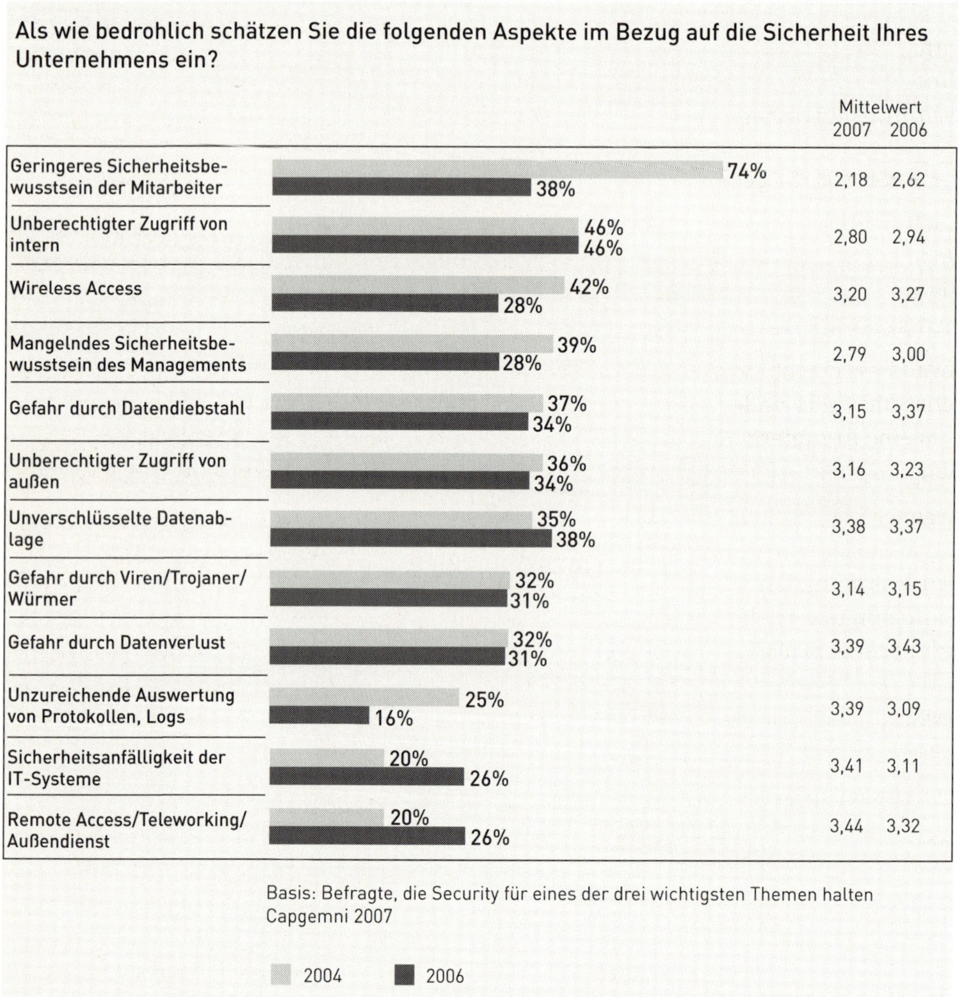

Als wie bedrohlich schätzen Sie die folgenden Aspekte im Bezug auf die Sicherheit Ihres Unternehmens ein?

	2004	2006	Mittelwert 2007	Mittelwert 2006
Geringeres Sicherheitsbewusstsein der Mitarbeiter	74%	38%	2,18	2,62
Unberechtigter Zugriff von intern	46%	46%	2,80	2,94
Wireless Access	42%	28%	3,20	3,27
Mangelndes Sicherheitsbewusstsein des Managements	39%	28%	2,79	3,00
Gefahr durch Datendiebstahl	37%	34%	3,15	3,37
Unberechtigter Zugriff von außen	36%	34%	3,16	3,23
Unverschlüsselte Datenablage	35%	38%	3,38	3,37
Gefahr durch Viren/Trojaner/Würmer	32%	31%	3,14	3,15
Gefahr durch Datenverlust	32%	31%	3,39	3,43
Unzureichende Auswertung von Protokollen, Logs	25%	16%	3,39	3,09
Sicherheitsanfälligkeit der IT-Systeme	20%	26%	3,41	3,11
Remote Access/Teleworking/Außendienst	20%	26%	3,44	3,32

Basis: Befragte, die Security für eines der drei wichtigsten Themen halten
Capgemni 2007

Abb. 9: Security Sorgen aus der Capgemini-Studie »IT-Trends« 2007, S. 19

ten Gefahrenbereichen anbelangt, auch zukünftig eine Position unter den »Top drei« einnehmen. Es versteht sich von selbst, dass Unwissenheit Awareness-Maßnahmen maßgeblich begründet. Missbrauch bzw. Sabotage haben als Präventivmaßnahme oder als Reaktion auf entsprechende Vorfälle ebenfalls eine Treiberfunktion für Awareness.

> **Perception of the root cause of failures** (Deloitte 2007):
> - Human error – 79 %
> - Technology – 73%
> - Third parties – 46 %
> - Operations – 41 %

In seinem Buch »The Art of Deception« bringt es Kevin Mitnick recht treffend auf den Punkt: »*Attackers will turn more and more to exploiting the human element.*« (Mitnick 2003) Dass diese Einschätzung ihre Berechtigung hat, zeigt die Tatsache, dass Social Engineering zu einem weithin akzeptierten Thema in sicherheitsrelevanten Fachdiskussionen geworden ist.

2.2.3 Was spricht gegen Awareness?

Auch wenn der gesetzliche Druck zugenommen hat – die Kenntnis einschlägiger Gesetze und Regularien lässt noch zu wünschen. Mit der geringeren Bekanntheit korrespondiert die gesunkene praktische Relevanz wie auch die unzureichende Umsetzung der Regularien (<kes>/Microsoft Sicherheitsstudie 2008, s. Abb. 10 u. 11).

Awareness macht – wie bereits erwähnt – Arbeit. Gleichzeitig ist der Mehrwert von Awareness mangels eindeutiger Messbarkeit nur schwerlich belegbar. Wer bei diesem Thema also eine Argumentation mit harten Fakten führen will oder muss, beispielsweise um Budget für Sensibilisierungsaktivitäten zu erhalten, wird kein leichtes Spiel haben.

Gegen Awareness spricht zudem das »Image« von Sicherheit (vgl. a. Kap. 5.3). Vordergründig wird Sicherheit natürlich als wichtig erachtet und als solches Thema innerbetrieblich kommuniziert. Wichtig sind in der betrieblichen Praxis allerdings viele Themen. So sind im Unternehmen leider auch die folgenden Statements zu vernehmen: »*Haben wir nichts Besseres zu tun?*« »*Wir sind doch sicher!*« »*Was kann uns denn schon passieren?*« »*Für Sicherheit ist doch die IT zuständig.*« »*Sicherheit schränkt mich ein.*« »*Sicherheit bedeutet, dass ich meine Arbeit nicht wie gewohnt machen kann. Wie soll ich da Sicherheit etwas Positives abgewinnen?*« »*Stets sicherheitskonform handeln – dazu habe ich gar keine Lust!*«

Weiteres wichtiges Hindernis ist die mangelnde »Awareness für Awareness« (vgl. a. Kap. 6.3.1). Hier geht es diesem Thema nicht anders als dem Thema Informationssicherheit. Falls auf Seiten des Top Managements keine »Awareness für Awareness« vorhanden ist, ist es unwahrscheinlich, dass dem Thema ausreichende Ressourcen zugewiesen werden. Für die Ebene des mittleren Managements gilt ähnliches: Ist dort keine »Awareness für Awareness« vorhanden, werden entsprechende Maßnahmen, wenn überhaupt, kaum adäquat umgesetzt werden. Die zuvor genannten Statements zeigen zudem, dass Sicherheit zwar ein erstrebenswerter Zustand ist, Informationssicherheit aus Anwendersicht

Kapitel 2 · Definition von Awareness, Notwendigkeit und Sicherheitskultur

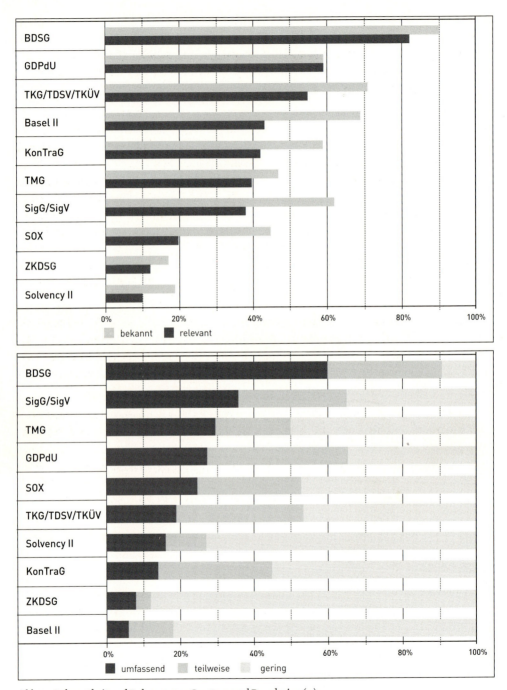

Abb. 10: *Bekanntheit und Relevanz von Gesetzen und Regularien (o.),*
Abb. 11: *Umsetzungsgrad von Gesetzen und Regularien (u.), Quellen: <kes>/Microsoft-Sicherheitsstudie 2008*

zunächst eher etwas Diffuses hat *(»Was genau steckt denn dahinter?«)*. Informationssicherheit ist mit Regeln verbunden, die mir von außen »aufgedrückt« werden und an die ich mich zu halten habe (auch wenn ich das eigentlich gar nicht wirklich will). Die Startvoraussetzungen für erfolgreiche Awareness-Aktivitäten sind somit nicht gerade die günstigsten.

Was spricht aus Sicht des für Risikomanagement bzw. Informationssicherheit Verantwortlichen gegen Awareness? Möglicherweise die Tatsache, dass Awareness fachliches Hintergrundwissen aus Disziplinen erfordert, die bis dato nicht Gegenstand einer risiko- bzw. sicherheitsrelevanten Ausbildung sind. Zwar sagt mir mein (CRO-/CISO-)Kopf, dass Awareness wichtig ist, mein Kopf vermittelt mir aber auch, dass Didaktik, Psychologie, Kommunikation, Marketing, Changemanagement etc. nicht zu meinen fachlichen Kernkompetenzen gehören. Wie fühle ich mich, wenn ich erkenne, dass ich an einer wichtigen Stelle meines Jobs ein Defizit habe? Das Know-how kaufe ich mir einfach (intern oder extern) ein. Nur, nach welchen Kriterien beurteile ich die mir angebotene Awareness-Dienstleistung? Woher weiß ich, ob der Dienstleiter das Richtige für mich tut? Reicht mein gesunder Menschenverstand, um das zu beurteilen? Ich mache mich vielleicht abhängig vom Dienstleister und kann nicht so wirklich abschätzen, wohin das führt – ein Zustand, bei dem ich mich nicht besonders wohl fühle.

Security Awareness macht es auch erforderlich *»[...] hinter die Kulissen menschlichen Handelns im Unternehmen zu schauen, Unternehmensprozesse und -kultur zu hinterfragen. Dass der für Sicherheit Verantwortliche dabei seinen originären Verantwortungsbereich verlässt und sich auf mitunter ungewohntes Terrain begibt, liegt auf der Hand. Dabei entsprechend konsequent voran zu schreiten, erfordert mitunter Mut und einiges an Ausdauer.«* (Helisch 2008)

Was, wenn sicherheitssensibilisierte Anwender wider besseres Wissen nicht sicherheitskonform agieren, weil es die betrieblichen Rahmenbedingungen (z.B. Zeitdruck, Geschäft geht vor, der Vorgesetze oder das Team verlangt offen oder verdeckt sicherheitsinkonformes Verhalten) nicht zulassen? Wird der Anwender als der in seinem (Arbeits-) Bereich Verantwortliche für Sicherheit möglicherweise zu oft mit der Frage: »Wie soll ich das in meinem beruflichen Alltag adäquat umsetzen?« allein gelassen? – die Liste kritischer Erfolgsfaktoren für Awareness lässt sich hier noch weiter fortsetzen. Mehr dazu aber später in Kapitel 9.

2.3 Zwischenfazit

Awareness ist von Menschen für Menschen gemacht. Da menschliches Verhalten nicht »programmierbar« ist, müssen die menschliches Verhalten beeinflussenden Faktoren mitberücksichtigt werden. Das macht Awareness aber schnell zu einem komplexen Vorhaben. Damit Awareness-Aktivitäten eine realistische Chance auf Erfolg haben, muss ich als Verantwortlicher für derartige Aktivitäten wissen, welche grundsätzlichen Beeinflussungsfaktoren wirken, welche Folgen diese Faktoren haben und wie sie zusammenwirken. Um mit dieser Komplexität sinnvoll umgehen zu können bzw. sie auf ein praktikables Maß zu reduzieren, muss ich beurteilen können, welche dieser Faktoren in meinem organisatorischen Umfeld wichtig respektive welche weniger wichtig sind. Ein Awareness-Projekt umsetzen ist damit ein Prozess aus Wissen – Abgleichen – Entscheiden – Umsetzen.

Welche Methoden und Mittel führen mich in Sachen Awareness möglichst effizient und effektiv zum Ziel? Welche grundsätzlichen Fragen muss ich mir dabei stellen?

- Was kann Training oder Blended Learning in diesem Zusammenhang wirklich leisten?
- Welche psychologischen Prozesse zeigen sich, offen oder verdeckt, im menschlichen Verhalten?
- Wie kann ich die Erkenntnisse des Marketings und der Kommunikation sinnvoll für meine Awareness-Arbeit nutzen?

Die passenden Antworten werden in den Kapiteln 3 bis 8 gegeben.

2.4 Was hat es mit Sicherheitskultur auf sich?

Sicherheitsbezogenes Verhalten ist einerseits eine individuelle Angelegenheit. Als Individuum und rational handelndes Wesen könnte ich selbst bestimmen, wie ich mich verhalte. Auf der anderen Seite wird mein Verhalten durch das soziale Umfeld und Unbewusstes beeinflusst. Sicherheitsbezogenes Verhalten ist somit immer auch eine Frage des sozialen Kontexts, in dem sich dieses Verhalten zeigt.

Im beruflichen Umfeld vollzieht sich menschliches Verhalten in einem äußerst dynamischen Kontext. Es wird durch vielfältige Rahmenbedingungen, Anforderungen, Aufgaben und Ziele beeinflusst, die in den seltensten Fällen alle unter einen, noch dazu gemeinsamen, Hut zu bringen sind. Auch sind wir nicht nur einigen wenigen Aufgaben, Anforderungen und Zielen verpflichtet. Besser bekannt ist uns da doch eher das Gefühl, vor der schieren Anzahl von Aufgaben, Anforderungen und Zielen, die von unterschiedlichen Personen bzw. »Rollenträgern« an uns herangetragen werden »in die Knie zu gehen« oder nicht zu wissen, wie wir das eine Ziel erfüllen sollen, ohne das andere gleichzeitig zu missachten. Dass da das ein oder andere »hinten runter fällt« erscheint erstens menschlich und zweitens verständlich.

An oberster Stelle einer solchen Prioritätenskala stehen üblicherweise die Geschäftsziele, zu deren Erreichung jeder Mitarbeiter, idealerweise im Rahmen definierter Prozesse, einen mittelbaren oder unmittelbaren Beitrag leistet. Sicherheitsbezogenes Verhalten wird zudem beeinflusst durch sicherheitsrelevante Strategien, Prozesse und Richtlinien etc. Art und Umfang der implementierten Sicherheitstechnologie und -infrastruktur bestimmen, ob Sicherheit automatisch und gleichsam »unsichtbar« im Hintergrund abläuft bzw. inwieweit dem Anwender auch eine aktive (sichernde) Rolle zukommt. Die Bandbreite der als relevant angesehenen Sicherheits-Subthemen ist unternehmensindividuell verschieden und schwankt neben anderen Faktoren insbesondere mit dem (akzeptierten) Risiko, der Unternehmensgröße sowie den vorhandenen finanziellen Mitteln für Sicherheit.

2.4 ▪ Was hat es mit der Sicherheitskultur auf sich?

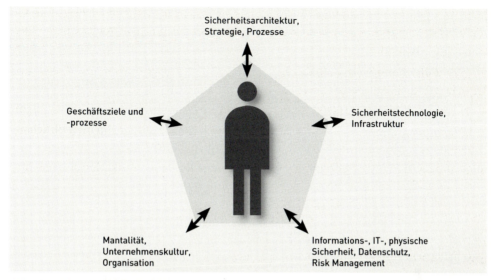

Abb. 12: Der Mensch im Kontext Sicherheit

2.4.1 Kultur und Sicherheit – gibt es einen Zusammenhang?

Ob und in welchem Ausmaß Sicherheit gelebt wird, hängt neben dem grundsätzlichen Stellenwert, den Sicherheit im Unternehmen hat, sowohl vom Kulturkreis als auch von der Unternehmenskultur ab. Dass der jeweilige kulturelle Hintergrund auch zu Verhaltensunterschieden im beruflichen Kontext führt, ist nahe liegend (s. Kapitel 7). Wer würde beispielsweise einem Spanier seine geliebte Siesta abspenstig machen wollen? Das Führungs- und Entscheidungsverhalten in japanischen Unternehmen wird sich bei aller Vielfalt der Unternehmen in zentralen Punkten signifikant von dem in deutschen Unternehmen unterscheiden. Warum sind Online-Hilfen in Softwareanwendungen für asiatische Länder anders aufgebaut und stärker in das Produkt integriert als bei uns? Weil der Gebrauch eines Handbuchs dort einem Gesichtverlust gleichkommt – der Nutzer würde dann als unfähig gelten (Computer Zeitung 1999).

Den Zusammenhang zwischen kulturellen Unterschieden und der grundsätzlichen Einstellung zu Sicherheit stellt u. a. Hofstede her. Kultur ist seiner Ansicht nach »*die mentale Programmierung, die die Mitglieder einer Gruppe oder Kategorie von Menschen von einer anderen unterscheidet und die jedes Mitglied einer gegebenen Gemeinschaft, Organisation oder Gruppe erlebt und entsprechend derer er/sie voraussichtlich folgerichtig handeln wird.*« (Hofstede 1993) Als einen von fünf Faktoren zur Beschreibung unterschiedlicher Kulturen verwendet er den Begriff der »uncertainty-avoidance«. In Ländern mit niedriger Unsicherheits-Vermeidung (z. B: Schweden, Dänemark) wird die Tatsache, dass die Wirkungen der eigenen Handlungen in Vergangenheit und Zukunft nicht vollständig voraussehbar sind, eher akzeptiert. Derartige Kulturen gelten als tolerant. Stark Unsicherheit-vermeidende Kulturen (wie z. B Griechenland, Portugal oder Argentinien) sind bestrebt, das Gefühl von Sicherheit über Technologie, Gesetze und Religion herzustellen (Hofstede und Hofstede 2005). Damit sind diese Kulturen nicht per se »sicherer«. Hofstedes Aussagen geben aber einen Hinweis auf die Frage, welcher grundsätzliche Ansatz auf dem Weg zu »mehr Sicherheit« für welchen Kulturkreis geeignet bzw. weniger geeignet ist. Dieser Frage kommt im unternehmerischen Kontext, insbesondere in multinationalen Unternehmen, Bedeutung zu. So wird der Versuch, die in der schwedischen Unternehmenszentrale erfolgreiche Security-Awareness-Kampagne auch in der brasilianischen Niederlassung umzusetzen, erhebliche Reibungsverluste erzeugen, im schlimmsten Falle ganz auf Ablehnung stoßen. Dies lässt sich leicht vermeiden, indem kulturelle Unterschiede bei der Umsetzung eines Security Awareness-Programms erkannt und berücksichtigt werden (vgl. a. Kap. 7)

2.4.2 Unternehmenskultur

Im Zusammenhang mit der Frage: »Was macht Unternehmen erfolgreich?« kommt dem Begriff »Unternehmenskultur« besondere Bedeutung zu. Erfolgreiche Unternehmen unterscheiden sich von weniger erfolgreichen u.a. auch in der Ausprägung ihrer Unternehmenskultur.

Eine eindeutige und allgemeingültige Definition von Unternehmenskultur wird man allerdings vergeblich suchen. Dennoch lässt sich Unternehmenskultur anhand einiger weniger Merkmale beschreiben (Schreyögg und Koch 2007):

- Sie ist ein kollektives Phänomen, das eine gemeinsame Orientierung hinsichtlich Ideen, Vorstellungen, Werten und Handlungsmustern beschreibt und die die Organisationsmitglieder gemeinsam verfolgen, ohne sich dies wirklich bewusst zu machen.
- Bei aller Individualität der einzelnen Mitarbeiter erzeugt Unternehmenskultur ein gewisses Maß an Einheitlichkeit, den »Unternehmenscharakter«.
- Unternehmenskultur ist eine im Wesentlichen unsichtbare Einflussgröße. Damit gemeint sind alle indirekten Orientierungsmuster und Handlungen, mit denen man akzeptiertes Mitglied des Unternehmens wird oder ist.
- Unternehmenskultur repräsentiert eine Organisation konzeptionell d.h. sie gibt den Organisationsmitgliedern Muster vor, anhand derer das Erlebte interpretiert werden kann.
- Unternehmenskultur geht über Kognitionen hinaus. Wesentlich ist ihr emotionaler Charakter.
- Unternehmenskultur bestimmt, welche Handlungsweisen erwünscht und welche unerwünscht sind.
- Unternehmenskultur liegt ein »stiller« d.h. nicht systematisch vermittelter dafür aber weit verzweigter historischer »Lernprozess« zugrunde der von Mitarbeiter-Generation zu Generation weitergereicht wird. Damit ist Unternehmenskultur ein dynamisches, nie endendes Phänomen.

2.4.3 Unternehmenskultur und Sicherheitskultur

> »Sicherheitskultur ist das Resultat von individuellen und gruppenspezifischen
> Werten, Normen und Wissensbeständen, welche das Verhalten im Umgang mit
> Informationssicherheit beeinflussen.« (Teufel 2007)

Mitarbeiter für das Thema Sicherheit zu sensibilisieren, um langfristig sicherheitskonformes Verhalten zu erreichen, stellt – je nach Unternehmen – einen unterschiedlich starken Eingriff in die gewachsene Unternehmenskultur dar. Warum? Weil sich jeder einzelne und damit das ganze »System« Unternehmen an einer bestimmten oder gar an mehreren Stellen ändern soll. Diese Änderungen vollziehen sich im Kontext der bis dato bestehenden Unternehmenskultur. Inwieweit darin Konfliktpotential enthalten ist, hängt davon ab, wie gravierend – bezogen auf die IST-Unternehmenskultur – diese Änderungen wirken, und wie stark oder schwach die Unternehmenskultur in dem Moment bzw. in diesem Zeitraum ist. Dabei determinieren die Faktoren Prägnanz, Verbreitungsgrad und Verankerungstiefe die Stärke der Unternehmenskultur. Beim Faktor Prägnanz geht es um Fragen wie: Wie klar ist es, was erwünscht ist und was nicht? Wie eindeutig bzw. konsistent sind Standards, Werte und das Symbolsystem? Wie umfassend sind die Orientierungsmuster? Der Faktor Verbreitungsgrad liefert Antworten auf Fragen wie: Wie viele Organisationsmitglieder teilen die Kultur? Wie viele Subkulturen gibt es? Der Faktor Verankerungstiefe hinterfragt, inwieweit die Kultur internalisiert ist.

Konfliktpotenzial kann ebenso aus dem Vorhaben selbst erwachsen. Passe ich mich in meiner Awareness-Kampagne komplett dem gegebenen Rahmen wie zum Beispiel dem Corporate Design, also den verbindlich vorgegebenen Gestaltungsrichtlinien eines Unternehmens an? Oder verlasse ich bewusst diesen Rahmen, um so höhere Aufmerksamkeit zu erlangen? Wie auch immer ich mich entscheide, es sollte mir bewusst sein, dass Awareness Auswirkungen (im Sinne einer Passung zu oder Kollision mit) auf die verschiedenen Ebenen der Unternehmenskultur hat.

Auf welchen Ebenen manifestiert sich Unternehmenskultur? Zuoberst die sichtbare Ebene der Artefakte. Darunter die Ebene der Werte und Normen, die nur zum Teil sichtbar und bewusst ist, sowie die unsichtbare, unbewusste Ebene der Basisannahmen.

Artefakte sind sichtbarer Ausdruck der Werte und Normen und vermitteln all jenen, die in Kontakt mit dem Unternehmen treten, die geltenden Standards. Gerade neuen Organisationsmitgliedern geben Artefakte Orientierung und Halt. So sind z.B. Geschichten, Legenden und Anekdoten um wichtige Personen oder Ereignisse im Unternehmen eine Ausprägung von Artefakten. Ebenso jegliche Arten von Riten sowie die Art und Weise des persönlichen Umgangs miteinander inklusive der Firmensprache bzw. bestimmten Vokabeln, die eben nur einem bestimmten Unternehmen eigen sind.

Ausprägungen der Ebene Werte und Normen sind z.B: Verhaltensmaximen, die von den einzelnen Mitgliedern mehr oder weniger geteilt werden. Ihre Auswirkungen haben

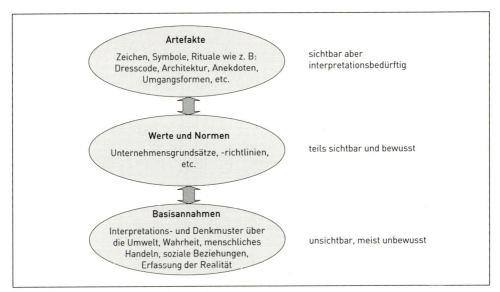

Abb. 13: Drei Ebenen der Organisationskultur, angelehnt an Schein 1985

sie sowohl im innerbetrieblichen Umgang miteinander wie auch im Verhalten der einzelnen Organisationsmitglieder nach außen.

BASISANNAHMEN machen, sinnbildlich gesprochen, den Kern eines Unternehmens aus. Diese grundlegenden Orientierungs- und Verhaltensmuster leiten das Handeln des Einzelnen gleichsam unbewusst. Sie bleiben langfristig konstant da sie kaum hinterfragt werden. Durch gezielte Maßnahmen sind sie nur schwer beeinflussbar. Andererseits ist Unternehmenskultur kein völlig statisches Gebilde. Sie prägt zwar das Verhalten der Organisationsmitglieder, gleichzeitig beeinflusst das Verhalten der Organisationsmitglieder die Unternehmenskultur, vor allem durch diejenigen (neuen) Verhaltensweisen, die sich im Zeitablauf bewähren.

KULTURWANDEL ist nach Schein dann gegeben, wenn die Basisannahmen sich verändern. Eine Änderung der beiden darüber liegenden Ebenen stellt demnach keinen Kulturwandel dar. Hinsichtlich der Mechanismen, die zu einer Veränderung der Basisannahmen führen unterscheidet Schein primäre (z.B. charismatische Ausstrahlung des Führers) und sekundäre Faktoren (z.B. formalisierte Regelungen). Die sekundären entfalten dabei ihre kulturwandelnde Wirkung nur dann, wenn sie im Einklang mit den primären stehen (Frese 2000). Auch hier ist das Vorleben, insbesondere durch die Führungskraft, von entscheidender Bedeutung und wichtiger als das, was schriftlich fixiert oder mittels Regelungen bzw. Gestaltung von Systemen angestrebt wird (Schein 1985). Auf den Punkt gebracht bedeutet dies: Unternehmenskultur und sicherheitsbezogene Gestaltungsmaßnahmen beeinflussen sich gegenseitig. So trägt ein gutes Unternehmensklima nachweislich zur Unternehmenssicherheit bei (vgl. a. Kap. 5.3). Auf dem Gebiet der Wirtschaftskriminalität beispielsweise führt es zu einer um 7 % geringeren

Kriminalitätsbelastung. Die Studie Wirtschaftskriminalität 2007, die in Zusammenarbeit zwischen der Unternehmensberatung PricewaterhouseCoopers und der Martin-Luther-Universität Halle-Wittenberg erstellt wurde, führt in diesem Zusammenhang aus: »Ein gut ausgebautes Kontrollumfeld ist wichtig aber nicht ausreichend … Für eine effiziente Prävention ist es daher entscheidend, dass eine Unternehmens- und Wertekultur entwickelt wird, in der in allen Bereichen konsistent die Unternehmenspraxis auf ethischen und integritätsfördernden Werten und Prinzipien wie Entscheidungstransparenz und Fairness aufbaut. Eine große Zustimmung zur Unternehmenspolitik und die klare Ablehnung unternehmensschädigenden Verhaltens in Worten und Taten gehört ebenfalls dazu. Ein so entwickeltes gemeinschaftliches Wertesystem unterstützt die informelle Sozialkontrolle im Unternehmen … Unternehmenskultur und -klima … entfalten ihre positive, unterstützende Wirkung gerade in schwierigen Situationen.« (PricewaterhouseCoopers 2007)

Sicherheit wird, sofern entsprechend gelebt, ein Teilaspekt der Unternehmenskultur. Ob sie zu einer eigenen Subkultur wird, entscheidet der Einzelfall. Wichtig ist, dass Sicherheit keine Gegenkultur zur Unternehmenskultur wird. Sicherheits- und Unternehmenskultur müssen sich ergänzen bzw. zueinander passen. Besonders vielfältige Beispiele, bei denen Sicherheit mit Kultur bzw. Unternehmenskultur kollidiert, liefern die verschiedenen Ansatzmöglichkeiten von Social Engineering. Diese Methode ist gerade deshalb so erfolgreich, weil sie menschliche Eigenschaften wie z. B. Hilfsbereitschaft, Vertrauen, Angst oder Respekt vor Autorität bewusst ausnutzt, um Mitarbeiter zu manipulieren und sie zu Handlungen zu bewegen, die der Sicherheit abträglich sind.

Die Frage, wie z.B. mit Sicherheitsvorfällen umgegangen wird, findet seine unternehmenskulturelle Entsprechung in der Frage, welcher Umgang mit Problemen in meinem unternehmerischen Umfeld üblich ist. Werden sie eher »unter den Teppich gekehrt« oder werden sie als Herausforderungen angesehen, denen man sich stellt?

Weiteres Beispiel: Sperren des Computers bei Abwesenheit vom Arbeitsplatz. Möglicherweise komme ich dieser Sicherheitsanforderung nach, weil ich erkannt habe, dass es Sinn macht. Ich tue es vielleicht aber gerade deshalb, weil es in der Bezugsgruppe, derer ich mich zugehörig fühle, Usus ist, den Computer beim Verlassen des Arbeitsplatzes zu sperren (oder eben nicht). Implizite Belohnung erfolgt damit durch gruppenkonformes Verhalten.

Bei einem meiner früheren Arbeitgeber ist »gegenseitige Wertschätzung« ein stark internalisierter Wert. Wertschätzendes Verhalten zeigt sich dort u.a. darin, dass jeder (vermeintlichen) Kollegin bzw. jedem Kollegen stets die Tür aufgehalten wird und sei es, dass sie bzw. er sich noch etliche Meter von selbiger entfernt ist. Nachfragen bezüglich der Zutrittsberechtigung »gehört sich nicht« und unterbleibt deshalb – aus Sicherheitssicht kein wirklich optimales Vorgehen.

Auf der anderen Seite gibt es Unternehmenskulturen, die mit einer vergleichsweise stärker ausgeprägten Sicherheitskultur einhergehen. So liegt die Vermutung nahe, dass sich beispielsweise Mitarbeiter eines Herstellers von Süßwaren in punkto Sicherheit anders verhalten als die Belegschaft eines Rüstungskonzerns. Das bedeutet in der Konsequenz aber nicht, dass sich im letztgenannten Umfeld Sicherheitsmaßnahmen von Haus aus wesentlich leichter implementieren lassen. Die entscheidende Frage ist auch hier: Inwieweit passen die Awareness-Aktivitäten und der damit möglicherweise einher gehende Veränderungsbedarf in den gegebenen Rahmen der Unternehmenskultur?

Anpassung an oder Konfrontation mit der Unternehmenskultur?

Die o.g. Frage möchte ich mit einem klaren »jein« beantworten. Sensibilisierung für Sicherheit kann einen Eingriff in die Unternehmenskultur bedeuten. Die Frage ist dann, wie tief der Eingriff bzw. die Eingriffe in die zuvor beschriebenen Ebenen der Organisationskultur sind. Rüttelt man an den Basisannahmen und damit an den Grundfesten einer Organisation, so wird es ein langer und mitunter steiniger Weg, bis sich das Gesamtsystem im gewünschten Maße sicherheitskonform zeigt. Soll an dem Thema Sicherheit nachhaltig gearbeitet werden, kommt man meiner Einschätzung nach nicht umhin, die beschriebenen Erkenntnisse von Scheins Arbeit zumindest auf deren Relevanz in der konkreten Situation hin zu überprüfen und sie gegebenenfalls systematisch anzuwenden. »*Sicherheitsanforderungen bzw. die Sicherheitskultur üben mittel- bis langfristig einen Anpassungsdruck auf die Unternehmenskultur aus. Den einzig richtigen Weg des Zusammenspiels zwischen sicherheitsfördernden Sensibilisierungsmaßnahmen und der Unternehmenskultur wird es nicht geben. Den für das einzelne Unternehmen richtigen hingegen schon.*« (Helisch 2007)

3 Awareness und Lernen

Kathrin Prantner

Wer erfolgreich für die Belange der Informationssicherheit sensibilisieren will, kommt am Thema Wissensvermittlung nicht vorbei. Doch welcher der zahlreichen Wege, die nach Rom führen, soll beschritten werden? Sinnvollerweise derjenige, der zu meinem Unternehmen respektive der »Lernkultur« in meinem Unternehmen passt und die Mitarbeiter bzw. die Lernenden möglichst ohne Umwege ins Ziel führt.

Um die Wissensvermittlung im Kontext Awareness erfolgreich und effizient zu gestalten, bedarf es der Kenntnis der unterschiedlichen Lerntypen. Sie kategorisieren nach der Art und Weise wie Informationen von einzelnen Personen aufgenommen und verarbeitet werden. Abgestimmt auf die Lerntypen gelingt es, Lernmaßnahmen anforderungsgerecht zu planen und umzusetzen (s. Abb. 17).

Ziel des folgenden Kapitels ist es, ein Grundverständnis hinsichtlich der bestehenden Unterschiede von Informationsaufnahme, -verarbeitung sowie -vermittlung zu schaffen.

3.1 Grundzüge der Lerntheorie

Dieses Kapitel stellt praxisnahe Grundlagen zum Thema Lernen im Arbeitsumfeld vor. Die ausgewählten Lernmethoden und -typen basieren auf einfachen, jedoch verständlichen Modellen und Theorien und haben sich in der Praxis – speziell im beruflichen Umfeld – etabliert.

3.1.1 Was ist Lernen?

Der Prozess des Lernens ist für einen Laien auf den ersten Blick relativ leicht zu definieren. Der Begriff an sich wird jedoch sehr umfassend und weitläufig verwendet. Er ist mit unterschiedlichsten Wahrnehmungen verknüpft und beschreibt damit einhergehende differenzierte Verhaltensweisen. Kein Wunder, dass die Erforschung der einzelnen Lernprozesse die Wissenschaft immer wieder aufs Neue beschäftigt. Lernen nimmt umfangreichen Platz im Entwicklungsprozess des Menschen ein. Daher werden im Folgenden erfolgreiche Lernmethoden vorgestellt und die verschiedenen Lerntypen benannt. Aktuell fällt es schwer, die Fülle wissenschaftlicher Publikationen zu überblicken. Auch das Herausfiltern relevanter Aussagen einer einzelnen Richtung scheint gerade für einen Laien nahezu unmöglich. So gibt es beispielsweise unterschiedlichste Antworten auf die Frage »Wie lernen Menschen?« aus allen unterschiedlichen wissenschaftlichen Disziplinen. Diese große Optionsvielfalt ist wohl darauf zurückzuführen, dass jeder Mensch in verschiedenen Lebensabschnitten auf den jeweiligen Zweck abgestimmte Lernprozesse in Anspruch nimmt. Menschen lernen in verschiedensten Phasen mit Hilfe unterschiedlichster Methoden. Beispiele dafür sind:

- Erlernen der Sprache, Laufen im Kindesalter
- Schreiben, Lesen, Rechnen im Grundschulalter
- Allgemeinbildung, Spezialkenntnisse, Sprachen
- fachspezifische Kenntnisse im Studium
- Berufsausbildungen
- Weiterbildung
- tägliches Lernen, Erfahrungswerte

Je nach Ziel und Zweck des Lernens ändern sich auch die Methode und die wissenschaftliche Betrachtung.

Innerhalb dieses Kapitels wird vor dem Hintergrund unseres Buchthemas auf keine spezielle Form des Lernens tiefer als nötig eingegangen; Lernen wird vielmehr ganzheitlich und allgemein betrachtet mit besonderem Fokus auf das Lernen im Arbeitsumfeld. Die folgende Grafik zeigt den Prozess Lernen im Rahmen dieses ganzheitlichen und allgemeinen Ansatzes:

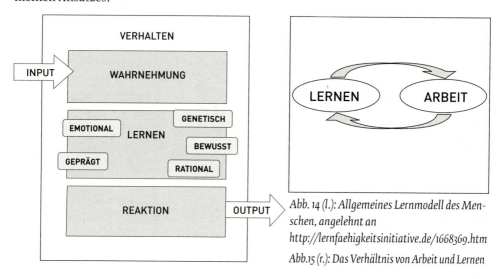

Abb. 14 (l.): Allgemeines Lernmodell des Menschen, angelehnt an http://lernfaehigkeitsinitiative.de/1668369.htm

Abb.15 (r.): Das Verhältnis von Arbeit und Lernen

- **Input:** Erfahrung, Problemlösung, Kommunikation (mündlich, schriftlich, Bilder, etc.)
- **Wahrnehmung:** umfasst alle Sinnesorgane, wie Augen, Ohren, Tastsinn, Wärmeempfinden, etc.
- **Lernen:** Aktivitäten des Gehirns
- **Reaktion:** umfasst alle Ausführungsorgane, wie Hände, Beine, Finger, Stimme, Mimik, Gestik, etc.
- **Output:** Kommunikation (mündlich, schriftlich, Bilder, etc.), Wissen, Verhaltensweisen, etc.

3.1.2 Lernen und Arbeiten

Betrachtet man den Prozess des Lernens, wird dieser von vielen Menschen unmissverständlich mit Arbeit in Verbindung gebracht. Sie verbinden den Aufwand zur Wissenserweiterung automatisch mit Arbeit, wobei diese Empfindung sicherlich einen wahren Kern trifft. Ein Lernprozess hat nämlich durchaus den Charakter von Arbeit. Jedoch umgekehrt verbinden die wenigsten Arbeit mit Lernen. Durch die Arbeit und die damit verbundene Bewältigung von diversen Aufgaben lernen wir kontinuierlich dazu. Viele Arbeitssituationen erweisen sich als äußerst erfolgreiche Lernprozesse, die durchaus einen Lernerfolg aufweisen (vgl. a. Kap. 6.4.2).

Lernen beinhaltet eben nicht nur das bloße Verstehen von Begriffen oder deren praktische Anwendung; es geht beim Lernen auch um den Gesamtkontext in den der Mensch eingebettet ist. Gerade im beruflichen Umfeld ist dieser Gesamtkontext ständig präsent und somit auch zu berücksichtigen:

Hauptziel des beruflichen Lernens ist nicht nur das Erlangen von Fähigkeiten, sondern auch deren erfolgreiche Anwendung in einem vernetzten und komplexen System unter Berücksichtigung aller organisatorischen Abläufe und Strukturen. Bernd Ott definiert die wichtigsten Eigenschaften der Zielerreichung bei beruflichem Lernen wie folgt:

- Von singulärem Denken und Tun zum vernetzten Denken und ganzheitlichen Handeln
- Von einseitiger Fachbildung zum ganzheitlichen Qualifikationserwerb
- Von Einzelarbeit und Einzelanweisung zu Teamarbeit und Eigeninitiative

Bei näherer Betrachtung des definierten Ziels wird deutlich, dass das Lernen mehr beinhaltet als reine Informationsaufnahme. Ott definiert zwei unterschiedliche Lernbereiche für den Aus- und Weiterbildungsbereich, die den Prozess Lernen erheblich prägen:

Kognitiver-motorischer (objektbezogener) Lernbereich:

Das kognitive-motorische Lernen fokussiert den Erwerb von sachlichen und fachlichen Inhalten und Verfahren, die von Mitarbeitern benötigt werden, um Ihre Aufgabenbereiche zu erfüllen. Hierzu zählt man methodisches oder problemlösendes Lernen sowie verschiedene Lern- und Arbeitstechniken.

Psycho-sozialer (subjektbezogener) Lernbereich

Bei diesem Lernen steht die Persönlichkeitsentwicklung, auch als Individualkompetenz verstanden, im Vordergrund. Urteilsfähigkeit, Teamfähigkeit und die Selbstreflexion der Lernenden werden angesprochen und ausgebildet. Das sozialkommunikative Lernen und die Ausbildung von Kooperations- und Kommunikationstechniken sind Hauptbestandteile des psycho-sozialen Lernbereiches (Ott 2007).

3.1.3 Lerntypen

Prinzipiell gibt es verschiedene Lerntypen, die unterschiedliche Vermittlungsmethoden von Information bevorzugen bzw. im Zuge der Vermittlung mehr Lernstoff aufnehmen

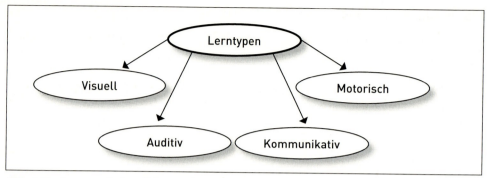

Abb. 16: Vier Lerntypen im beruflichen Umfeld

und auch anwenden können. Die Wissenschaft definiert wieder unzählige verschiedene Modelle mit teilweise komplex kombinierten Lerntypen. Der besseren Übersicht wegen soll hier eine sehr praxisnahe und leicht verständliche Theorie gewählt werden, die kurz und bündig die wesentlichen Unterschiede der Lerntypen aufzeigt:

- **Der visuelle Lerntyp: Lernen durch Sehen**

Die wichtigsten Arten, Informationen aufzunehmen, sind beim visuellen Lerntyp das Lesen oder auch das Beobachten von Situationen und Abläufen. Informationen, die der visuelle Typ hört, kann dieser nur sehr mühevoll verarbeiten und behalten.

- **Der auditive Lerntyp: Lernen durch Hören**

Der auditive Typ lernt am leichtesten, wenn er Informationen hört. Er kann sich das Gehörte sehr leicht merken, es verarbeiten und umsetzen. Schriftliche Informationen oder Beobachtungen bereiten dem auditiven Lerntypen Schwierigkeiten.

- **Der kommunikative Lerntyp: Lernen durch Gespräche**

Der kommunikative Lerntyp bevorzugt Gespräche und Diskussionen, um Informationen aufzunehmen. Typischerweise findet man die kommunikativen Lerntypen in beiden Situationen wieder – in der des Fragenden, aber auch in der des Erklärenden.

- **Der motorische Lerntyp: Lernen durch Ausprobieren**

Das eigene Durchführen von Handlungsabläufen ist für diesen Lerntyp charakteristisch (»learning by doing«). Um den Anforderungen des motorischen Lerntyps gerecht zu werden, muss man diesen unmittelbar am Lernprozess beteiligen, damit er die Chance hat, eigenständige Erfahrungen zu sammeln.

Die Lerntypen werden durch unterschiedliche Lernstile ergänzt, die sich wiederum beliebig kombinieren lassen. Ein Lernstil beschreibt die Art und Weise des Lernens – also z.B. wie der Lernende den Inhalt aufnimmt. Beispiele dafür sind: sachlich/fachliches Lernen, Gefühlslernen, kreatives Lernen, expressives Lernen, erfahrungsorientiertes Lernen, experimentelles Lernen, beobachtendes Lernen, etc.

3.1.4 Erfolgsfaktoren der beruflichen Weiterbildung

Betrachtet man das Lernen im Arbeitsumfeld und dessen Erfolg, sind nicht nur die unterschiedlichen Lerntypen und -stile zu beachten, sondern auch weitere, kontextbezogene Kriterien wie:

- **Die personelle Komponente als Erfolgsfaktor (»der Mitarbeiter«)**
  - (1) Generationen
  - (2) Wissensstand, Lerntyp
  - (3) Gender
  - (4) Zielgruppe, Rolle, Arbeitsbereich
  - (5) Sprache, Herkunft, Kultur
- **Die Komponente Unternehmen als Erfolgsfaktor**
  - (6) Unternehmenskultur
  - (7) Stellenwert der Weiterbildung
  - (8) Vermittlungsmethode, Lernstoffaufbereitung
  - (9) Verfügbare Ressourcen, Aufwand, Kosten

(1) Generationen

Verschiedene Generationen innerhalb eines Unternehmens lernen unterschiedlich schnell und effizient. Jüngere Kollegen und solche, die öfters an Weiterbildungen, Umschulungen, Unterweisungen, etc. teilnehmen, fällt es leichter, neue Inhalte aufzunehmen. Bei Mitarbeitern, die bereits länger nicht mehr an Weiterbildungen teilgenommen haben, kann es durchaus vorkommen, dass das Lernen verlernt wird. Deshalb ist es notwendig, Mitarbeiter, die aufgrund ihres Profils und den unternehmensinternen Prozessen Lernschwierigkeiten aufweisen, langsam an den Lernprozess und an neue Inhalte heranzuführen. Ein Unternehmen, das kontinuierlich Weiterbildung fördert und fordert, wird weitaus weniger Schwierigkeiten haben, alle Generationen mit gleicher Geschwindigkeit und mit hoher Effizienz zu schulen.

(2) Wissensstand, Lerntyp

Der Umfang und der Detailierungsgrad der zu übermittelnden Information ist vom IST-Stand des Unternehmens abhängig, d.h. von den bereits getroffenen Maßnahmen im Weiterbildungssektor und dem Wissensstand aller Mitarbeiter.

Um den bestmöglichen Weiterbildungs- und Lernerfolg zu erzielen, ist es notwendig, eine Vermittlungsart zu wählen, die möglichst alle Lerntypen erreicht: den visuellen, auditiven, kommunikativen und motorischen Lerntyp.

(3) Gender

Bei ausschließlicher Berücksichtigung des Lernerfolges sind keine wesentlichen Unterschiede zwischen den Geschlechtern zu erkennen. Umgekehrt ist dies jedoch bei der Art des Lernens. Frauen nähern sich Lernthemen unter einem ganzheitlicheren Aspekt und nehmen diesen persönlicher und emotionaler wahr.

(4) Zielgruppe, Rolle, Arbeitsbereich

Bei der beruflichen Weiterbildung sollte auch die jeweilige Rolle der Mitarbeiter berücksichtigt werden. Unterschiedliche Profile bedeuten oft auch unterschiedliches Knowhow. Außerdem sollte darauf geachtet werden, dass die zu übermittelnden Inhalte an den Arbeitsbereich, die Stellenbeschreibung und die damit verbundenen Aufgaben der jeweiligen Mitarbeiter angepasst werden.

Als Maßnahmen für einen möglichst hohen Lernerfolg sind Informationen zielgruppenspezifisch zu übermitteln. Falls dies nicht möglich ist, sollten Informationen auf Grundlage des gemeinsamen Basiswissens der Mitarbeiter zusammengestellt werden.

Als besondere Zielgruppe bei Weiterbildungsmaßnahmen sollten die Führungskräfte bzw. das Management des jeweiligen Unternehmens betrachtet werden, weil diese nicht nur aufgrund ihres Profils und ihrer Position im Unternehmen eine andere Art der Informationsaufbereitung fordern. Führungskräfte neigen eher dazu, ihre Kompetenzen und Weiterbildungsmaßnahmen selbst zu managen, lassen sich also ungern Weiterbildungen oder besondere Lernmethoden aufzwingen. In diesem Kontext wurden bereits zahlreiche Studien durchgeführt, die die spezifischen Lerngewohnheiten der Manager untersuchen.

Auf Grundlage dieser Explorationen lässt sich feststellen: Führungskräfte....
- neigen dazu, ihre Weiterbildung selber zu organisieren
- bilden sich je nach Bedarf selbständig weiter
- legen vergleichsweise viel Wert auf Weiterbildung
- lernen lieber und effektiver außerhalb der organisierten beruflichen Weiterbildung
- suchen und nützen flexible und schnell verfügbare Lernangebote
- sehen von sich aus einen Zusammenhang zwischen Arbeit und Weiterbildung
- lernen prinzipiell problemorientierter als der Durchschnittsmitarbeiter
- achten darauf, dass Lernangebote möglichst anwendungsorientiert sind
- verfügen zusammenfassend über ein hohes Maß an Selbstlernkompetenz

Fast alle Erkenntnisse sind auf Skills zurückzuführen, die eine Führungskraft ohnehin benötigt, um auf der Managementebene erfolgreich zu sein. Zu berücksichtigen ist hierbei auch der überaus kritische Faktor »Zeit«, der bei Führungskräften oft als knapp bemessenes Gut gilt. Dies dürfte auch der Grund sein, warum Experten bei der Weiterbildung von Führungskräften von »learning on demand« sprechen.

(5) Sprache, Herkunft, Kultur

Im Zeitalter der Globalisierung nimmt die Berücksichtigung der kulturellen Unterschiede in den verschiedenen Disziplinen eine immer entscheidendere Rolle ein. Bei der Übersetzung von Lehr- und Lerninhalten in eine andere Sprache sollte z.B. unbedingt ein »Native Speaker« hinzugezogen werden. Eine 1:1-Übersetzung ohne Berücksichtigung kultureller Einflüsse ist dabei wenig zielführend. Aber nicht nur potenzielle sprachliche Barrieren sind von Bedeutung, sondern gerade die für im Weiterbildungssegment so wichtigen interkulturellen Besonderheiten, die im Kapitel 7 detailliert dargestellt werden.

(6) Unternehmenskultur

Die Unternehmenskultur ist für den Erfolg eines Unternehmens von großer Bedeutung, sie ist es ebenso im Kontext Lernen. In der Regel ist die grundsätzlich positive Einstellung der Mitarbeiter zum Thema Weiterbildung abhängig davon, wie stark sie sich mit ihrer Arbeit und mit ihrem Unternehmen identifizieren. Eine produktive Unternehmenskultur sowie ein hohes Maß an Identifikation wirken sich stets positiv auf das Lernverhalten der Mitarbeiter aus (s.a. Kap. 2.4. u. 5.3).

(7) Stellenwert Weiterbildung

Mitarbeiter, die kontinuierlich an Weiterbildungsmaßnahmen teilnehmen, können neue Themen effizienter bearbeiten. Investitionen in das betriebliche Weiterbildungssystem sind somit Investitionen in die Stärkung des eigenen Unternehmens für die Herausforderungen der Zukunft.

(8) Vermittlungsmethode, Lernstoffaufbereitung

Bei konzentrierten bzw. regelmäßigen Weiterbildungsmaßnahmen spielen auch die gewählten Lernmedien eine Rolle. Der Einsatz eines Mediums muss auf den jeweiligen Inhalt und auf die Unternehmenskultur und -strategie abgestimmt sein. Der Lernerfolg wird zudem vom wechselnden Einsatz der Lernmethoden und -medien positiv beeinflusst.

Die Qualität der Lernstoffaufbereitung ist ebenfalls ausschlaggebend für den Lernerfolg. Strukturieren Sie das Lernthema übersichtlich und überladen Sie die Mitarbeiter nicht mit unverständlichen Texten.

(9) Verfügbare Ressourcen, Aufwand, Kosten

Der Aufwand und damit verbundene Kosten sind maßgeblich vom Status Quo des jeweiligen Unternehmens sowie von den avisierten Zielen abhängig.

3.2 Informationsvermittlung

Der Lernprozess baut auf die Vermittlung von Informationen auf. Aus Sicht es Lernenden geht es primär darum, Informationen aufzunehmen, zu speichern und weiter zu verarbeiten. Aufgabe des Lehrenden hingegen ist es, Informationen sachgerecht aufzubereiten und zu vermitteln. Informationen werden dann zu Wissen verdichtet, wenn ein Mensch in der Lage ist, eine Information in Beziehung zu kontextuell relevanten Erfahrungen zu bringen und entsprechend zu verarbeiten. Wissen kann also nur durch die Einbeziehung ganzheitlicher Prozesse entstehen, die Kopf und Bauch, intellektuelle, kognitive wie seelische Erfahrungen umfassen (s.a. Kap. 5.1).

3.2.1 Methoden der Informationsvermittlung

Es gibt verschiedene Methoden und Strategien, Informationen zu vermitteln. Jede Vermittlungsmethode hat Vor- und Nachteile und verlangt unterschiedlichen Vorbereitungsaufwand.

Eingeteilt werden die Vermittlungsmethoden in folgende Bereiche: Lesen, Hören, Sehen, Sehen und Hören, Darüber Sprechen, Ausführen, Trainieren.

Die Grafik unten gibt einen Überblick über die bestehenden und am häufigsten eingesetzten Vermittlungsmethoden von Informationen und bewertet diese nach durchschnittlicher Erfolgsquote.

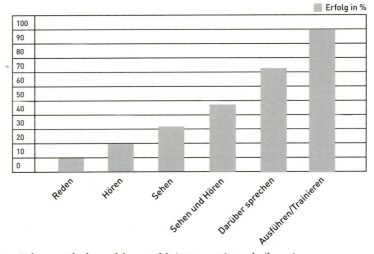

Abb. 17: Die Vermittlungsmethoden und deren Erfolg in Prozent (Kowalczik 1995)

Deutlich wird, dass mit dem Selbst-Ausführen bzw. -Trainieren der mit Abstand beste Lernerfolg erzielt wird. Nachgewiesen wurde, dass Informationen bei Vermittlung via Training besonders schnell aufgenommen, abgespeichert und schließlich auch verstanden werden. Dabei ist es durchaus üblich, verschiedene Vermittlungsmethoden miteinander zu kombinieren. Anschauliches Beispiel ist der klassische Vortrag. Üblicherweise spricht der Vortragende vor einem Auditorium, während im Hintergrund Präsentationsfolien bzw. -screens mitlaufen. Im Anschluss besteht die Möglichkeit, Fragen zu stellen bzw. auch zu diskutieren. Somit handelt es sich hierbei um eine Kombination zweier unterschiedlicher Vermittlungsmethoden, nämlich »Sehen und Hören« sowie »Darüber sprechen«.

Bei der effizienten Informationsvermittlung spielt die Wahl der passenden Methode eine wesentliche Rolle für den Lernerfolg. Primär ist darauf zu achten, dass auch der Vermittlungskanal passend zur Methode gewählt werden muss. Hierbei kommen in Frage:

- Personen wie Lehrer, Consultants, Vorgesetzte, Ausbilder, Trainer, Referenten, Lehrkräfte, etc.

3.2 • Informationsvermittlung

- Eigenerfahrung (situatives Lernen) oder Erfahrungsberichte von anderen
- Klassische Medien, wie Bücher, Dokumente, Bilder, etc. (s.a. Kap. 6.3)
- Neue Medien, wie Präsentationen, E-Learning, Videos, Animationen, etc. (s.a. Kap. 6.3)

Anwendungsbeispiele der Vermittlungsmethoden und -Kanäle im Bereich Security Awareness (s. Kap. 6) können wie folgt definiert werden:

VERMITTLUNGSMETHODEN	BEISPIELE
Lesen	• Richtlinien • Newsletter • Bücher
Hören	• Schulung • Audiobooks
Sehen	• Informationsmaterial (Poster, etc.) • Bildschirmschoner • Giveaways • Ausstellungen
Sehen und Hören	• Videos • Schulung inkl. Präsentationsfolien • Live-Demonstrationen
Darüber sprechen	• Offizielle Mitarbeitergespräche • Austausch zwischen Kollegen
Ausführen, Trainieren, Erleben	• Aufgabenstellung • Eigenerfahrung • Trainingssoftware (z.B. WBTs, CBTs, etc.)

Abb. 18: Security Awareness-Vermittlungsmethoden und Beispiele

3.2.2 Nutzung von neuen Medien

Für die Vermittlung von Informationen werden immer häufiger neue Medien eingesetzt. Der Begriff »Neue Medien« steht zusammenfassend für alle verfügbaren, innovativen Medientechnologien. Da der Begriff zeitbezogen verwendet wird, wurden auch Radio, Fernsehen, Videotext, etc. nach ihrer Einführung einige Jahre lang als »neues« Medium bezeichnet. Heute werden vor allem jegliche Möglichkeiten zur digitalen Übermittlung von Daten wie z.B. Internet, E-Mail, DVD, MP3, Podcast, etc. unter dem Begriff der neuen Medien zusammengefasst. Ein aktuell aussagekräftiges Kennzeichen neuer Medien ist die rechnergestützte Handhabung, das digitale Vorliegen der Daten sowie die Interaktivität beim Umgang mit diesen Daten (http://de.wikipedia.org/wiki/Neue_Medien). Oft wird auch der Begriff »Multimedia« anstatt »Neue Medien« verwendet, vor allem dann, wenn nicht nur eine sinnliche Ebene der Rezeption berücksichtigt wurde, gegebenenfalls auch dann, wenn auf Seiten des eigentlichen Empfängers Feedback-Optionen bestehen.

Neue Medien bieten zahlreiche Funktionalitäten, die das Lernen deutlich vereinfachen können. Nicht nur deshalb empfiehlt sich deren zunehmender Einsatz. Letztendlich abhängig ist der erzielte Erfolg allerdings von der lernenden Person selbst, deren Umgang mit Medien und die Auffassungsfähigkeit, die sich im Lerntyp widerspiegelt. Tatsächlich können mithilfe von neuen Medien fast alle Lernmethoden berücksichtigt und eingesetzt werden: audio, visuell, textuell, situativ, ja sogar modellbezogen mithilfe von 3D-Techniken. Die Möglichkeit, verschiedene Arten der Informationsvermittlung kombinieren zu können – z.B. spielerisch visuelles mit auditiven oder auch textuellen – bieten in besonderem Maße gerade die Neuen Medien, so dass jeder Lerntyp gezielt angesprochen werden kann. Dieser Benefit greift ganz besonders in Unternehmen mit sehr heterogener Mitarbeiterstruktur und entsprechend heterogenen Lernstilen.

3.3 Security Awareness mittels E-Learning

Das Thema Security Awareness impliziert u.a. eine – wie auch immer ausgeprägte – Ausbildung von Bewusstsein. Vermittlungsprozesse im Rahmen von Security Awareness müssen deshalb per se weit über das klassische »Lernen« hinaus gehen.

Eine derartige Zielsetzung verlangt Strategien, die den potenziellen Einsatz neuer Medien mit all den bereits gelisteten Vorteilen noch vehementer in den Mittelpunkt zu rücken scheinen.

Gerade E-Learning-Lösungen bieten didaktische Möglichkeiten, die in punkto Effizienz mit ausschließlich personellem Einsatz nicht zu erreichen sind, man beachte hier nur das technische Potenzial sowie Optionsvielfalt dieser Medien. Diese Flexibilität, kombiniert mit qualitativ hochwertigen Inhalten, ist über andere Kanäle nur schwerlich zu toppen.

Security Awareness Next Generation in Verbindung mit neuen Medien fordert, den Mensch und dessen Interaktion in den Vordergrund zu stellen. E-Learning beweist sich hinsichtlich dieser Bedingungen bei sorgfältiger Aufbereitung als prädestiniert für den beruflichen Einsatz.

Unbestritten ist auch die Tatsache, dass Sicherheit ein sehr schnelllebiges Thema ist und nach unkomplizierten Anpassungsmöglichkeiten ruft. Immer wieder neue Security-Vorfälle mit immer wieder neuen Gefahren und Risiken wollen trainiert bzw. geschult werden. Gerade neue Medien bieten innerhalb dieses Szenarios die Möglichkeit, zeitnah und zielgruppengerecht auf Gefahren und Vorfälle zu reagieren.

3.3.1. Grundlagen E-Learning

Die derzeit wohl erfolgreichste State-of-the-art-Methode zur Unterstützung erfolgreicher Lernprozesse in Unternehmen ist E-Learning. Der Ursprung von E-Learning kann bereits in der Verwendung von Sprachkassetten oder Lehrvideos in den 1960er und 1970er Jahren verortet werden. Zu einem regelrechten E-Learning Boom kam es Mitte der 1990er Jahre – nicht zufällig parallel mit zunehmender Verbreitung des Internets.

Dabei ist E-Learning ein Sammelbegriff, unter dem ganz verschiedene Lerntechniken zusammengefasst werden, die allesamt auf neuen Medien basieren. Als kleinster gemeinsamer Nenner aller E-Learning-Angebote lässt sich die Informationsvermittlung mit dem Anspruch der (Weiter-)Bildung ausmachen. Die Art der Übermittlung ist nicht von wesentlicher Bedeutung und reicht von Bild- und Tonübertragungen bis hin zu komplexen Simulationen am Rechner. Hier einige Beispiele von Bezeichnungen, die sich unterscheiden, aber im Grunde genommen ähnliches meinen: Computer Based Training (CBT), Web Based Training (WBT), Learning Management Systeme (LMS), Learning Content Management Systeme (LCMS), multimediales Training, Telelernen/Teleteaching, Fernlernen/Fernstudium/Distance Learning, Digitale Lernspiele, Planspiele, etc. Das nahezu unendliche Spektrum der Optionsvielfalt von E-Learning zeigt nachfolgende Grafik:

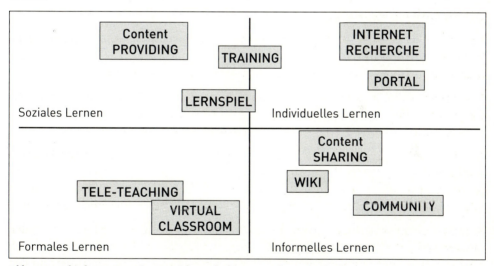

Abb. 19: Verschiedene E-Learning-Bereiche gegliedert in Soziales/Individuelles sowie Formales/Informelles Lernen, in Anlehnung an MMB-Institut für Medien- und Kompetenzforschung

3.3.2. E-Learning für SECURITY AWARENESS NEXT GENERATION

Im Bereich des E-Learning existieren unterschiedliche Arten, den Lernprozess zu gestalten. Wie beim »traditionellen« Seminar- oder Klassenunterricht entscheiden sich auch beim E-Learning die in der Praxis angebotenen Formen und die unterschiedlichen Vorgehensweisen, Wissen zu vermitteln, in zwei grundlegenden Punkten:

- die Art und Weise, wie die Lernmaterialen aufbereitet sind und welche Medien eingesetzt werden
- die Art und Weise, wie die Lernenden selbst in den Vermittlungsprozess einbezogen werden

Neben dem klassischen E-Learning (Kontent Providing, dem Bereitstellen von Inhalten via Web) gibt es weitere Optionen, Inhalte an die Mitarbeiter zu kommunizieren. So reicht das Spektrum von Kontent Sharing (Austauschen von Inhalten via Web) über neue Trends wie Virtual Classrooms bis hin zur Vermittlung von Inhalten inklusive der Darstellung von Verhaltensweisen über eine 3D-Plattform. Alle bestehenden Formen benötigen allerdings eine durchdachte Didaktik und strukturierte Rahmenbedingungen. Es gibt kein verbindliches Kochrezept für E-Learning-Erfolge, es muss vielmehr auf die jeweils individuelle Ausganglage im Unternehmen und die definierten Ziele abgestimmt werden. Aufwand und Nutzen sowie benötige Ressourcen und zu erreichende Ziele sind in Konsequenz vorab eindeutig zu definieren. Nur so kann entschieden werden, welche Lernform dem gewünschten Lernerfolg am Nächsten kommt.

Folgende Merkmale weisen alle Formen des E-Learning auf:

- der Lernstoff wird eigenständig unter Nutzung digitaler Lernmaterialen erarbeitet. Dies ist »online« und »offline« möglich.
- Lernen erfolgt aus der Distanz ohne direkte Interaktion zwischen Lehrenden und Lernenden. Es wird hauptsächlich via E-Mail oder Foren kommuniziert.
- Hilfestellungen werden durch die Software in Form von Hilfetexten oder Wizards übernommen.

Die erfolgreichste und am häufigsten eingesetzte Methode, Security Awareness-Themen hinsichtlich innerbetrieblicher Weiterbildung anhand von neuen Technologien zu vermitteln, ist das »klassische E-Learning« (Kontent Providing): Dem Mitarbeiter wird ein Lernprogramm (lokal, mobil oder via Internet) zur Verfügung gestellt, mit dessen Hilfe dieser die Inhalte des jeweiligen Trainings durcharbeiten kann.

Die Unterschiede der Lernstoffvermittlung bei E-Learning reichen von rein textueller Aufbereitung bis hin zu professioneller Animation, welche situationsbedingtes Verhalten der User und deren Interaktivität fordert. Die letztere Variante eignet sich ausgezeichnet für die Vermittlung von Security Awareness-Themen und bestätigt die Berechtigungsfrage von Softwarelösungen für SECURITY AWARENESS NEXT GENERATION.

Um diesen Anforderungen auch gerecht zu werden, benötigt eine professionelle Software-Lösung interaktive und multimediale Bausteine. Doch Vorsicht, die Begriffe »interaktiv« und »multimedial« sind dehnbar. Kann man bereits von Interaktivität sprechen, wenn ein User im Rahmen der Anwendung aufgefordert wird, während eines Multiple Choice-Tests nur einen Button zu klicken? Wohl kaum. Daher ist Interaktivität erst dann gewährleistet, wenn im Kontext eines tatsächlich realitätsnahen Trainings für den Mitarbeiter die Möglichkeit besteht, Aufgaben zu erfüllen, die mit seinem Arbeitsalltag verknüpft sind. Erst wenn die mit seiner Tätigkeit verbunden Risiken und Gefahren aufgezeigt und kontextuell erläutert werden, erfüllt ein interaktives Trainings den Sinn, Arbeitsabläufe zu optimieren und »sichere« Verhaltensweisen zu automatisieren.

Der Begriff »Multimedia« wird ähnlich weit gefasst. Bereits dann, wenn innerhalb einer Softwarelösung eine kleine Animation integriert ist, erhält das Produkt in der Regel den Stempel »multimedial«. Deshalb sollte im Vorfeld der Anschaffung einer E-Learning-Software ein Benchmarking erstellt und eine Testphase mit dem Anbieter vereinbart werden. Zudem sind Bildungsgrad, Kultur und Ansprüche wie Visionen der Mitarbeiter zu evaluieren und deren potenzielle Identifikation, die entscheidend ist für die Motivation, mit dem Produkt zu arbeiten. Denn gerade ein unter den Mitarbeitern unbeliebtes Tool schmälert den Lernerfolg erheblich.

3.3.3. E-Learning, Security Awareness Next Generation anhand der Erfolgsfaktoren

Der folgende Teil widmet sich der Frage, inwieweit erfolgreiches Lernen im Bereich Security Awareness mithilfe von E-Learning sichergestellt werden kann, wohlwissend, dass E-Learning in seiner Ursprungsform nicht automatisch Security Awareness Next Generation-konform ist. Es müssen einige Faktoren berücksichtigt werden, um den erfolgreichen Einsatz sicherzustellen. Grundlage stellen die definierten Erfolgsfaktoren hinsichtlich Lernen in seiner herkömmlichen Form in Kapitel 3.1.3 bzw. 3.1.4 dar.

(1) E-Learning und die Generationenunterschiede – was ist zu beachten:

Im Zusammenhang mit der Verwendung neuer Medien werden ältere Generationen gerne als »digital immigrants«, jüngere Generationen als »digital natives« bezeichnet. In der Berufswelt haben wir es nun, zum ersten Mal, mit den digital natives zu tun, die mit dem Computer aufgewachsen sind. Diese Form der Reifung bzw. Kultivierung mit Technologie stellt neue Herausforderungen an die Lehrenden.

Folgender Ausschnitt aus einem Lehrplan einer Schule demonstriert die Adaption neuer Medien im Bereich des Lernens. Bereits in den Grundstufen der Schulausbildung werden neue Medien eingesetzt und der Umgang hiermit erwartet. Das Lernen mithilfe neuer Medien hat an Bedeutung so sehr zugenommen, dass ihnen sogar in den traditionell konservativen Kernlehrplänen ein größerer Stellenwert eingeräumt wird.

Digital natives bilden zudem auch Verhaltensmuster aus, die sie automatisch in ihren Arbeitsalltag integrieren. So sind sie beispielsweise gewohnt, Multitasking zu betreiben und neue Medien in allen Alltagssituationen zu verwenden. Die ältere Generation hingegen hat die Nutzung technischer Hilfsmittel wie Computer oder Handy oft mühsam erlernen müssen, weshalb auch in weiterer Konsequenz das Verständnis für Sicherheitsthemen verhältnismäßig geringer ist. Welche Auswirkungen hat dies für die Verwendung von E-Learning-Lösungen? Ist E-Learning ein geeignetes Medium, um Securi-

Kapitel 3 • Awareness und Lernen

DEUTSCH		
Jahrgangsstufen 5/6	**Jahrgangsstufen 7/8**	**Jahrgangsstufen 9/10**
Sie nutzen in Ansätzen das Internet. Sie entnehmen aus Bildern und diskontinuierlichen Texten Informationen.	Sie verwenden Suchmaschinen des Internets und das Internet. Sie untersuchen und bewerten Sachtexte, Bilder und diskontinuierliche Texte.	Sie nutzen selbstständig Bücher und Medien zur Recherche, z.B. Rundfunk- und Fernsehangebote, Bibliotheken, Suchmaschinen des Internets und das Internet.
Sie erfassen Inhalte medial vermittelter jugendspezifischer Texte, z.B. Fernsehsendungen, Hörbuch.	Sie untersuchen Texte audiovisueller Medien, z.B. Werbesports und einfache Hypertexte.	Sie kennen medienspezifische Formen, z.B. Print- und Online-Zeitungen, Infotainment, Hypertexte, Werbekommunikation und Film.
ENGLISCH		
Jahrgangsstufen 5/6	**Jahrgangsstufen 7/8**	**Jahrgangsstufen 9/10**
Sie verwenden Schülerwörterbücher, Kassetten und CDs als Hilfsmittel. Sie setzen einfache Lernsoftware-Programme ein.	Sie führen Internetrecherchen durch und bereiten Arbeitsergebnisse mithilfe von Textverarbeitungsprogrammen auf.	Sie nutzen selbstständig das Internet für Recherche und Kommunikation. Sie verfügen über grundlegende Kompetenzen in media literacy/IT
MATHEMATIK		
Jahrgangsstufen 5/6	**Jahrgangsstufen 7/8**	**Jahrgangsstufen 9/10**
Sie nutzen Präsentationsmedien, z.B. Folie, Plakat und Tafel zur Darstellung und recherchieren in selbst erstellten Dokumenten und Schulbüchern.	Sie nutzen Tabellenkalkulation und Geometriesoftware zum Erkunden inner- und außermathematischer Zusammenhänge. Sie tragen Daten in elektronischer Form zusammen und nutzen Lexika, Schulbücher und Internet zur Informationsbeschaffung.	Sie nutzen mathematische Werkzeuge (Tabellenkalkulation, Geometriesoftware, Funktionenplotter) zum Erkunden und Lösen mathematischer Probleme. Zur Informationsbeschaffung nutzen sie selbstständig Print- und elektronische Medien und wählen geeignete Medien für die Dokumentation und Präsentation aus.

Abb. 20: Auszug aus dem Kernlehrplan von Schulen aus NRW (Quelle: http://www.lfm-nrw.de)

ty Awareness an alle Generationen zu vermitteln? Diese Frage kann mit »Ja« beantwortet werden, denn abgesehen von den fehlenden Barrieren für die digital natives, die E-Learning ganz selbstverständlich nutzen, hat sich in den letzten Jahren vor allem die Benutzerfreundlichkeit zahlreicher Anwendungen stark verbessert, sodass professionelle E-Learning-Programme heutzutage einfach zu bedienen sind und somit auch von der älteren Generation gerne angenommen werden. Mögliche unterschiedliche Wissenslevel werden im nächsten Absatz thematisiert.

3.3 ▪ Security Awareness mittels E-Learning

(2) Kann E-Learning mit den unterschiedlichen Wissensständen umgehen und verschiedene Lerntypen erreichen?

Der unter Umständen unterschiedliche Wissensstand der Mitarbeiter ist beim Einsatz geeigneter E-Learning-Lösungen sogar »erwünscht«, um Kompetenz und Vorteile der Lösung aufzuzeigen. Dem unterschiedlichen Wissensstand entgegenwirkend, bieten Lösungen beispielsweise Einstufungstests für User, wo auf dem Wissenslevel angepasste Lerninhalte automatisch bereit gestellt oder empfohlen werden. Eine weitere Möglichkeit ist die freie Wahl der Lernthemen und Inhalte. Überprüft wird das Wissen meist ohnehin am Ende des Durchlaufs, wodurch Wissenslücken bekannt werden. Lerninhalte können zudem in eigens gewählter Geschwindigkeit durchgenommen und nach Belieben wiederholt werden, um damit Wissenslücken in eigenem Antrieb zu schließen.

Zudem ist E-Learning die ideale Lösung, um möglichst unterschiedliche Lerntypen eines Unternehmens zu erreichen: den visuellen, den auditiven sowie bei geeigneten Features auch den kommunikativen und den motorischen Lerntyp.

(3) Gender

Frauen und Männer kann man, bei sachgerechter Aufbereitung, gleichermaßen für E-Learning begeistern. Die sich unterscheidenden Lerngewohnheiten von Mann und Frau werden aus den »typischen« Fähigkeiten und Charakterzügen der Gender abgeleitet. Frauen handeln meist intuitiv und beweisen Kommunikations- und Organisationsstärke, während Männer auf klare Strukturen und einfache Aufbereitung besser anzusprechen sind. Durch abwechselnde Aufbereitung von Inhalten in einer Softwarelösung, beispielsweise klar strukturierter Text und intuitive situationsabhängige Animationen, erreicht man beide.

(4) Können mittels E-Learning unterschiedliche Zielgruppen bedient werden?

Einer der wesentlichen Vorteile von E-Learning ist darin begründet, dass über ein simples Kontent-Customizing sämtliche Zielgruppen, unterschieden nach Arbeitstätigkeit, innerhalb des Unternehmens bedient werden können. Fast alle Softwarelösungen erlauben die Definition von Zielgruppen und eine einfache Zuordnung von relevanten Lerninhalten.

Gerade im Bereich Security Awareness ist zumindest eine grobe Zielgruppen-Anpassung vorteilhaft, da Mitarbeiter für den Bereich Sicherheit teilweise mit unterschiedlichen Rechten ausgestattet sind und Verantwortung für verschiedene Stufen der Pflichten und Haftungen wahrnehmen müssen. Ein Mitarbeiter in der Position eines Technikers oder Entwicklers hat in der Regel mehr Administratorenrechte und stellt bei Missbrauch ein höheres Sicherheitsrisiko mit ansteigendem Schadenspotential dar, als ein Mitarbeiter mit durchschnittlicher Bürotätigkeit. Das bedeutet, dass diese Person über ein Awareness-Basismodul hinaus auch Zusatzinhalte benötigen könnte, die den richtigen Umgang mit Administratorenrechten vermittelt und die Verantwortlichkeiten aufzeigt.

Das Thema Sicherheit stellt spezielle Anforderungen an das Management. Wie den Mitarbeitern müssen auch den Führungskräften falsche Verhaltensweisen, die Risiken für Informations- wie Unternehmenssicherheit darstellen – ebenso wie deren Konsequenzen und die Möglichkeiten zur Minimierung – vermittelt werden. Allerdings benötigen Führungskräfte aufgrund der Position und der damit verbundenen Haftungssituation über ein Verhaltenstraining hinaus auch gut aufbereitete Informationen bezüglich der rechtlichen Aspekte von Sicherheit. So bestimmt allein diese Anforderung wiederum die Form der Vermittlung, die in Abgrenzung zum »normalen« Mitarbeiter wesentliche Aspekte des Managements stärker differenziert, während Sicherheitsaspekte der betrieblichen Alltagskultur weniger detailliert dargestellt werden müssen.

(5) Inwieweit muss der interkulturelle Aspekt beim Einsatz von E-Learning berücksichtigt werden?

E-Learning eignet sich aufgrund der Flexibilität bezüglich der Anwendungsumgebung ideal für den interkulturellen Einsatz, da es über Grenzen hinweg von jedem Ort der Welt aus aufrufbar ist und somit alle Mitarbeiter mit den notwendigen Informationen in allen notwendigen Sprachen versorgen kann. Aber Vorsicht! Gerade im Kontext dieser grenzenlos anmutenden Einsetzbarkeit existieren auch viele Stolpersteine. Denn unterschiedliche Kulturen lernen auch unterschiedlich, erfassen Inhalte anders, weisen unterschiedliche Verhaltensmuster auf. Die interkulturelle Komponente ist hierbei nicht nur eine Hürde, sondern auch eine Herausforderung für alle international agierenden Unternehmen. Interkulturelle Barrieren erschöpfen sich nicht nur in den Text-Übersetzungen. Risiken bzw. Gefahren werden anders wahrgenommen und Bilder, die wir aus unserem Alltag kennen, womöglich anders interpretiert, beispielsweise aus religiösen Aspekten möglicherweise als Demütigung o.Ä. gewertet (vgl. Kap. 7).

Bei der Wahl einer E-Learning-Anwendung muss daher auch ein Fokus auf die Anpassbarkeit an die jeweiligen Länder, Sprachen, Kulturen und an das Lernverhalten gelegt werden. Lassen Sie sich daher bei der Implementierung von E-Learning-Lösungen in Ländern, mit deren Kultur Sie nicht genügend vertraut sind, von einem »Native« beraten, der die fremde Sprache beherrscht und die jeweilige Kultur gut kennt (s. Kap. 7). Einige E-Learning-Anbieter haben sich auf diese Differenzierung eingestellt und bieten auf die jeweiligen Länder abgestimmte Lösungen an.

Bei der Aufbereitung der Security Awareness-Inhalte ist darauf zu achten, dass die länderspezifischen Gesetze, Standards sowie Know-how-Unterschiede berücksichtigt werden. Detailliertere Ausführungen zum Thema interkulturelle Kommunikation können dem Kapitel 7 entnommen werden.

(6) Nehmen E-Learning-Lösungen Rücksicht auf die Unternehmenskultur?

Am Markt existieren die verschiedensten Anwendungen mit unterschiedlichen Möglichkeiten individueller Anpassungen, so dass grundsätzlich jede Form von Unternehmenskultur abgebildet bzw. berücksichtigt werden kann.

(7) Können Mitarbeiter mit E-Learning umgehen, wenn der Stellenwert der Weiterbildung im Unternehmen bislang gering war?

Je nach Strategie und Stellenwert der Weiterbildungsmaßnahmen wird es Unterschiede bezüglich der Auffassung von Lernlösungen und Lernstoff geben. E-Learning bietet den Vorteil, dass Mitarbeiter die Möglichkeit haben, Lernstoff von ihrem eigenen Wissenslevel ausgehend in angepasster Geschwindigkeit zu erarbeiten. Dies ermöglicht eine unkomplizierte Einführung von Lernprozessen und Weiterbildungsmaßnahmen. Unternehmen mit hohem Stellenwert der Weiterbildung sind ohnehin meist mit E-Learning-Lösungen vertraut und nutzen diese kontinuierlich, um Themen zu vermitteln.

(8) Welche Rolle spielt die Lernstoffaufbereitung beim Einsatz von E-Learning-Lösungen?

Ein wichtiger Fokus bei der Umsetzung von Security Awareness mittels E-Learning ist die Lernstoffaufbereitung. Ein technisch ausgereiftes E-Learning-Produkt ist noch lange kein gutes, sofern es nicht in der Lage ist, hochwertige Inhalte systematisch bereit zu stellen. Speziell hinsichtlich Security Awareness neigen laut Erfahrungsberichten zahlreiche Sicherheitsverantwortliche wie auch externe Berater dazu, die Inhalte viel zu komplex und viel zu kompliziert aufzubereiten. Der Text muss verständlich sein und dennoch Impact und Involvement bieten, z.B. indem er mit praxisnahen Beispielen aus der jeweiligen Arbeitswirklichkeit des Users flankiert wird. Alle Kapitel sollen übersichtlich strukturiert sein, und Abbildungen sowie Animationen tragen als Illustration bzw. Training zusätzlich zum besseren Verständnis des Lernstoffes bei.

(9) Verfügbare Ressourcen, Aufwand, Kosten

Je nach Anforderung und Zielsetzung generiert E-Learning geringen bis sehr hohen Aufwand, Ressourcen und Kosten. Um Basiswissen zu vermitteln und das Bewusstsein der Mitarbeiter schnell und effizient zu erhöhen, reicht es häufig schon, die o.g. Plattformen mit »schlüsselfertigen« Security Awareness-Modulen unter Berücksichtigung der genannten Qualitätsansprüche einzusetzen. Wichtig ist, dass Security Awareness auch im Kontext E-Learning als laufender Prozess verstanden wird. Deshalb sollte beim Kauf einer Software die Option berücksichtigt werden, dass weiterführende Inhalte oder Animationen und Features zu jedem Zeitpunkt – auch einer künftigen Phase – problemlos integriert werden können. Der Aufwand bei der Anschaffung eines Basismoduls ist relativ gering. Die Kosten halten sich laut Marktanalyse selbst für KMU in einem überschaubaren Rahmen. Neben den einmaligen Anschaffungskosten ist ein Wartungsvertrag inklusive Kontent-Abonnement sinnvoll, denn durch Nachlieferung neuer Inhalte, Themen und Animationen durch den Dienstleister können intern Ressourcen eingespart und die Qualität der Inhalte auf hohem Niveau gehalten werden.

3.3.4. Erprobte Erweiterungsmöglichkeiten von E-Learning

Wer E-Learning als Vermittlungsmedium für Security Awareness Next Generation einsetzen möchte, muss sich auch der Frage stellen, inwiefern diese Maßnahme eventuell mit weiteren Vermittlungsmethoden kombiniert oder erweitert werden kann.

Kapitel 3 ▪ Awareness und Lernen

Blended Learning

Eine erweiterte Möglichkeit, E-Learning zu nutzen ist Blended Learning, übersetzt auch »Integriertes Lernen« genannt. Gemeint ist die Kombination von Präsenztraining (oder anderen Formen der direkten Kommunikation) mit E-Learning. Etabliert hat sich Blended Learning durch die Anforderung in vielen Unternehmen, die sozialen Aspekte mit elektronischen, also flexibel verfügbaren Lernformen, zu verknüpfen.

Im Kontext Security Awareness ist Blended Learning nach dem reinen E-Learning die wohl am häufigsten angewandte Methode, didaktisch Inhalte zu kommunizieren. Bei einer Kombination von E-Learning und Präsenzveranstaltungen ist der im Durchschnitt höhere Zeitaufwand zu berücksichtigen, den Live-Veranstaltungen erzeugen – und zwar auf Organisations- wie auch (durch die bloße Anwesenheit) auf Teilnehmer-Seite.

Im Rahmen von Blended Learning existieren verschiedene Einsatz-Szenarien. Im Kontext von Security Awareness lassen sich folgende Kombinationen beispielhaft darstellen:

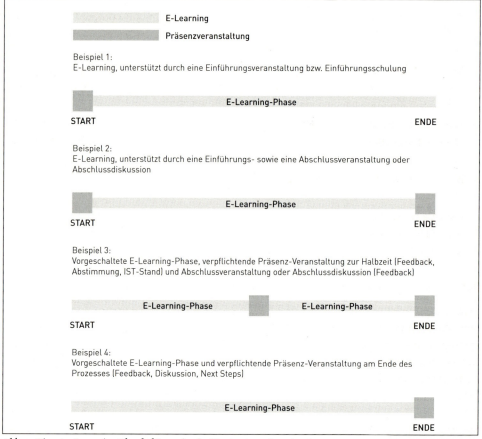

Abb. 21: Einsatz-Szenarien Blended Learning im Kontext von Security Awareness

3.3 • Security Awareness mittels E-Learning

Web 2.0

Web 2.0 ist als Modewort nicht nur in aller Munde, sondern gerade auch in Zusammenhang mit E-Learning state-of-the-art. Was aber bedeutet Web 2.0 – vor allem vor dem Hintergrund der effizienten Wissensvermittlung? Web 2.0 definiert die interaktive Nutzung des Internets. Es setzt also tatsächlich auf aktive Handlungen des Nutzers. Das große Ziel aller Web 2.0-Protagonisten ist es, ein Feld zu schaffen, das maßgeblich aus usergenerated Kontent besteht und so durch die aktive Beteiligung der Nutzer lebt. Ein Ziel kann auch der kostenfreie bzw. kostengünstige Wissensaustausch aller Beteiligten sein. Hier einige bekannte Beispiele für interaktive Funktionalitäten anwendbar im beruflichen Umfeld, die auch im Rahmen von Security Awareness-Maßnahmen im Kontext eines Intranets realisierbar sind und produktiv wirken können, indem Sie z.B. E-Learning-Module flankieren:

- **Community**: eine Gruppe von Benutzern kommuniziert zu ausgewählten Themen via Internet. Es werden Erfahrungen, Meinungen und Eindrücke diskutiert.
- **Kommentare**: hierüber wird den Nutzern die Möglichkeit eingeräumt, Kommentare zu bestehenden Inhalten abzugeben, um den Kontent zu beurteilen und schließlich zu erweitern.
- **Userforum:** eine weitere Variante ist die Einführung eines Diskussionsforums, in dem User Erfahrungsberichte austauschen können und sich somit gegenseitig unterstützen.
- **Wiki:** Wikis ermöglichen Usern, Beiträge zu spezifischen Themen im Sinne von Knowledge Management zu generieren, um diese öffentlich zugänglich zu machen. Mehrere User können an einem Thema arbeiten.
- **Blog:** ein Blog dient der zeitnahen Publikation von persönlichen Erfahrungsberichten und ähnelt damit einem Userforum.
- **User-generated Content:** Die Nutzer generieren Inhalte, indem sie ihr Wissen respektive ihrer Meinung dokumentieren und es anderen Personen zugänglich machen, z.B. über die oben angeführten Kanäle (s.a. Kap. 6.3.7)

Barrieren, Benefits und Needs für Web 2.0 im beruflichen Umfeld

Erfahrungsberichte zeigen, dass nicht jeder Nutzer bereit ist, sein Wissen weiterzugeben. Zu hoch ist bei manchen der Konkurrenzdruck und zu klein sind die Wissensvorsprünge unter Kollegen. Zudem werden nicht alle Mitarbeiter gleichermaßen in solche Aktivitäten involviert. In vielen Fällen sind es immer dieselben User, die Beiträge posten, Kommentare abgeben oder Diskussionen am Leben halten. Personen, die sich zurückhalten, machen dies oft aufgrund technischer Barrieren oder Unsicherheit von fehlendem Know-how. Um die User-getriebenen Aktivitäten nicht abreißen zu lassen, benötigen Sie eine Gruppe eifriger Web 2.0-Aktivisten und Multiplikatoren, die die zur Verfügung gestellten Anwendungen mit Kontent bespielen und Kollegen dazu animieren, mitzumachen. Eine Qualitätskontrolle und eine Messbarkeit des Aktivitätsindex jedes einzelnen Mitarbeiters gestalten sich schwierig.

Wenn Themen für Mitarbeiter nicht von Interesse sind, ist es eine umso größere Herausforderung, Beteiligung (vgl. a. »Involvement« in Kap. 4.2.2.2 u. 6) zu erzeugen oder aufrecht zu erhalten. Es ist deshalb empfehlenswert, konkrete Kompetenzthemen und keine allgemeinen Themenblöcke anzubieten. Und es gilt immer, Augen und Ohren offen zu halten, um herauszufinden, welche Themen Mitarbeiter interessieren, gleichzeitig aber auch weiterbilden. Über zielführende Methoden in Bezug auf die Analyse von Unternehmenskultur lesen Sie in den Kapiteln 4.4 und 5.7.

Eine Chance, aber auch eine potenzielle Gefahr von Web 2.0 besteht in der Einflussnahme von Mitarbeitern gegenüber Kollegen. Diese Beeinflussung kann durchaus positive Folgen haben, wenn nämlich die aktiven Mitarbeiter motivierend auf die passiven einwirken oder hierüber so etwas wie Gemeinschaft bzw. Zusammengehörigkeit spürbar werden (vgl. a. Kap. 5). Potenziell negative Folgen treten in der Regel nur dann auf, wenn ein Unternehmen es versäumt, den Umgang mit Social Media aktiv zu steuern und also mehr oder weniger von Konsequenzen überrascht wird.

Auch im Kontext SECURITY AWARENESS NEXT GENERATION kann es nützlich sein, ein Web 2.0-Portal einzurichten, in dem Mitarbeiter ihre Erfahrungen wie z.B. Sicherheitslücken im Unternehmen kommunizieren. Die Kommunikation funktioniert (leider) besser, wenn sie anonym möglich ist. Allerdings ist es unabdingbar, einen Moderator zu bestimmen, der die Qualität der Beiträge prüft. Der Moderator hat auch die Aufgabe, Hinweise der Mitarbeiter aufzunehmen und gegebenenfalls an die richtigen Positionen weiterzuleiten. Ein Security Awareness Moderator sollte mithin nicht nur das technische Verständnis für das Medium und inhaltliche Kompetenz mitbringen, sondern auch ein Gespür dafür entwickeln können, was sich unter der offiziellen Ebene der Unternehmenskultur entwickelt (s. Kap. 5).

Mitarbeiter haben ein breiteres Verständnis für Alltagskultur, so dass sie oft andere, auch praxisbezogenere Lösungen als z.B. ihre Vorgesetzten entwickeln, die den Unternehmen aber aufgrund der Struktur oft verschlossen bleiben. Es empfiehlt sich, Mitarbeiter oder Mitarbeitergruppen von Beginn an in die Konzeption von Web 2.0 Anwendung bzw. E-Learning-Lösung einzubinden, um Beteiligung zu erzeugen und Wissen zu sichern.

Teilweise findet man bei den am Markt verfügbaren Security Awareness-Lösungen bereits Ansätze einer Portalfunktionalität, die im Rahmen eines ersten Web 2.0-Grundrauschens völlig ausreichend sind. Denn allein mit z.B. provokanten Fragen zum Thema Security oder über den Dialog zu eingetretenen Sicherheitsvorfällen können Diskussionen und Aufmerksamkeit hinsichtlich des Themas Sicherheit gefördert bzw. erhalten werden.

Zusammenfassend kann gesagt werden, dass Web 2.0-Anwendungen zukunftsorientiert und durchaus erfolgsversprechend sein können, allerdings in Hinblick auf berufliche

Weiterbildung zu diesem Zeitpunkt weniger geeignet sind, da sie teilweise unstrukturiert sind und viele User überfordern bzw. kein Interesse wecken.

3.3.5. Einführung einer E-Learning-Lösung

Für die Einführung einer E-Learning-Software gibt es nicht nur eine Möglichkeit. Jedes Unternehmen muss für sich individuell und je nach Ausgangslage und Zielsetzung entscheiden, welche Implementierungsvariante verfolgt wird. Natürlich gibt es Best Practices und Empfehlungen, die einen Überblick über die verschiedenen Möglichkeiten bieten und daher zur Unterstützung herangezogen werden können. Es kann durchaus auch sinnvoll sein, Dienstleister oder auch Hersteller-unabhängige Beratungsleistungen in Anspruch zu nehmen. Teilweise bieten aber auch Hersteller detaillierte Anwendungsszenarien inklusive Anleitungen oder Beratungsleistungen an. Je nach Anforderungen und Komplexität kann eine Lösung auch intern mit eigenen Ressourcen erstellt werden.

Beispiel eines Leitfadens für die Implementierung einer E-Learning-Lösung:

- **Welches Hauptziel wird mit der Einführung der E-Learning-Software verfolgt?**

Begleitende oder alleinige Maßnahme, Informationsvermittlung, Bewusstseinsbildung, Tests für Mitarbeiter, Informationsbereitstellung, Überprüfungen, Kostenersparnis gegenüber Schulungen, Reaktion auf einen Vorfall, Anordnung vom Management, Einhalten von Gesetzen und Standards, zeitnahes Lernen, ortsunabhängiges Lernen, attraktives Lernen, Mitarbeiter an das Unternehmen binden, freiwillige Weiterbildung, Mitarbeitermotivation, etc.?

- **Welche Inhalte sollen vermittelt werden?**

Unterschiedliche Themen, kritische Themen (z.B. das Sicherheitsverhalten, Verhalten im Brandfall) oder rein informationsbasierende Themen, werden Verhaltensweisen geschult, müssen Verantwortlichkeiten kommuniziert werden, werden Fachinhalte kommuniziert, ist es ein Auffrischungskurs, eine reine Weiterbildung, soll das bestehende Wissen gestärkt werden, ist das Thema trocken und mühsam oder spannend für die Mitarbeiter, etc.?

- **Definition der Zielgruppe?**

Ausbildung, Alter, Hierarchie, Abteilungen, Standorte, sprachliche und/oder kulturelle Unterschiede, Wissensstand, unterschiedliche Levels, etc.?

- **Wird eine Lernerfolgskontrolle benötigt/gefordert?**

Werden Reporting, Auswertungen, etc. benötigt, wenn ja in welchem Umfang, wird eine personenbezogene oder anonyme Auswertung erwartet, inwieweit wird an das Management reported, gibt es eine unternehmensweite Auswertung, ist die Auswertung Grundlage für eine weitere Aktion, etc.?

- **Gibt es bereits eine Lernplattform im Unternehmen?**

Kann ich darauf aufbauen, können Teile verwendet werden, können bestehende und neue Inhalte untergebracht werden, gibt es eine Notwendigkeit für eine Schnittstelle zur neuen Anwendung, etc.?

- **Dauer des Lernprozesses?**

Einmaliger Durchlauf, Bestätigung erforderlich, ist das Thema wichtig und muss laufend kommuniziert werden, gibt es verschiedene Lernphasen, etc.?

- **Woher kommen die Inhalte?**

Werden diese selbständig kreiert oder können auch vorgefertigte Module gekauft werden, gibt es Inhouse-Experten, etc.?

- **Können andere Abteilungen in den Prozess eingebunden werden?**

Kann Unterstützung und Input von anderen Abteilungen angefordert werden, ist es sinnvoll sich mit anderen Abteilungen vorab abzustimmen, gibt es vielleicht auch Regelungen, Inhalte, die diese an die Mitarbeiter kommunizieren wollen/müssen, etc.?

- **Wer ist für die Einführung der Software verantwortlich?**

Sind ausreichende Ressourcen (qualitativ und quantitativ) vorhanden, ist es möglich eine interne Projektgruppe für die Einführung zusammenzustellen, etc.?

- **Welche Erfolgsfaktoren werden definiert?**

Wann ist der Einsatz erfolgreich verlaufen, können jetzt schon Erfolgsfaktoren definiert werden, wer überprüft den Erfolg, wer entscheidet ob erfolgreich oder nicht, etc.?

- **Müssen eventuell gesetzliche Vorlagen oder unternehmensinterne Richtlinien berücksichtigt werden?**

Wenn ja, mit welcher Konsequenz für die Einführung, etc.?

- **Welches Budget steht zur Verfügung?**

Können Ressourcen, Beratung, Lizenzen, Hardware, etc. zusätzlich angeschafft werden, inwieweit ist es günstiger, eine Software zu kaufen oder externe Beratung in Anspruch zu nehmen, kann ich den Aufwand und die Kosten eventuell mit anderen Abteilungen teilen, etc.?

- **Rechnet sich die Anschaffung bzw. Einführung einer E-Learning-Software?**

Welche bisherigen Kosten würden sich minimieren, Nutzen und Kosten der bisherigen Vermittlungsart, mit welchen Folgen wäre zu rechnen, wenn keine Software eingeführt werden würde, in welchem Verhältnis stehen technische Features und Qualität der Software, welche Vorteile hat die Einführung, hat es neben den Mitarbeitern auch positive Auswirkungen nach außen bei Kunden, Partner, etc., kann ich eine höhere Mitarbeiterbindung, mehr Loyalität erreichen, was sind die direkten und indirekten finanziellen Vor- und Nachteile, etc.?

3.3 • Security Awareness mittels E-Learning

- **Wird ein Autorentool benötigt?**

Besteht der Anspruch auf selbständige Wartung der Software, wird die Software intern konfiguriert (Inhalte, Animationen, etc.), welche Features werden zusätzlich benötigt, etc.?

- **Welche Hardware steht zur Verfügung?**

Reicht dies für die zur Auswahl stehenden Produkte, müssen Lizenzen z.B. Datenbanklizenzen nachgekauft werden, reicht die Bandbreite, etc.?

- **Welche Features werden auf keinen Fall benötigt?**

Kann ich die Auswahl aufgrund der nicht benötigten Features bereits eingrenzen?

- **Falls erforderlich, wie kann der Einführungsprozess einer E-Learning-Lösung kommunikativ unterstützt werden?**

Z.B. Poster, Ankündigungen, Ausschreibungen, zusätzliches Informationsmaterial, Gewinnspiele, integrierte Kommunikationskampagne, etc.?

- **Gibt es ein offizielles Commitment des Top Managements?**

Zusätzliche Tipps:

Einigen Sie sich innerhalb Ihres Unternehmens bezüglich der Grundspezifikation und der zu erreichenden Ziele. Es macht Sinn, einen Katalog mit detaillierten Auswahlkriterien zu erstellen. So können Sie die Suchkriterien für ein Produkt erneut einkreisen und auch gezielt nach Produkten und Beratungsleistung suchen, aber auch z.B. eine interne Projekt- bzw. auch Umsetzungsgruppe zusammenstellen.

Für jedes Unternehmen und die für Informationsvermittlung verantwortlichen Personen gilt zu jedem Zeitpunkt folgender Leitsatz: Überprüfen Sie kritisch die eigenen Kompetenzen (fachliche UND pädagogische Kompetenzen) und ziehen Sie bei Lücken interne wie externe Hilfe hinzu. Stellen Sie in jedem Fall ein kompetentes und motiviertes Team zusammen, das sich zum Ziel setzt, einen erfolgreichen Lernprozess einzuführen.

Die im Unternehmen für die kommunikative Implementierung der E-Learning-Software verantwortlichen Personen sollten zu den anerkannten Meinungsführern im Unternehmen gehören. Unterstützung, z.B. über eine eventuell zusätzliche Anordnung einer höheren Managementebene, trägt beim Launch in jedem Fall zu einer positiven Ausstrahlung auf das Produkt und auf das Vorhaben bei.

Sollten keine offensichtlichen Anhaltspunkte bezüglich des aktuellen Sicherheitswissensniveaus der Mitarbeiter existieren, können persönliche Umfragen und Gespräche Sie darin unterstützen, die Lücke zu schließen. Im Zweifelsfall sollten Sie auch hier auf externe Unterstützung zurückgreifen, z.B. auf professionelle Umfragetools oder auf qualitative bzw. quantitative Evaluationen (s. Kap. 5.7 und 7.14).

3.3.6. Fazit E-Learning und SECURITY AWARENESS NEXT GENERATION – Benefits und Barrieren

Bei Lernen wird davon ausgegangen, dass die Mitarbeiter mittels Lernmaterialien und begleitenden Veranstaltungen, die durch Lehrende abgehalten werden, lernen. Beispiele dafür sind: Weiterbildungskurse, Fachkurse, Schulungen, Unterweisungen, etc.

Bei E-Learning wird vom Einsatz einer klassischen E-Learning-Software ausgegangen (Kontent Providing). Training inkludiert die Bereitstellung von Trainings und Übungen bzw. Nachahmung von Situationen mittels Interaktivität und Animation (s. Abb. n. S.)

> **Die wichtigsten Fakten für E-Learning zusammengefasst:**
>
> Zusammenfassend kann gesagt werden, dass E-Learning ein durchaus zielorientierter und effizienter Kanal ist, um Security Awareness unternehmensintern zu vermitteln. Des Weiteren wurde deutlich, dass auch SECURITY AWARENESS NEXT GENERATION von adäquaten E-Learning-Lösungen profitieren kann und umgekehrt. Folgende Auflistung beschreibt die wichtigsten Do's und Dont's, die bei Einsatz einer E-Learning-Lösung zu berücksichtigen sind, sowie Vor- und Nachteile:
>
> - E-Learning ermöglicht, individuelle Bildungsziele zu verwirklichen. Die individuellen Bedürfnisse und Ziele des Lernenden können stärker als im Rahmen von Präsenztrainings berücksichtigt werden.
>
> - Orts- und zeitunabhängiges Lernen – überall, wo zumindest ein Computer allenfalls mit Internetanschluss – zur Verfügung steht, ist »Lernen aus der Distanz« möglich. Lernender und Lehrender müssen nicht mehr zur selben Zeit an einem Ort zusammentreffen, um miteinander zu kommunizieren.
>
> - Der Lernstoff kann selbständig wiederholt werden. Das Lerntempo erfolgt nach individuellem Bedürfnis und kann den Vorkenntnissen entsprechend angepasst werden.
>
> - Hochwertige E-Learning Security Awareness Lösungen liefern ein messbares Ergebnis in punkto sicherheitsrelevantem Wissen. Des Weiteren inkludiert eine Lösung meist Reporting-Funktionalität, wodurch der Wissenslevel der Mitarbeiter zu jedem beliebigen Zeitpunkt ausgewertet und dokumentiert werden kann.
>
> - Selbst das raffinierteste E-Learning-Produkt erspart niemandem das Lernen. Lernen bleibt nach wie vor ein individueller Prozess, der von den Lernenden selbst ausgehen und von ihnen geleistet werden muss.
>
> - Im E-Learning-Bereich gibt es eine Vielfalt von Anbietern unterschiedlichster Produkte. Ein einheitlicher Qualitätsstandard fehlt aber bislang. Die Praxis zeigt, dass die Qualitätsunterschiede zum Teil sehr groß sind und manche Produkte weit hinter den Erwartungen zurück bleiben.

3.3 • Security Awareness mittels E-Learning

TASK	LERNEN	E-LEARNING	TRAINING
Erweiterung Wissensstand	+	+	+
Weiterbildung	+	+	+
Messbarkeit des Lernerfolges	+	+	+
Lernkontrolle	-	+	+
Reaktionszeiten auf Neues	-	+	+
Rollendefinition	~	+	+
Mitarbeitermotivation	-	~	+
Asynchron	~	+	+
Zeitunabhängig	-	+	+
Ortsunabhängig	-	+	+
Lernen aus Distanz	-	+	+
Dokumentation Lernfortschritt	~	+	+
Wiederholung von Inhalten	~	+	+
Eigenes Lerntempo	-	+	+
Aufbauend auf Wissenslevel	~	+	+
Erreichbarkeit aller Lerntypen	-	+	+
Animation	-	~	+
Interaktivität	-	~	+
Selbstdisziplin	~	~	~
Bewusstseinsbildung	-	-	+
Ausführen von Tätigkeiten	-	-	+
Bezug zum realen Leben	~	~	+
Abläufe automatisieren	-	-	+
Reporting	-	+	+
Organisationsaufwand	~	~	~
Kombinierbar mit anderen Lernformen	+	+	+
Generationenunabhängig	~	~	~
Umsetzung Interkulturelle Unterschiede	~	+	+
Geschlechterunabhängig	+	+	+

Legende: + positiver Effekt   ~ neutral bzw. von anderen Faktoren abhängig   - negativer Effekt

Abb. 22: Bewertung div. didaktischer Tasks im Rahmen von Security Awareness

Kapitel 3 ▪ Awareness und Lernen

- Im E-Learning-Bereich arbeiten nur vergleichsweise wenige Pädagogen. Die Technik und die Techniker bestimmen den Markt. Dementsprechend wird die Präsentation der Lerninhalte oft von technischen und nicht von didaktischen Faktoren bestimmt.
- Mitarbeitermotivation ist wichtig und ausschlaggebend für den Erfolg der Lernkampagne!
- Audio- und Videodokumente sind bei geeigneter Anwendung leicht einzubinden, ebenso wie Animationen und interaktive Simulationen. Durch »Learning by doing« kann in bestimmten Fällen der Lernstoff besser vermittelt werden, als das im traditionellen Kursbetrieb möglich ist.
- E-Learning kann alle Lerntypen bedienen (auditiv, textuell, visuell und motorisch).
- E-Learning überzeugt durch die Möglichkeit, schnell auf Ereignisse reagieren zu können. Eine Aktualisierung von Inhalten ist meist unproblematisch und steht allen Mitarbeitern umgehend zur Verfügung.

4 Awareness aus der Perspektive des Marketings

Michael Helisch

4.1 Relevanz marketingtheoretischer Überlegungen im Kontext Awareness

Obgleich im Awareness-Kontext weder ein Produkt noch eine klassische Dienstleistung verkauft wird, liefern die Erkenntnisse des Marketings einen wertvollen Beitrag zur Beantwortung der Frage: »Wie müssen Sensibilisierungsaktivitäten ausgestaltet sein, damit die Mitarbeiter dem Thema Aufmerksamkeit schenken, ihm Interesse entgegenbringen und letzten Endes sicherheitskonform handeln?«

4.1.1 Der Begriff Marketing

Philip Kotler, einer der renommiertesten Wissenschaftler auf diesem Gebiet, definiert Marketing als »... *ein Prozess im Wirtschafts- und Sozialgefüge, durch den Einzelpersonen und Gruppen ihre Bedürfnisse und Wünsche befriedigen, indem sie Produkte und andere Dinge von Wert erstellen, anbieten und miteinander austauschen.*« (Kotler und Bliemel 1999) In dieser weiten Definition betreiben nicht nur Unternehmen, sondern auch Einzelpersonen Marketing. Zudem betreibt Marketing auch derjenige, der sich dieses Instrumentariums zur Erreichung nicht-erwerbswirtschaftlicher Ziele bedient, so z.B. Nonprofit-Organisationen wie Greenpeace.

Im allgemeinen Sprachgebrauch wird der Begriff Marketing oft nur mit seiner auf Kommunikation gerichteten Komponente in Verbindung gebracht. Marketing ist allerdings mehr als nur Kommunikation. Es setzt sich vielmehr aus den sogenannten vier Ps – product, price, place and promotion – zusammen.

Die mit der Dimension »product« verbundenen Fragestellungen fokussieren auf die Eigenschaften des Produkts. Welche Eigenschaften sollte das Produkt also besitzen, damit es sich im Markt gegenüber den Konkurrenzprodukten durchsetzt? Wie sollte die Verpackung gestaltet sein? Soll der Hersteller ein Produkt oder mehrere Produkte anbieten, die sich in bestimmten Eigenschaften voneinander differenzieren? Welche Bedürfnisse befriedigen die einzelnen Produkte und nach welchen Kriterien können sie sinnvollerweise voneinander abgegrenzt werden? Wie verändert sich das Produkt im Zeitablauf? etc. Wie in der Definition von Kotler bereits zum Ausdruck kommt, beziehen sich die hier relevanten Fragestellungen nicht nur auf (materielle) Produkte sondern ebenso auf (immaterielle) Dienstleistungen.

Die Dimension »Price« beschäftigt sich mit der Gestaltung der Konditionen (Preise, Rabatte, Boni, Zahlungsbedingungen, etc.), zu denen ein Produkt am Markt angeboten wird.

»Place« fasst alle Entscheidungen zusammen, die im Kontext der Distribution eines Produktes zu treffen sind. Eine typische Fragestellung hierbei ist: Wie erfolgt der Absatz der Produkte? Das beinhaltet sowohl die akquisitorische Komponente (Anbahnung von Verkäufen) als auch die physische Komponente (wie werden die Produkte verteilt z.B. Direktvertrieb, ein- vs. mehrstufiger Vertrieb).

»Promotion« oder auch Kommunikationspolitik befasst sich mit der Art und Weise mit der Informationen über das Produkt an den potenziellen Käufer vermittelt werden. Mit den Instrumenten der Kommunikationspolitik (üblicherweise auch Werbung genannt) wird versucht, das Verhalten des Empfängers der Botschaft dahingehend zu beeinflussen, dass er das Produkt kauft.

> **Die folgende Beschreibung fasst die wesentlichen Aspekte der vielzähligen Marketing-Definitionen recht anschaulich zusammen. Danach ...**
> - ... dient das Marketing der Bedürfnisbefriedigung der an einem Austauschprozess beteiligten Gruppen (Kundenbedürfnisse und Unternehmensziele)
> - ... erstreckt sich Marketing nicht nur auf den Austauschprozess von Produkten und Dienstleistungen, sondern kommt auch im Bereich der Transaktion von (z.B. sozialen, religiösen oder politischen) Ideen zum Einsatz
> - ... muss das Marketing systematisch Informationen erheben (z.B. Kundenbedürfnisse, Wettbewerbsverhältnisse, aktuelle und zukünftige Marktdaten, etc.)
> - ... repräsentiert Marketing das marktorientierte Führungskonzept eines Unternehmens (Bieberstein 2006)

Mit anderen Worten: Marketing zielt darauf ab, das eigene Produkt bzw. die eigene Dienstleistung mittels der »vier Ps« bei der Zielperson so zu platzieren, dass es bzw. sie den Vorzug vor dem entsprechenden Angebot der Konkurrenz erhält und gekauft wird. Dies gelingt umso erfolgreicher, je besser das Unternehmen es versteht, die Bedürfnisse der Marktteilnehmer in die vier Ps zu übersetzen. Dazu erforderlich ist allerdings die genaue Kenntnis sowie das Verständnis über das Zusammenwirken kaufverhaltensrelevanter Faktoren. Man spricht hier auch von der Kaufverhaltens- oder Konsumentenforschung. Sie zielt darauf ab ...

- ... Verhaltensweisen zu erkennen (wie ist das Verhalten?)
- ... die hinter dem Verhalten stehenden Ursachen zu ergründen (warum ist das Verhalten so wie es ist?)
- ... voraussichtliche Veränderungen der Verhaltensweisen zu prognostizieren
- ... der, im Interesse des eigenen Unternehmens, zielgerichteten Beeinflussung und Steuerung des Verhaltens durch den Einsatz der zuvor beschriebenen »vier Ps« (Wöhe 2002).

Was, so sei an dieser Stelle gefragt, sind die Gemeinsamkeiten von Kaufverhalten und sicherheitskonformem Verhalten? Sowohl dem Kauf als auch dem Thema Awareness ist eine Austauschbeziehung wesensimmanent. Hingabe von Zahlungsmitteln im Austausch gegen ein, in welcher Form auch immer, Mehrwert stiftendes Produkt bzw. Dienstleistung ist typisch für den Kaufakt. Auf Awareness übertragen wäre die Analogie: Ich verhalte mich sicherheitskonform und erhalte im Gegenzug einen bestimmten, mittels Awareness geschaffenen, meist ideellen Mehrwert. Der Belohnungsaspekt kann dabei auch in der Vermeidung von Sanktionen begründet sein.

4.1.2 Erkenntnisse der Konsumentenforschung

Bei der Konsumentenforschung handelt es sich um ein interdisziplinäres Fachgebiet. Sie nutzt und integriert die Erkenntnisse der Biologie, der Physiologie, der Soziologie, Sozialpsychologie, Psychologie sowie in relativ beschränkten Maße der Ökonomie. Aus der Psychologie tragen dabei die Fachrichtungen Motivation, Wahrnehmung, Lernen, Denken, Gedächtnis und Persönlichkeit zur Grundlage der Theorie des Konsumentenverhaltens bei. Erkenntnisobjekt der Sozialpsychologie ist im Gegensatz zur Psychologie nicht der Mensch als autonomes Individuum, sondern die im sozialen Wechselspiel handelnde Person. Soziologische Begriffe wie Gruppe, Macht, Schicht, Status, Norm werden dabei mit einbezogen. Aus dem Bereich der Naturwissenschaften fließen die Erkenntnisse zu angeborenem bzw. automatischem Verhalten wie z.B. Instinkte, Reflexe bzw. zentralnervöse Verhaltensursachen (z.B. Aktivierung, Reizverarbeitung) ein. Der vorherrschende Ansatz der Konsumentenforschung betrachtet menschliches Verhalten als eine Verschmelzung der Elemente Vererbung (d.h. Verhalten ist zum Teil, so z.B. über das limbische System, vorprogrammiert, soziales Erwerben (Erlernen von Verhalten) sowie dem Element Freiwilligkeit (Bemühen, Ziele zu erreichen) (Trommsdorf 2009).

Mit welchem methodischen Vorgehen gewinne ich bestimmte Erkenntnisse und leite daraus Strategie und zugehörige Maßnahmen ab? An dieser Stelle einen vertiefenden Blick auf die (Marketing-)Theorie zu werfen ist angebracht, zumal Awareness-Aktivitäten eben nicht »aus dem Bauch heraus« geplant und umgesetzt werden sollten. Denn nur auf einer fundierten methodischen Basis können sie den Kriterien Effizienz und Effektivität angemessen Rechnung tragen. Ein stringentes methodisches Vorgehen ist somit ein Qualitätsmerkmal und Erfolgsfaktor für Awareness. Wie breit ist dann aber der Fächer der methodischen Ansätze, derer ich mich als »Awareness-Verantwortlicher« bedienen kann? Welche Überlegungen und Anschauungen stecken dahinter? Was passt am ehesten in die konkrete Situation bzw. in mein betriebliches Umfeld? Hier den Blickwinkel zu erweitern und gleichzeitig für mehr Transparenz zu sorgen ist Ziel der folgenden Abschnitte.

4.1.2.1 Konsumentenforschung und Wissenschaftstheorie

Gehen wir zunächst der Frage auf den Grund, mit welchen Methoden wissenschaftliche Aussagen gewonnen werden. Die positivistisch orientierte empirische Forschung geht dabei so vor, dass sie aus einzelnen Beobachtungen durch induktives Schließen mittels Hypothesen und Theorien allgemein gültige Aussagen herleitet. Das kausale Erklären von Phänomenen steht hier im Zentrum des Interesses. Zu diesem Ansatz passt die Haltung des kritischen Rationalismus bzw. die Forderung nach empirischer Überprüfbarkeit von Theorien und Hypothesen.

Ganz im Gegensatz dazu versucht die interpretative empirische Forschung das Verhalten zu verstehen, ohne es mit generalisierbaren Hypothesen erklären zu wollen. Die interessierenden Phänomene werden mittels Einzelfallanalyse und der Einbeziehung unterschiedlicher Methoden und Datenquellen untersucht (sog. Triangulation). Klassische Gütekriterien wie Repräsentativität, Reproduzierbarkeit, Validität und Reliabilität sind hier nicht anwendbar.

Neben diesen beiden empirischen Ansätzen existiert der mikroökonomische Ansatz. Wissenschaftliche Erkenntnisse werden mittels systematischen und strukturierten analytischen Durchdenkens in Form einer deduktiven Vorgehensweise gewonnen. (Balderjahn und Scholderer 2007)

Abb. 23 nach Balderjahn und Scholderer 2007

Um es deutlich zu machen: Bei den hier dargestellten Methoden, die auf unterschiedliche Art und Weise zu wissenschaftlichen Aussagen führen, gibt es kein richtig oder falsch. Aus wissenschaftlicher Sicht haben alle Ansätze ihre Berechtigung. Warum wird dies hier betont? Weil man leicht versucht ist, derartige Kategorien aufzumachen, sich gleichzeitig aber in der Sichtweise einschränkt und sich damit die Chance eines Perspektivwechsels nimmt. Die Entscheidung, ein Problem auf die eine oder andere Art und Weise anzugehen, kann sinnvollerweise erst nach Abwägung aller relevanten Alternativen getroffen werden. Das sollte auch bei der Frage, mit welchem methodischen Ansatz Awareness umgesetzt werden soll berücksichtigt werden.

In direktem Zusammenhang mit der Frage nach dem grundsätzlichen »Wie?« steht die Frage, welches Erkenntnisobjekt, im Falle der Konsumentenforschung das jeweilige Menschenbild, zur Erklärung von Verhalten zugrunde gelegt wird. Auf der einen Seite steht der so genannte »homo oeconomicus«, auf der anderen Seite der »Mensch als soziales Wesen«. Ersterer verhält sich stets rational, Nutzen maximierend, in Kenntnis sämtlicher Handlungsalternativen und deren Konsequenzen. Dieses Menschenbild entspricht allerdings nicht der Realität. Zweiterer wird durch seine Psyche (z.B: Bedürfnisse, Gefühle) und sein soziales Wesen beschrieben (Balderjahn und Scholderer 2007).

4.1.2.2 Paradigmen der Konsumentenforschung

Paradigmen sind Erklärungsansätze, die von einer großen Zahl von Wissenschaftlern als gültig angesehen werden und deren Forschungen zugrunde gelegt werden. Man kann vereinfachend auch von wissenschaftlichen Schulen sprechen. In der Konsumentenfor-

4.1 • Relevanz marketingtheoretischer Überlegungen im Kontext Awareness

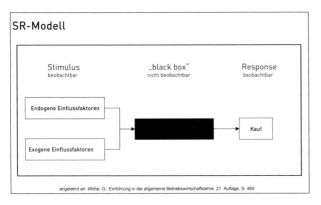

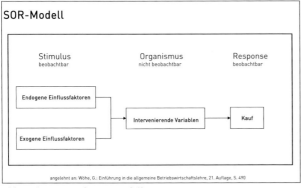

Abb. 24/25: SR- und SOR-Modell

schung sind das die Paradigmen des Behaviourismus, des Neo-Behaviourismus sowie der kognitive Ansatz.

Das Stimulus-Response-Modell (SR-Paradigma) fußt auf beobachtbarem, messbarem Verhalten und zielt auf die Entdeckung von Kausalzusammenhängen zwischen einem Reiz S und einer Reaktion R ab. Dieses Modell wird auch als »black box-Modell« bezeichnet, da von einer Untersuchung der nicht beobachtbaren Abläufe zwischen Reiz und Reaktion abgesehen wird. Die »black box« bleibt sprichwörtlich dunkel (vgl. a. Kap. 5.2.1ff). Diesem quantitativen Ansatz liegt ein stark vereinfachtes Menschenbild zugrunde, in dem dieser prinzipiell passiv auf bestimmte Umweltkonstellationen reagiert.

Im SOR-Modell, einer Erweiterung des SR-Modells, wirkt die Komponente O (= Organismus) als vermittelnde bzw. intervenierende Variable zwischen dem Stimulus und der Reaktion. Die hier intervenierenden Variablen werden auch als theoretische Konstrukte bezeichnet, denn auch sie sind nicht beobachtbar. Das SOR-Modell verdankt seine Existenz dem Neo-Behaviourismus, der individuell unterschiedliches Verhalten bei gleichen situativen Rahmenbedingungen zu erklären versucht. Dieser empirische Ansatz orientiert sich ebenfalls an quantitativen Analysen. Mit beobachtbaren Indikatoren werden, im Rahmen so genannter Messmodelle, die intervenierenden Variablen gemessen. Der Neo-Behaviourismus will allgemein gültige kausale Konsumverhaltenstheorien entwerfen.

Der letztgenannte, kognitive Ansatz, auch Informationsverarbeitungsansatz genannt, befasst sich mit der Beschreibung und Erklärung der gedanklichen Vorgänge beim Wahrnehmen, Urteilen, Erkennen und Verstehen, Erinnern, Entscheiden und Problemlösen. Dieses Paradigma unterstellt, dass sich individuelles Verhalten auf die Erreichung persönlicher Ziele richtet. Verhalten wird somit nicht nur durch die Umwelt bestimmt, sondern durch das gedankliche Befassen des Menschen mit der Umwelt bzw. Situation und seinen persönlichen Zielen. Der Mensch bildet sich seine eigene subjektive »innere« Welt aus Gedanken, Vorstellungen, Gefühlen und paradoxen Eigenheiten (vgl. Kap. 5). Diese subjektiven Wahrnehmungen und Interpretationen bestimmen sein Verhalten. In diesem Ansatz ist der Mensch ein zielorientiertes, selbst bestimmendes und selbständig erkennendes Wesen.

Was kennzeichnet die aktuelle Entwicklung? In der Realität treten die o.g. Paradigmen so gut wie nie in Reinform auf. Realitätsnah sind hingegen Mischformen des SOR-Modells und des kognitiven Ansatzes. Zu beobachten ist zudem eine weitere Schulenbildung, in der Konsumentenverhalten zum einen als soziale Kognition, zum anderen als Entscheidungsprozess sowie zum dritten als Kulturphänomen diskutiert wird. Zentrale Variablen der Schule Konsumentenverhalten als soziale Kognition sind Motive und Einstellungen im weiten Sinne, und damit auch Wahrnehmungen, Bewertungen, Erwartungen, Zufriedenheit, Normen und Werte. Sie ist somit eine modernisierte Form des SOR-Paradigmas.

Zentrale Variablen der Schule Konsumentenverhalten als Entscheidungsprozess sind Informationsaufnahme, Urteilsbildung, Präferenzen, Entscheidungsregeln und Auswahl (z.B: eines bestimmten Produktes). Sie stellt damit eine behaviouristisch verkürzte Form des kognitiven Paradigmas dar.

Die letztgenannte Schule bedient sich der Erkenntnisse der Wissenssoziologie wie auch der Ethnologie und fokussiert auf expressive, symbolische und Beziehungsaspekte des Konsumentenverhaltens. Hierbei handelt es sich um eine, um geisteswissenschaftliche Aspekte ergänzte, qualitative Ausprägung des kognitiven Ansatzes (Balderjahn und Scholderer 2007).

4.2 Werbewirkungsmodelle

Was erhoffen wir uns von den Marketingkommunikationsmaßnahmen, die im Rahmen von Awareness-Aktivitäten oft mit viel Phantasie und Kreativität umgesetzt werden? Was vermag Kommunikation im Kontext Awareness überhaupt zu leisten? Welches methodische Vorgehen empfiehlt sich für die Praxis? Im Folgenden werden keine expliziten Empfehlungen ausgesprochen, vielmehr soll auch hier der Leser selbst entscheiden, in welchem der dargestellten Modelle er oder sie sich am ehesten wieder findet. Auch auf die Gefahr hin, sich zu wiederholen, ist mir der Hinweis wichtig, dass die erforderliche Kommunikationsarbeit mit Methode und Stringenz betrieben werden sollte. In den mir bekannten Awareness-Kampagnen, und das sind seit 2002 mittlerweile mehrere Dutzend, fehlt es allzu oft an diesen beiden essentiellen Kriterien.

4.2.1 Wahrnehmung, Verarbeitung, Verhalten

Bildlich gesprochen ist die Wahrnehmung der »door opener« für weitere Verarbeitungsprozesse. Wahrnehmung bezieht sich dabei sowohl auf die bewusste als auch die unbewusste Wahrnehmungsebene. Teil der Wahrnehmung ist die Aufmerksamkeit d.h. die Bereitschaft des Individuums, Umweltreize aufzunehmen. Allgemein verbreitete Hypothese ist, dass der Empfänger einer Botschaft dann beeinflussbar ist, wenn es dieser

4.2 • Werbewirkungsmodelle

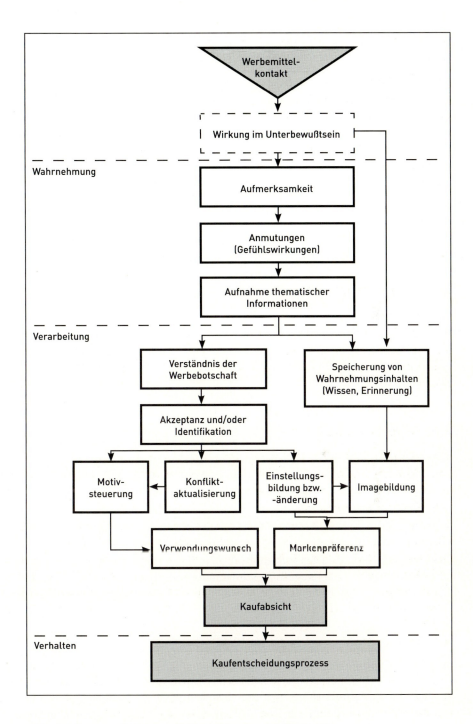

Abb. 26: Teilprozesse der Kommunikationswirkung aus Meffert (1998)

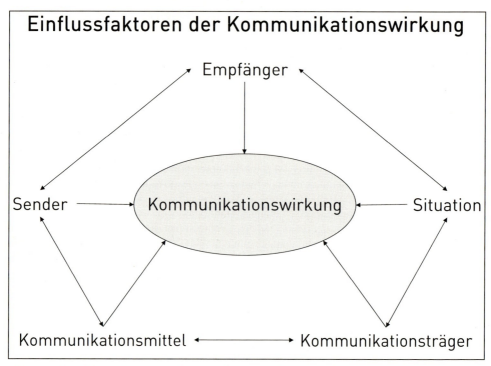

Abb. 27: Einflussfaktoren der Kommunikationswirkung, angelehnt an Meffert (1998)

gelingt, ihn »in ihren Bann zu ziehen«. Aufmerksamkeit hängt ebenso von der individuellen Wahrnehmungssituation, der aktuellen Bedürfnislage und dem Involvement des Empfängers der Botschaft ab. Beeinflusst wird die Wahrnehmung auch durch Anmutungen d.h. als angenehm oder unangenehm empfundene Erregungszustände. Auf der Verarbeitungsebene geht es zunächst um das Verstehen der Botschaft sowie dem Abgleich mit gespeichertem Wissen, bevor im weiteren Verlauf des Prozesses Motive, Einstellungen und Images ihre Wirkung letztendlich im Sinne einer bestimmten Kaufabsicht entfalten. Kommunikation ist somit lediglich in der Lage, bestimmte VerhaltensABSICHTEN zu generieren. Zwischen der Verhaltensabsicht und dem Verhalten können situative Umwelteinflüsse positiv oder negativ wirken mit der Konsequenz, dass das im Sinne des Senders der Botschaft gewünschte Verhalten vom Empfänger gezeigt wird oder nicht (Meffert 1998).

Was beeinflusst die Kommunikationswirkung einer Botschaft? Zunächst die Person des Empfängers bzw. dessen Fähigkeit, entsprechende Botschaften aufzunehmen und zu verarbeiten. Der Faktor Glaubwürdigkeit des Senders ist im Hinblick auf die Wirkung der Botschaft ebenfalls von erheblicher Bedeutung. Übertragen auf den Kontext Awareness korrespondiert das zum einen mit der (glaubhaft und nachvollziehbaren) fachlichen Richtigkeit der Aussagen, zum anderen korrespondiert es mit dem neudeutschen

Begriff »Standing« des Senders. In punkto Kommunikationsmittel »*kommt es auf die Summe der formalen und inhaltlichen Kriterien an, die die professionelle Gestaltung der Botschaft ausmachen.*« (Meffert 1998) Beeinflussend wirken hier auch die Glaubwürdigkeit der Botschaft und die vom Empfänger wahrgenommene Beeinflussungsabsicht des Senders. Beim Kommunikationsträger geht es um die grundsätzliche Eignung von Medien, bestimmte Botschaften zu transportieren. So wird hier beispielsweise hinterfragt, welches Image einem Medium zugeschrieben wird oder ob das Medium zum Adressatenkreis der Botschaft und seinen (Lese-)Präferenzen passt. Nicht zuletzt fließen situative Faktoren in die Kommunikationswirkung mit ein. Zu nennen sind hier die Umstände, unter denen die Botschaft aufgenommen wird (gestört vs. ungestört, individuell vs. kollektiv, beabsichtigt vs. unbeabsichtigter Empfang der Botschaft, Zeitdruck, Ablenkungseffekte oder Gruppeneinflüsse, etc.). (Meffert 1998)

4.2.2 Modelle der Kommunikationswirkung im Einzelnen

Konrad Lorenz hat im Verlauf seines wissenschaftlichen Wirkens darauf hingewiesen, dass es mit der Kommunikation nicht immer ganz so einfach ist, was er anhand des folgenden Beispiels recht anschaulich erläutert.

> *»Gedacht heißt nicht immer gesagt,*
> *gesagt heißt nicht immer richtig gehört,*
> *gehört heißt nicht immer richtig verstanden,*
> *verstanden heißt nicht immer einverstanden,*
> *einverstanden heißt nicht immer angewendet,*
> *angewendet heißt noch lange nicht beibehalten.«*
>
> Konrad Lorenz (1903-1989)

Wenngleich dieses Beispiel schon einwenig in die Jahre gekommen ist, hat es nichts von seiner Relevanz eingebüßt. Um Licht ins Dunkel der Kommunikations- bzw. Werbewirkungen zu bringen, lohnt es sich, die einschlägigen theoretischen Modelle aus Disziplinen wie Kommunikations- und Wirkungsforschung sowie Psychologie und lerntheoretischen Ansätzen ein wenig genauer zu betrachten. Meiner Einschätzung nach werden die diesbezüglichen Erkenntnisse in der Praxis bis dato nicht ausreichend berücksichtigt, mit entsprechender Konsequenz für Effizienz und Effektivität der Awareness-Arbeit. Im Folgenden werden die im Marketing gängigsten Modelle der Kommunikationswirkung vorgestellt und kritisch gewürdigt.

4.2.2.1 Stufenmodelle

Aufgrund ihrer leichten Nachvollziehbarkeit erfreuen sich Stufenmodelle einer großen Beliebtheit in Anwenderkreisen. Die Urform der Stufenmodelle bildet das AIDA-Schema nach Lewis. Das Modell unterstellt einen hierarchischen Verlauf gemäß der Abfolge

A	= Attention (Aufmerksamkeit)
I	= Interest (Interesse)
D	= Desire (Wunsch)
A	= Action (Aktion)

Das AIDA-Schema hat im Laufe der Zeit eine Vielzahl von Differenzierungen und Erweiterungen erfahren. Gemeinsam ist ihnen zu Anfang des Prozesses eine Wahrnehmungs- bzw. Aufmerksamkeitskomponente sowie am Ende des Prozesses eine bestimmte Verhaltenskomponente.

Stufenmodelle der Kommunikationswirkung

Verfasser	Zielgrößen psychologisch					Ergebnis
	Ebene II	Ebene II	Ebene III	Ebene IV	Ebene V	Ebene VI
AIDA Regel nach Lewis (1889) (z.B. in Rosenstiel 1969)	Attention (Aufmerksamkeit)	Interest	Desire (Wunsch, Verlangen)			Action (Handlung)
Behrens	Berührungserfolg	Beeindruckungserfolg	Erinnerungserfolg	Interesseweckungserfolg		Aktionserfolg
Colley (1961)	Awareness (Bewusstheit)	Comprehension (Einsicht)	Confiction (Überzeugung)			Action (Handlung)
Fischerkoesen (1967)	Bekanntheit	Image	Erwarteter Nutzen	Präferenz	(Gedächtniswirkung)	Handlung
Hotschkiss	Aufmerksamkeit, Interesse	Wunsch	Überzeugung			Handlung
Kitson	Aufmerksamkeit	Interesse	Wunsch	Vertrauen	Entscheidung	Handlung u. Zufriedenheit
Kotler	Bewusstheit	Wissen		Bevorzugung		(Loyalität)
Kroeber-Riel (1984)	Aufmerksamkeit	Affektive Haltung	Rationale Beurteilung	Kaufabsicht		Kauf
Lavidge/Steiner (1961)	Awareness (Bewusstheit)	Knowledge (Wissen)	Liking (Zuneigung)	Preference (Bevorzugung, Vorliebe)	Conviction (Überzeugung)	Purchase (Kauf)
Meyer (1963)	Bekanntmachung	Information	Hinstimmung			Handlungsanstoß
McGuire (1969)	Aufmerksamkeit	Kenntnis	Einverständnis mit der Schlussfolgerung	Behalten der neuen Einstellung		Verhalten auf der Basis der neuen Einstellung
Seyffert (1929)	Sinneswirkung	Aufmerksamkeitswirkung	Vorstellungswirkung	Gefühlswirkung	(Gedächtniswirkung)	Willenswirkung
Petty/Cacioppo/Schumann	Kommunikationskenntnis			Einstellung zur Kommunikation bzw. zur Marke		Kaufverhalten

Abb. 28 angelehnt an Liebert 2003

Stufenmodelle sind zwar gut nachvollziehbar und liefern Zielgrößen, die überprüfbar sind, sie vernachlässigen allerdings wichtige, intervenierend wirkende Störvariablen. Die Aussagekraft von Stufenmodellen wird deshalb häufig überschätzt. So wird das rigide Durchlaufen dieser Stufen durch die Empirie nicht gestützt, denn die Informationsverarbeitung erfolgt keineswegs so einfach, eindimensional und starr wie in den Modellen dargestellt. Zudem ergeben sich Widersprüche hinsichtlich der Abfolge der einzelnen Wirkungsphasen. Das Interesse, die Verhaltensabsicht (Kaufabsicht) oder gar das Verhalten (Kaufhandlung) müssen nicht zwangsweise Folge der Aufmerksamkeit für eine bestimmte Werbebotschaft sein. So erfolgt z.B. der sogenannte Impulskauf ohne dass der Käufer mit Werbung in Kontakt gekommen ist. Gleichermaßen ist es möglich, dass der (nicht-werbliche) Kontakt mit dem Produkt beim potenziellen Käufer erst das Interesse an weiterführenden (werblichen) Informationen über das Produkt weckt.

4.2.2.2 Involvement

»Awareness muss involvieren« – stimmt! Doch warum muss Awareness involvieren? Was verbinde und erwarte ich als Awareness-Verantwortlicher von Involvement?

Nach Kroeber-Riel bezeichnet das Involvement den Grad der Ich-Beteiligung oder das Engagement einer Person, sich für bestimmte Sachverhalte oder Aufgaben zu interessieren und einzusetzen. (Kroeber-Riel und Weinberg 2003) Zu den Beeinflussungsfaktoren für das Ausmaß des Involvements gehören die Person selbst (persönliche Prädispositionen des Botschaftsempfängers), die Situation (physisches und soziales Umfeld, Zeitpunkt, etc.), der eigentliche Verwendungszweck, die Botschaftsgestaltung sowie das Medieninvolvement. Je nach spezifischer Ausprägung der Einzeldeterminanten sowie deren Zusammenwirken ergibt sich ein unterschiedliches Involvement-(Gesamt-)Niveau. Es reicht von völligem Desinteresse (z.B. Involvement für Speisesalz) bis zur hin zur Obsession (z.B. Fan einer Boy-Group). Generell kann Involvement in zwei unterschiedlichen Ausprägungsformen vorliegen: high versus low involvement. Diese beiden Ausprägungsformen sind von essentieller Bedeutung für die Kommunikation, denn die Stärke des Involvements wirkt sich auf die Suche, Aufnahme, Verarbeitung und Speicherung von Informationen entscheidend aus (siehe nachfolgend aufgeführte Abb. 29). So erwarten Personen mit hohem Involvement mehr Informationen in einer Botschaft und erwarten diese in anderen Medien (z.B: Printmedien) vorzufinden als Personen mit low-involvement. Personen mit geringem Involvement sollte die Botschaft eher emotional dargeboten werden. Die Botschaft sollte mit wenigen Informationen versehen sein und, auch auf die Gefahr eines möglichen Abnutzungseffekts, häufiger wiederholt werden. Die kommunikativen Gestaltungsmöglichkeiten sind bei low involvement geringer als im Falle des high involvements. So sollte bei low involvement verstärkt mit nonverbalen Reizen gearbeitet werden. Es geht hier somit um die bildhafte Verankerung des Wesentlichen, Vermittlung aktivierender Reize sowie die Übertragung emotionaler Inhalte bzw. innerer Bilder für das vermittelte Thema. Bildliche Kommunikation hat zudem den Vorteil, sich weniger schnell abzunutzen. (Esch 1999) In diesem Kontext empfiehlt es sich umso mehr, mit sogenannten Key-Visuals – also bildlichen Grundmotiven – zu arbeiten. Diese sollten leicht erschließbar, einprägsam, lebendig und dauerhaft verwendbar sein sowie eine gewisse Variationsbreite haben, um den o.g. Abnutzungserscheinungen entgegen zu wirken. (Kroeber-Riel und Esch 2000)

Liegt high involvement vor, lautet das Kommunikationsziel überzeugen. Es gilt alles Wichtige zu vermitteln, gerne auch in »epischer Breite«. Nicht affektive Aspekte, sondern vielmehr sachliche Argumente beeinflussen hier die Einstellung. Charakteristisch sind des Weiteren die geringe Wiederholungsfrequenz sowie die Anwendung in der akuten Situation (z.B: bei einem Security-Incident).

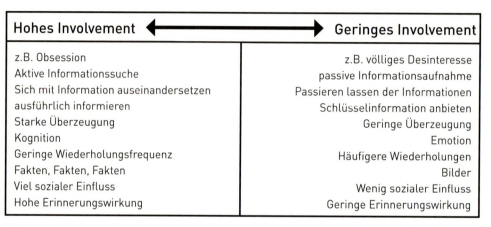

Abb. 29: Konsequenzen von high versus low involvement angelehnt an Meffert (1998) und Trommsdorf (2009)

Was kann daraus für unsere Awareness-Aktivitäten abgeleitet werden? Bei Security Awareness ist, sofern kein akuter und für die Belegschaft sichtbarer Sicherheitsvorfall vorliegt, von low involvement auszugehen, mit den zuvor bereits beschriebenen Konsequenzen für Botschaftsgestaltung, Mediennutzung und Wiederholungsfrequenz (vgl. a. Kap. 6).

4.2.2.3 Das Elaboration Likelihood-Modell (ELM)

Das Elaboration Likelihood-Modell, auch Zwei-Wege-Modell genannt, baut auf dem Involvement-Ansatz auf. Es befasst sich mit der Frage, wie persuasive Botschaften vom Menschen unbewusst weiter verarbeitet werden, und unterstellt dabei zwei verschiedene Wege, zum einen den zentralen Weg sowie zum anderen den peripheren Weg. Beim zentralen Weg setzt sich der Empfänger der Botschaft nachhaltig mit den dargebotenen Informationen auseinander. Der periphere Weg wird bei low-involvement bzw. bei unzureichender Fähigkeit zur Verarbeitung der Information eingeschlagen. Zielgröße ist bei beiden Wegen die Einstellung, wobei postuliert wird, dass der zentrale Weg in bestimmten Situationen zu einer dauerhaften und stabilen Einstellungsänderung, der periphäre Weg hingegen nur zu einer instabilen Veränderung der Einstellung führt.

4.2 • Werbewirkungsmodelle

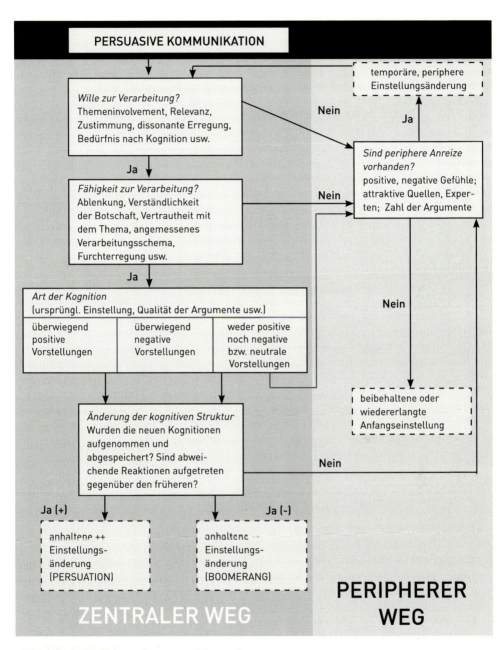

Abb. 30: Persuasive Kommunikation, angelehnt an das
Elaboration Likelihood-Modell nach Petty und Cacioppo (1986)

Auf dem zentralen Weg lässt sich der Empfänger der Botschaft nicht durch Nebensächlichkeiten ablenken. Der Verarbeitungsprozess erfolgt weitgehend rational. Man beschränkt sich auf die wesentlichen Informationen. Wichtig sind die Qualität und Überzeugungskraft der Argumente.

Auf dem periphären Weg wirken weniger die harten Fakten, sondern scheinbar Nebensächliches wie Gefühle, Bilder, die Glaubwürdigkeit des Kommunikators, die Anzahl der Argumente. Das Urteil wird hier eher oberflächlich gebildet, Einstellungsänderungen sind auf diesem Weg wenig stabil.

Die Aussagen des Elaboration Likelihood-Modells sind mittlerweile durch zahlreiche Untersuchungen bestätigt. Sein Mehrwert liegt u.a. in der recht anschaulichen Darstellung der die Werbewirkung beeinflussenden Informationsverarbeitungsprozesse. Als Empfehlung für die Praxis lässt sich aus dem Modell folgendes ableiten: »Optimiere die Qualität der Botschaft und stelle sicher, dass die Empfänger der Botschaft in der Lage sowie willens sind, diese intensiv zu verarbeiten.«

4.2.2.4 Das Modell der Wirkungspfade

Das Modell der Wirkungspfade knüpft an die klassischen Stufenmodelle an und erweitert diese um die Erkenntnisse der Involvement-Forschung. Das lineare bzw. strikte Durchlaufen einzelner Stufen wie z.B. im AIDA-Modell wird hier hingegen negiert. Vielmehr werden unterschiedliche Wirkmuster der Kommunikation unterstellt und voneinander abgegrenzt. Wichtige Stellgrößen sind dabei die Art der Werbung (emotional vs. informativ) und das Involvement (gering vs. hoch). Je nach Ausprägung dieser Stellgrößen ergibt sich in der Folge eine andere Kombination der Wirkungspfade.

Im Falle informativer Botschaftsgestaltung in Kombination mit hohem Involvement (Abb. 31, Fall 1) trifft die Botschaft auf starke Aufmerksamkeit, was wiederum kognitive Vorgänge auslöst. Diese beeinflussen die Einstellung respektive die Kaufabsicht des Botschaftsempfängers und wirken so auf das Verhalten ein. Der dominante Wirkungspfad kann zusätzlich durch untergeordnete, emotionale Vorgänge begleitet werden. Ursache hierfür ist wiederum das hohe Ausgangsinvolvement, was den Rezipienten in die Lage versetzt, viele Informationen aufzunehmen und zu verarbeiten. Die vermittelten Informationen sprechen Bedürfnisse an, die Emotionen auslösen. Anwendungsbeispiel: Lang ersehnter Wunsch, sich ein teures, leistungsfähiges Laptop mit vielfältigen technischen Features anzuschaffen.

Bei geringem Involvement und informativer Botschaftsgestaltung (Abb. 31, Fall 2) erfolgt die Verarbeitung eher oberflächlich. Dementsprechend müssen die dargebotenen Informationen leicht verständlich sein. Im Gegensatz zum »normalen« Weg wird hier zunächst keine Einstellung gebildet. Den auslösenden, verhaltensrelevanten Reiz bildet das Wiedererkennen eines Teils der Informationen in der Kaufsituation. Erst durch Wiederkauf kann sich eine spezifische Einstellung ausbilden. Anwendungsbeispiel: Werbung für Kraftstoff. Warum ist gerade dieser Sprit gut für mein Auto und die Umwelt?

4.2 • Werbewirkungsmodelle

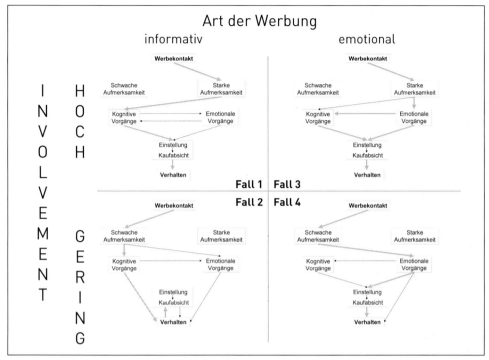

Abb. 31: Modell der Wirkungspfade, angelehnt an Kroeber-Riel & Weinberg (2003)

Emotionale Werbung in Kombination mit hohem Involvement (Abb. 31, Fall 3) löst zunächst emotionale Vorgänge aus, die wiederum auf kognitive Vorgänge ausstrahlen. Aufgrund seines hohen Involvements hat der Empfänger auf der kognitiven Ebene fundierte Kenntnisse der Produkteigenschaften des beworbenen Produkts (sowie vergleichbarer Konkurrenzprodukte). Herz und Seele treffen hier auf Verstand; beides zusammen wirkt auf die Einstellungsbildung. Anwendungsbeispiel: Stark emotionalisierende Werbung der Firma Benetton in den 1990er Jahren.

Die letzte Kombinationsmöglichkeit, emotionale Werbung bei geringem Involvement (Abb. 31, Fall 4), wirkt nach dem Prinzip der emotionalen Konditionierung d.h. mittels häufiger Wiederholungen und weniger Schlüsselinformationen wird eine emotionale Bindung zum Produkt bzw. der Marke geschaffen, die direkt und hauptsächlich auf die Einstellung einwirkt. Anwendungsbeispiel: Werbung der Handelskette Media Markt.

Als Hauptkritikpunkt des Modells der Werbewirkung ist die Heraushebung des Faktors Einstellung zu nennen, da der Zusammenhang zwischen Einstellung und der Verhaltenskomponente aus wissenschaftlicher Sicht nicht ausreichend signifikant ist. Wenngleich die Beziehung der Variablen untereinander weiter erforscht werden muss, spricht doch der Prognosecharakter für dieses Modell. (Meffert 1998)

4.3 Zwischenfazit

In der Praxis will man wissen, an welchen »Schräubchen« wie und in welchem Maße zu drehen ist, um eine bestimmte Wirkung respektive ein bestimmtes Ziel – in unserem Falle ein sicherheitsverhaltensbezogenes Kommunikationsziel – zu erreichen. Die Praxis lehrt uns aber auch, dass wir es nie nur mit einem, sondern mit einer Vielzahl dieser »Schräubchen« zu tun haben. Um in diesem Bild zu bleiben: Das Drehen an der einen hat mitunter einen nicht gewünschten Effekt an einer anderen Schraube. Welches sind aber die wichtigen Schräubchen und was bewirken sie grundsätzlich im Gesamtsystem? Wie alle Modelle abstrahieren auch die Modelle der Kommunikationswirkung von der Realität, um grundsätzliche Aussagen treffen zu können bzw. grundsätzliche Erkenntnisse zu gewinnen. Klar muss sein, dass die einzelnen Wirkungen weder isoliert auftreten noch eindeutig (bzw. monokausal) zurechenbar sind. Dies ist in sachlichen sowie zeitlichen Interdependenzen begründet. Zudem können Störeinflüsse verschiedenster Art, die in der Realität nun mal vorhanden sind, nie völlig ausgeschlossen werden. Dennoch helfen uns die geschilderten Werbewirkungsmodelle in der Awareness-Arbeit. Sie zeigen Zusammenhänge auf, beantworten so das »warum?« und liefern uns wichtige Hinweise für das grundsätzliche »wie?« der Awareness-Kommunikation. Sie ermöglichen zudem eine differenziertere Betrachtung des Status quo. Aus den Modellen lassen sich – unter Berücksichtigung der tatsächlichen Rahmenbedingungen – effektive von weniger effektiven Wegen der Awareness-Kommunikation unterscheiden. Zudem unterstützen sie die Entscheidungsfindung d.h. wann wo welche kommunikationsbezogenen Ressourcen wie einzusetzen sind, um die relevanten Awareness-Ziele möglichst direkt und damit effizient zu erreichen.

4.4 Awareness im Kontext Marketing und Unternehmenskultur

Zur Übertragung der in den vorigen Abschnitten beschriebenen Erkenntnisse auf die praktische Awareness-Arbeit möchte ich auf das Stimulus-Organismus-Response-Modell aus Kapitel 4.1.2.2. zurückgreifen. Dabei interessiert speziell die Frage, welche Faktoren den nicht beobachtbaren, individuellen Entscheidungsproßeß beeinflussen. Im Folgenden steht also nicht die Frage im Vordergrund, Wie die Faktoren zusammenwirken (dies wurde bereits ausführlich dargestellt) sondern Welche Einflussfaktoren wirken. Denn wenn mir die wesentlichen Einflussfaktoren bekannt sind, kann ich sie in der praktischen Awareness-Arbeit auch entsprechend berücksichtigen. Hauptansatzpunkt der Modelle der Werbewirkung ist der einzelne Mensch. Dem gegenüber stehen die in Kapitel 2.4.3. beschriebenen Erkenntnisse zur Organisations- und Sicherheitskultur (Drei-Ebenen-Modell nach Schein) die den Einfluss des sozialen bzw. organisationspezifischen Umfeldes auf das Verhalten untersuchen. Um in der Realität wie gewünscht wirken zu können, muss Security Awareness sowohl die individuellen als auch die sozialen – im Sinne der system- bzw. organisationsspezifischen Aspekte menschlichen Verhaltens – berücksichtigen und miteinander in Einklang bringen.

Bei genauerer Betrachtung wird man feststellen, dass das SOR-Modell dem Rechnung trägt. Im Rahmen der intervenierenden Variablen, also den Einflussfaktoren des nicht beobacht-

4.4 ▪ Awareness im Kontext Marketing und Unternehmenskultur

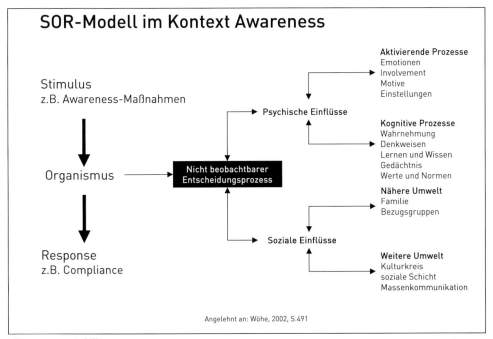

Abb. 32: SOR-Modell im Kontext Awareness

baren individuellen Entscheidungsprozesses, berücksichtigt es diverse Einzelvariablen und gliedert sie zunächst nach psychischen und sozialen Gesichtspunkten. Zur einfacheren Unterscheidung könnte man hier auch von intra- und interpersonalen Faktoren sprechen. Die psychischen Einflussfaktoren wiederum werden unterteilt in aktivierende Prozesse und kognitive Prozesse. Bei den sozialen Einflüssen wird zwischen den Einflüssen der näheren Umwelt und den Einflüssen der weiteren Umwelt unterschieden. Wie unschwer zu erkennen ist, wirken auf der Ebene der Einzelvariablen (rechter Teil der Abbildung) die bereits aus dem Marketingkontext bekannten Größen. Genauso wirken dort auch die im Kontext der unternehmenskulturellen Überlegungen genannten Einflussfaktoren (siehe Denkweisen, Werte und Normen, Bezugsgruppen wie z.B: das Team oder die Abteilung in bzw. mit dem der Mitarbeiter seine Arbeit verrichtet). Zugleich berücksichtigt das SOR-Modell lerntheoretische Überlegungen wie auch Kultur- bzw. Mentalitätsspezifika. Es vereint damit gleich mehrere der in diesem Buch diskutierten Einflussfaktoren erfolgreicher Awareness-Arbeit.

Was lässt sich daraus für die Praxis ableiten? Als Awareness-Verantwortlicher muss ich wissen, welche Faktoren als Einflussgrößen auf den o.g. Entscheidungsprozeß wirken. Ich komme nicht umhin, möglichst alle der auf der rechten Seite der o.g. Abbildung dargestellten Faktoren in meiner praktischen Arbeit zu berücksichtigen. Wie kann ich das tun? Indem ich zu Beginn eines Awareness-Vorhabens die als relevant definierten Zielgruppen nach den o.g. Einflussfaktoren analysiere, qualifiziere und voneinander abgrenze. Im Ergebnis erhalte ich eine deutlich fundiertere »Absprungbasis« mit deren Hilfe die im weiteren Verlauf eines solchen Vorhabens zu definierenden Awareness-Maßnahmen anforderungsgerechter zugeschnitten werden können – somit ein klares Plus im Hinblick auf die Kriterien Effizienz und Effektivität von Awareness.

4.5 Corporate Identity
– Bindeglied zwischen Unternehmenskultur und Marketing

Das Konzept der Unternehmensidentität erfreut sich seit Beginn der achtziger Jahre des letzten Jahrhunderts zunehmenden Interesses in der wissenschaftlichen Diskussion. Corporate Identity (CI) wird oft in Zusammenhang mit dem Erscheinungsbild des Unternehmens (Corprate Design) gebracht. CI steht darüber hinaus in engem Zusammenhang mit der Frage, wie ein Unternehmen geführt wird. In dieser Variante ist CI das Mittel zur Steuerung der Prozesse der Willensbildung und -durchsetzung im Hinblick auf ein zielkonformes Verhalten der Mitarbeiter. Wird bei CI auf den Aspekt der Strategie abgestellt, so bildet sie die Grundlage aller Unternehmensaktivitäten, insbesondere aber die der Kommunikationspolitik. In der planerischen Version des Begriffs CI koordiniert und integriert sie die drei zuvor genannten Aspekte unter einem gemeinsamen Dach. Corporate Identity konkretisiert sich somit über das Corprate Design, das Corporate Behaviour, die Unternehmenskommunikation sowie die Unternehmenskultur. Sie bildet die strategische Klammer um sämtliche Interaktions- und Kommunikationsprozesse eines Unternehmens, sowohl im Innen- wie auch im Außenverhältnis mit dem Ziel, einen optimalen Gesamteffekt für das Unternehmen zu erreichen. (Meffert 1998)

Bei einem Blick auf die internen Wirkungen des Corporate Identity-Konzepts (linker, unterer Teil der Abb. 33) ist ersichtlich, dass CI für das Thema Sicherheit ganz erhebliche Folgen hat. Unternehmensidentität ist neben dem Aspekt Design, ebenso Ausdruck von Verhalten, Kultur und Kommunikation – also genau denselben zentralen Elementen, die auch für Awareness von erheblicher Bedeutung sind. Andererseits sind Awareness-Aktivitäten immer auch Teil der Corporate Identity. Das bedeutet, dass das erfolgreiche Implementieren von Security Awareness-Maßnahmen eine Sichtweise auf das Thema Sicherheit erforderlich macht, die weit über »klassisches Sicherheitsdenken« hinausgeht. Organisatorisch ist Sicherheit zwar eine abgegrenzte Funktion innerhalb des Unternehmens. Inhaltlich aber wird Sicherheit von dem, was im Gesamtsystem Unternehmen tagtäglich passiert, beeinflusst und wirkt gleichzeitig darauf ein. Sowohl Awareness als auch Sicherheit sind somit nicht etwas »Abgekapseltes«, sondern ein lebendiger Teil des Gesamtsystems Unternehmen. Will man also nicht nur Symptome kurieren, sondern vielmehr die Ursachen sicherheitsinkonformen Verhaltens aufdecken und wirksam bearbeiten, sollte möglichst umfassend und aus verschiedenen Blickwinkeln hinter die Kulissen menschlichen Handelns im Unternehmen geschaut werden. Bei einem solchen ganzheitlichen Ansatz greifen Psychologie, Unternehmenskultur, Lernen und Kommunikation ineinander und profitieren voneinander.

4.5 • Corporate Identity – Bindeglied zwischen Unternehmenskultur und Marketing

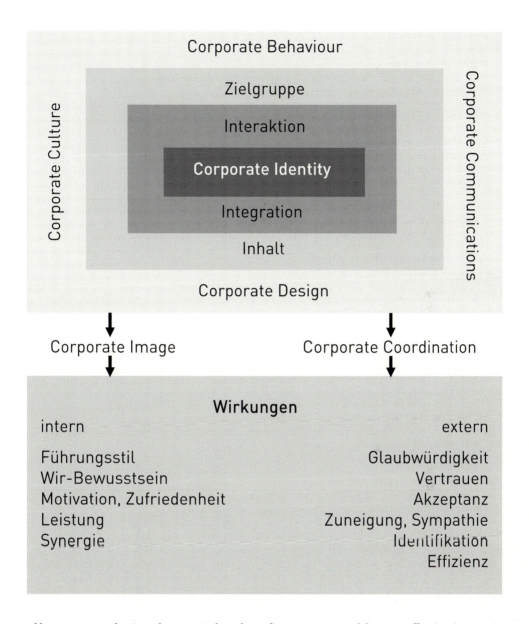

Abb. 33: Corporate Identity – der strategische Rahmen für Awareness, angelehnt an Meffert (1998)

5 Das geheime Drehbuch der Security – Awareness in Gestalt- und Tiefenpsychologie

Ankha Haucke und Dietmar Pokoyski

> (außer Kap. 5.1 und 5.8 bzw. 5.8.1 Ankha Haucke! Die Darstellung der Studien in Kap. 5.3 und 5.4 folgt mit Ausnahme von Fazit und Empfehlungen weitgehend den schriftlichen Gutachten der Studien-Projektleiter, Dipl. Psycholog. Ankha Haucke und Udo Eichstädt)

Wie setze ich Awareness-Botschaften im Seelenhaushalt der Menschen um und verschaffe ihnen so eine dauerhafte Wirksamkeit? Der bis heute weitgehend verbreitete Ansatz, die OLDSCHOOL, geht davon aus, dass sich die Persistenz der Botschaft über die Grundzüge einer einfachen Lerntheorie (Abspeichern) ergibt, d.h. Mitarbeiter werden in diesem Kontext etwa wie ein Kassettenrecorder behandelt.

Wenn man aber über Wirksamkeit redet, muss eine gute und realistische Geschichte über die Erfolge von Awareness-Kampagnen beim Alltag der Menschen beginnen. Jenem Arbeitsalltag, in dem die erwünschte Verhaltensänderung, die durch den Mix an Maßnahmen erzeugt werden soll, ihren Platz findet. In vielen Darstellungen von Security Awareness-Kampagnen scheint allerdings die Lebenswirklichkeit der Menschen wenig bis gar nicht thematisiert zu werden. Wie gelingt es nun aber einer »Werbung« für mehr Sicherheit im Unternehmen, sich in die Zusammenhänge dieses offenbar so komplexen Alltags hineinzudrängen. Viele Unternehmen können ein Lied davon singen, wie Awareness-Trainings, -Filme oder -Plakate einfach »draußen« geblieben sind und ohne jede Wirkung scheinbar verpufften. Es ist gerade der seelische Alltag, der sich eben schwer stören lässt. Darum ist es u.a. eine primäre Aufgabe von Awareness-Kampagnen, Aufmerksamkeit (Impact) für das Thema zu erzeugen.

Aber selbst wenn es einer impact-starken Kampagne gelingt, sich in Alltags-Kontexte und Handlungseinheiten (s. Kap. 5.2.1) zu integrieren, ist der Erfolg noch lange nicht garantiert. Das Aufgenommene soll ja zu einem Bestandteil der seelischen Momente und Motivationen werden, die das zukünftige Verhalten bestimmen – unpsychologisch etwa oftmals beschrieben mit »die Botschaft müsse sich im Kopf festsetzen«. Bei der Festlegung der Kanäle und Implementierung aller Tools ist also die Wirksamkeit und die Persistenz, die überdauernde Wirkung jeder Maßnahme, zu prüfen.

Erfolgreiche Awareness muss demnach als Lösung im ganzheitlichen Gefüge der mit ihm verbundenen Zwecke erzeugt werden. Schulungen oder Trainings sind oftmals viel zu personalisiert gedacht. Aufmerksamkeit im Sinne von Awareness ist nicht der erste und entscheidende Einstieg für die Wirksamkeit von Tools, sondern bereits die Folge davon, dass eine Anknüpfung stattgefunden hat. Awareness, die ausgehend vom Changemangement, eine Verhaltensänderung im Sinne einer Entwicklung anstrebt, darf sich keinesfalls darauf beschränken, Informationsvokabeln über einen Vorgang zu lernen

– Awareness Next Generation muss sich vielmehr der Wirkung von Risiken »andienen«, indem Probleme angesprochen werden und sich das Tool selbst als Lösung, nicht aber ausschließlich als ein Simulator, anbietet. Awareness Next Generation sollte sich nicht auf Lehren und Lernen beschränken; sie muss vor allem beeinflussen können.

Vor diesem Hintergrund erscheint es also unmöglich, dass eine erfolgreiche Security Awareness-Maßnahme damit beginnt, die Intention oder den gewünschten Erfolg quasi eins-zu-eins in eine Botschaft zu verpacken und auf die Mitarbeiter loszulassen. Dazu gibt es zu viele psychologische Faktoren, die mit berücksichtigt werden wollen.

Psychologisch betrachtet muss jedes Security-Awareness-Marketing wie beinahe jede Form von Werbung respektive Kommunikation mit zwei Stolpersteinen rechnen:

- die Zielgruppe der Mitarbeiter zu erreichen und mit der Botschaft Eingang in das Seelische zu verschaffen
- die Botschaft im Seelenhaushalt des Mitarbeiters zu verankern und ihr eine dauerhafte Wirksamkeit zu ermöglichen (Pokoyski 2008).

Um Ihnen ein tieferes Verständnis der Psychologie von Informationssicherheit und Security Awareness zu ermöglichen, stellen wir im folgenden Kapitel die Grundzüge von gestaltpsychologischen und morphologischen Ansätzen vor und, wie diese methodisch, z.B. über Security-Wirkungsanalysen, im Rahmen Ihrer Awareness-Arbeit genutzt werden können.

5.1 Awareness in der Gestaltpsychologie (*Ankha Haucke*)

Bereits im Rahmen meiner gestalttherapeutischen Weiterbildung hatte ich die Gelegenheit, mich mit Awareness zu beschäftigen. Dort spielt die Awareness eine zentrale Rolle. Weil ich mir sicher bin, hiermit die Wahrnehmung dafür, was Awareness im Rahmen von Informationssicherheit bedeuten könnte, erweitern zu können, möchte ich beschreiben, welche Bedeutung ihr in der Gestalttherapie beigemessen, wie mit ihr gearbeitet und welche Erfahrungen mit ihr gemacht werden.

5.1.1 Definition von Awareness in der Gestaltpsychologie

Das gebräuchlichste deutsche Wort, das der Bedeutung des Begriffs der Awareness sehr nahe kommt, ist »Bewusstsein« (s. a. Definitionen in Kap. 2.1.1 und 5.1.9). Das Bewusstsein spielt bereits in der Psychoanalyse von Freud eine wichtige Rolle. Sie wird als Voraussetzung für seelische Veränderung angesehen. In der Psychoanalyse bedeutet dies, dass unbewusste Konflikte in der Kindheit das Verhalten und Erleben solange belasten können, bis der Patient sich ihrer Bedeutung bewusst wird. Von diesem Moment an kann er sich willentlich aus alten Beziehungsmustern befreien. Dieser Prozess der Bewusstwerdung wird in der Psychoanalyse als eine rückwärtsgewandte Introspektion und ein vorrangig rationaler Verstehensprozess aufgefasst.

Awareness im Sinne der Gestalttherapie ist im Gegensatz hierzu als eine gegenwartsgeleitete Innerlichkeit zu verstehen. Das deutsche Wort »Bewusstheit« wird im gestalttherapeutischen Kontext weitgehend synonym mit Awareness verwendet. Damit ist eine ganzheitliche Erfahrung in der Gegenwart gemeint, die in der Vergangenheit oder Zukunft nur dann eine Rolle spielt, wenn die Erinnerung daran bzw. eine Vorstellung davon gegenwärtig präsent sind. Neben der Gegenwartsorientierung war die Berücksichtigung der Sinnlichkeit und Vitalität, – kurz: des Körpers – das Anliegen der Begründer von Gestalttherapie, als sie den Begriff der Awareness in die Theorie der Gestalttherapie einführten. Neben der Wahrnehmung des Körpers, Sinnesempfindungen und Gefühlen umfasst Awareness aber auch die Wahrnehmung von Werten, Wünschen, Phantasien, Träumen oder Gedanken.

Als grobe Definition von Awareness (s. a. Definition Security Awareness aus Sicht der Gestaltpsychologie in Kap. 5.1.9) können wir an dieser Stelle formulieren: »*...das unmittelbare Wahrnehmen all dessen, was einen Menschen erregt und worauf sich seine gegenwärtige Aufmerksamkeit richtet.*« (Gremmler-Fuhr 1999)

5.1.2 Zwei Modi der Bewusstheit

Für das Thema Informationssicherheit ist von Bedeutung, dass der recht vielschichtige Begriff von Awareness in der Gestalttherapie differenziert wird, indem man zwischen zwei Modi der Bewusstheit unterscheidet.

Als »Achtsamkeit« wird das Richten der Aufmerksamkeit auf das unmittelbar Wahrzunehmende bezeichnet, wozu Empfindungen, Gefühle, Vorstellungen und Gedanken ebenso gehören wie sinnliche Eindrücke aus der »Außenwelt«.

Mit »Gewahrsein« ist dagegen ein Zustand gemeint, in dem umfassende Zusammenhänge unmittelbar wahrgenommen und erkannt werden. Gewahrsein bedarf einer umfassenden geistigen Anstrengung, die das erworbene Wissen mit Empfindungen, Gefühlen und Geist zu einem intuitiven Erkennen von Strukturen und Mustern verbindet. »*Gewahrsein ist aktiviertes Wissen und Zusammenschauen, es schließt Vergangenes und Zukünftiges ein.*« (Gremmler-Fuhr 1999).

5.1.3 Paradoxe Theorie der Veränderung

Wie kommt es nun, dass Awareness oder Bewusstheit ein so hoher Stellenwert im Rahmen der Gestalttherapie beigemessen wird? Wir Menschen können uns und andere weniger steuern, als wir im Allgemeinen annehmen. In der Gestalttherapie als einer psychotherapeutischen Methode geht es aber gerade um Veränderung des eigenen Erlebens und Verhaltens. Hier kommen wir zur »paradoxen Theorie der Veränderung«. Diese besagt, dass seelische Veränderung paradoxer Weise genau in dem Moment möglich wird, in dem wir die Realität, und zwar jene, die uns umgibt, aber auch die »innere« seelische, wahr- und annehmen.

»*Wenn wir das, was ist, vorbehaltlos erkennen, verstehen und akzeptieren, können wir uns unserer Wahlmöglichkeiten bewusst werden, uns in Beziehung zum Umweltfeld selbst (von innen her) bestimmen.*« (Gremmler-Fuhr 1999)

Für unsere willentliche Steuerungsfähigkeit ist der Bewusstheitsgrad entscheidend. Ohne Bewusstheit agieren wir nur in Bezug auf bestimmte, vereinzelte Aspekte der Realität. Ein rein kognitives Reden und Nachdenken über lebendige Prozesse vernachlässigt möglicherweise die seelische Verfassung zugunsten sachlicher Aspekte. Wenn dagegen z.B. die Wahrnehmung vorrangig auf die eigene Verfassung gerichtet ist, werden gegebenenfalls Erfordernisse des Umfeldes vernachlässigt.

Wachheit für die unmittelbaren Erfahrungen

»Wahlfreiheit« in Bezug auf unser eigenes Erleben und Verhalten besteht nur im Zustand der Awareness im Sinne von »Wachheit für die unmittelbaren Erfahrungen im Organismus-Umwelt-Feld«. Was im Rahmen von Psychotherapie die Wahl bedeutet, sich entsprechend der heutigen Realität zum eigenen Besten zu verhalten oder zu fühlen, anstatt in selbstdestruktiven Verhaltensmustern zu verharren, ist im Zusammenhang von Informationssicherheit als die Freiheit zu verstehen, Security-Maßnahmen gezielt oder eben strategisch und bewusst durchzuführen, anstatt unbewusst anderen Motiven den Vorrang zu geben, wobei eben auch »Fehlleistungen« möglich sind.

Fehler im Hinblick auf Sicherheitsmaßnahmen lassen sich vor dem Hintergrund der Awareness im gestalttherapeutischen Sinne als Verhaltensweisen erklären, die ohne Bewusstheit für die eigenen oder Umfeld-Belange quasi »blind passieren«. Wenn mir dagegen die vielfältigen »inneren« und äußeren Bedingungen, die mich im gegenwärtigen Moment beeinflussen, bewusst sind, kann ich mich willentlich entscheiden. So kann ich – etwa dann, wenn ich mich im Büro einsam fühle – der Versuchung widerstehen, z.B. ein (triviales) Passwort zu wählen, das eine Verbindung zu geliebten Menschen herstellt (s.a. Kap. 5.3).

Ziel von Sicherheitsmaßnahmen ist es ja, das Auftreten »blinden Agierens«, zu dem auch das Vergessen von Regularien gezählt werden kann, mittels Awareness zu verringern. Schauen wir uns an, wie die Awareness in der Gestalttherapie gefördert wird.

Awareness gilt den meisten Gestalttherapeuten neben drei weiteren als die zentrale therapeutische Methode. Da die Trennung der Methoden im Hinblick auf die Praxis etwas Künstliches ist und die verschiedenen Methoden nicht ohne einander auskommen, möchte ich an dieser Stelle sämtliche Methoden vorstellen.

5.1.4 Phänomenologie

Awareness oder Bewusstheit gilt also als eine von vier gestalttherapeutischen Methoden, die seelische Entwicklung unterstützen. Man bezeichnet sie auch als die Phänomenologische Methode im Sinne einer grundlegenden Haltung, dass »*Bewusstheit per se [...] heilsam sein (kann)*« (Perls 1974). Dabei ist zu beachten, dass die unmittelbare subjektive Erfahrung jedes Menschen im Hier und Jetzt einmalig ist und ganz individuelle Bedeutungen hat, die es zu entdecken und zu respektieren gilt.

Da die Awareness vielen Gestalttherapeuten als die zentrale Methode zur Einleitung heilsamer seelischer Prozesse gilt, hat man eine Fülle von Techniken entwickelt, die die Awareness fördern. Als Beispiel sei das so genannte Wahrnehmungskontinuum genannt. Bei dieser Übung gilt es, alles, was man wahrnimmt, »innerlich« zu benennen, ohne es zu bewerten. Dabei ist es meist hilfreich, die Augen zu schließen, da wir im Alltag im Allgemeinen stark auf das Sehen fixiert sind und auf diese Art andere Sinne mehr Raum erhalten. So wird die Wahrnehmung dessen, was ist, der Phänomene, die uns bewegen, geschärft. Derartige Methoden sind jedoch nur in einem therapeutischen Rahmen sinnvoll und nur dann wirksam, wenn man auch den dialogischen (Kap. 5.1.5), feldtheoretischen (Kap. 5.1.6) sowie existentialistischen Prinzipien (Kap. 5.1.7) gerecht wird.

5.1.5 Dialog

»Der Mensch wird am Du zum Ich.« (Martin Buber)

Die Gestalttherapie versteht sich als humanistisches Verfahren, das sich insbesondere auf die philosophische Anthropologie Martin Bubers bezieht. Das bedeutet, dass man seinen Mitmenschen mit einer respektvollen und partnerschaftlichen Haltung begegnet und zudem davon ausgeht, dass menschliche Beziehungen das zentrale Medium für seelische Entwicklung darstellen. Unabdingbare Voraussetzung für eine förderliche Beziehung ist eine wertschätzende Haltung im Gegensatz z. B. zu einem besser wissenden Expertentum.

Im psychotherapeutischen Kontext ist ein Dialog auf Augenhöhe, sich akzeptiert statt bewertet zu fühlen, für viele Menschen an sich schon eine bedeutsame Erfahrung.

Techniken können in diesem Sinne nicht eingesetzt werden, um Menschen zu verändern. Vielmehr gilt es, *»sie ihnen zur eigenen, selbst verantworteten Nutzung zur Verfügung (zu stellen), denn [...] echter Respekt vor der Würde des Menschen schließt es ein, Instrumente effektiven Handelns in seinen Dienst zu stellen ...«* (Kelly 1969)

5.1.6 Feldtheorie

»Jede Menschliche Aktion (ist) ein Wechselspiel in einem Organismus-Umweltfeld, das sich als soziokulturelles, sinnliches und physisches darstellt.« (Fritz Perls)

In der Gestalttherapie geht man davon aus, dass sich das Individuum in einem fortwährenden Austauschprozess mit seiner Umwelt befindet und nicht unabhängig davon denk- bzw. verstehbar ist. Dieser Austauschprozess findet statt als gegenseitige kreative Anpassung.

»In diesem Kontext sind Techniken als Strukturelemente des therapeutischen Feldes zu sehen, die es den Klienten/innen erleichtern, ihre kreativen Anpassungsprozesse zu erforschen, indem sie ihre Arten der Kontaktaufnahme variieren oder, anders gesagt, ihren Blickwinkel wechseln.« (Staemmler & Bock 1999)

Mit »Wahlfreiheit« durch Awareness ist viel erreicht. Sich bewusst gegen die Durchführung von Sicherheitsmaßnahmen zu entscheiden, dürfte den meisten Menschen nämlich schwer fallen. Es dürfte aber bis hierhin deutlich geworden sein, dass Awareness ein ganzheitliches Phänomen ist, weil eine Förderung von Awareness nur unter Einbeziehung des »Feldes«, sprich der »Arbeitsumwelt«, möglich und überhaupt sinnvoll sein kann. Das bedeutet, dass Awareness-Maßnahmen nur in Bezug auf die Unternehmenskultur und unter Berücksichtigung der Arbeitsbedingungen wirksam sind (vgl. hierzu Kap. 2.4 und 5.3).

5.1.7 Existentialismus

> »Die Befreiung von der Illusion der Verantwortungslosigkeit ...«
> (Frank M. Staemmler und Werner Bock)

Die Gestalttherapie sieht sich in der Tradition des Existentialismus und geht davon aus, dass wir Menschen zwar durch unser Umfeld beeinflusst werden, jedoch nicht vollständig determiniert sind. Vielmehr wählen wir bewusst, wie wir uns verhalten und was wir erleben. Aus dieser existentiellen Tatsache erwächst eine Verantwortlichkeit, die schwer zu tragen ist und die wir daher gerne verleugnen oder verdrängen. Die gute Nachricht aber ist, dass wir in der Lage sein sollten, uns selbst bzw. unseren Blick auf die Welt verändern zu können.

> »Der Mensch ist lediglich so, wie er sich konzipiert [...];
> der Mensch ist nichts anderes, als wozu er sich macht.« (Sartre 1969)

Gestalttherapeuten wenden existentialistische Methoden an, um Menschen im Rahmen ihrer Suche zu unterstützen, wie sie ihre Welt bisher konstruiert haben und wie sie diese in Zukunft möglicherweise auf befriedigendere Art und Weise als in der Gegenwart konstruieren könnten. Innerhalb dieses Erforschens geht es vor allem darum, welche Bedeutung die Menschen ihren persönlichen Erlebnissen zuschreiben und wie sie hierauf reagieren.

Neben der schon erwähnten Wahlfreiheit dürfte die existentialistische Methode insofern eine Anregung für die Security Awareness darstellen, als es sinnvoll sein kann, den Blick dafür zu schärfen, dass wir auch für so genannte Fehlleistungen verantwortlich sind und es sinnvoll ist, sich klar zu machen, wie diese zustande gekommen sind anstatt diese als gegeben hinzunehmen bzw. hierfür triviale Ursachen ohne Tiefung anzugeben. Außerdem macht die existentialistische Wurzel der Gestalttherapie deutlich, dass man den Menschen als ein Wesen betrachten kann, das sich weitgehend selbst »erschaffen« hat, sich demnach auch aus eigener Kraft verändern kann.

5.1.8 Gestaltpsychologie und Security Awareness

Für die Security würde die Essenz all' dieser Theorien bedeuten, dass Awareness – sofern sie tatsächlich stattfindet – auch etwas bewirken kann. Wenn ich mich z.B. bisher in einer resignativen Haltung als jemanden wahrgenommen habe, der wenig Kontakt zu Kollegen und wenig Einflussmöglichkeiten hat und infolgedessen unbewusst meine Passwörter vergessen habe, um z.B. einen Anlass für einen Gang zum IT-Administrator zu haben (s. Kap. 5.3), kann mich die Bewusstheit dieses Zusammenhangs in die Lage versetzen, meine Haltung und mein Verhalten aktiv zu verändern. Dann habe ich die Wahl zwischen verschiedenen Möglichkeiten, statt unbewusst immer wieder dieselben »Fehler zu wiederholen«, die meine Not nur kurzfristig lindern und darüber hinaus etliche weitere Nachteile für meine Kollegen, für mein Unternehmen inkludieren.

Die in der Gestalttherapie untrennbar mit der Awareness verbundene Selbstverantwortlichkeit möchte ich an dieser Stelle auch deshalb noch einmal hervorheben, da in unseren Studien zum Themenfeld »Psychologie in der Informationssicherheit« (s. Kap. 5.3 und 5.4) immer wieder die Neigung von Mitarbeitern deutlich wurde, die Verantwortung für Sicherheit zu delegieren. Insofern muss es ein Ziel von Awareness-Maßnahmen sein, die Bewusstheit der Mitarbeiter nicht nur für Gefahren, sondern auch für ihre eigene Verantwortung und wechselseitige Loyalität zu fördern.

Awareness findet mithin – im therapeutischen wie im Kontext der Informationssicherheit – nicht nur auf einer kognitiven Ebene statt, sondern als Teil eines umfassenden (z.T. unbewussten, geheimen) Prozesses.

5.1.9 Zwischenfazit Gestaltpsychologie

Aus Sicht der Gestaltpsychologie hat Security Awareness weniger mit der Vermittlung von Informationen, z.B. durch Trainings, gemein als mit dem Bewusstsein für die eigene Wahrnehmung (vgl. a. Kap. 7.6ff).

Awareness lässt sich vielmehr fördern durch ...

- Berücksichtigung aller Arbeitsbedingungen und der herrschenden Unternehmenskultur,
- Schulung der Wahrnehmung persönlich bedeutsamer Prozesse im Kontext der umgebenden Unternehmens- und Sicherheitskultur,
- Verdeutlichung von Selbstverantwortung und
- Dialog auf Augenhöhe.

Diese Schwerpunkte der Gestalttherapie korrespondieren im Wesentlichen mit den im folgenden Teil dargestellten Grundzügen der morphologischen Psychologie, auch wenn sich diese eines zum Teil abweichenden Vokabulars bedient.

5. 2 Security-Wirkungsanalysen

Bereits seit der ersten <kes>/Microsoft-Sicherheitsstudie (s. Kap. 2) werden »Irrtum und Nachlässigkeit der eigenen Mitarbeiter« von den Teilnehmern dieser quantitativen Forschung als Top-Risiko der Informationssicherheit bewertet. Auf den vielfach zitierten »menschlichen Faktor« wird in diesem »Lagebericht zur Informationssicherheit« auch in alternativer Systematik und Bezeichnung unter der so genannten »Gefahrenklasse« auf

»Menschliches Versagen« hingewiesen. Was aber sind die Faktoren, die technisch und organisatorisch ausgereifte und vermeintlich sicheren Informationssysteme immer wieder auszuhebeln drohen?

Diese Frage stellten wir uns etwa Anfang 2005, als wir unsere ersten Security Awareness-Projekte auf den Weg brachten. Die Suche nach plausiblen Antworten fiel sowohl über die oben genannte Studie als auch über eine intensive Literatur- und Online-Recherche unbefriedigend aus. In den empirischen Darstellungen zum Thema schienen Zahlen und allenfalls die bloße Beschreibung von Phänomenen die Frage nach dem »Warum« deutlich zu überlagern. Und die im Rahmen persönlicher Gespräche mit Sicherheitsverantwortlichen oftmals vernommene Begründung – »Menschen machen Fehler, weil sie eben nachlässig sind« – beinhaltete eine eigentümliche Redundanz, die wir eher als einen Bremser unserer Projekte wahrnahmen.

So entschlossen wir uns 2006, der o.g. Frage per Wirkungsforschung nachzugehen, auf die wir schon häufig und immer wieder gerne bei Kundenprojekten in anderen Branchen zurückgegriffen hatten. Gemeinsam mit known_sense und Partnern – in diesem Fall der EnBW, dem DSV, ‹kes›, Pallas und nextsolutions – führten wir die erste tiefenpsychologische Studie zum Thema Fehlerkultur in der Informationssicherheit (s. Kap. 5.3) durch.

5.2.1 Widersprüche, Übergänge, Zwischentöne – die morphologische Psychologie

Mithilfe der morphologischen Psychologie, die an der Universität Köln entwickelt worden ist, analysieren erfahrene Markt- und Medienforscher die unbewussten psychologischen Faktoren und Sinnzusammenhänge, die das Wirken eines Individuums oder von Personengruppen bestimmen. Dabei ist die morphologische Markt- und Medienforschung »... *das Resultat einer jahrelangen, beharrlichen Suche nach einem wissenschaftlichem Konzept, mit dem sich die Qualitäten komplexer psychologischer Wirkungszusammenhänge erfassen und analysieren lassen. Der Motor für die Suche war die Unzufriedenheit mit bestehenden Forschungskonzepten, die sich oft allein auf Teilaspekte des Seelenlebens konzentrieren oder aber die qualitative und ganzheitliche Eigenart psychischer Phänomene nicht genügend zu berücksichtigen schien.«* (Lönneker 2007)

Prägend für die morphologische Psychologie sind u.a.:

- die Ganzheitspsychologie von Friedrich Sander, Mitbegründer der Leipziger Schule der Gestaltpsychologie
- Willhem Dilthey und die Phänomenologie
- Sigmund Freud und die Psychoanalyse
- Die »Morphologischen Schriften« von Johann Wolfgang von Goethe
- Das Wirken von Wilhelm Salber, ehemaliger Direktor des Psychologischen Instituts an der Universität zu Köln
- die Forschung von rheingold – Institut für qualitative Markt- und Medienforschung

Der Psychologe Stephan Grünewald vom Kölner Marktforschungsinstitut rheingold schreibt in seinem Buch »Deutschland auf der Couch«, dass die psychologische Perspektive in der Forschung einen unkonventionellen, einen intensiveren, teilnahmsvollen und tieferen Zugang zu den Sehnsüchten und Ängsten der Menschen erfordern würde. »Konventionelle Forschungsinstrumente wie Fragebögen oder standardisierte Interviews leisten diesen Zugang zum Menschen nicht. Sie sind Teil der gesellschaftlichen Stilllegung. Sie pressen die Menschen in vorgegebene Fragen und Antwortkategorien. Sie dienen dazu, möglichst schnell und effizient Meinungen oder Präferenzen in harten, aber nackten Zahlen auszudrücken. Dadurch beschränken sie aber den lebendigen Ausdrucksspielraum der Menschen. Das wirkliche Leben ist nicht so klar, eindimensional und glatt, wie es die Daten und Statistiken suggerieren. Es ist vielmehr bestimmt durch Widersprüche, durch Übergänge und Zwischentöne, und durch paradoxe Verhältnisse.« (Grünewald 2006)

Handlungs- und Wirkungseinheit – Gliedern von Erlebtem

Aus der morphologischen Forschung wissen wir auch, dass Alltag dadurch charakterisiert wird, dass wir Menschen ständig Handlungen vollführen. Handlungen, die unser Verhalten und Erleben gliedern – eine nach der anderen. In jeder Minute. In jeder Stunde. Den ganzen Tag lang. Das ganze Leben lang. Unser Tageslauf ist eingeteilt in Handlungseinheiten wie Aufwachen, Morgentoilette, Ankleiden, der in der Regel ersten geschlossenen Einheit nach einer weiteren ausgesprochen wichtigen, dem Schlafen (Böhmer & Melchers 1996).

Auch bei der Arbeit sind wir stets mit Ritualen beschäftigt. Wir begrüßen die Kollegen, fahren unseren Rechner hoch, geben das Passwort ein und sind dann »drin« in der Arbeit, die bei nicht wenigen mit dem Ausloggen bzw. Runterfahren des Rechners abgeschlossen wird. Dazwischen wechseln wir in immer schnelleren Rhythmen zwischen unterschiedlichen Verrichtungen, die zu unserm Job gehören: Zwischen den einzelnen Computerprogrammen, die wir brauchen, um unser Pensum erfüllen zu können. Zwischen den unterschiedlichen Kommunikationsformen wie E-Mail, Telefon oder face-to-face mit Kunden, Partnern, Kollegen, Vorgesetzten, etc. Wir arbeiten, spielen und lernen zugleich (s. Kap. 6.4.2) und trennen uns vielleicht gleichzeitig per SMS oder E-Mail von unserem Partner – selbstverständlich nicht ohne hierbei eine Zigarette zu rauchen und möglicherweise einem potenziell neuen Partner Blicke zuzuwerfen.

Die Morphologie sagt auch: jede Handlung verfolgt einen Sinn – aber mit Handlungen verfolgen Menschen auch weiter greifende Ziele. Der originäre Eigen-Sinn einer Handlung ist nie bereits ALLES. Außer den aktuellen Handlungseinheiten gibt es z.B. übergeordnete und dauerhafte Einheiten. Z.B. ist das Leben als eine Verkettung von Handlungseinheiten kaum mehr zu überblicken. Wenn schon, dann eher Teile wie z.B. Kindheit, Jugend, Studium, Kinderkriegen und -erziehen, etc. Daher gibt es auch andere, den Alltag »begleitende« Einheiten, die kleiner sind als Handlungseinheiten, die Wirkungseinheiten (Böhmer & Melchers 1996). Auch auf der Arbeit stecken wir ständig und gleichzeitig in zahlreichen umfassenden Wirkungseinheiten wie dem wöchentlichen Meeting, Onlinesurfen, Kaffeepausen, kleine Spielchen am PC, etc.

Vor diesem Hintergrund wird deutlich, dass z.B. das vom Security Awareness-Pionier in Deutschland, Dirk Fox, vertretene Vier-Phasen-Modell (Fox & Kaun 2005) ein »schlauer

Marketing-Trick« ist, dessen zugespitzter Inhalt, die Trennung in zeitliche Abschnitte, den wirklichen Prozess eines so komplexen Gefüges wie eine Awareness-Kampagne drastisch vereinfacht vorführt. Denn das hier beschriebene dramaturgische Nacheinander von Impact-Generierung (Phase 1), Wissensvermittlung und Einstellungsveränderung (Phase 2), Wirkungsverstärkung (Phase 3) und PR (Phase 4) hat mit der psychologischen Wirklichkeit der Menschen gar nichts zu tun, weil die auch im Awareness-Kontext wirksamen Wirkungseinheiten in der Regel simultan zu verorten sind.

Die einzelnen Handlungs- und Wirkungseinheiten sind aber nicht nur Selbstzweck, sie leisten etwas für die großen, umfassenden Einheiten und sie helfen auch zu verstehen, welche »geheime Logik« oftmals hinter scheinbar banalen Alltagsverrichtungen und ihren Brüchen, z.B. Mitarbeiter-Fehlern, steckt.

Wie aber kommt man zu den »unsichtbaren« Dingen in den Betrieben? Indem man fragt, was dort, z.B. in Fehlleistungen, zum Ausdruck kommt, was die Dinge »sagen«. Denn nach der Morphologie steckt in allem noch »etwas anderes« drin. Um die Dinge zum »sprechen« zu bringen, muss man den Zusammenhang sehen. Nur im Kontext ist verständlich, wie etwas funktioniert. Und die Morphologie gibt keine Ruhe, bis sie verstanden hat, was zusammenwirkt, bis ein Form-Bild entwickelt ist – eine Art Bauplan als Funktionsschema der Wirklichkeit, bei der sich Alternativen, Chancen und Grenzen von Entwicklungen auftun (Böhmer & Melchers 1996).

Das geschilderte Prinzip funktioniert mit Markenprodukten ebenso wie in Bezug auf Sicherheitskultur. Wirkungs-Analyse einzelner Security-Phänomene oder etwa der Sicherheitskultur in einem Unternehmen (s. Kap. 5.7) heißt also: Security »anders« sehen und mehr von Sicherheit verstehen. Erst mit dem Verständnis von Sicherheitskultur kann – auch mittels Awareness-Kampagnen – entscheidend eingegriffen werden. Sonst arbeitet man sich bloß an Symptomen wie Entsicherungen ab – so wie Chirurgen, die alles wegschneiden, was nicht im und am Menschen »wachsen« darf.

5.2.2 Wie werden die Security-Analysen durchgeführt?

Ein psychologisches Tiefeninterview verbindet Bedeutungstiefe mit Erkenntnispragmatik – auch im Kontext verschiedener Fragestellungen zu »Sicherheitsaspekten«. In den zweistündigen Einzelinterviews oder Gruppendiskussionen decken die Psychologen die unbewussten seelischen Wirkungen und Einflussfaktoren auf, die – z.B. in Bezug zu unserem Thema Sicherheit – das Verhalten aller von der Corporate Security betroffenen Personen bestimmen. Diese werden motiviert, in ihrer eigenen Sprache alles zu beschreiben, was ihnen im Zusammenhang mit Ihrer Arbeit, ihrem Wirken und der Unternehmenssicherheit durch Kopf und Bauch geht. So geraten diese Explorationen immer wieder gewissermaßen zu Forschungsreisen, auf denen Probanden und Interviewer bisher unverstandene Security-Phänomene gemeinsam erkunden. Dabei werden vor allem die geheimen bzw. nicht bewusst wahrgenommenen Bedeutungs-Zusammenhänge erforscht und nachvollziehbar gemacht. *»Ein gutes und produktives Tiefeninterview zeichnet sich dadurch aus, dass* *sich der Psychologe anschließend ein anschauliches Bild [...] seines Interviewpartners machen kann – ein Bild, das man beinahe riechen, schmecken und tasten kann ...«* (Grünewald 2006)

5.2.3 Leitfaden: flexibel und mit-lernend

Vor Beginn der Interviews wird ein Leitfaden erstellt, der die für die Untersuchung relevanten Themen beinhaltet. Die Besonderheit dieses »lernenden« Leitfadens besteht in seiner Flexibilität; er ist eben NICHT statisch, weil z.B. vorbereitete Fragen keinesfalls in einem Nacheinander oder vollständig abgehandelt werden müssen. Als Interviewer folgt man weitgehend den Schilderungen der Probanden. Man nimmt also wahr, was den Menschen persönlich wichtig ist, was diese zu dem jeweilig behandelten Thema zu sagen haben – auch das, worüber sie möglicherweise bisher noch nicht bewusst nachgedacht haben, aber dennoch, unter Umständen auch non-verbal, thematisieren können. Insofern erfahren im Idealfall beide Beteiligte im Verlauf des Interviews etwas Neues, d.h. in Tiefeninterviews überraschend auftretende Aspekte können innerhalb nachfolgender Interviews berücksichtigt werden. Damit liefert eine Security-Studie auf Basis des 2007 für eine herausragende Leistung im Bereich Informationssicherheit mit dem IT-Sicherheitspreis NRW ausgezeichnete »askit – awareness security kit« (s. S. 183f und Abb. 71 und S. 184 bzw. 242) intensive und wissenschaftlich abgesicherte Sicherheitsanalysen auf Basis von kleinen, aber aussagefähigen Stichproben.

5.2.4 Ist psychologische Markt – und Medienforschung repräsentativ?

Tiefenpsychologische Wirkungsanalysen sind im psychologisch-funktionalen Sinne repräsentativ, da Aufbau und Stichprobengrößen dazu führen, dass sämtliche für die Wahrnehmung des Themas relevanten Bedeutungen und Faktoren, Facetten und Variationen repräsentiert werden. Gleichzeitig wird das für tiefer führende Erkenntnisse so entscheidende ganzheitliche Zusammenwirken der verschiedenen Teile dargestellt. Auf diese Weise lässt sich ein Verständnis erzielen, nach welchen Prinzipien z.B. Security-Phänomene – auch in den Unternehmen – in ihrer Gesamtheit funktionieren. Erst auf Basis dieses Verständnisses werden Entwicklungsprobleme und -potenziale deutlich, aber auch potenzielle Wirkungen von neuen Security-Tools, von betriebswirtschaftlich relevanten Änderungen, Awareness-Kampagnen oder z.B. von Kampagnen-Bausteinen.

Da vor allem bei Marktforschungs-Laien immer wieder Zweifel bezüglich der Repräsentativität aufkommen, wollen wir gerne auf die Argumente von Ingo Dammer und Frank Szymkowiak in ihrem Buch »Gruppendiskussionen in der Marktforschung« hinweisen: *»Statische Repräsentativität ist [...] ausschließlich ein Problem quantitativer Methodik.«* Und weiter: *»Es fällt [...] auf, dass die Zweifel an der Validität [...] oft genug dann auftauchen, wenn das anschauliche Profil der Zielgruppe den geliebten, gehegten und gepflegten Klischees über die Zielgruppe widerspricht. Man sollte sich im Klaren darüber sein, dass anschauliche Einblicke in die Lebenswelt [...] nicht nur positiv erlebt werden, sondern mit einer Angst-Faszination verbunden sind. Bergen sie doch immer auch die Gefahr, dass das Bild empfindlich gestört wird, das sich Verantwortliche [...] von ihrer Zielgruppe machen.«* (Dammer & Szymkowiak 2008).

Dammer und Szymkowiak glauben, dass es nur dann sinnvoll sein kann, statistische Repräsentativität zu fordern, wenn nicht das Funktionieren eines Gegenstandes zu erklären, sondern die (statistische) Häufigkeit des Verhaltens im Rahmen einer Grundgesamtheit deutlich benannt werden müssen, so dass statistische Repräsentativität lediglich als ein »Kontrollapparat« dienen kann. »*Aber was soll mit ihrer Hilfe kontrolliert werden? Ganz einfach. Das zentrale Problem quantitativer Forschung im Bereich der Sozialwissenschaften, nämlich die bange Frage danach, ob das Ergebnis der doppelten Übersetzung – von konkreten menschlichen Aussagen in die Mathematik und wieder zurück in konkrete Aussagen – denn schließlich noch etwas mit dem zu tun hat, wonach ursprünglich gefragt wurde.*« (Dammer & Szymkowiak 2008)

Die beiden Psychologen stellen auch dar, dass qualitative Methoden im Gegensatz zu quantitativen das Problem der Mathematisierung nicht kennen würden. Sie könnten während des ganzen Forschungsprozesses »am Gegenstand« bleiben und sich funktional repräsentativ ausweisen, ohne statistisch repräsentativ vorgehen zu müssen.« (Dammer & Szymkowiak 2008)

So kann die »Psycho-Logik« eines Gegenstandes bereits in einem idealen Interview komplett verständlich werden. Ein ideales Interview findet jedoch in Realität äußerst selten statt, etwa auch, weil ein Proband sich über manche Aspekte eines Themenkomplexes nicht äußern will. In der Morphologie gehen Experten davon aus, dass 15 Tiefeninterviews ausreichend sind, um eine »psycho-logische« Repräsentation zu gewährleisten.

5.3 Die tiefenpsychologische Studie »Entsicherung am Arbeitsplatz«

> *»Menschliches Versagen [...] ist bei allen Unfällen immer die bequemste Erklärung derjenigen, die auf risikoreiche Systeme einfach nicht verzichten wollen.«* (Charles Perrow)

Ziel der von known_sense initiierten und anlässlich der SYSTEMS 2006 in München gelaunchten Studie »Entsicherung am Arbeitsplatz – die geheime Logik der IT-Security in Unternehmen« war es, die psychologischen Faktoren der Security zu erforschen, den Sinn der z.T. unverständlichen Phänomene von Mitarbeiter-Entsicherungen zu klären.

O-Töne von Psychologen zu tiefenpsychologischen Wirkungsanalysen

»Es wird so tief gegraben, bis wir in der Lage sind, die psycho-logische Wurzel eines Phänomens erkennen und beschreiben zu können.«

»Stellen Sie sich vor, wir würden 30 unterschiedliche Autos – vom Audi TT bis hin zum Zafira die bekannten »Gesichter«, die Ihnen täglich im Straßenverkehr begegnen – auseinander nehmen und die Einzelteile fein säuberlich vor uns ausbreiten. Dann versuchen wir aus all' diesen Einzelteilen ein ganz neues Auto zu bauen, das idealerweise am Ende auch fährt. Während dieses Prozesses haben wir jedes Teil mindestens einmal in unseren eigenen Händen gehalten, es berührt und gedreht und von allen Seiten betrachtet. Auf diese Weise haben wir etwas über die Einzelteile gelernt, zugleich aber auch darüber, wie ein Auto als Ganzheit funktioniert.«

5.3 • Die tiefenpsychologische Studie »Entsicherung am Arbeitsplatz«

5.3.1 Stichprobe und Quotierung der Studie

Hierzu wurde ein Psychologen-Team beauftragt, in jeweils zweistündigen Interviews 15 Angestellte aus unterschiedlichen Unternehmen auf Basis morphologischer Markt- und Medienforschung nach ihren Gewohnheiten und Wünschen im Umgang mit ihrer (IT-gestützten) Arbeit und nach ihren Erfahrungen, Wünschen und Visionen im Umgang mit der IT- bzw. Unternehmenssicherheit sowie der Unternehmenskultur zu befragen. Die Tiefeninterviews fanden im Frühjahr 2006 in Teststudios im Rheinland (Raum Köln-Bonn-Düsseldorf) statt. Die Ergebnisse bzw. Learnings wurden 2008 und 2009 durch interne Wirkungsanalysen in drei Unternehmen mit insgesamt 47 Tiefeninterviews verifiziert und ergänzt.

5.3.2 Besonderheiten Untersuchungsaufbau

Als Testmaterial wurden die Probanden im Laufe des Interviews dazu aufgefordert, eine Collage zu erstellen, die ihre Vorstellung ihres Arbeitsplatzes widerspiegelt (s. Abb. S. 240). Dazu erhielten sie eine Schere, Kleber und drei DIN-A4-Blätter mit mehr als 100 unterschiedlichen Umrissbildern (Personen, Tiere, Gegenstände des Alltags) aus dem Stock »Neubauwelt«, die jeweils aktuelle Ausgabe des »Focus« sowie 12 unterschiedliche farbige Landschaftsfotos (von der Wüste über Wälder bis hin zu Stränden) im Format DIN-A3, aus denen sie ein Motiv als Hintergrund für ihr Collage aussuchen sollten.

5.3.3 Eingangsdynamik: Zäh und wie versteinert

Im ersten Teil des Interviews achten die Psychologen vor allem auf die non-verbale Kommunikation des Probanden, d.h. wichtiger als die Worte sind u.a. Köpersprache und Mimik sowie insbesondere auch Fehlleistungen der Probanden, in denen das Nicht-gesagte, aber Eigentlich-gemeinte zum Ausdruck kommt.

Die Eingangsdynamik wird von den Psychologen als zäh und wie versteinert beschrieben. Die Probanden agieren wenig initiativ, lassen sich zwar befragen, verhalten sich hierbei zunächst überwiegend sachlich und wenig emotional und wirken wie verschlossen. Es entsteht der Eindruck, als würden sie etwas verstecken. Die Psychologen erleben sich in dieser Situation wie gefährliche Eindringlinge.

Die Befragten versichern zwar, dass sie Security-Maßnahmen für wichtig erachten. Dabei nehmen

Abb. 34: Studie »Entsicherung am Arbeitsplatz« (2006)

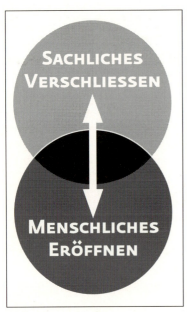

Abb. 35: Figurationen aus: »Entsicherung am Arbeitsplatz« (2006)

sie allerdings ausschließlich eine sachlich-verstehende Haltung ein. Kritische Auseinandersetzungen mit z.B. ungeliebten Seiten an Security-Maßnahmen bleiben zunächst aus. Die Darstellungen zum Erleben von Risiken bzw. Sicherheit wirken seltsam glatt. Kein Wunder, denn der Umgang mit Security wird von den Probanden als ein passiver Akt beschrieben. Die Befragten vermitteln NICHT den Eindruck, aktiv zu sichern. Die Verantwortung zur Umsetzung wird an die IT- bzw. Security-Abteilung delegiert. So entsteht der Eindruck, als wolle man die Beschäftigung mit Security schnell hinter sich bringen.

5.3.4 Überraschende Ausbrüche

In den Interviews kommt es dann aber an bestimmten Stellen zu überraschenden Ausbrüchen, z.B. bei Übergängen in private Themen, bei der Anfertigung der Collagen oder, wenn der Interviewer sich selbst weniger gesichert gibt (»Ich hatte da neulich auch so einen Wurm ...«) bzw. nach Beenden des offiziellen Teils des Interviews. Es kommt dann zu menschlichen Eröffnungen – auch bezüglich der Security-Themen. Z.B. berichten die Befragten aufgeregt über ihren ungeschützten Datenaustausch am Heim-PC. Beschreibungen des Home Office zeigen »freakige« Seiten an sonst seriösen Business People. Einer Psychologogin wird (von einem Mann) verraten, dass seine Passwortnotizen an einer »ganz besonders GEHEIMEN Stelle« getragen werden. Oder es werden Geschichten von einem früheren »wilden Leben« erzählt.

Diese beiden sehr unterschiedlichen Reaktionen zeigen, dass sich das Thema Sicherheit durch eine Figuration (s. Kap. 5.8) von zwei sich ergänzenden Themen-Komplexen strukturiert, dem »Sachlichen Verschließen« und dem »Menschlichen Eröffnen«. Beide Themen können nicht getrennt voneinander behandelt werden; sie wirken als Ganzes ineinander. Alle Menschlichen Phänomene, die im Rahmen des Security Managements beschrieben werden, sind als Ausformungen und Explikationen dieser Komplexe zu verstehen.

5.3.5 Figuration »Sachliches Verschließen«

Dabei bezieht sich das »Sachliche Verschließen« deutlich auf die Schutzfunktionen der Security-Abteilung. Zwei Wirkrichtungen lassen sich hierbei herausheben: der »Schutz gegen Eindringlinge« und der »Schutz gegen Ausbrecher«.

Schutz gegen Eindringlinge

Corporate Security wird vor allem als ein Schutz der unternehmerischen Werte wahrgenommen, als konkrete Ausformung z.B. über den »Verschluss« aller Daten und Vorgänge gegen unbefugten Zugriff von Außen. Es wird in den Unternehmen ein geschlossener Bereich errichtet. Die Probanden beschreiben Bilder von Schutzwällen mit gesicherten Zugängen, die um den gesamten Produktionsbetrieb gelegt sind – etwa analog einer Burg mit Zugbrücke. Unternehmen werden also im Kontext von Sicherheit wie Trutzburgen oder Bollwerke empfunden. Zugänge zu dem geschlossenen Bereich sind durch ein Passwort oder andere Security-Maßnahmen gesichert.

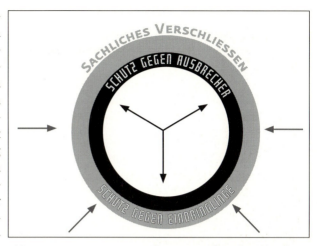

Abb. 36: Figurationen aus: »Entsicherung am Arbeitsplatz« (2006)

Das Passwort dient hier auch dem Ausschluss unpassender, (zer)störender Kräfte und dem Erhalt der gemeinsamen Sache, d.h. das Unternehmen versichert sich über das Passwort offensichtlich auch der Passung seiner Mitarbeiter. Es wird geklärt, wer dazugehört und wer nicht. Damit wird die Einheit im Unternehmen gewahrt. Passwort und Co. sorgen so also auch für den Schutz der gemeinsamen Sache und sichern damit das Unternehmen und einen störungsfreien Produktionsbetrieb.

Hierbei fällt auf, dass ein Erleben eines Geschützt-Seins wesentlich stärker ausgeprägt ist als der Eindruck eines Bedroht-Seins. Auf konkrete Gefahren hingewiesen, reagierten die Befragten nicht nur pflichtbewusst mit Sorge und Respekt. Es wurde zugleich eine latente Neugier und Faszination gegenüber Eindringlingen spürbar, auch indem etliche mögliche Eindringlinge (Viren, Spam, Hacker, etc.) aufgezählt werden, wobei die Haltung diesen »Fremden« gegenüber seltsam furchtlos erscheint. Anders als am heimischen PC stellen Risiken am Arbeitsplatz offensichtlich eher eine Faszination dar, der man sich neugierig hingibt.

Zwar unterstützen die Mitarbeiter den Schutz gegen Eindringlinge als unternehmensdienlichen Erhalt einer gemeinsamen Sache (Unternehmensziele). Zugleich besteht aber eine unbewusste Tendenz zur Öffnung gegenüber dem Fremden.

Schutz gegen Ausbrecher

Neben dem Schutz des Unternehmens wirken Security-Maßnahmen zugleich auf personaler Ebene im Sinne einer Einheits-Erhaltung von innen. Auch das Passwort hat in diesem Zusammenhang eine Doppelfunktion. Es schließt Unpassendes aus und vermittelt Passendem Zugehörigkeit, Richtung und Sinn. Der Besitz eines Passwortes ist also auch Zeichen der Verbundenheit mit dem Unternehmen (Identifikation, Ausweis). Mit seiner Eingabe beginnt der Übergang in eine sachliche (Arbeits-)Verfassung. Das Passwort eröffnet so dem Einzelnen Zugang zu einem sinnstiftenden, übergeordneten Ganzen – etwa im Sinne einer »Unternehmenscommunity«. Ein solcher Zugang vermittelt vor allem auch Halt gegenüber einem Verlieren-in-allem-möglichen (Fliegender-Holländer-Syndrom).

Der Security-Abteilung wird ambivalent begegnet. Denn ihre Sicherheitsmaßnahmen werden nicht ausschließlich als Unterstützung empfunden. Die Wahrnehmung der Mitarbeiter kippt zwischen dieser haltgebenden Funktion und Security als einem fesselnden Kontrollinstrument. Jede Bewegung, jede Regung am PC scheint beobachtet und aufgezeichnet zu werden, IT-Abteilung wie CISOs werden als Wissende, als Insider erlebt, denen man in der Regel entsprechend distanziert und misstrauisch begegnet – vor allem dann, wenn arbeitsfremde, mithin eher private Tätigkeiten am Rechner unterbunden werden.

Anstelle persönlicher Gestaltungsmöglichkeiten am Arbeitsplatz bauen die Mitarbeiter eine zunehmend sachlich verschlossene Haltung auf. Security-Maßnahmen werden dann ganz deutlich mit dem Verlust von Eigenem identifiziert. Es wird sogar über grundsätzliche Entwicklungen im Arbeitsalltag berichtet, bei denen das Menschliche zur Sache umfunktioniert wird. Vor allem die Kommunikationsgeschwindigkeit erlaubt kein persönliches Dazwischen mehr. Arbeit und Privates werden klar voneinander getrennt. Die Beschreibungen der Probanden gehen hier deutlich in Richtung eines Gefangen-Seins.

Und noch eines wird klar: Je stärker die Befragten zu einer sachlich-verschlossenen Haltung genötigt werden, um so stärker wird das Passwort zum Symbol der Aufgabe eigener Identität: Anstelle der Versicherung von Zugehörigkeit verkehrt sich die Bedeutung des Passwortes in eine Richtung, die am besten mit der Forderung zur Selbstaufgabe beschrieben werden kann – etwa so, als ob Mitarbeiter mit der Eingabe des Passwortes individuelle Anteile ihrer Persönlichkeit aussperren.

5.3.6 Zwischenfazit »Entsicherung am Arbeitsplatz«

Die originär identitätsbildende Funktion von Passwort & Co. kann sich verkehren. Diese Verkehrung, die dann eintritt, wenn sich eine an sich positiv angelegte haltgebende Bindung ins Gegenteil wendet, wird dann als eine Ver-Sachlichung der eigenen Identität erlebt. Kein Wunder, dass sich im Zusammenhang mit dem eigenen Unternehmen auch so etwas wie ein problematisches »Mutterbild« einstellt: Aus Versorgung wird Entmündigung! Security-Maßnahmen werden mithin sehr ambivalent erlebt. So, als wäre man in einem »Goldene Käfig« einer überbehütenden Mutter gesperrt. Denn beim Goldenen Käfig steckt in dem Gutgemeinten zugleich auch immer eine problematische Seite.

An dieser Stelle ergeben sich folgende Fragen: Was fördert die Verkehrung in eine Ver-Sachlichung? Wie arrangieren sich die Beteiligten mit der Ver-Sachlichung? Welche Rolle spielen dabei Security-Maßnahmen? Wo und wie bietet sich Raum für »Menschliches Eröffnen«?

5.3 ▪ Die tiefenpsychologische Studie »Entsicherung am Arbeitsplatz«

5.3.7. Figuration »Menschliches Eröffnen«

Menschliches eröffnet sich weniger in Bezug zum Unternehmen selber als mehr im Ausweichen auf Nebenschauplätze. Z.B. das Home Office wird zu einem Bereich, in dem Eigenes und die gemeinsame Sache der Arbeit ineinander verschmelzen. Oder aber dem Psychologen werden nach Ende des Interviews »heimliche Wünsche« mitgeteilt – etwa so, als würde man Spams öffnen, um darin etwas Geheimnisvolles zu finden. Es kommt zu Ausbrüchen – und es kommt zu Fehlleistungen, z.B. indem das Passwort vergessen oder sogar öffentlich gemacht wird, z.B. durch Hinhalten eines Notizbuchs mit den dokumentierten Passwörtern.

Optimierte Arbeitsabläufe und eine unpersönliche Unternehmenskultur fördern eine Reduzierung von menschlichen Eigenheiten und den Verlust von Identität. Durch die zunehmende Technisierung und Organisation der Abläufe kommt es zu einer sinnlichen Verarmung. Die Abläufe sind störungsfrei und sauber – Arbeiten macht immer weniger »Dreck«. Die Arbeit bietet wenige Überraschungen. Und der Umgang unter den Kollegen ist deutlich sachlicher geworden.

Vielen Unternehmen gelingt es heute kaum noch, den menschlichen Faktor zu integrieren. Die Verbindung zwischen »Sachlichem Verschließen« und »Menschlichem Eröffnen« ist gekappt. Das Fehlen menschlicher Eröffnungen fördert die Verkehrung in eine Ver-Sachlichung der menschlichen Identität.

5.3.8 Hauptmotive Security-Risiken

An einigen repräsentativen »Einzelteilen« der Unternehmenssicherheit, die von den Probanden selbst innerhalb der Interviews sehr stark in den Fokus der Betrachtung gerückt wur-

Passwörter als »Geheimversteck«

Eine Frau erzählt von Ihrem Arbeitsumfeld bei einem Finanzdienstleister, für den sie früher einmal in verantwortlicher Position gearbeitet hatte. Dann wurde sie in ein Call Center »versetzt«. Acht Leute in einem Raum. Es gibt kaum Gestaltungsmöglichkeiten. Kaum Beziehungen zu den anderen. Es wird immer gesprochen. Das ist anstrengend. Man muss sich Distanz schaffen. Einzelne Arbeitsphasen werden überwacht. Auf ihrem Desktop-Hintergrund beschwört sie das Gegenteil zum oben geschilderten: es ist ein lebendig beschriebenes Bild eines arabischen Basars mit vielen Gewürzen – sehr bunt, sehr sinnlich anmutend. Ihr Passwort besteht jeweils aus der Kombination von zwei Vornamen, nämlich denen von Paaren aus ihrem privatem Umfeld. Diese Namen werden stets durch eine Ziffer verbunden, um dem Anspruch des Securitymanagers, keine trivialen Passwörter zu verwenden, halbwegs gerecht zu werden.

Das Passwort hat also stets etwas Verbindliches (Paare!). Im Gegensatz dazu wird die Arbeitsverfassung als unverbindlich und distanziert erlebt. Die fehlende sinnliche Bindung zu Arbeitgeber und Kollegen versucht sie durch das Foto des Basars zu ersetzen. Durch die (in der Regel zufällig) gewählte Ziffer im Passwort ist ein »Vergessen« vorprogrammiert – eine typische Fehlleistung. Das »Vergessen« ermöglicht jedoch eine Kontaktaufnahme zum IT-Administrator, der ihr jedes →

Mal durch Zurücksetzen des Passworts hilft und den sie attraktiv findet. Die Frau tut also nicht nur etwas »gegen« ein allzu triviales Passwort. Sie erschafft sich durch ihr Desktop-Motiv eine sinnliche Oase inmitten einer unsinnlichen Arbeit. Sie tut auch etwas für ihre Bindungen, denn das »Vergessen« des Passworts wird zudem mit einem Kontakt zu einer Person »belohnt« , den die Frau auf anderem Wege nur schwerlich herstellen kann.

Eine weitere Frau aus den Interviews nannte als ihr Passwort »Flieder«. Kein Wunder, da ein neues, privates Projekt auch Ihre Arbeits-Wirklichkeit dominierte: die Planung des Haus-Umbaus mit der Neugestaltung ihres Gartens.

Ein Mann wiederum, der besonderen Wert darauf legte, nach »eigener Façon« zu arbeiten (Home-Office, legere Kleidung, zwischendurch auch mal die Tochter vom Kindergarten abholen) hatte als Passwort den Begriff »Session« gewählt. Zwischen Studium bis zum Eintritt ins Berufsleben war die Zeit der »Sessions«. »Session« bedeute für ihn: Party. »Unbeschwerte Zeit. Gute Laune. Viele Frauen. Auch unter der Woche weggehen«. Erst mit 30 wird der Wechsel (Bruch) ins »geordnete« Arbeitsleben erlaubt. Vor allem die Arbeit im Home-Office hat nun »Session«-Charakter. Über das Passwort erhält er sich ein unbeschwertes Rein und Raus.

den, dem Passwort, der E-Mail und der Malware, kann exemplarisch aufgezeigt werden, wie die Mitarbeiter dennoch versuchen, den menschlichen Faktor in den Unternehmen zu erhalten.

Passport statt Passwort

Der (empfohlene) Umgang mit Passwörtern wird von den Usern als nervige, ungeliebte Angelegenheit beschrieben. Vor allem die Trivialisierung des Passwortes in Richtung einer Personalisierung (z.B. Namen aus dem persönlichen Umfeld) scheint den Befragten wichtig zu sein, so wichtig, dass sie dies oftmals wider besseres Wissen umsetzen.

Denn das Passwort eröffnet den Übergang in eine notwendig sachliche Arbeitsverfassung und wird aber zugleich als »Geheimversteck« für Persönliches genutzt. Aber das Passwort bildet so die versteckte Lücke im System, die Übergänge in eine private Logik ermöglicht. Wenn Passwörter wie »Schatzi«, »Urlaub« oder »Schalke04« vergeben werden, ist es den Menschen offensichtlich wichtig, dem Passwort Eigenes mitzugeben. Im Passwort werden dann nicht nur Namen von Verwandten, Freunden und Haustieren, sondern auch aktuelle persönliche Themen, die die Menschen bewegen, untergebracht und in das (vereinheitlichende) System »Unternehmen« implementiert. Das Passwort ist damit zugleich Teil des Systemzwangs, aber auch eine Möglichkeit, Individuelles in der bestimmenden Gestalt der Unternehmung zu erhalten. Im Passwort sind also keimhafte Ansätze verborgen, die auf Wünsche und Geschichten hindeuten. Geschichten, die jenseits der bestimmenden Form des Unternehmens liegen. Das Passwort bildet hier eine Art »Brühwürfel für Wünsche«.

5.3 ▪ Die tiefenpsychologische Studie »Entsicherung am Arbeitsplatz«

Psychologisch gesehen hat also ein gutes Passwort immer zwei (2!) Funktionen: Die eine führt in die Arbeitswelt hinein, die andere führt heraus. Ein Vergessen des Passwortes kann als eine der ganz typischen »Fehlleistungen« – psychologisch wie ein »Sich-Ausschließen« oder eine (konsequenzlose) »Innere Kündigung« – gedeutet werden.

Abb. 37: Passwörter als Brühwürfel für Wünsche aus: »Entsicherung am Arbeitsplatz« (2006)

Biometrische Verfahren – Eigenes als Rillenmuster?

In den Interviews kommt auch der Wunsch auf, sich lieber per Fingerabdruck als über Passwörter zu authentifizieren. Zugleich wird aus Sorge davor zurückgeschreckt, dass jemand, der sich auf kriminelle Art Zugang verschaffen wollte, ohne Skrupel gleich den ganzen Finger abtrennt. Biometrische Verfahren stellen zwar eine Vereinfachung, psychologisch aber eine (unzulässige) Verkürzung des Authentifizierungsprozesses dar. Das Erinnern, Vergessen, Wechseln eines Passwortes entfällt hier. Problematisch ist hier auch die Ver-Sachlichung des Eigenen, denn aus einem Finger wird ein Schlüssel. Biometrischen Verfahren fehlt die Möglichkeit, Persönliches in Form von Geschichten im Unternehmen unterzubringen. So belebt die Biometrie eine Dramatik, die man aus Krimis, etwa aus Mafia-Filmen, kennt. Die Befragten schrecken vor dieser Dramatik zurück.

E-Mail – direkter Draht nach außen

E-Mails werden von den Befragten wie Zugänge nach draußen erlebt. Ein Verbot privater E-Mails verstärkt das Erleben eines starken Systemzwangs, der Eigenes eliminieren will. Demgegenüber besteht die Möglichkeit, mit E-Mail eigene Kontakte zu beleben. Der unkontrollierte Umgang mit E-Mails lässt sich als Ausdruck und Behandlung eines als überwiegend sachlich und unpersönlich empfundenen Arbeitsumfeldes verstehen.

E-Mail – direkter Draht nach innen

Mit den E-Mails kommen neben geschäftlich-produktiven Kontakten auch »fremde« Leute ins Haus. Manche Befragten sind angewiesen, Nachrichten von unbekannten Absendern nicht zu öffnen, und halten sich auch (fast immer) daran. Trotz Spamfilter müssen die Mitarbeiter aber immer wieder selber schützend tätig werden. Oft löschen sie dann unbekannte E-Mails, während manchen mit einer Mischung aus Vorsicht und Neugier begegnet wird.

Teilweise werden fremde E-Mails rigoros und scheinbar wie aus einer Routine heraus entfernt. Dabei werden allerdings auch ab und an wie zufällig E-Mails von Geschäftspartnern gelöscht. Auf diese Art wird der aktuelle Arbeitsaufwand adhoc reduziert bzw. verschoben. Damit werden wiederum eigene Freiräume geschaffen.

Spam – kleine Ausbrüche erhalten die Stabilität der Verfassung

Das Thema »E-Mail/Spam« wird von den Probanden als kurzfristiger Zugang eigener Themen genutzt. Bei fremden E-Mails, die geöffnet werden, fällt auf, dass sie offenbar persönliche Themen der Probanden beleben. In den Arbeitsabläufen kommt es z.B. zu einer Störung durch einen Eingriff von außen, z.B. durch Spam. Das führt während der Arbeit bei den Mitarbeitern zu einer deutlichen Öffnung und Belebung der Gesamtverfassung. Das anschließende SCHLECHTE GEWISSEN dieser führt dazu, dass die Aufgaben z.B. nach dem Öffnen unbekannter E-Mails gewissenhafter erledigt werden als vorher. Das Ausscheren aus der Arbeitsverfassung mithilfe von kurzen Außenkontakten fördert also auch den Erhalt der eigenen Arbeitsverfassung.

Virus – Angst und Faszination

Der überwiegende Teil der Befragten hatte am Arbeitsplatz bis dato keine oder kaum Erfahrung mit Malware gemacht. Das Wissen um die Wirkung von Viren, Würmern & Co. kommt in der Regel vom Hörensagen, aus den Medien oder aus privater Erfahrung. Die Befragten erleben ihren Arbeitsplatz als geschützt – jedoch eher aufgrund mangelnder Erfahrung.

Der Umgang mit dem Thema Malware ist einerseits von Angst und Re-

O-Töne der Studien-Probanden

»Sicherheitsbestimmungen? Tja, bestimmt, aber so genau ... äh ..., also ich habe da meine zwei Passwörter ... und die nutze ich im Wechsel.«

»Ich habe ungefähr 100 Zahlen und Codes von der Arbeit im Kopf. Die anderen (windet sich) schreibe ich in ein winziges schwarzes Büchlein, das ich immer, auch jetzt (schaut schmunzelnd an sich herunter), so nah am Körper trage, dass das wirklich niemand findet..«

»Auf der Arbeit hatte ich einmal geglaubt, einen Virus zu haben. Ich hatte versucht, etwas aus dem Internet runter zu laden. Ich glaube, ein Bild. Danach funktionierte mein Zeichenprogramm nicht mehr und kurze Zeit später auch das von meinem Kollegen nicht mehr. Mir wurde heiß und kalt. Dann habe ich mich einem Kollegen anvertraut, und der meinte, das könne daran nicht liegen. Ich stelle mir vor, dass man dadurch seinen Arbeitsplatz verlieren kann. Ich glaube immer noch, dass ich das war.«

»Auf der Arbeit – das ist wie eine Uniform anziehen.«

»Auf der Arbeit – da ist man bei der Sache. Man kommt ja von zu Hause. Da ist man anders. Wenn ich das Passwort eingebe, das ist wie ein Umschalten auf ein anderes Programm.«

»Auf der Arbeit habe ich nichts Persönliches auf dem PC, weil ich davon ausgehe, dass die EDV mich durchleuchten kann.«

»Ich finde es gut, dass die Absicherung da ist. Aber wenn es zuviel wird, wird es beengend. Ich bin froh, dass ich in unserer Firma die Freiheit habe, ins Internet zu gehen.«

»Habe mein Home Office in der Garage. Ich bastele auch gerne und das ist schon so ein geordnetes Chaos. Zwischendurch fängt man schon mal was anderes an.«

»Hier, das sind meine Passwörter.«

»Früher – da sah man an den Computern noch Kabel und große Floppies. Als das mit der E-Mail aufkam, da rief man den anderen noch an, ob die auch angekommen war.

Eine echte Sensation. Heute gibt es das nicht mehr. Wenn man heute eine E-Mail schickt, dann heißt das, dass man eine prompte Antwort erwartet – man kommt sich vor wie eine Antwortmaschine.«

»Man könnte sich doch mit dem Fingerabdruck anmelden. Das wäre toll. Viel einfacher, und den hat man immer mit dabei ... allerdings ... mhhh ... wenn einer rein wollte, dann wäre wahrscheinlich gleich der ganze Finger ab ... oder?«

»Sitze mit 8 Kollegen in einem Raum, alle reden und telefonieren. Es ist schwer, miteinander auszukommen ... als Bauzeichnerin dort, das ist wie in einer Sackgasse. Will später mal mit Immobilien handeln ... Habe aus Versehen eine sehr persönliche E-Mail an eine Freundin, in der ich sie um Verzeihung gebeten habe, an die ganze Firma verschickt. Auch an den Niederlassungsleiter. Seitdem heiße ich Die mit der Mail.«

»Alles, was ich nicht kenne, wird sofort gelöscht – vor allem Mails mit englischen Absendern. Da sind dann auch mal geschäftliche drunter. Das merkt man dann daran, dass man eine Nachfrage bekommt, wo denn die Antwort bliebe oder so. Ich sag' dann, dass die Mail wohl im Spam-Filter hängen geblieben ist.«

»Ich mache schon mal Sachen auf, z.B. 13 Sprüche für die Seele – mit Bildern. Einfach, damit es einem gut geht.«

»Wenn ich von der Arbeit nach Hause komme, setze ich mich wieder an den PC. Dann gehe ich zu einer Website, wo man sich sozusagen Angriffe auf das eigene System bestellen kann. Und manchmal mache ich eine Tür auf und lasse jemanden rein ... und dann – pling – (macht schnippende Fingerbewegung) ... schmeiß' ich ihn wieder raus ...«

»Unser Sicherheitsbeauftragter schleicht immer über die Gänge. Da denke ich immer, der weiß genau, wann ich auf Ebay gehe, dann lasse ich das lieber.«

spekt geprägt, andererseits von einer unterschwelligen Faszination begleitet. Den Befragten ist es sehr wichtig, Angriffe von außen zu verhindern, um ihren Arbeitsplatz zu schützen (»Sachliches Verschließen«). Zugleich wird spürbar, dass sie geradezu sehnsüchtig auf unbekannte Eindringlinge warten (»Menschliches Eröffnen«). Ein IT-Experte unter den Probanden bestellt sich regelmäßig Angriffe auf den heimischen PC, um diese dann im kontrollierten Modus abzuwehren.

Im Angesicht eines Virus zeigt sich also bei den bislang sachlich-korrekten Befragten eine andere, eine menschliche Seite. Es wird z.B. mit Schadenfreude über die IT- und Security-Abteilung gesprochen, wenn doch einmal ein Virus »durch kommt«. Man bekennt eine gewisse Faszination hinsichtlich der schnellen Verbreitung von Malware, auch z.B, indem man sich vorstellt, dass nach einem »Virusbefall« nichts mehr funktioniert wie vorher, und man »nach Hause gehen dürfte«, quasi »virusfrei« hätte. Unbewusst wird der Virus so zum Verbündeten im Lockern des Systemzwangs. Viren, Würmer & Co. sind demnach die unbewussten Erfüllungsgehilfen ungelebter Umgestaltungswünsche der Mitarbeiter. Die verdeckte Faszination für den Virus ist als Projektion eigener Aufbruchwünsche zu verstehen. Es geht dabei nicht etwa um eher Banales wie z.B. Sabotage oder Rache, sondern um den Erhalt von (seelischen) Verwandlungsmöglichkeiten, ein Flirt mit dem Schicksal.

Je stärker Systemzwang und Kontrolle in einem Unternehmen ausgeprägt sind, umso mehr kommt es zum Wunsch nach Veränderung und Öffnung gegenüber »Anderem«, »Fremden«. Wenn der Weg aus der Innensicht verschlossen ist, hofft man auf Befreiung von außen. So ermöglichen Viren, Würmer & Co. sowie auch der (digitale) Schutzwall, der sich gegen sie richtet, eine Versinnlichung in einem oftmals weichgespülten Arbeitsalltag. Die Befragten nutzen sowohl die Security-Protagonisten als auch ihre Gegenspieler zu einer Dramatisierung des Geschehens. Obwohl überwiegend digitaler Natur, wird die Security zu einem mittelalterlichen Verteidigungsprinzip gemacht, denn in der bildreichen, dramatisierten Darstellung von Security-Maßnahmen lassen sich ursprüngliche (und z.T. verschüttete) Formen menschlicher Auseinandersetzung wieder beleben, z.B. Angriff, Verteidigung, Lust auf mehr Körperliches, Lust auf Auseinandersetzung, auf Duelle, etc.

5.3.9 Fazit Security – oder: Die Digitalisierung des Menschlichen

Der entsichernde Umgang mit Security verhindert die drohende Verkehrung in eine Ver-Sachlichung (der menschlichen Identität). Das Erleben und der Umgang mit Security-Maßnahmen sind untrennbar mit der Corporate Culture verbunden: Die Wahrnehmung und der Umgang mit Security ist einerseits das Ergebnis einer zunehmend entmenschlichten Unternehmenskultur. Zugleich ist die Security selber als ein für die Wahrnehmung des Unternehmens und insbesondere seiner Kultur mitverantwortlich. D.h. Security gestaltet die Unternehmenskultur, und umgekehrt wird sie zugleich vom Unternehmen gestaltet.

Aktuelle Strömungen in der Unternehmenskultur bieten zunehmend weniger Raum für das Unterbringen von Eigenem. Die Befragten beschreiben eine Entwicklung der Unternehmen – ihrer Firmen – , die sie – die Arbeitnehmer – zunehmend zu einer funktionierenden Sache reduzieren lässt, sie entmenschlicht.

Dazu gehört sowohl das Arbeitsumfeld (Arbeitsplätze, Kontakt zu Kollegen, Arbeitsklima als Ganzes, etc.) als auch die Informationstechnologie. In den Erzählungen der Probanden wird das als Verlust von Identität und Menschlichkeit deutlich. Gerade die sehr sachliche Interviewverfassung spiegelt dies wider.

Moderne Kommunikationstechnologien beschleunigen den Arbeitsalltag und bringen eine zunehmende Ver-Sachlichung und Ent-Sinnlichung mit sich. Die schrägen und z.T. unkultivierten Seiten des Einzelnen müssen einer sachlich-funktionierenden und steuerbaren Form weichen. Der analoge Mensch mit seinen Geschichten und Wünschen sieht sich einer zunehmenden Digitalisierung seiner selbst gegenüber. Security wird hier zur Speerspitze einer fortschreitenden Digitalisierung des Menschlichen.

Der gewünschte Umgang mit Security spitzt die Ver-Sachlichung des Menschlichen weiter zu: Security-Maßnahmen werden überwiegend als Kontrollinstanz erlebt. Die konkrete Durchführung wird als unmenschlich, versachlichend empfunden. Die Security bleibt über weite Strecken unsichtbar und unfassbar. Es zeigt nur wenig sinnliche Ansätze bzw. Szenarien. Security erzählt zu wenige Geschichten. Sie bleibt ein seltsam unbelebter Teil im Unternehmen.

Die Entsicherung am Arbeitsplatz bearbeitet die zunehmende Ver-Sachlichung des Individuums – sowohl durch die Unternehmens- als auch durch die Securitykultur. Sie dient einer Versicherung der eigenen Identität. Die Mitarbeiter begehen mithin FEHLER, um durch das hiermit verbundene Menschliche Eröffnen Menschliches in ihre Arbeit zu retten und damit ihre persönliche Produktivität zu sichern. Was aus Unternehmenssicht eine Gefährdung bedeutet, stellt sich psychologisch als etwas im Grunde »Gutes«, als ein Erhalten der eignen Arbeitskraft zum Wohle der gemeinsamen Sache, der eigenen Unternehmung heraus. Gegenüber einem »Sachlichen Verschließen« wollen die Befragten sich menschlich eröffnen. Das entspricht dem Verständnis, dass sich eine Einheit nur dann erhalten kann, wenn sie immer wieder anderes – auch Fremdes – einbezieht.

Die paradoxe Wirkung von Security-Maßnahmen führt die Anwender in ein Dilemma: Sicherheit wird wegen ihrer schützenden Funktion als positiv und notwendig erachtet. Zugleich kann sich dieser Schutz in ein Zwangsystem verkehren, das Identität und individuelle Gestaltungswünsche ausschließt. Je weniger Raum für Eigenes vorhanden ist, umso mehr besteht die Gefahr der Verkehrung und damit des unkontrollierten Ausbruchs entsichernder Handlungen.

Bestätigt wird ein solches Kontrollparadox auch durch die von PWC und der Martin-Luther-Universität herausgegebenen Studie »Wirtschaftskriminalität 2007 – Sicherheitsla-

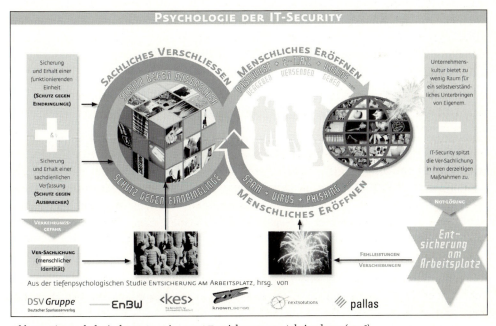

Abb. 38: Die Psychologie der IT-Security aus: »Entsicherung am Arbeitsplatz« (2006)

ge der deutschen Wirtschaft«, die vorgibt, dass das so genannte »Unternehmensklima« durch verschärfte Kontrollmaßnahmen in ein Klima des Misstrauens führt und potenzielle Täter mit neuen Begehungsformen die Kontrollsysteme unterminieren, auch wenn hier die in diesem Kontext gewählte Bezeichnung des »Ausweichverhaltens« die Zurückhaltung dieser Studie hinsichtlich einer Tiefung der Ursachen bereits vorweg nimmt.

Die Studie »Entsicherung am Arbeitsplatz« zeigt vielmehr, dass der Wunsch besteht, menschlich-schräge Seiten in einer zunehmend sachlichen Unternehmenskultur zu erhalten. Security kann dies produktiv aufgreifen, indem innerhalb ihrer eher digitalen Welt analoge Züge untergebracht werden. Security hat durchaus die Möglichkeit, eine dramatische Geschichte zu erzählen. So wird es möglich, Menschliches zu eröffnen, ohne dass die Beteiligten zu Sicherheitsrisiken werden.

5.3.10 Empfehlungen »Entsicherung am Arbeitsplatz«

Produktive Weiterentwicklungen von Security-Maßnahmen lassen sich daher am besten aus folgender Frage herleiten: Wie gelingt es den Unternehmen, die Schutzfunktionen von Security-Maßnahmen zu bewahren und darin zugleich individuelle Gestaltungsmöglichkeiten für die Betroffenen unterzubringen?

Kunstvoll Eigenes verstecken lernen

Entsichernde Reaktanz entsteht bei den Befragten dann, wenn sie gezwungen werden, ein Passwort zu vergeben, das nur den Zugang zum System ermöglicht, Eigenes aber außen vor lässt. Bei der Anleitung zur Passwort-Gestaltung sollen die Mitarbeiter daher sogar zum Unterbringen von Eigenem ermutigt werden. Die zentrale Aufgabe besteht darin, eine Systematik respektive eine verständliche Anleitung zu entwickeln, wie das Eigene kunstvoll zu verstecken ist und zugleich den Sicherungsanforderungen entspricht, z.B. auch über eine Visualisierung des Passwort im Sinne eines »Passbildes«, etwa eine Metapher oder eine Collage, die sich in einen Code übersetzen lässt.

Dramatisieren der Passage von persönlichem Rahmen zum Arbeitsrahmen

Es sollte im Rahmen von Security- bzw. Awareness-Maßnahmen in Unternehmen auch über eine zweckdienliche Gestaltung von Passagen bzw. Räumen nachgedacht werden, in denen Eigenes untergebracht werden kann, aus denen heraus vor allem aber auch Log-In-Routinen in die Arbeitsumgebung führen. So können Unternehmen Mitarbeiter kontrolliert aus der privaten Verfassung in die unternehmensdienliche Form führen, so dass das Eigene, z.B. bei der Bildung von Passwörtern, nicht mehr unbedingt im Vordergrund stehen muss.

Private E-Mails in einem bestimmten Rahmen zulassen

Die Mitarbeiter brauchen Raum für Eigenes. Auch private Kontakte in die Außenwelt. Es stellt sich die Frage, welche Möglichkeit eines kontrollierten Austausches zugelassen bzw. eingerichtet werden können. Ein persönlicher Bereich im Sinne einer »Spielwiese«

und die Erlaubnis, Drähte nach außen zu legen, führt potenziell zu weniger unkontrollierten Ausbrüchen (vgl. hierzu auch Kap. 6.3.7).

Dramatisierung von Security-Maßnahmen aufgreifen und visualisieren

Malware und auch die entsprechende Abwehr bieten die Möglichkeit einer Dramatisierung und Belebung innerhalb eines sachlich-eigenen Arbeitsrahmens. Derzeit wird die Auseinandersetzung zwischen Angreifer und Verteidigung überwiegend ungesehen durchgeführt. Die Form, in der die Mitarbeiter die Schutzmaßnahmen beschreiben, zeigt, dass ein Interesse an durchaus rauen, mittelalterlichen Umgangsformen besteht. Die Befragten nehmen in ihrer Sprache bereits eine stärkere Visualisierung und Dramatisierung der Auseinandersetzung zwischen Eindringling und Abwehr vorweg (Trutzburg, etc.). Die Visualisierung von Angreifern (und Verteidigern) und deren Auseinandersetzung ermöglicht es, diese als Stellvertreter der im Arbeitsalltag unterdrückten unkultivierten Tendenzen zu nutzen. Die stärkere Anteilnahme an solchen Auseinandersetzungen, z.B. über belebenden Awareness-Tools wie etwa Giveaways oder Spiele, eröffnet im sachlichen Arbeitsablauf Menschliches. Die Ausbrüche in unkultivierte Bereiche erhalten die Fähigkeit, in einer sachlichen Verfassung zu bleiben. Die Arbeit der CISOs wird sichtbarer und darüber hinaus wertvoller.

Security als Enabler bzw. Gestalter der Unternehmenskultur

Security nutzt ihr Potential zur produktiven Gestaltung der Unternehmenskultur bislang zu wenig. Sie wirkt statisch (Schutzwall) und unbelebt. Gegenüber den prominenten Angreifern bietet Security kein Bild an, das eine Identifikation mit der Abwehr zulässt. Security hat aber die Chance, eine sinnliche Belebung in oft sachliche Zwänge zu bringen und so regulierend auf die Gesamtverfassung des Unternehmens einzuwirken. Security-Maßnahmen sind nicht nur Teil der Unternehmenskultur, sie können diese Kultur auch entscheidend prägen.

5.3.11 Learnings Security Awareness

Unser »... Arbeitsleben ist häufig davon bestimmt, die weitere Entwicklung offen zu halten und Konsequenzen zu vermeiden. Der Beruf wird in den meisten Fällen nicht mehr als verpflichtendes Lebensideal angesehen. Die Identifikation mit dem Arbeitgeber ist in vielen Firmen nur noch marginal vorhanden. Die Unternehmen scheinen austauschbar zu sein, und man ist daher auch nicht mehr sonderlich stolz darauf, gerade bei diesem oder jenem Unternehmen zu arbeiten.« (Grünewald 2006)

Die Studie macht deutlich, dass als Trigger für Security Awareness letztlich Loyalität fungiert. Denn die Mitarbeiter-Zufriedenheit verschlechtert sich ebenso wie die Qualität der Arbeit (Fehlleistung!), wenn die Loyalität der Mitarbeiter abnimmt oder gar fehlt, da die Menschen dann weniger Engagement und Verantwortung in Bezug auf die langfristigen Strategien des Unternehmens zeigen.

»… Unternehmen haben sich aus Sicht ihrer Mitarbeiter zu formalisierten und abstrakten Gebilden entwickelt, die ihren Mitarbeitern weder überdauernden Sinn noch verlässliche Heimat bieten. Sie sind letztendlich nur noch einer ökonomischen Renditeorientierung verpflichtet, der alle seelisch relevanten Werte geopfert werden […]. Bei vielen Unternehmensentscheidungen scheint das mögliche Votum der Aktionäre wichtiger zu sein als das faktische Schicksal der Aktivisten.« (Grünewald 2006)

Wechselseitige Loyalität

Der schwedische Wissenschaftler Andres Parment von der Stockholm School of Business schlägt vor, dass langfristig planende Unternehmen eine starke Kultur anstreben sollten, um wechselseitige Loyalität zu sichern oder zu erzeugen. Kultursteuerung sieht er als eine effiziente Möglichkeit, das Verhalten der Mitarbeiter entscheidend zu beeinflussen. Hierbei sollen Anreize geschaffen werden, die den Mitarbeitern auch über das Ausscheiden aus der Organisation hinaus begleiten (Parment 2008).

Über kurzfristige Beschäftigungsverhältnisse vermeiden Unternehmen zwar Bindungen und senken dadurch auch ihre Kosten. Sie behindern aber auch die Entwicklung des Hintergrundwissens einer Gemeinschaft von Individuen, die sich der Kommunikation und über wechselseitige Identifikation der Strategie ihres Unternehmens langfristig verpflichtet fühlen (Tichy 1997). Vielmehr ist es »… die Aufgabe von Führung, die menschliche Dimension des Unternehmens zu entwickeln, um eine Organisation zu schaffen, die als bewusste menschliche Gemeinschaft handelt. Dabei geht es vor allem um die Verpflichtung zur Realisierung einer unternehmerischen Vision, die über alle individuellen Fähigkeiten hinaus geht, also um eine Vision, die die gemeinsamen Bemühungen der Mitarbeiter eines Unternehmens vereint, damit jeder Einzelne seine unbedingte Verantwortung für die Realisierung übernimmt.« (Wielens 2008) Sich ein lebenslang an ein Unternehmen zu binden, gilt aber nicht nur dort, sondern »… heute sowohl bei den Angestellten als auch in der Führungsebene als ein antiquiertes Ideal […] Konstanz in Sachen Arbeitsplatz erscheint in dieser Logik fast schon als Versagen und die Treue zum Unternehmen als Verrat am eigenen Weiterkommen.« (Grünewald 2006).

Zahlreiche Studien belegen zudem, dass viele Mitarbeiter erschreckend wenig über die Strategie ihres Unternehmens wissen. Gerade die Veröffentlichungen des Gallup-Instituts zeigen, dass nur ein geringer Prozentsatz der Mitarbeiter in deutschen Unternehmen eine Verpflichtung ihrem Arbeitsplatz gegenüber verspürt. »Die häufig festzustellende einseitige Rendite-Orientierung von Unternehmen – sofern sie nicht eingebettet ist in eine werteorientierte Unternehmenskultur – verleitet auch Führungskräfte und Mitarbeiter dazu, materialistisch und egozentrisch zu denken und zu handeln, führt tendenziell zu einer Mentalität der Einkommensbeschaffung mit allen Mitteln und erhöht die Anfälligkeit, Werte zu negieren. Das wiederum verschärft die bekannten Probleme und führt zu einem Führungsklima, das von Hektik, Druck, Angst und Anpassung bestimmt ist und sich wenig dazu eignet, das Erreichen von unternehmerischer Exzellenz zu ermöglichen« (Wielens 2008). So wird der der Mitarbeiter-Unzufriedenheit zugeschriebene Schaden allein in Deutschland von Gallup auf jährlich rund 260 Milliarden Euro geschätzt. (Gallup 2009). Offensichtlich fehlt es den meisten Unternehmen an einem bewussten Umgang bzw. an Möglichkeiten der Steuerung von Unternehmenskultur. »Übertragen wir die Ergebnisse auf eine Fußball-Mannschaft, sieht das so aus: Nur 4 Spieler wissen, in welches Tor der Ball muss. Nur 1,5 fühlen sich vom Trainer unterstützt.« (Identitäter 2008). Gerade auch innerhalb der Unternehmen konkurrieren verschiedene Meinungen, die unterschiedlicher Auffassung sind, wie Identität aussehen kann und soll. Bei der Gestaltung der Unternehmenswirklichkeit kommen viele Argumente zum Zuge, die Mitarbeiter aber in der Regel zu wenig. In Unternehmen agieren mithin verschiedene Interessen und Abteilungen, ohne sich miteinander zu synchronisieren. Diese vereinzelten Bereiche, aber auch deren Dienstleister, Consultants wie Agenturen, handeln nach eigenen Auffassungen und Prioritäten, leider aber ohne Betrachtung einer Ganzheit (Berger 2008).

Einbindung zentraler Unternehmenswerte

Das Wesentliche eines Unternehmens und Grundlage jeder internen Kommunikationskampagne – auch von Security Awareness-Kampagnen – ist also die explizite und über die Zeit konsistente Einbindung zentraler Werte, mit denen sich Mitarbeiter identifizieren, sowie die Möglichkeit einer bewussten Kultursteuerung. Gerade Sicherheitsmaßnahmen werden vor allem dann für wertvoll erachtet, wenn Werte, die hierüber geschützt bzw. erzeugt werden, transparent und authentisch kommuniziert werden. Dazu gehört aber auch der Mut bzw. die Offenheit, auch problematische Aspekte der Unternehmenskultur in einen Dialog einzuschließen (s.a. Kasten S. 114/115).

Eine Security-Awareness-Kampagne, die den Wert des Geschützt-Seins in den Vordergrund stellt, aber brisante Themen, die die Mitarbeiter bewegen, ignoriert oder sogar leugnet, wird von den Menschen als Verrat empfunden. Dies gilt insbesondere dann, wenn etwa Themen wie die »soziale Entsicherungen« implizit im Rahmen einer Kampagne wirken. Wolfgang Berger, Leiter des Business Reframing Instituts bemüht in diesem Zusammenhang mit deutlich fatalistischer Färbung den Begriff der »artgerechten Menschenhaltung« und sieht in Authentizität die Basis für das Gefühl von Sicherheit. »Wir wollen doch gar nicht [...] mehr Geld verdienen. Wir wollen etwas ganz anderes: Wir wollen geliebt und anerkannt werden, wir wollen über uns selbst bestimmen und suchen einen Sinn hinter dem, was wir tun. Nicht nur wir wollen das, jeder andere auch.« (Berger 2008). »Nur wer es schafft ein besonderes Vertrauen [...] herzustellen, wird in einer Welt des permanent und überall verfügbaren Angebotschaos gute Geschäfte machen [...] Vertrauen entsteht aus Anerkennung! Anerkennung bedeutet, dass der Mensch nicht getrieben wird durch das Ziel aufzufallen, [...] Anerkennung [...] hat mit einer direkten Reaktion zu tun. Damit, dass mir jemand Respekt zeigt vor meiner Leistung [...] Die größten Experten für Anerkennung sind Liebende, die ihrem Partner ihre Liebe zeigen. [...] Sie nehmen Anteil am Leben des anderen, sie freuen sich mit und sie leiden mit. Unternehmen, die es schaffen, [...] ein solcher Partner zu sein, [...] werden weit vorn sein in den Geschäftsmodellen der Zukunft.« (Jánszky 2009)

Loyalität, Authentizität, Anerkenung und Emotionalität sind nur vier entscheidende (weiche) Faktoren, um Fehlerkultur entgegen zu wirken. Gerade emotionale, stark involvierende Maßnahmen können die Security-Protagonisten darin unterstützen, ihr Anliegen besonders stark in den Fokus der Mitarbeiter zu rücken. Security-Awareness braucht also Kommunikation. Braucht eine Story! Muss sich aufladen, indem sie die Mitarbeiter in eine dramatische Geschichte einbindet. Security braucht ein Gesicht, braucht Protagonisten. Da es derzeit in vielen Unternehmen an einem produktiven Bild für die Wirkung von Security mangelt, könnte die »Abwehr« im Sinne der Dramatisierung aufgegriffen werden. Security-Maßnahmen müssen diese Bilddramatik transportieren und den Mitarbeiter darin als Mitstreiter erfahrbar machen. Denn gerade sinnliches Einbeziehen in eine dramatische Geschichte ist das, was Awareness erzeugen kann.

5.4 Die tiefenpsychologische Studie »Aus der Abwehr in den Beichtstuhl«

> »Risiko ist für mich etwas Positives.«
> (Vera von Dossow, Anästhesistin am Berliner Virchow-Klinikum)

Circa ein Jahr nach »Entsicherung am Arbeitsplatz« wurden Ende 2007 für die Studie »Aus der Abwehr in den Beichtstuhl – qualitative Wirkungsanalyse CISO & Co.« (2008) Sicherheitsverantwortliche aus Nordrhein-Westfalen in einem Studio in Köln oder in Office-Interviews vor Ort auf Grundlage morphologischer Markt- und Medienforschung befragt.

5.4.1 Stichprobe und Quotierung der Studie

Die insgesamt 30 psychologischen Tiefeninterviews dauerten jeweils 2 Stunden und wurden mit Vertretern aus Unternehmen zwischen 50 und 110.000 Mitarbeitern geführt (11 mittelständische Unternehmen mit durchschnittlich ca. 500 Mitarbeitern und 19 Großunternehmen mit durchschnittlich ca. 30.000 Mitarbeitern, gerundeter Durchschnitt aller Firmen: 20.000 Mitarbeiter). Partner der durchführenden Agentur known_sense waren EnBW, Pallas, SAP, SonicWALL, Steria Mummert Consulting und Trend Micro, Medienpartner die <kes> und securitymanager.de.

Ziel war die Darstellung und Erforschung des ISM-/CISO-Selbstbilds, wobei hierunter auch Sicherheitsbeauftragte, Securitymanager und verwandte Berufsvertreter mit Führungsaufgaben inkludiert sind. Es sollte herausgefunden werden, wie CISOs TICKEN. Analysiert wurden Tätigkeitsfeld, Umgangsformen bzw. Behandlungsversuche vor dem Hintergrund eines tätigkeitsbezogenen Grundproblems und die potenziellen Auswirkungen dieser Umgangsformen für die Wahrnehmung des CISOs und der Informationssicherheit.

5.4.2 Besonderheiten Probandenakquise

Die Akquise stellte sich als zäh und daher schwierig heraus. Die mit der Akquise beauftragten Marktforschungsstudios waren auf Basis Ihrer Kontakte nicht in der Lage, genügend Probanden zu identifizieren bzw. zu einem Interview zu überreden, so dass auch die Kontaktarbeit von uns übernommen werden musste. Allerdings zeigten sich hierbei bereits erste Auffälligkeiten. Zunächst reagierten die meisten Probanden recht ungläubig auf das Forschungsvorhaben. »Was? Es interessiert sich jemand für unseren Beruf«, heißt es in der Regel erstaunt beim Erstkontakt mit den Sicherheitsbeauftragten. Ein Teil der angefragten CISOs war dann bereit und interessiert, an einem Gespräch über sich und ihr Berufsleben teilzunehmen. Ein anderer Teil beendete die Anfrage abrupt. In einigen Fällen gestaltete sich die Kontaktphase als ein langwieriger Vor- und Zurück-Prozess, indem beispielsweise zunächst eine klare Absage erteilt wurde, man aber dennoch neugierig in der Leitung blieb, ohne das Gespräch zu beenden.

5.4.3 Eingangsdynamik: Mitteilungsbedürfnis und Spaltung

Andererseits wird aber auch ein ausgesprochenes Mitteilungs- und Verstehensbedürfnis der CISOs spürbar. Es fällt auf, dass die Probanden durchaus mit einem Anliegen in das Interview kommen. Fast alle scheinen etwas über sich und ihren Berufsstand sagen, aber auch erfahren zu wollen. Man will sich offenbar als CISO behaupten, erhofft sich eine Würdigung des eigenen Handelns und zeigt gleichzeitig eine deutliche Neugier zur Sichtweise anderer.

Die Form der zwischen-menschlichen Beziehung wurde zu einem zentralen Thema – sowohl innerhalb der Interviews als auch in der Beschreibung der konkreten Arbeit der CISOs. Mal wurde in den Interviews relativ schnell eine große Nähe hergestellt. Ein anderes Mal herrschte eine scheinbar unüberbrückbare Distanz zwischen den Beteiligten. Die Begegnungen mit den CISOs erinnerten oftmals an das Erleben im Umgang mit einem Kippbild (optische Illusion). Es entsteht der Eindruck, die CISOs seien hin- und hergerissen. Mal gerät man in einen regen Austausch mit ihnen, dann wiederum hat man den Eindruck, wie vor verschlossenen Türen zu stehen. Die verschiedenen Haltungen führen keine Beziehung untereinander. Sie wirken wie getrennt. In diesem Sinne ist die Psycho-Dynamik dieser Studie durch eine Tendenz zur Spaltung gekennzeichnet – einem Mal-so-mal-so.

Ein zufälliges Hineingeraten

Die berufliche Entwicklung hin zur Position des CISO wird von den Befragten als eine eher zufällige Entwicklung dargestellt. Die Ausbildungen und Berufsentwicklungen der Befragten waren in der Regel nicht auf eine Tätigkeit als CISO ausgerichtet. Die Befragten hatten die Tätigkeit des CISO ursprünglich nicht auf ihrem Berufswunschzettel. Bei Ausscheiden des vorherigen CISO wurde man gefragt, »ob man das nicht machen will(?).«

Als Schwierigkeit ihrer Aufgaben sehen viele CISOs, selber nichts Konkretes zu produzieren, das vorzeigbar wäre und an dem man die eigene Wirksamkeit erleben und demonstrieren könnte. Sicherheit ist zwar unbestritten notwendig, erzeugt aber keinen offenkundigen Mehrwert.

Abb. 39: Studie
»Aus der Abwehr in den Beichtstuhl« (2008)

Leiden im Untergrund

Eine solche Unzufriedenheit überrascht nicht: CISOs werden als Vertreter einer anderen, einer unbekannten und unfassbaren Welt mit eigener Sprache und Ordnung betrachtet. Diese Sonderstellung geht mit einer gewissen Form der Entrückung vom Unternehmensbetrieb einher. Die Herkunft des CISO lässt sich als DIGITALER UNTERGRUND bezeichnen. Die Tätigkeit als CISO und damit das Abtauchen in den Untergrund führt teilweise zu einer Digitalisierung menschlich-paradoxer Verhaltens- und Erlebensweisen der Sicherheitsverantwortlichen. Spontanes, Impulsives, Hitziges, Triebhaftes, Menschliches hat hier offenbar kaum noch Platz.

5.4.4 Zwischenfazit »Aus der Abwehr in den Beichtstuhl«

Während die Mitarbeiter in Wirkungen, Bildern und Geschichten denken und hiermit ein ANALOGES PRINZIP pflegen, ist der CISO beauftragt, die Gesamtheit der Unternehmensprozesse in Sicheres und Gefährliches zu ordnen. Was aus Sicht des CISO ein Risiko darstellt – z.B. das (Zwischen-)Menschliche –, bedeutet für den User umgekehrt Inspiration und Förderung der Arbeitsfähigkeit. Der CISO sieht sich nämlich mit der Aufgabe konfrontiert, eher ein DIGITALES PRINZIP umzusetzen und zugleich einen Umgang mit den gegensätzlichen, menschlich-paradoxen Tendenzen zu finden. Dies führt zu einer inneren Spaltung des CISO, so dass die Mitarbeiter zu ihm entweder ängstlich auf Distanz gehen oder aber ihn und sein Anliegen nicht ernst nehmen. Der CISO hat dann häufig das Gefühl, wie ein Sonderling behandelt zu werden.

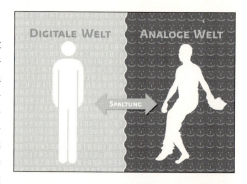

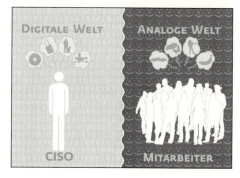

Abb. 40 - 46: Spaltung des CISO aus »Aus der Abwehr in den Beichtstuhl« (2008)

5.4 • Die tiefenpsychologische Studie »Aus der Abwehr in den Beichtstuhl«

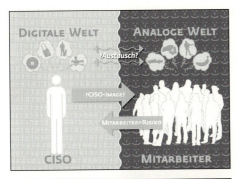

Die Sicherung gegen Angreifer von außen scheint also für den CISO weniger ein Problem darzustellen als der gleichberechtigte Austausch mit den eigenen Mitarbeitern. Sein Grundproblem ist nicht das Leben im DIGITALEN UNTERGRUND, sondern der Austausch mit der ANALOGEN WIRKLICHKEIT.

5.4.5 Die drei CISO-Typen

Vor dem Hintergrund des Umgangs mit diesem Grundproblem beschreibt die Studie unterschiedliche (menschliche) CISO-Strategien, die wiederum unterschiedliche Wirkungen im Unternehmen hinterlassen und zahlreiche bekannte Images und eben Typen zu Tage fördern. Durch die Typisierung der CISO lässt sich die Lösung des Grundproblems darstellen, wobei sämtliche Typen nicht in der dargestellten Reinform existieren, sondern als »verschiedene (strategische) Gesichter« eines CISO zu verstehen sind.

Digitales Prinzip – die ZENTRALE KONTROLLINSTANZ oder Fräulein Rottenmeier

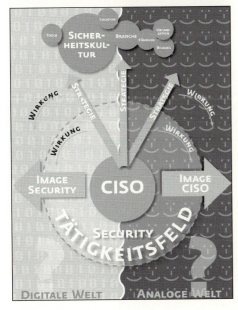

Die Prozesse laufen, wenn er will, und er scheint unersetzbar. Alles dreht sich um ihn – dennoch ist er einsam. Sicherheitskultur wird durch ihn nicht vermittelt, sondern erzwungen. In dem Typus ZENTRALE KONTROLLINSTANZ sind Züge einer Diva enthalten. Man rechnet mit wechselnden Stimmungen und versucht, ihm, der oft unnahbar erscheint, alles recht zu machen. »Wenn der CISO der beliebteste Mann im Unternehmen ist, stimmt etwas nicht«, so ein O-Ton der zentralen Kontrollinstanz. Menschlich-analoge Seiten werden von ihm konsequent abgespalten, um sich nicht zu »beschmutzen« oder sich auf andere Sichtweisen einlassen zu müssen, vergleichbar der literarischen Figur des Fräulein Rottenmeier aus »Heidi«.

Analoges Prinzip – DER SICHERHEITS-SERVICE oder Mutter Teresa

Dieser Typus möchte, dass Sicherheit nicht in unangenehmer Weise spürbar ist. Seine Freundlichkeit kann aber in Aggression kippen, wenn die Mitarbeiter allzu ungesichert agieren. Dann kann der SICHERHEITS-SERVICE Freiheiten sofort einschränken. Probleme und Störungen sind sein Lebenselixier, die seine Rolle als helfender Engel manifestieren. Auch wenn er sich gut in die User hineinversetzen kann, schafft er es oftmals nicht, die Relevanz seiner Belange durchzusetzen. So fürchtet er letztlich doch um seine Existenz im Unternehmen, z.B. durch die vermeintliche Bedrohung durch externe Security-Service-Anbieter. »Ich komme mir vor wie ein Mann vom ADAC. Den holt man auch nur, wenn man am Straßenrand liegen geblieben ist«, sagt einer, oder: »Ich bin nicht der, der die Blondine als Belohnung bekommt« ein anderer. Als Person ist der SICHERHEITS-SERVICE wohl am ehesten mit Mutter Teresa vergleichbar.

(Ein-)Beziehung bietet Sicherheit – DER STREETWORKER oder Columbo

Er versteht Sicherheit nicht als Lösung von der Stange, sondern als eine individuelle Konfiguration. Seine Strategie zeichnet sich durch Beweglichkeit und seinen Wunsch nach interdisziplinärem Austausch aus. Interessen der Sicherheit und die der Mitarbeiter werden miteinander in ein Verhältnis gebracht. Beim STREETWORKER wird der Versuch deutlich, sich in den anderen hineinzuversetzen, ohne die eigenen Belange aufzugeben. »Mein Vorsatz ist: Vergiss nie, dass du auch mal da gesessen hast, wo die jetzt sitzen.« Im Mittelpunkt des Handelns steht das Prinzip der Führung mit Sinnstiftung durch das Einrichten einer Sicherheitskultur. Durch diese Einbeziehung gerät der Mitarbeiter in die Lage, seine eigene (ANALOGE) Perspektive in die (DIGITALE) Perspektive der Informationssicherheit zu überführen.

O-Töne der Probanden

»Nein, das kommt mir komisch vor mit der Tiefenpsychologie. Ich werde nicht daran teilnehmen ... mhhh ... allerdings, interessieren würde es mich schon, was dabei raus kommt.«

»Ich hab Technische Informatik studiert [...] und mich dann durchgeschlängelt. Ich wollte ursprünglich nur programmieren.«

»Wir standen da so, und dann hat der Chef gefragt: Wollen Sie das nicht machen? Na ja, war nicht so eine Aufgabe, wo man sich drum reißt. Irgendwie war die Frage auch so zwischen Tür und Angel gestellt... Aber gut, es ist eine verantwortungsvolle Aufgabe. Und das war dann auch ein Lob. Warum also nicht?«

»IT-Sicherheit ist notwendig, erzeugt aber keinen Mehrwert, steigert nicht den Wert des Unternehmens. Selbst die Putzfrau trägt mehr dazu bei, indem sie dafür sorgt, dass das Gebäude nicht dadurch kaputt geht, dass es schmutzig ist, und die Kunden sich wohl fühlen.«

»Zufriedenheit (schmunzelt) hat man selten, aber immerhin ... wenn man gute Arbeit macht, fällt man nicht auf.«

»Ich muss Ruhe und Souveränität ausstrahlen. Man muss vorher überlegen, was man sagt und tut, weil es um die Existenz der Firma geht.«

»In meiner Freizeit gehe ich klettern und mach mit Kumpels Mountainbike-Touren. Das weiß keiner.«

»Ich bin die ärmste Sau im Betrieb. Freunde habe ich da nicht.«

»Meine Vorstellung ist es – dann, wenn z.B. ein neues Projekt geplant wird – , dass ich einbezogen, dazu geholt werde und nicht erst hinterher sagen muss, warum man dies und das besser nicht macht, weil es ein Sicherheitsrisiko in sich birgt.«

»Mein absoluter Lebenstraum ist, die Welt von Spam zu befreien. Ich hoffe, dass ich mich immer weniger um IT-Sicherheit kümmern muss, weil technisch alles da ist, dass keiner mehr rein kommt und keiner mehr Unfug machen kann.«

»Die nennen mich manchmal den Inquisitor.«

»Der Security Officer muss im Hintergrund arbeiten, so dass keiner merkt, dass er da ist. Es soll z.B. keiner merken, dass er im Zugriff beschränkt ist, denn dann bin ich der Buhmann.«

»Ich komme mir vor wie ein Mann vom ADAC. Den holt man auch nur, wenn man am Straßenrand liegen geblieben ist.«

»Ich sehe mir Arbeitsplatzbeschreibungen an und frage dann, wie der Mitarbeiter das wirklich macht. Ich versuche das anzupassen. Wie viel Freiheit der Arbeitsplatz braucht. Es hilft mir nicht, den Mitarbeitern etwas aufzudrücken, was ihrer Arbeitsweise entgegenläuft.«

»Statt zu fachsimpeln spreche ich auf Augenhöhe mit den Leuten. Ich breche die Materie auf die Sprache der Leute runter. Dadurch habe ich eine hohe Akzeptanz. Für mich ist es egal, ob einer im Blaumann vor mir steht oder der Vorstand.«

Der CISO versetzt sich wie ein STREETWORKER in die Lage der Mitarbeiter und versucht, seine Interessen auf dieser Ebene zu vermitteln. In gewisser Weise entsichert sich der STREETWORKER sogar selbst, weil er durchaus bereit ist, Risiken in Kauf zu nehmen, um der analogen Sichtweise der Mitarbeiter zu begegnen. Er lebt das Paradox. Er hält es aus, anstatt es zu verbannen. Diese Strategie setzt – anders als die beiden anderen – nicht auf Spaltung, sondern auf ein Verzahnen der beiden genannten Prinzipien (DIGITAL/ANALOG). Das vermittelnde Verhalten erzeugt Eigenart und Profil, Akzeptanz und Loyalität und entspricht z.B. am ehesten der bekannten Figur Inspektor Columbo aus der gleichnamigen TV-Krimi-Serie.

5.4.6 Märchenanalyse: Prinzessin oder Frosch

Die morphologische Wirkungsforschung nutzt u.a. auch Märchen, die allerdings nicht im Hinblick auf Erzählfassung oder durch Deutung von Symbolen interpretiert werden. Vielmehr lassen sich im Märchen über die Auseinandersetzung mit einem Fall grundlegende Wirkverhältnisse identifizieren und in ein Bild rücken. So stellen Märchen, gerade weil ihr Bekanntheitsgrad in der Regel sehr hoch ist, anschauliche Prototypen für die Behandlung von Wirklichkeit dar (s.a. Kap. 5.8).

Während man »Entsicherung am Arbeitsplatz« (Kap. 5.3) das Märchen »Der Wolf und die sieben Geißlein« zuordnen kann, wird Im Fazit der CISO-Studie eine Analogie zum »Froschkönig« beschrieben.

Der Umgang zwischen Prinzessin und Frosch bebildert ein Gefüge, das der Situation des CISO ähnelt. Nach diesem Prinzip werden zwei zueinander gehörende Seiten als getrennt voneinander dargestellt. Und dennoch drängt eine (unsichtbare) Kraft auf einen Austausch. Die Prinzessin steht dabei für das rein

Märchen in der Morphologie – Der Froschkönig und der eiserne Heinrich

Der jüngsten und schönsten Prinzessin fällt ihr Spielwerk – ein Ball – in einen Brunnen. Unter der Bedingung, dass er ihr Spielkamerad werde, holt ein Frosch den Ball aus dem Brunnen und gibt ihn der Prinzessin zurück. Die Prinzessin möchte ihn nicht in ihre Nähe lassen.

Aber der vergessene Frosch meldet sich und klagt den geschlossenen Vertrag beim König ein.

Durch seine Forderung, alles mit ihm zu teilen, kommt er der Prinzessin immer näher – allerdings gegen ihren Willen.

Als er auch in ihrem Bett schlafen will, wirft sie ihn an die Wand. Dadurch erlöst sie einen Königssohn, in den der Frosch sich verwandelt.

Als sie zusammen in sein Königreich fahren, brechen die drei eisernen Bande, die sich der treue Diener Heinrich um sein Herz gelegt hatte.

Digitale, das Unnahbare, den Eindruck des Besonderen, kultiviertes Verhalten, Kontrolle und UNBEDARFTE User – der Frosch symbolisiert banale Wirklichkeit, versteckt in seiner eigenen Welt, aber zugleich hilfsbereit, und außerdem Mitarbeiter, die nur die analoge Perspektive leben. Es entwickelt sich ein Ringen um Positionen. Dabei kommen sich beide Formen – das froschhafte Banale und die prinzessinhaften entwickelten Züge – immer näher. Die Entwicklung wird eben in jener Situation fortgesetzt, in der sich die Prinzessin in Entschiedenes, Gemeines wandelt (wiederentdeckt) und den Frosch an die Wand wirft, der sich nach dem Wurf in einen Prinzen verwandelt. Damit geraten beide (ehemals) getrennte Formen wieder in Zirkulation.

Die Strategien ZENTRALE KONTROLLINSTANZ und SICHERHEITS-SERVICE betonen die Trennung von Prinzessin und Frosch. Hierin wird die paradoxe Einsicht vermieden, dass sich Froschiges in Prinzesinnenhaftes wandeln kann und umgekehrt. Ebenso wird der Erfahrung aus dem Weg gegangen, dass Sicherheit nur durch das Einlassen auf Risiken lebbar und produktiv bleibt. Eine Figur, die dieses Ineinander verkörpert, ist z.B. Peter Falk als Columbo. Im Bereich der Informationssicherheit entspricht er dem Typus STREETWORKER.

Im Bild des Eisernen Heinrich und der brechenden eisernen Bande verdeutlicht sich sowohl das Eingezwängt-Sein als auch das Öffnende der jeweiligen Strategien. Die Typen ZENTRALE KONTROLLINSTANZ und SICHERHEITS-SERVICE haben eben jene Verschlossenheit im Interview spürbar werden lassen.

Zugleich war aber auch stets erfahrbar, dass eine Verwandlung, ein Einbeziehen des Getrennt-Gehaltenen zu einer Öffnung und Befreiung führte (STREETWORKER). Dem Märchen gelingt es, ein Gespür für das jeweils Fehlende zu erzeugen.

Nicht in eiserne Bande eingezwängt sein

Die Projektleiter der Studie wünschen sich analog zum »Froschkönig« für die Konstruktion wie auch für die Vermittlung von Sicherheitskultur einen stärkeren Austausch und Wandel zwischen ANALOGEM und DIGITALEM PRINZIP. Sie betonen die Notwendigkeit von Führung, Involvement und einer Übersetzung von Sicherheitsthemen zugunsten eines breiteren Verständnisses auf Seiten der Mitarbeiter. Die Vermittlung derartiger Qualiäten bedarf darüber hinaus eines CISO-Vorbilds, das Standards wie Orientierung schafft – eine der Schlüsselaufgaben im Rahmen von Aus- und Weiterbildung der ISM.

5.4.7 Fazit
»Aus der Abwehr in den Beichtstuhl«

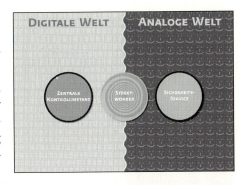

Der CISO ist in seiner Arbeit mit einer paradoxen Anforderung konfrontiert. Er spürt, dass er ein Sicherheitsrisiko eingehen muss, um für eine verbindlichere, stabilere Sicherheitskultur zu sorgen. Zugespitzt kann man sagen: Entsicherung produziert Sicherheit – der CISO muss nun entscheiden, an welcher Stelle Entsicherungen vertretbar sind!

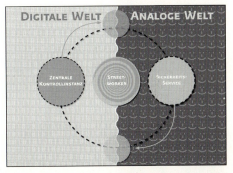

Die pragmatische Formel: »100% Sicherheit gibt es nicht, 80% sind ausreichend« stellt aus dieser Perspektive eher eine Belastung als eine Erleichterung dar. Es ist einfacher, sich an dem Versuch einer 100%igen Sicherheit abzuarbeiten als sich auf ein Ineinander von Sicherheit und Gefährdung, von analogem und digitalem Prinzip einzulassen.

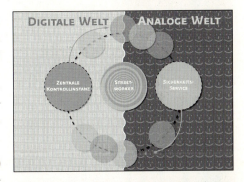

Aus Sicht des STREETWORKERS (Columbo) passt das. Er schafft es, 20% Risiko einzusetzen und gemeinsam mit den Mitarbeitern zu verantworten. Die ZENTRALE KONTROLLINSTANZ (Fräulein Rottenmeier) will keine 20%ige Risikobelastung, sondern ein unbeschwertes Dasein. Der SICHERHEITS-SERVICE (Mutter Teresa) trägt bereits mehr als 20% Risiko. Hier geht es eher darum, 80% Sicherheit zu erreichen.

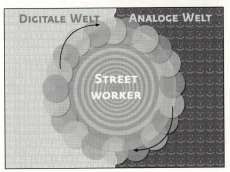

Abb. 47 - 50: Die 3 CISO-Typen aus:
»Aus der Abwehr in den Beichtstuhl« (2008)

DINGE, DIE SECURITY-MANAGER TUN, WENN SIE NICHT ARBEITEN

FUSSBALLSPIELEN
CANYONING
BASKETBALLSPIELEN

WANDERN AUF SPUREN DES LEUCHTENDEN PFADS

TRIATHLON

AN RADRENNEN TEILNEHMEN

BIKING

MIT AKTIEN SPEKULIEREN
KLETTERN + BERGSTEIGEN
RASEN AUF AUTOBAHNEN
SCHWIMMEN + TIEFSEETAUCHEN
VIER ODER MEHR KINDER ZEUGEN UND GROSSZIEHEN
MIT IHREN KINDERN HERUMTURNEN

DIE GEFÄHRLICHSTEN SPORTARTEN LAUT US-MAGAZIN FORBES (2008)

FUSSBALL
EISHOCKEY
BASKETBALL
RADSPORT
FALLSCHIRMSPRINGEN
QUADBIKING
STABHOCHSPRUNG
CHEERLEADING
SCHWIMMEN + TAUCHEN
FOOTBALL
RINGEN + TURNEN

5.4.8 Empfehlungen »Aus der Abwehr in den Beichtstuhl«

CISOs sollten Security ganzheitlich in den Fokus ihrer Betrachtungen und ihres Wirkens rücken. Vor allem

- eine klare Strategie,
- transparente Kommunikation
- und eine sichere Führung

sind die Schlüssel für ein erfolgreiches Wirken im Sicherheitsumfeld. Denn Sicherheitskultur kann nicht erzwungen, sondern nur gemeinsam mit Mitarbeitern und Management erarbeitet werden. »*Erfolgreich führen kann man nur, wenn man die Opferrolle im Leben meidet und in allen Situationen die Verantwortung übernimmt, somit Handelnder bleibt. Kooperationsfähigkeit von Führungskräften wird zu einer Art Schlüsselkompetenz für die Wettbewerbsfähigkeit von Unternehmen.*« (Wielens 2008). Im Rahmen dieses Prozesses kommt es vor allem darauf an, eine sinnstiftende Kultur zu erwirken, bei dem die Aufgaben der Sicherheit als ein gemeinsames Werk begriffen werden. Hierbei sollte eine Transformation der oft zu abstrakten Inhalte von z.B. Security-Policies stattfinden – etwa ähnlich einem Digital-Analog-Wandler, der Sicherheitsthemen übersetzt (auch visualisiert) und nachvollziehbar und erlebbar gestaltet (vgl. a. Kap. 6.3.4).

In diesem Zusammenhang ist es ebenso wichtig, Beziehungen und das Zwischen-Menschliche zu fördern, um sich Gehör zu verschaffen. Kongresse, bei denen man auf Gleichgesinnte bzw. Kollegen trifft oder interne Events wie Security-Highdays sollten nach Meinung der CISOs häufiger besucht bzw. organisiert werden können, so dass es zu einem (menschlichem) Austausch kommt, bei dem die CISOs auch ihre analogen Züge unterbringen können. Denn es sind vor allem kommunikative Fähigkeiten, die vielen Sicherheitsverantwortlichen laut Selbstbild fehlen oder aber im Laufe ihres Jobs abhanden gekommen sind.

Deutlich wird auch, dass bei der Vielzahl an Fähigkeiten die von einem CISO gefordert werden, professionelle Unterstützung – auch von außen – notwendig ist. Das eigene Security-Team sollte also um Spezialisten aus den Feldern Kommunikation, Coaching, Recht, etc. verstärkt werden – auch wenn es sich bei dieser Verstärkung lediglich um Interims-Lösungen handeln würde.

5.4.9 Learnings Security Awareness

Profilierung und Aufmerksamkeit durch professionelle Kommunikation bilden wichtige Bausteine im Puzzle um das Ringen nach Wirksamkeit der Security. Sicherheitsverantwortliche müssen im Sinne des STREETWORKERS raus aus ihrem Office auf die »Unternehmens-Straße«, um den »Flurfunk« (s. Kap. 6.1.2 und 6.4) zu beleben, indem sie ihn mit ihren Themen anreichern. Sie müssen sich zeigen und Farbe bekennen. Gerade CISOs sollten es anstreben, in Ihrem Unternehmen eine Marke zu werden. Internes IT- oder Security-Marketing kann, wenn die Belange der Sicherheit lebendig dargestellt werden, große Aufmerksamkeit schaffen. Und eine gute Awareness-Kampagne ist stets auch ein starkes Pro-CISO-Marketing.

5.5 CISO-Coaching

Auf Basis u.a. der hier dargestellten CISO-Studie wurde ein spezielles gestaltpsychologisches CISO-Coaching entwickelt. Unser Ziel ist es, die Awareness der CISOs für ihre ei-

> **Coaching: Empowerment und Awareness für die eigenen Beweggründe**
>
> Das 2007 entwickelte Management-Tool »askit – awareness security kit« (s. Abb. 71 bzw. S. 85, 183, 184 und 242) umfasst seit 2009 auch ein speziell für ISM bzw. CISOs entwickeltes Coaching (»askitVision«) das u.a. folgende Module enthält:
>
> - **Schulung der Wahrnehmung:** Was bedeutet es, CISO zu sein? Was bedeutet es, Mitarbeiter zu sein? Gemeinsamkeiten bzw. Unterschiede?
> - **Herkunft:** Z.B. über Genogramme, Familienaufstellungen, Lebenspanoramen
> - **Potenziale:** Besondere berufliche und persönliche Stärken, Qualifikationen und Erfahrungen fördern
> - **Visionen:** Wahrnehmung und Wertschätzung von Träumen und Wünschen
> - **Lernfelder:** Weiterbildungsmöglichkeiten
> - **Engpässe:** Barrieren und Probleme als Entwicklungsaufgabe wahrnehmen und überwinden
> - **Kommunikationsbriefing:** über »askitTouch« (s.a. S. 184) die Bedeutung von Kommunikation erfahren lernen, z.B. durch eine verständnisvolle Kommunikation mit Mitarbeitern und Management auf Augenhöhe
> - **Ressourcen:** z.B. um die eigene Identität zu wahren, zu entwickeln und Veränderungsprozessen Ausdruck zu verleihen
> - **Corporate Value:** Werte des Unternehmens und seiner Mitarbeiter erkennen, bewerten und kommunizieren
> - **Zielgruppenbedürfnisse:** Rollenspiele (für wen bin ich mit meinen Besonderheiten der beste Problemlöser)
> - **Zielstrategien:** Konkrete nächste Schritte planen
> - **Synergien:** Awareness für Prozesse, in denen unterschiedliche Wirkungen zusammenfließen
> - **Sinnfindung** als fortschreitende Annäherung an den persönlichen Lebenssinn und eine Neubewertung des Verhältnisses von Arbeit und Privatem
> - **Profil:** z.B. selbständige Weiterentwicklung als ganzheitlicher Prozess, Identität und Schattenseiten, u.a. auf Basis von Projektionsübungen

genen Beweggründe im Zusammenhang mit ihrer beruflichen Tätigkeit im Sinne eines ganzheitlichen Ansatzes zu fördern und darüber zugleich ihr berufliches Profil als Verantwortliche für die Security Awareness im Hinblick auf die Informationssicherheit bei den Mitarbeitern zu schärfen.

Hintergrund ist die Idee, dass CISOs selbst erfahren, wie die individuellen Ressourcen besser genutzt werden können und die persönliche Zufriedenheit und damit die Identifikation mit dem Unternehmen steigt. Erst die ganzheitliche – d.h. die persönlich bedeutsame, nicht rein kognitive Lernerfahrung – versetzt sie in die Lage, entsprechende Prozesse auch bei Mitarbeitern zu fördern.

5.6 Ausblick auf kommende Security-Wirkungsanalysen

Auch in Zukunft sollen weitere Einzelthemen der Informationscherheit tiefenpsychologisch erforscht werden, die die Grundlagenstudie »Entsicherung am Arbeitsplatz« vertieften.

So wird bei bzw. nach Erscheinen dieses Buchs die o.g. CISO-Studie »Aus der Abwehr in den Beichtstuhl« über zwei Imageanalysen des CISO – CISO-Image aus Sicht von Management bzw. Business, erhältlich im Herbst 2009 (Partner u.a. EnBW, paulus.consult, Münchener Rückversicherungs-Gesellschaft) bzw. Frühjahr 2010 – und um ein Mapping der dann insgesamt drei CISO-Wirkungsanalysen fortgeführt.

Darüber hinaus werden unter den Arbeitstiteln »Expedition Seelen-Flat« bzw. »Sicherheitskultur in Europa« zwei weitere Wirkungsanalysen Learnings bezüglich der gehei-

> **CISO-Coaching »askitVision«: UNANGENEHMES aushalten lernen**
> Für einen Kunden aus dem Logistik-Bereich sollte eine sehr umfangreiche und komplexe Security-Policy redaktionell bearbeitet werden, so dass diese von den Mitarbeitern potenziell auch verstanden werden würde. Gleichzeitig sollten Auszüge zur Nutzung innerhalb eines Pocketguides und noch stärker verkürzte Inhalte zur Nutzung für Claims innerhalb einer zukünftigen Awareness-Kampagne generiert werden. Je kürzer die Regeln formuliert wurden, umso wichtiger das treffende Corporate Security Wording. Im Rahmen dieser Kontent-Verdichtung stellte sich beim verantwortlichen Information Security Manager zunehmend ein diffuses Unwohlsein ein, das sich in einer Ablehnung von Bezeichnungen wie »Informationsschutz« oder - noch mehr - »Sicherheitskultur« äußerte. Beim Nachfassen zeigte sich, dass die von ihm erwünschte Vermeidung der Bezeichnungen offensichtlich auf die nicht nur von ihm als negativ wahrgenommenen aktuellen Nachrichtenlage bezüglich des Themas Informationsschutz zurückzuführen war. Assoziativ schienen hiermit – Stichwörter DB, Lidl oder Telekom – die negativen, DUNKLEN Seiten einer an sich positiv intendierten Aktivität verknüpft zu sein. Die mit den genannten Bezeichnungen assoziierten Bilder bzw. Bedenken wurde schließlich zum Schlüsselthema des CISO-Coachings, das das laufenden Security-Projekt begleitete. Im Rahmen der Arbeit mit dem Security Manager konnte – grob vereinfacht – geklärt werden, dass trotz

men Logik der Mobile Security und hinsichtlich interkultureller Unterschiede (vgl. a. Kap. 7) in europäischen Kulturräumen darstellen.

5.7 Interne Wirkungsanalysen zur Sicherheitskultur

Wie bereits mehrfach ausgeführt, ist Sicherheit auch eine Kulturfrage. Denn Corporate Security-Maßnahmen sind davon geprägt, wie der einzelne Mitarbeiter das Unternehmen als Ganzes und seine Stellung innerhalb dieser Arbeitsfamilie erlebt, so dass jedes Unternehmen seine individuelle Sicherheitskultur produziert. Diese Sicherheitskultur ist untrennbar mit der jeweiligen Kultur eines Unternehmens verbunden (vgl. Kap. 2.4). Dies hat Konsequenzen für die Ausrichtung jeglicher Kommunikation, die Sicherheit zum Thema hat – unabhängig davon, ob es sich um das Publizieren von Policies, die Durchführung von Schulungen oder anderer Trainingsmaßnahmen oder um komplette Awareness-Kampagnen handelt.

Risiken wie entsichertes Verhalten von Mitarbeitern lassen sich also nicht als isolierte, technisch begründete Phänomene verstehen, die es mit allen Mitteln zu beseitigen und verhindern gilt. Vielmehr ist die Frage zu stellen, welcher konkrete Sinn, z.B. bei einer Entsicherung, zum Ausdruck kommt.

Der PDCA-Zyklus

Schritte zu kontinuierlichen Optimierung von Sicherheitskultur werden häufig am PDCA-Zyklus, einem iterativen, vierphasigen Problemlösungsprozess, ausgerichtet. Der PDCA-Zyklus beschreibt die Phasen »Plan« (Analyse), »Do« (Definition), »Check« (Review),

> des Wunsches nach mehr Aufmerksamkeit bezüglich des Themas Sicherheit die Befürchtung bestand, dass Mitarbeiter derartige Image-Verstärker so VER-DREHEN, so dass unterm Strich lediglich die Schattenseiten, z.B. Überwachung, etwa im Sinne eines »gläsernen Mitarbeiters«, übrig bleiben könnten – etwa unter dem Motto »Mehr für Sicherheitskultur tun, heißt auch mehr Kontrolle«. Es konnte jedoch als Erfolg bzw. seine Linderung herausgearbeitet werden, dass er sich auf diese Befürchtungen einzulassen hat und auch hiermit wird leben müssen, da eine – wie gewünschte – einseitige, ausschließlich beschönigende Image-Erweiterung über eine Awareness-Kampagne unmöglich sein würde. Beim Ausblenden der vermeintlichen negativen Seite wäre die Kampagne von den Mitarbeitern als reine, affirmative PR-Maßnahme entlarvt und die Inhalte wären als unglaubwürdig zurückgewiesen worden. Am Ende war der Security Manager offensichtlich sogar erleichtert darüber, dass das Thema widerspruchsfrei nicht kommunizierbar sei; er hatte realisiert, dass selbst negative Assoziationen potenziell zur Verlebendigung eines gewünschten Mitarbeiter-Diskurses führen können. Wer Sicherheit zum Thema macht, darf also vor den möglichen Schattenseiten nicht zurückweichen und sollte gerade auch die vermeintlich negativen Effekte als Chance zur Kommunikationsverstärkung begreifen. Eine erfolgreiche Kampagne zeichnet sich besonders auch dadurch aus, dass die Security-Protagonisten sich darin bestärkt sehen, dieses Konfliktpotenzial auszuhalten.

»Act« (Implementierung) im kontinuierlichen Verbesserungsprozess (KVP), der Grundlage aller Qualitätsmanagement-Systeme und ist grundlegender Bestandteil der Normen ISO 9001 und ISO 27001 und im BSI-Standard 100-1. PDCA findet ebenfalls Anwendung beim kontinuierlichen Verbesserungsprozess bzw. Kaizen (japanisch Veränderung zum Besseren), eine japanische Lebens- und Arbeitsphilosophie, die das Streben nach ständiger Verbesserung zu ihrer Leitidee gemacht hat und inzwischen zu einem Managementsystem weiterentwickelt wurde.

Mit welcher Methode abert belebt man organisations-geleitete BCM-Modelle wie etwa den PDCA-Zyklus, in dem im Sinne eines »Schöner Wohnens« häufig mit eher blutleeren und praxisfernen Idealen vor allem um die Logik des Modells und damit um theoretische Stimmigkeit gerungen wird, die der Wirklichkeit der aktuellen Arbeitswelt kaum noch gerecht wird. Im flirrenden Tages-Ineinander von Arbeit und Privatheit, in einem Mix von konzentrierter Isoliertheit und vielschichtigen Kontakten, von Führen und geführt werden, von Geldverdienen und Erziehen, von Lernen und Spielen, etc. sind vor allem deskriptive Methoden gefragt, um zu jenen phänomenologischen Erkenntnissen zu gelangen, die eine Alltagskultur, wie sie die Sicherheitskultur bildet, wirklichkeitsnah erfassen und beschreiben können.

Mithilfe der oben dargestellten und den hier dokumentierten Studien zugrunde liegenden Methodik der Morphologischen Psychologie kann auch die individuelle Securitykultur eines Unternehmens inklusive einzelner Ausprägungen (wie z.B. die »geheimen« Ursachen von Fehlerkultur) exakt beschrieben und in Kampagnenkonzepte übersetzt werden. Im Rahmen interner Studien ermöglichen tiefenpsychologische Interviews, auch verdeckte Motive, die das Verhalten von Mitarbeitern im Umgang mit Informationssicherheit in ihrem Unternehmen beeinflussen, zu erfassen, und in einen Sinnzusammenhang bringen, aus dem auch die ursprüngliche Handlungsrelevanz verständlich wird. Erst auf Basis von Ergebnissen, die das Unbewusste, die geheime Logik berücksichtigen, werden Unternehmen in die Lage versetzt, tatsächlich zielgenaue und konkrete Empfehlungen zu innerbetrieblichen Maßnahmen hinsichtlich einer Verbesserung von Information Security bzw. Awareness-Kampagnen formulieren zu können.

Security Evaluation über Social Media-Tools mit »askitTalk«

Das Tool »askitTalk« dokumentiert die Entwicklung von Sicherheitskultur und die Erfolge von Awareness-Maßnahmen über einen Security-Intranet-Blog. In diesem Rahmen erhalten alle Mitarbeiter die Möglichkeit, mit ihren Beiträgen in Form von »Security-Wochenbüchern«–Texte, Meinungen, Kritiken, auch in Form von Links, hochgeladenen Bildern oder Videos – die Unternehmenssicherheit zu kommentieren. Etwa 15-30 Mitarbeiter erhalten eine mit Incentives belohnte besondere Multiplikatoren- bzw. Probandenrolle, indem sie sich über den Evaluationszeitraum verpflichten, etwa einmal pro Woche als Securityblogger aufzutreten. Die »askitTalk«-Moderatoren werten die Inhalte aus, können aber auch eingreifen, indem sie Fragen und Aufgaben stellen, z.B. eine Bebilderung für die Sicherheitskultur zu finden.

5.7.1 Teilaspekte von Security-Wirkungsanalysen

Qualitative Security- oder Kultur-Wirkungsanalysen in Unternehmen auf Basis von »askitInterviews« (s.a. S. 184) können u.a. Learnings zu folgenden Teilaspekten generieren:

- **Kultur:** Wie lässt sich die z.Z. im Unternehmen herrschende Unternehmens- bzw. Sicherheitskultur beschreiben? Welche Brüche existieren?
- **Unterschiede:** Welche branchenspezifischen und kulturellen Aspekte von Sicherheit bzw. Security Awareness lassen sich an potenziell verschiedenen Standorten (Typen) ausmachen?
- **Werte:** Welche Werte sind bekannt? Wie werden diese gelebt? In welcher Form existiert wechselseitige Loyalität? Welche Folgen hat das auf das Wirken der Menschen im Unternehmen bzw. auf das Image von Sicherheit bzw. Security-Protagonisten?
- **Bild der Security:** Wie wird das Image der Security-Abteilung verbindlich beschrieben?
- **Stellenwert der Security:** Wie lässt sich das Verhältnis der Mitarbeiter zum Unternehmen allgemein und zur Unternehmenssicherheit im speziellen beschreiben? Wo hilft die Sicherheit? Wo stört sie? Typologien?
- **Awareness:** Was versteht man überhaupt unter Awareness? In welchem Umfang ist Awareness vorhanden bzw. wo wird diese sichtbar? Wie erleben die Mitarbeiter Security-Maßnahmen im Alltag und wie geht man konkret damit um? Wie geht man außer Haus mit Firmen-Interna um?
- **Awareness-Stellenwert und -Konsistenz:** Welche Rolle spielen bisherige Security-Kampagnen im Unternehmen? Was ist bekannt/hängen geblieben? Was wird genutzt/weitergegeben?
- **Perspektiven:** Welche Visionen/Wünsche haben die Mitarbeiter bzgl. des Topics »Unternehmenssicherheit«? Wie wird sich diese in Zukunft gestalten? Was bringt sie und was wird sich ändern?
- **Pre-/Konzepttest:** Welche im Unternehmen genutzte bzw. publizierte Security-Tools/-Medien sind den Mitarbeitern bekannt? Wie werden diese genutzt? (hier auch Test bei Vorlage diverser genutzter Medien bzw. von Konzepten oder Prototypen)
- **Einsatz von Medien und Kanälen:** Welche Hilfsmittel/Tools/Medien/Bildungsangebote werden gewünscht? In welcher Form? In welcher Konzentration? Im Rahmen welcher Settings? Was wird nicht gewünscht? Warum nicht? Welche Konsequenzen ergeben sich hieraus hinsichtlich Auswahl und Gestaltung von Medien?
- **Kommunikationskonzept:** Welche Anforderungen ergeben sich im Hinblick auf die Entwicklung eines Security Brands/einer Leitfigur? Welche Anforderungen ergeben sich hinsichtlich der Bildwelt einer Security Awareness-Kampagne?
- **Geheime Faktoren** und Infragestellen von Annahmen und Klischees: Was wird gedacht oder gefühlt, aber nicht ausgesprochen.
- **Aufbrechen von Kognitivem:** Was wirkt jenseits einer zurecht gemachten Ebene und mit welchen Folgen für die Kultur und die Menschen?
- **Weitere psychologische Dimensionen** und Konstruktionen

Kapitel 5 • Das geheime Drehbuch der Security – Awareness in Gestalt- und Tiefenpsychologie

Auch können über Studien-Reviews, die Beobachtungen, Tiefeninterviews, Gruppendiskussionen und Beschreibungen umfassen, Veränderungen bei Mitarbeitern exakt dokumentiert und sichtbar gemacht werden, so dass Unternehmen sich den Umweg der Interpretation einer reinen quantitative Messung, die Phänomene lediglich als Zahlen darstellt, ersparen können. Denn im Rahmen von Awareness geht es nicht um größer oder kleiner und auch nicht um so etwas wie »Einstellungen«, die ja etwas »Frisiertes«, Zurechtgemachtes, mithin Kognitives darstellen, sondern ausschließlich um die Qualität von Entwicklungen zugunsten sicherheitsrelvanten Verhaltens (vgl. Kap. 5.2.4 u. 8.14).

Evaluationsmethoden, die derartige Prozesse sichtbar machen wollen, stellen das Selbstverständliche infrage und brechen psychologische Zurechtmachungen von z.B. Multiple-Choice-Verfahren auf zugunsten der in der Realität relevanten und validen psychologischen Dimensionen sowie grundlegenden Konstruktionen. So können – etwa nach Meilensteinen – alle Awareness-Prozesse über eine tiefenpsychologische Analyse identifiziert und exakt dokumentiert werden. Teilaspekte, die im Kontext einer Kampagnen-Dokumentation bzw. -Erfolgsevaluation (»askitChange«, s.a. S. 184) erforscht werden, sind u.a.:

- Wie hat sich das Unternehmen (bzw. was hat sich innerhalb des Unternehmens) seit dem Launch der Awareness-Kampagne verändert? Unternehmenskultur, Sicherheitskultur, Image Security, CISO, Security-Abteilung, etc.?
- Was entwickelt sich aktuell? Wohin und wie entwickelt sich was?
- Wie bzw. anhand welcher Faktoren ist dieser Veränderungsprozess sichtbar bzw. spürbar? Beispiele (mithilfe von Geschichten, Witzen, Collagen, etc.), aufzeigen lassen!
- Sind die Erwatungen an die Kampagne erfüllt worden? Wodurch? Was macht man konkret anders als früher (Beispiele)
- Wie hat sich die Sicht auf die eigene Sicherheit (die Corporate Security) im Arbeitsalltag verändert und wodurch wird dieses manifestiert?
- Wie haben sich Selbstbild und Image von CISO und Security-Abteilung verändert?
- Welche Kanäle, Medien, Tools haben Eindruck hinterlassen und einen Zugang er möglicht? Wodurch? Was hat man mit ihnen »angestellt«?
- Wie wird die eigene »Awareness« beschrieben? Mithilfe welcher Geschichten und Bilder?
- Welche künftigen Maßnahmen erwartet man (wünscht man sich)? Zukunft bzw. Vision von Informationssicherheit?
- Welche geheimen Phänomene wurden offen gelegt – mit welchen Folgen – , welche nicht? Welche Potenziale sind vorhanden?

5.7.2 Setting Security-Wirkungsanalysen

Um Unternehmens- und Sicherheitskultur vergleichend beschreiben zu lassen und zu visualisieren, können auch projektive Aufgaben in die Interviews integriert werden, z.B. Unternehmenskultur und/oder Security-Protagonisten als Person (Schauspieler, Musiker, Künstler, Sportler), als Tier, als Gegenstand, als Märchen (Geschichte, Buch, etc.) oder aber Collagen der Arbeitsumgebung, wie sie von den Probanden bereits im Rahmen der Studie »Entsicherung am Arbeitsplatz« (Kap. 5.3) erstellt worden waren (s. S. 240).

Aufgrund der relativ geringen Fallzahl bei exakter Beschreibung einer grundlegend wirkenden Logik sind qualitative Security-Wirkungsanalysen gerade auch interessant für kleine und mittlere Unternehmen (KMU).

Eine qualitative Wirkungsanalyse eines so komplexen Gefüges wie z.B. der Sicherheitskultur macht jedoch nur dann Sinn, wenn die Interviews und Analyse ausschließlich von Psychologen durchgeführt werden, die über langjährige Erfahrung im Einsatz der tiefenpsychologischen, morphologischen Methode verfügen. Auch erfordert die Methodik – gerade auch dann, wenn sie intern durchgeführt wird – eine vollständige Anonymisierung bezüglich der Probanden. Z.B. Beobachtungsinterviews sind dann keinesfalls zugelassen. Auch konsultierte Teststudios müssen Interview-Termine mit Mitarbeitern so koordinieren, dass sich Kollegen zwischen den Interviews nicht begegnen. Eine Tiefung der Interviews gelingt übrigens in der Tat deutlich besser, wenn diese nicht im Unternehmen selbst stattfinden, sondern an einem »neutralem« Ort wie z.B. dem oben erwähnten Teststudio.

Bei der Durchführung von etwa 15-30 Tiefeninterviews sollten im Rahmen der Feldarbeit mindestens drei Psychologen eingesetzt werden. Von der Erstellung eines Konzepts mit Leitfaden, über Team-Briefing, Feldarbeit, Interview-Auswertung, Analyse und der Erstellung des Chartbandes bis hin zur Ergebnispräsentation müssen von den Psychologen bei z.B. 30 Interviews in der Regel mehr als 300 Stunden aufgewendet werden. Für alle Aufgaben von der Erstellung des Leitfadens über das Briefing, die Feldarbeit, Auswertung und Gutachten-Erstellung ist ein Zeitrahmen von circa sechs Wochen zu kalkulieren. In einigen Fällen ist die Durchführung einer tiefenpsychologischen Studie aber auch innerhalb von circa drei Kalenderwochen realisierbar.

5.8 Seelisches steht nie still – Awareness und Figurationen *(Ankha Haucke)*

Wichtiger Bestandteil von Morphologie und Wirkungsanalysen sind auch die so genannten Figurationen, deren Identifikation und Beschreibung dafür sorgen, Verborgenes über Kommunikation sichtbar werden zu lassen.

Da Seelisches nie still steht, sondern immer in Verwandlung begriffen ist, ist es insofern auch schwer zu »fassen«. Die Morphologische Psychologie versucht, dieser Bewegung gerecht zu werden, indem sie insbesondere die Übergänge zwischen mehr oder weniger konturierten Gestalten fokussiert und beschreibt. Zugleich betont sie immer wieder, dass auch diese heraushebbaren Gestalten nie »endgültig« in sich abgeschlossen sind, sondern ineinander übergehen. Der Begriff »Figuration« bezeichnet somit ein Modell seelischer Verwandlung, eine Art Einheit, die beschreibbar ist und mit deren Hilfe man

Awareness-Moderationskoffer

Das Management-Tool »askit – awareness security kit« (s. Abb. 71 u. 244 bzw. S. 184) wurde 2009 um eine Workshop-Modul ergänzt, das u.a. den speziell für Awareness entwickelte Moderationskoffer »askitMeta« umfasst.

»askitMeta« beruht auf einem (dynamischen) ikonographischen System, in dem 5 Jahre Entwicklungsarbeit stecken.

Es besteht u.a. aus

- Statement-Batterien
- Moderationskarten
- Magneten
- Aufklebern u.v.m.,

die u.a. Motivwelten zu folgenden Teilaspekten von Awareness umfassen:

- Security-Metaphern
- Security-Topics
- Corporate Media-Icons
- Zielgruppen -Icons
- Verfassungs-Bilder
- Wirkungs-Bilder u.v.m.

Die Materialien (s. Abb. S. 241) können – je nach Unternehmensgröße, Branche, Sicherheitskultur, Verständnis und Intention von Awareness im Rahmen von »askitVision«-Workshops mittels moderiertem Planspiel eingesetzt werden, um Maßnahmen zu konzipieren. Eine mögliche Kampagne wird mithin »spielerisch« auf Grundlage regelbasierter Konflikte erarbeitet.

»askitMeta« kann dann zielführend eingesetzt werden, wenn die Maßnahmen kurzfristig gelauncht werden sollen oder die Mittel für eine tiefende Analyse nicht vorhanden sind.

verstehen und erklären kann, wie Verhalten und Erleben zusammenhängen und sich entwickeln.

Wie die Gestalttherapie ist auch die Morphologie u. a. in der Gestaltpsychologie (s. Kap. 5.1) verwurzelt und geht davon aus, dass sich das Seelische in bildhaften Einheiten strukturiert. Die Figurationen bezeichnen hierin die beiden Seiten einer seelischen Gestalt, die man sich als Haupt- und Nebenbild vorstellen kann. Dabei ist mit dem Hauptbild das relativ bewusstseinsnahe bzw. im Vordergrund stehende Verhalten und Erleben gemeint, das schon fast vergangen ist, während das Nebenbild eher unbewusste und (aus verschiedenen Gründen) oft schwerlich erzählbare Tendenzen umfasst sowie all' das, was noch werden kann.

5.8.1 Beispiele von Figurationen

Die Figuration des Schenkens z.B. ist dadurch gekennzeichnet, dass wir beim Schenken (= Hauptbild) das Beschenkt-Werden (= Nebenbild) mitbewegen. Den Übergang zwischen Haupt- und Nebenbild bezeichnet man als Trans-Figuration. Im Beispiel des Schenkens ist damit die seelische Bewegung gemeint, die zwischen dem Schenken und dem Beschenkt-Werden stattfindet. Welcher »innerer Film« läuft wohl bei derartigen Situationen – auch bei Ihnen – ab? Sicher erinnern sie sich, dass sich beim Schenken immer etwas verändert – es ist Ihre Beziehung zum Beschenkten, die sich nach der Übergabe eines Geschenks ganz »anders anfühlt« als vorher.

Das Hauptbild ist hierbei als Hauptrichtung zu verstehen, die wir einer seelischen Entwicklung geben. Es geht aber nie alles in einem Hauptbild auf, sondern es gibt auch andere Möglichkeiten des Umgangs mit der Wirklichkeit. Diese anderen Möglichkeiten lassen uns spüren, was beunruhigend sein kann. Sie halten gewissermaßen das Hauptbild in Bewegung und können sich nicht darauf »ausruhen«, weil die eigentliche »Rechnung«, das Hauptbild, nie restlos aufgeht.

Ein wichtiger Aspekt seelischer Prozesse und damit von Figurationen ist die Tatsache, dass sie zeitgebunden sind. »*Entwicklungsprozesse machen darauf aufmerksam, dass Trans-Figurationen sich in der Zeit ausgestalten. Ausgeprägte Beispiele dafür sind musikalische Entwicklungen oder die Komplexentwicklungen des Filmerlebens.*« (Salber 1989)

Beispiel: Figuration des Flirts

Auch beim Flirt wird deutlich, dass sich seelische Prozesse, die immer auch Verwandlungen sind, nie abkürzen lassen. »*Hier führt die Begegnung mit einem anderen Menschen mehr oder weniger ausdrücklich zu einem Experiment, das in der Schwebe bleibt: Es wird an-probiert, welche anderen Figurationen, über die vertraute Rahmung hinaus, mit diesem Menschen möglich wären. Zugleich will man aber den festen Boden des Vertrauten nicht verlassen.*« (Salber 1989)

Beispiel: Verwandlungen in Märchen

Gerade auch Märchen erzählen von Verwandlungen und vor allem davon, wie verschiedene Verwandlungsarten ablaufen können (s.a. Kap. 5.4.6). Insofern bringen sie Transfigurationen in ein erzählbares Bild bzw. eine Geschichte, die zudem über den großen Vorteil verfügen, dass sie den meisten Menschen vertraut sind. Und durch das Nacheinander des Geschehens wird zugleich auch die Zeitgebundenheit seelischer Prozesse abgebildet.

Beispiel: Schneewittchen und das Sich-spiegeln

Das Märchen Schneewittchen beinhaltet z.B. eine Spiegel-Figuration: beim Sich-spiegeln geht es nicht nur um unser Abbild und darum, wie und wer wir sind oder sein wollen (Hauptbild), sondern auch um den vermeintlichen Blick eines anderen auf uns und wer bzw. wie wir noch sein könnten. Der »sprechende« Spiegel verbildlicht gewissermaßen, wie wir von uns vor dem Spiegel ein Bild entwerfen, das weit über das tatsächlich Sichtbare hinausgeht. »*In dem, was sich jetzt spiegelt, ist der Gesichtspunkt einer Entwicklung immer dabei – Spiegeln ist ein doppelläufiger Prozess, wie das menschliche Erleben und Handeln überhaupt.*« (Salber 1989). Der Situation eines Briefeschreibens ähnlich denken wir beim Blick in den Spiegel unsere vermuteten bzw. möglichen Wirkungen mit und verwandeln uns dabei.

Beispiel: Angeln als stiller Kampf und Berechtigung für Nichtstun

Als anschauliches Beispiel mag auch das Angeln dienen. Die Figuration des Angelns hat ihren Drehpunkt in der Hoffnung auf den »Fisch des Lebens«. Das Hauptbild ist die Dramatik eines stillen Kampfes mit einem Freund/Feind. Ergänzt wird es um das Nebenbild einer Berechtigung für Nichtstun, in dem man »nach anderem fischen« kann.

> **Beispiel** Der Umgang mit Computern

Schauen wir auf die Informationstechnologie. Auch bei der Arbeit an einem Computer ist seelisch mehr in Bewegung, als man vielleicht von außen sieht. »*Der Umgang mit Computern bewegt sich in einer Figuration, in der Umkonstruktionen ständig das Selbstverständliche und das Sich-verstehen-Lernen von Produktionsbildern herausfordern – als zu Entwickelndes, aber auch als Erste Hilfe. Wir können uns der Produktion, auf die wir uns verlassen, auch über Fehler innewerden – an Fehlern machen wir fest, dass das Selbstverständliche nicht mehr funktioniert und dass wir (neu) verstehen lernen müssen, wie es zu Selbstverständlichkeiten kommt. Hier kann der Computer zu einem Bild für das Unvertraute der eigenen Produktion werden. Indem wir ihn vermenschlichen, bemühen wir uns, mit den Widersprüchlichkeiten, den Widerständen, den Umkehrbarkeiten der seelischen Produktion fertig zu werden. Auch mit ihren Paradoxien; denn nur über die Aneignung von FREMDEN können wir uns unserer eigenen Wirksamkeit versichern.*« (Salber 1989)

> **Beispiel** Social Engineering als Doppelbild

Auch dem Security-Phänomen des Social Engineering liegt ein Haupt- und ein Nebenbild zugrunde, das sich in diesem Fall sogar etymologisch herleiten lässt. Grundlage des Social Engineering ist ja etwas ganz Ursprüngliches, das Täuschen. Und es ist schon erstaunlich, wie oft wir im Alltag täuschen und getäuscht werden. Das fängt oft schon morgens an, wenn wir dem Kollegen einen »Guten Morgen« wünschen, es aber vielleicht gar nicht so meinen. Wenn wir auf Nachfrage antworten, dass es uns gut gehen würde – auch dann, wenn wir uns mit allerlei Problemen rumschlagen. Oder wir »branden« persönliche Interessen, indem wir sie als »Hilfsbereitschaft« ausgeben. Wir sind also alle »Täuschungsprofis«. Täuschen gehört ebenso zum Leben wie die Suche nach der Wahrheit. Denn oft ist die Wahrheit schwer auszuhalten. Wahrheit ist Arbeit. Wir »frisieren« sie und machen sie uns innerhalb eines komplizierten Prozesses zurecht, weil Wahrheit ein Problem sein kann, indem sie ein Konstrukt ist und mehrere Wirklichkeiten ausbildet (Blothner 2003).

Bezeichnenderweise war das »Täuschen« ursprünglich bedeutungsgleich mit »Tauschen«. D.h. zum Täuschen gehören immer zwei – der, der täuscht und derjenige, der (im Tausch) getäuscht wird. Auch der Getäuschte erhält also einen Benefit innerhalb eines derartigen »Geschäfts«. Unternehmen, die sich dem Problem des Social Engineering stellen, müssen demnach auch danach schauen, welchen Vorteil ihre Mitarbeiter aus dem Handel einer Täuschung ziehen können und hier intervenieren, indem sie ihren Mitarbeitern ein attraktiveres Angebot unterbreiten als ein potenzieller Social Engineer. Denn schön blöd fürs Unternehmen, wenn der einzige Mensch, der sich während der Arbeit »nett« zu einem verhält, ein Social Engineer ist.

Zwischenfazit Figurationen

Figurationen sind als ein Modell zu verstehen, mit dem wir veranschaulichen können, wie wir, wie Unternehmen und deren Mitarbeiter seelisch »funktionieren«. Es handelt sich dabei um eine Vereinfachung, mit der man sämtliche Alltagsphänomene – auch Handlungen im Kontext von Informationssicherheit – beschreiben und über Hauptbild und Nebenbild in einen Übergang bringen kann. Figurationen können mithin als eine bewegliche Ordnung des Anders-Werdens verstanden werden. Oder – anders gesagt – als zwei Aspekte einer Gestalt in Verwandlung.

5.8.2 Figurationen im Rahmen von Leitfigur-Entwicklung *(Dietmar Pokoyski)*

Wie aber kann das Wissen um Figurationen uns bei einer Security Awareness-Kampagne unterstützen? Indem eine möglichst treffende und reibungslose Transformation von Entwicklungen in Bildern, in Metaphern, in Symbole und in andere kommunikative Kontexte gelingt, die ja die Ausgestaltung von Awareness-Kampagnen maßgeblich tragen und damit die Sicherheit bzw. die Security-Protagonisten gegenüber Management und Mitarbeitern repräsentieren sollen.

Security Awareness-Leitfigur

Nicht zuletzt gehört ein Brand (s. Kap. 6.2 und Abb. S. 211), gegebenenfalls über eine Leitfigur, zu den wichtigsten Erfolgsfaktoren von Awareness Kampagnen.

Gerade die Benefits einer mit einer Leitfigur verknüpften Awareness-Kampagne liegen auf der Hand:

- Nutzung im Rahmen eines Kampagnen-Brand mit transparenter und konsistenter Absenderfunktion
- Einbindung in eine die Unternehmenskultur und Sicherheitsaspekte repräsentierende Figuren-Familie
- hiermit potenziell Einbindung in eine Comic-Welt
- Repräsentation der Security Protagonisten eines Unternehmens sowie – via Nebenfiguren einer »Familie« – der Mitarbeiter
- Nutzung der Figur z.B. auf einen Aufsteller, der als eine Art »Schwarzes Brett« fungieren kann
- Einbindung in weitere Medien, z.B. zur Illustration von Flyern, Plakaten, Spielen bzw. von E-Learning-Tools, Trainings, Animationen o.ä. – auch durch »moderierte« Einwürfe
- Moderation eines Security Blogs oder einer Security-Rubrik im Mitarbeiter-Magazin
- Integration von der Figur zugeschriebenen »menschelnden« Elementen in Medien, insbesondere innerhalb von Medien und Giveaways

Ein weiterer Vorteil: eine Figur, über die die Security-Protagonisten zu den Mitarbeitern sprechen, kann sich mehr anmaßen als z.B. der CISO selbst. Eingebunden innerhalb von Geschichten wie z.B. Comics (s. Kap. 6.3.4) kann die Figur als Katalysator zwischen Mitarbeiter, Sicherheitsabteilung und Gefährdungslage dienen. Außerdem lassen sich die systemischen Komponenten von Security via Comics sehr anschaulich, weil simplifiziert, darstellen. Wie ist das Risikomengengelage? Was läuft schief? Welche Reaktionen treten auf? Wie ist der Stand der Kommunikation? Was will uns die 1.000-Seiten-schwere Policy eigentlich sagen?

Es existieren bezüglich der Ausprägung drei Möglichkeiten einer Leitfigur-Gestaltung:
- Mensch bzw. menschenähnliche Figur als Leitfigur (s. z.B. Dr. SAFE, Abb.78)
- (personifiziertes) Tier als Leitfigur (á la »Donald Duck«, s. z.B. DSV-Brand, Abb. 80)
- personifizierter Gegenstand als Leitfigur (á la »Bernd, das Brot«, s. z.B. Cybarry, Abb. 77)

Über Verwandlungen in derartige Figuren können sich Sicherheitsverantwortliche mithin offener äußern, drastischer handeln oder über ihre wirkliche Rolle hinauswachsen, ohne ihren Status zu beschädigen. Sogar »versteckte« Züge der Security-Protagonisten können wie beim klassischen »Alter Ego« angerührt werden, etwa dann, wenn der Sicherheitsbeauftragte plötzlich menschelnde Seiten zeigt, die in der Wirklichkeit bei der Einteilung in »sicher« vs. »gefährlich« oftmals auf der Stecke bleiben, z.B. indem sie abgespalten werden (s. Kap. 5.4).

CISOs können aber auch an ihren »Alten Egos« wachsen, indem sie förmlich darin aufgehen (oder umgekehrt) und beide Protagonisten, Sicherheitsverantwortlicher und Leitfigur, zu einer Einheit verschmelzen. Eine solche Verschmelzung wird bewusst oder unbewusst auch von den Adressaten einer Awareness-Kampagne wahrgenommen.

Beispiel Sicherheitsverantwortlicher = Leitfigur?

Während einer Awareness-Kampagne in der Schweiz wurde das Aufgehen der Leitfigur in den CISO zum Thema des Flurfunks. Das Unternehmen hatte etwa Mitte 2008 eine neue Awareness-Kampagne gelauncht, deren Medien konsistent mit einer individuell entwickelten Leitfigur verbunden waren. Diese Figur, deren wesentliche, nach Außen sichtbare Eigenschaften unmittelbar auch auf die Branchenzugehörigkeit des Unternehmens verweist, wurde von den Mitarbeitern außerordentlich gut angenommen und häufig thematisiert.

Einige Wochen nach dem Launch der Kampagne glaubte eine Mitarbeiterin zu erkennen, dass der CISO des Unternehmens beim Frisör gewesen sein musste. Jedenfalls hatte er offensichtlich einen neuen, wie die Mitarbeiter fanden, sehr »schicken« Haarschnitt. Seine Frisur wurde fortan mit der der Kampagnen-Leitfigur verglichen. Man war der Meinung, die Figur hätte quasi Modell gestanden für das neue CISO-Outfit. Nachdem dieser sich zudem noch eine neue Brille angeschafft hatte, wurde auch dieses Detail recht bald von den Mitarbeitern thematisiert und erneut eine Nähe zu der der Leitfigur hergestellt. »Hast du gesehen, dass ER jetzt auch eine Brille trägt, die aussieht, als wäre sie bei unserem Maskottchen abgeschaut?« war nur eine der zahlreichen Geschichtsfragmente, die man aus der Mitarbeiterschaft abzapfen konnte.

Ein solchermaßen lebendiger Flurfunk (Kap. 6.1.2) gehört zu den wichtigsten Erfolgsfaktoren (s. Kap. 9) von Security Awareness braucht, um wirksam zu sein. Die Security muss gerade in den Grauzonen der Unternehmenskommunikation zu einem Thema werden. In diesem sehr speziellen Fall war es noch nicht einmal notwendig, einen Comic um die Leitfigur herum zu generieren – die Mitarbeiter haben die Geschichten aus sich heraus »gefunden« bzw. thematisiert, wobei sie die Inhalte aus der Spannung zwischen Leitfigur und der nicht zuletzt vielleicht durch den Launch der Figur begünstigten Imagekorrektur des CISO bezogen haben

Wie komme ich aber nun zu einer Figur, die ja im besten Fall den CISO und seine Helfer repräsentiert und die Mitarbeiter Geschichten assoziieren lässt, die von der Sicherheitskultur im eigenen Unternehmen handeln? Wie komme ich zu Bildern, die Awareness-Maßnahmen visualisieren? Bilder und Figur sollen ja kompatibel sein mit den strategischen Vorgaben, die mit meiner Kampagne verbunden sind und im Sinne eines Brands (s. Kap. 6.2) auch zur jeweiligen Unternehmenskultur passen. Hierzu gehören u.a. auch die Überprüfung von Medien und Verlautbarungswegen (s. Kap. 6.3ff), die im Rahmen der Kampagne eingesetzt werden sollen und in denen die Figur eine zentrale Rolle spielen soll.

Auch in Unternehmen existieren Figurationen, deren Haupt- und Nebenbilder uns dabei helfen, die strategischen Vorgaben von Awareness-Kampagnen zu visualisieren.

Beispiel Gegenstand: Entwicklung der Leitfigur Cybarry

Ein globaler Spezialchemikalienhersteller (s.a. Abb. S. 214-216) wollte zur Nutzung im Rahmen einer Awareness-Kampagne eine Leitfigur entwickeln lassen, die eine aus der Unternehmenskultur abgeleitete Figuration repräsentiert und über Eigenschaften verfügen sollte, die eine Einbindung in ein Kampagnen-Logo und in Comics begünstigen sollte.

Aufgrund der zahlreichen Unternehmens-Standorte auf sämtlichen Kontinenten mit ihren sehr unterschiedlichen Kulturen wurde auf eine ursprünglich angedachte Wirkungsanalyse der Sicherheitskultur verzichtet. Die Kosten für die zahlreichen notwendigen Tiefeninterviews hätten in keinem ausgewogenem Verhältnis zu der Anzahl der Mitarbeiter an den meisten der Standorte und zum Gesamtbudget der Kampagne gestanden. Vielmehr wurden bildhafte Grundzüge der Unternehmenskultur im Rahmen von »askitLabs«-Workshops (s. S. 184), die von Psychologen analytisch ausgewertet wurden, erarbeitet.

Hauptfiguration: Aufgehobensein in Umfassendem

Aus den identifizierten Geschichten der Workshop-Teilnehmer ließ sich eine Hauptfiguration herausheben, die aufgrund zahlreicher Beschreibungen der Teilnehmer als typisch für den »Seelen-Betrieb« des Unternehmens befunden wurde. Neben dem »Wirtschaften« und dem offensichtlichen Spaß am »Zusammenmischen« wurde vor allem ein »Aufgehobensein in Umfassendem« beschrieben.

Als Analogie findet sich dieses Thema u.a. im Rahmen des sinnlich geleiteten Aufenthalts am Standort des Workshops, der als typische Unternehmenslokation gilt, sowie in den Herstellungsprozessen des Unternehmens selbst. Dann nämlich, wenn »die Chemie stimmt«, stellt sich u.a. etwas »Umfassendes« ein, denn die einzelnen Bestandteile einer Rezeptur sind in diesem Umfassenden, dem Produkt, aufgehoben – eine Logik, die sich auch in den Fusionsprozessen des Unternehmens wiederfindet. Die Ankäufe bzw. »Mutter« und »Töchter« verschmelzen zu einem umfassenden Ganzen – zugunsten des gesamten Konzerns. Die Kehrseite dieses Ganzen ist allerdings der Verlust von Selbstbestimmung und von individueller Gestaltung der einzelnen Mitarbeiter.

Nebenfiguration: Explosibles Experimentieren

Doch es gibt noch eine andere Art von Geschichten, die die Welt dieses Unternehmens mitbestimmen. Zeigt sich einerseits ein Bild der Mitarbeiterschaft als eine verschworene, der Führung ergebene Gruppe, so sind es jedoch gerade diese, die auch – manchmal – für »Unruhe«, für wiederkehrende »Ausbrüche« sorgen. Beispiele hierfür finden sich nicht nur in der Explosibilität der verwendeten Werkstoffe, sondern auch in einem Agieren jenseits von Regeln bzw. Vernunft – einer der Hauptgründe für die Awareness-Kampagne. In dieser Nebenfiguration geht es um das Thema des »Explosiblen Experimentierens«.

Beide Figurationen – das »Aufgehobensein in Umfassendem« und das »Explosible Experimentieren« – ergänzen sich. Erst auf dem Hintergrund eines explosiblen Herumprobierens kann ein umfassendes Ganzes (Formel, Produkt) geschaffen werden. Umgekehrt stellt ein Herumprobieren wieder individuelle Freiheiten (Selbstbestimmung) her, die innerhalb des umfassenden Ganzen aufgehoben sind. Unternehmen wie Mitarbeiter lassen sich in Ihrem Verhalten und Erleben anhand dieser Bilder strukturieren, die sich wie »Spiel« und »Gegenspiel« ergänzen.

In einem weiteren Workshop wurde mithilfe assoziativer Methode nach Personen, Tieren, Gegenständen geforscht, die diese Figuration in Form einer Leitfigur repräsentieren sollten. Im Rahmen dieses Prozesses wurden zahlreiche Modelle entworfen, die – nicht zufällig – ausschließlich auf einen personifizierten Gegenstand in Form eines Fasses hinaus liefen.

Warum ein Fass als Leitfigur?

Das Fass bedient beide Ausprägungen der oben beschriebenen Figuration – nämlich

- das Motiv einer »mütterlichen Versorgung«, (»Aufgehoben sein in Umfassendem«)
- als auch das Motiv einer »schrägen Dramatisierung« (»Explosibles Experimentieren«)

Ein Fass erfüllt aber auch alle formalen Anforderungen an ein mit der geplanten Kampagne kompatibles Symbol:

- es ist sehr einfach personifizierbar und gestalterisch simpel umsetzbar (Arme, Beine dran, Gesicht drauf, fertig).
- es verfügt gerade durch diese Einfachheit über einen hohen Wiedererkennungswert.
- es hat hohen Symbolwert und ist als Behältnis auch unmittelbar mit der Branche verknüpft.
- es kann daher auch etwas Explosibles enthalten.
- es verfügt über eine literarische Tradition, aus der sich Narrative (s. Kap. 6.4.1) in Form weiterer Geschichten mit grundlegenden Wirkungsmustern herleiten lassen (griechische Mythologie, Huckleberry Finn, etc.).
- es steht nie still und lässt weitere interessante, weil emotional besetzte Metaphern hinsichtlich einer involvierenden Verwertung, z.B. im Rahmen von Comics, assoziieren (z.B. »ein Fass zum Überlaufen bringen, »ein Fass aufmachen«, etc.).

Unsere Leitfigur erhielt den Namen »Cybarry«, wobei der zweite Teil des Namens im Englischen bereits in aller Deutlichkeit auf die Form des Fasses (neben DRUM ja auch BARREL), hinweist. Eine weitere Anforderung bestand darin, Cybarry auch hinsichtlich der sehr unterschiedlichen Kulturräume diversifizierbar zu gestalten, um dadurch die Identifikation der Mitarbeiter an bestimmten Standorten mit hoher Bindung an die nationale Kultur zu sichern.

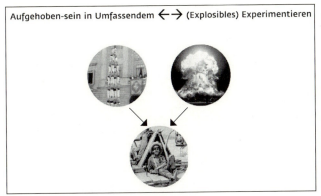

Abb. 51: Bsp. einer Figuration von Sicherheitskultur

Diese Differenzierung kultureller Dimensionen wurde über das Symbol der Kopfbedeckung realisiert; es ließen sich auf dem Fass (Kopf) eindeutig mit Kulturräumen verbundene individuelle Kopfbedeckungen unterbringen (Cowboyhut, Turban, Fez, etc., s. Abb. 11. S.).

Während Cybarry für den Comic neben einem Gesicht auch Arme und Beine erhielt, wurde innerhalb der Bildmarken-Umsetzung im Rahmen des Brandings auf die Gliedmaßen verzichtet. Im Signet schwimmt das Fass Cybarry nur mit seinem Gesicht und als Boot mit einem Segel über vier farbige Wellen, die als ein wichtiges Gestaltungselement auch zahlreiche Medien als Teil der hiesigen Kampagne ausweisen.

Auch Boot und Wellen sind nicht zufällig als Visuals in die Kampagne integriert worden, denn der Titel lautet ja »Expedition Security« – u.a. in Anlehnung an die geplanten Standort-Besuche des Security Managers, der im Sinne eines »Awareness-Genschers« viele der Einzel-Lokationen besucht hat und aufsuchen wird, um die Anfang 2009 gestartete und zur Zeit noch laufende Security Awareness-Kampagne vor Ort persönlich zu verankern.

Kapitel 5 • Das geheime Drehbuch der Security – Awareness in Gestalt- und Tiefenpsychologie

Abb. 52: Entstehung der Kampagnenfigur »Cybarry« (2008) für einen Spezialchemikalienhersteller (o.) und Deklination durch verschiedene Kulturen durch Differenzierung der Kopfbedeckung (u.) bis hin zum fertigen Logo (u.r., Illustrator Rainer Aring, Quelle: known_sense)

Gerade aber auch die »Expedition« verbildlicht das Bewusstsein des Kunden für den noch offenen Ausgang des hiesigen Awareness-Prozesses – eine notwendige und vorbildliche Haltung, weil nur diese fast schon kontemplative Art tatsächlich auch Entwicklungen ermöglicht – Entwicklungen, die wichtige Erfolgsfaktoren im Zusammenhang mit Security Awareness darstellen – so, wie sie im Verlauf dieses Kapitels ausführlich beschrieben wurden.

5.9 Fazit

> **Definition:**
>
> Aus Sicht von Gestaltpsychologie respektive Morphologische Psychologie bedeutet Security Awareness
> - das Bewusstsein,
> - der Prozess und die
> - Dokumentation,
>
> eine ausufernde grenzenlose Bewegtheit, bei der Menschen u.a. mit dem Ziel Ihrer persönlichen Profilierung gleichzeitig eine Gestalt halten und sich verwandeln, in eine der Sicherheit dienliche Form zu überführen.

Mensch will also am liebsten BLEIBEN, was er ist, und sich aber gleichzeitig ENTWICKELN. Entwicklung klappt aber innerhalb des Ideals eines hundert Prozent geschützten Rahmens nicht, denn um sich zu entwickeln, muss Mensch auch Un-Sicherheit in Kauf nehmen, sich quasi selbst ent-sichern.

Im Grunde geht es also auch in der Security Awareness darum, der paradoxen Existenz, die in jedem steckt, den Weg zu weisen. Das funktioniert nur, wenn das Paradoxe (die Fehlleistungen, zerstörerische Triebe, der Flirt mit dem »Fremden«, also auch Risiken der Informationssicherheit) als Teil des Unternehmenssystems anerkannt und im Rahmen der Awareness-Maßnahmen entsprechend berücksichtigt wird. Diese paradoxe Dynamik bildet nur einen von vielen Widersprüchen, mit dem die Informationssicherheit konfrontiert ist.

Die Berücksichtigung der hier genannten Aspekte ist vor allem in Hinblick auf die Schaffung von Involvement (vgl. u.a. Kap. 4.2.2.2) und Identifikation von zentraler Bedeutung. Denn über die zunehmende Stilllegung der Mitarbeiter, denen in den Unternehmen zunehmend weniger Verantwortung zugestanden wird, und über die hiermit verbundene Delegation an technische oder organisationsgeleitete Systeme werden die Menschen von ihren individuellen Anteilen getrennt. In einer derartigen Situation kann sich weder Loyalität noch ein Wertediskurs ausbilden. In den Unternehmen wird damit eine Entwicklung fortgeführt, deren Grundzüge sich bereits seit längerem in unserer Gesellschaft manifestiert haben. Sie »[...] ist in den letzten Jahren in einen Zustand überdrehter Erstarrung geraten [...] An die Stelle (des) analogen Modell des Lebens ist ein neues Lebensideal getreten, das den Zugriff auf alle Lebensmöglichkeiten gewähren soll. Auf Knopfdruck soll mühelos jede verheißungsvolle Glücksoption angesteuert [...] werden können.« (Grünewald 2006)

Die Finanz- und Wirtschaftskrisen, die die Entstehung dieses Buchs umfassend eingebettet hat, bilden lediglich die sichtbare Spitze eines SCHMELZENDEN EISBERGS der Kulturen (s. Kap 7.3.1) und sind mithin Teil einer umfassenden Kulturkrise, die implizit auch die aktuelle Überdrehtheit in vielen Fragen der Unternehmenssicherheit erklärt. So sind manche Security-Maßnahmen, etwa dann, wenn sie paranoide Züge annehmen, nichts anderes als das, was sie eigentlich verhindern sollen: ein fatalistisches »Gegen-die-Wand«-Lenken, ein Crash, der als Zuspitzung nur eine Option des Ausstieg aus dem »*Zustand überdrehter Erstarrung*« darstellt.

Wissen und spüren, was wichtig ist

Vor diesem Hintergrund wird deutlich, dass eine lebendige Security, eine, die weder Stillstand, noch Paranoia bedeutet, eine, die angelehnt ist an den Begriff des »Surveillance«, nicht über die Kultivierung eines wie oben beschriebenen Fatalismus zu managen ist, sondern nur über kontrollierte Unsicherheit gewährleistet werden kann. Denn wir leben in einer Welt der Komplexität, Dynamik, Beschleunigung, in einer Welt der Instabilitäten. Darin gibt es »*[...] keine Sicherheit mehr. Wir leben in einer Welt [...], in der wir lernen müssen, die uns begleitende Unsicherheit als sportliche Herausforderung zu empfinden und die Bewältigung von Risiko als motivierende Bestätigung. Es gilt daher, in der unsicheren Welt wirklich achtsam zu sein, genau hinzusehen, genau zu beobachten, offen zu sein, für neue Problemstellungen und für das Finden neuer Lösungen. Erfolgreich mit diesen Herausforderungen umzugehen, bedeutet somit, dass wir unser Lernen nicht nur auf die Reflexion der Vergangenheit beziehen, sondern vor allem auch auf das Erfühlen und Erspüren von dem, was sich entwickeln will, so dass das gegenwärtige Tun von dem inspiriert wird, was sich als zukünftige Entwicklung erahnen lässt. Die Welt ist ein lebendes System, das von uns ein systemisches Denken erfordert [...]*« (Wielens 2008). Wir würden einem großen verhängnisvollen Missverständnis unterliegen, wenn wir Security Awareness z.B. auf das Einüben von Informationsvokabeln beschränken würden, ohne etwa die empathische Fähigkeiten der Mitarbeiter zu fordern und zu fördern. Am besten gelingt dies, wenn Unternehmen den Menschen auch über die reine Erwerbsarbeit hinaus einen Sinn anbieten.

Erfolgsfaktoren (s.a. Kap. 9.2) sind neben vielen anderen:

- das Wissen um und die aktive Gestaltung von Unternehmenskultur
- der Erhalt und die Pflege von Alltagskultur – gerade auch von anlogen Verfassungen bei gleichzeitiger Auflösung der HYPER-EXPERTEN-GHETTOS
- Förderung der Entwicklung von Gemeinschaft und der Individuen (Mitarbeiter)
- Förderung von Verantwortung respektive Eigen-Verantwortung sowie Loyalität der Mitarbeiter gegenüber der Gemeinschaft und den Unternehmenszielen
- Förderung des Vertrauens in die eigene Wahrnehmung
- Förderung von Offenheit, Kreativität und von experimentellen Anteilen an Arbeit
- gewaltfreie Kommunikation – mithin ein Austausch auf Augenhöhe

6 Touch them if you can! – Awareness und integrierte, systemische Kommunikation

Dietmar Pokoyski

Ausgehend vom Ansatz der integrierten Kommunikation, die frei nach dem Motto »ALLES IST WERBUNG« vielseitige Kanäle nutzt, um erfolgreich im Sinne Ihrer jeweiligen Strategie zu kommunizieren, wäre es müßig, Empfehlungen für eine vermeintlich »richtige« Awareness-Konfektionierung von Tools bzw. Methoden abzugeben. Es gibt kein »richtig« oder »falsch«, sofern eine Strategie so umgesetzt wird, die die kulturellen Ausprägungen des Unternehmens berücksichtigt. Daher soll in den folgenden Beispielen auch auf den wenig hilfreichen Weg verzichtet werden, auf den sich u.a. die enisa mit dem »Leitfaden für die Praxis« begeben hat, in dem in mühsamer Fleißarbeit Vor- und Nachteile sämtlicher Kommunikationskanäle zusammen getragen und mehr oder weniger einzeln und völlig isoliert voneinander bzw. von den individuellen Strategien dargestellt wurden

Weil sich aber in der Buch-Form die in der Praxis notwendige und reale Verzahnung methodisch nicht immer inklusive aller Vernetzungen darstellen lässt, wurden hier vermeintlich populäre, weil in der Praxis bewährte Medien, Tools, Kanäle und Methoden – auch der OLDSCHOOL – neben anderen, eher ungewöhnlichen und innovativen dargestellt – und je nach Fallbeispiel – nacheinander oder aber im Kontext mit anderen. Jedoch ohne Anspruch auf eine allgemeingültige Klassifikation und in der jeweils erforderlichen Breite – mal kurz und knapp, mal ausführlicher. Der Umfang der Darstellung sollte vor allem ein Verständnis der jeweiligen Herangehensweise an die kommunikative Umsetzung und mögliche Benefits ermöglichen. Außerdem sollten interessierte Leser gerade noch einen so tiefen Einblick erhalten, ohne dass der typische Querleser verprellt werden würde. Dadurch sind in der Security Awareness bisher weniger genutzte, für manchen vielleicht erklärungsbedürftige Ansätze wie z.B. Storytelling (s. Kap. 6.4.1) oder Game Based Devlopment (s. Kap. 6.4.2) ausführlicher dargestellt als andere.

6.1 Integrierte und systemische Kommunikation

Auch macht die methodische Trennung von Kommunikationskanälen und Prozess-Tools kaum Sinn, weil einer potenziell klaren Hierarchie einem Multikanalkonzept gewichen ist, die der Aufbruchstimmung der Aktionskunst, etwa ausgehend von Fluxus oder Beuys in den 1960er Jahren mit ihrem »Alles ist möglich«-Optionen in nichts nachsteht. Es kann nicht nur jeder Mensch ein Werber sein, sondern alles ist Werbung. In beinahe jedem Discounter bietet jedes Verkaufsregal ein potenzielles Werbemittel für Ihre Awareness-Kampagne an – sie müssen lediglich den Link für das jeweilige Add-on der Botschaft finden – einen sinnhaften Titel, der Ihre Intention umschreibt, oder aber eine Art »GEBRAUCHS-ANLEITUNG«, die einen Kontext zur Information Security bzw. Ihren Pain Points herstellt.

6.1.1 Integrierte Kommunikation

Doch stellt diese nur auf den ersten Blick verwirrende Optionsvielfalt keinen Gegensatz zu den Grundzügen der integrierten Kommunikation dar. Gerade dieser wird ja die Aufgabe zugeschrieben, aus der Vielfalt der eingesetzten Instrumente und Maßnahmen ein passendes, in sich geschlossenes und vor allem widerspruchsfreies Kommunikationssystem zu generieren.

> **In der Fachliteratur finden sich in etwa nachfolgende oder ähnliche Ansätze für eine Definition der integrierten Kommunikation. Sie ...**
> - umfasst sämtliche internen wie externen Kommunikationsinstrumente
> - steigert – vor allem über Synergien – die Kommunikationseffizienz
> - schafft eine Einheit in der Kommunikation und ist bezüglich ihres Auftritts einem einheitlichen Erscheinungsbild verpflichtet

Dabei sind die Erfolgsfaktoren für den Einsatz miteinander korrespondierender Kanäle und Tools im Rahmen der Mitarbeiterkommunikation identisch mit denen, die man auch speziell der Security Awareness Kommunikation zuschreiben kann:

- Berücksichtigung der jeweiligen Unternehmenskultur
- Berücksichtigung der Kommunikationshistorie des gewählten Mediums im Unternehmen
- Berücksichtigung von Bildungsgrad, Status und vor allem von Verfassungen der Mitarbeiter
- ein hoher Grad der Vernetzung aller Kanäle und Tools
- Impact-Stärke der Tools
- eine große Aktivierungsleistung des genutzten Tools bzw. hohes Involvement der Mitarbeiter

Der Einsatz integrierter Kommunikation hilft auch Awareness Kampagnen, ein konsistentes Erscheinungsbild zu vermitteln, indem z.B. alle Medien konsequent über ein Security Brand (s. Kap. 6.2) miteinander verbunden sind. Auch führt diese dazu, die unendliche Vielzahl an Kommunikationsmöglichkeiten auf solche Kombinationen zu beschränken, die im Zusammenspiel die potenziell größte Wirkung erzielen.

Ein Awareness-Video (s. Kap. 6.3.8), das Sie z.B. bei einem Fremdanbieter einkaufen, wird bei Ihren Mitarbeiter selten hohes Involvement (s. Kap. 4.2.2.2) auslösen, da über die marginale Beteiligung an einer vielleicht passend erzählten Geschichte, die sich im Unternehmen so oder so ähnlich abspielt, wie im Video erzählt wird, wenig Identifikation erzeugt wird. Involvement wird vielmehr durch die Integration und durch die Verzahnung individueller, unternehmens-affiner Faktoren erzeugt, die für den Mitarbeiter einen hohen Wiedererkennungswert aufweisen. Die Integration eines Logos, die einen Film von der Stange mit einem Brand auszeichnet, oder aber die Integration einiger Sekunden, die den Unternehmenssitz zeigen, sind viel zu kurz gegriffen. Sprich: Involvierend und somit erfolgreich sind Bewegbilder nur dann, wenn das Unternehmen seinen eigenen, ganz individuellen Awareness-Film unter Berücksichtigung der unternehmensspezifischen Geschichten und Codes oder z.B. von Mitarbeitern als Darsteller, produziert, so, wie es etwa die FIDUCIA IT AG (s. Kap. 6.3.8 und Kap. 8.13) im Rahmen ihrer Kampagne »SECURITY CUP 2007« realisiert hat.

Beispiel Setze ich z.B. Mitarbeiter in einem Awareness-Video als Darsteller ein, stellt das Medium allein über die reine Verwertung der Bewegbilder hinaus einen Treiber für integrierte Kommunikation dar, denn es eröffnen sich im Kontext der Filmproduktion zahlreiche weitere Optionen für generische Medien, die die Awareness-Kampagne beleben können. FIDUCIA (s. Kap. 8.13) hat es vorgemacht und Videos (s. Abb. S.220) als Aufhänger für weitere Anlässe genutzt, um die eigene Kampagne bekannter zu machen. Z.B. wurde innerhalb des Mitarbeiter-Magazins breit über das Casting berichtet und später ein Interview mit dem Gewinner des Castings und Hauptdarsteller veröffentlicht, der sich zudem über die hierdurch erworbene Popularität zu so etwas wie eine Fleisch-gewordene Kampagnen-Leitfigur entwickelte, mit der viele FIDUCIA Mitarbeiter schon allein während einer flüchtigen Begegnung den SECURITY CUP 2007 (s. n. S.) assoziierten. Denn Kommunikation im Sinne von Werbung wirkt auf sehr unterschiedlichen, miteinander in Beziehung stehenden Ebenen.

Cover und Impact Story

An der Oberfläche gibt es in der Regel eine oft auf Anhieb spontan begreifbare, offizielle Geschichte, die so genannte »Cover Story«. Darunter gleichzeitig eine geheime, versteckte Geschichte, die »Impact Story« genannt wird.

Die Empfänger dieser Geschichten erspüren diese sehr unterschiedlichen Ebenen der Wirkung relativ schnell, auch dann, wenn sie die Impact Story oder das, was zwischen Cover und Impact Story liegt, nicht immer sofort oder in aller Klarheit artikulieren können. Eine oft gehörte kritische Reaktion ist dann: »Ich weiß nicht genau, was mich stört, aber irgendetwas stimmt hier nicht«. Oder anders herum: »Das habe ich schon tausend Mal gesehen. Es bedient ein Klischee, aber es ist irgendwie gut«. (Imdahl 2006) Die Cover Story steht stets im Vordergrund und liefert also konkrete Informationen über Anlass oder Intention, im Falle von Security Awareness z.B. über »falsches« und »richtiges« Verhalten der Mitarbeiter oder über die Konsequenzen von Entsicherungen. Demgegenüber transportiert die Impact Story eine so genannte »tragende Verfassung«, weil sie die motivrelevante Grundlage des gewählten Mediums liefert – eben jene »geheime Logik«. Diese wirkt aber oft »nur« im Hintergrund, so dass sie nicht zwingend unmittelbar nach der Rezeption nacherzählbar ist (Imdahl 2006).

Beispiel Ein anschauliches Beispiel ist das SAP-Plakat »Passwords are like Underware«. Die Originalidee wurde von der University of Michigan entwickelt (www.itsa.ufl.edu/posters/passwords.pdf). Auf dem mir bekannten Motiv der SAP (www.lanline.de/static/bilder/442301.jpg) steht im Zentrum ein Mann, ziemlich derangiert mit heruntergelas-

Kapitel 6 • Awareness und integrierte bzw. systemische Kommunikation

Teams & Talente

SecurityCup2007: Über die Schulter geschaut bei ...

... Jens Zimmermann

Kein Mitarbeiter der FIDUCIA war in den letzten Wochen so oft zu sehen, wie „er": Der „Security Champ". Dass „er" einer von uns ist, nämlich aus AEW6FA, wussten die Wenigsten. FIDUCIA inside stellt Jens Zimmermann vor.

Als er die Einladung zum Casting erhielt, war ihm die Tragweite des Ganzen nicht bewusst. „Ich hatte mir vorgestellt, wie bei der letzten Sicherheits-Kampagne im Jahr 2000, mit einigen Kollegen zusammen ein Plakat in die Kamera zu halten. Irgendwie hatte ich den Begriff „Casting" nicht wahrgenommen", erzählt mir der 39-Jährige.

Schauspielerisches Talent
Doch dann ging es Schlag auf Schlag. Innerhalb eines Tages waren die vier Kurzfilme für den SecurityCup2007 im Kasten. Jens Zimmermann erinnert sich: „Es hat irrsinnigen Spaß gemacht. Auch wenn manche Szene über 20 Mal gedreht werden musste bis der Regisseur zufrieden war." Dass es sich gelohnt hat beweisen die Reaktionen auf die Filme. Vor den Monitoren im neuen Betriebsrestaurant bildeten sich große Menschentrauben, die Download-Zahlen im Intranet waren enorm und eine Kollegin schlug dem „Security Champ" vor, sich beim Fernsehen zu bewerben, er hätte gute Chancen.

Große Ausdauer
Was beim Film noch spielerisch war, wurde bei den Aufnahmen für die Plakate richtige Arbeit für den Hobby-Dirigenten, der in seiner Freizeit bis zu 200 Mitglieder große Orchester und Chöre leitet: „Ich war die 6 Stunden total auf mich alleine gestellt. Gefühlte 400 Mal wurde ich ins Gesicht geblitzt. Aber immerhin bekam ich zwischendurch eine professionelle Gesichtsmassage zur Auflockerung."

Gefühlte Sicherheit
Der gebürtige und wohnhafte Pforzheimer hat nur gute Worte für das Team übrig: „Insgesamt war es ein tolles hochprofessionelles Team und sehr entspannt. Ich hatte zum ersten Mal in meinem Leben mit einer Visagistin zu tun. Sie hat mir in nur 2 Sekunden den Nacken ausrasiert und trotzdem oder gerade deshalb habe ich mich „secure" gefühlt".

Wirkungsvolle Kampagne
Auf die Frage, wie er selbst den SecurityCup2007 erlebt, erzählt mir Jens Zimmermann, dass er schon immer vorsichtig mit seinen Kennwörtern umgeht: „Ich benutze schon seit jeher eine Kombination nach dem Motto ‚8. Wurzel aus dem Geburtstag meiner Mutti'". Eine andere Schwachstelle in seinem persönlichen Sicherheitskonzept hat der ausgebildete Diplom-Physiker jedoch identifiziert: „Ich mache mir mittlerweile mehr Gedanken über den sicheren Umgang mit mobilen Geräten. Auf meinem Handy waren beispielsweise einige E-Mails ungeschützt drauf."

Uwe Peter (MUKIK)

Abb. 53: Interview mit dem Hauptdarsteller von Awareness Filmen der FIDUCIA IT AG (2007) aus der Kampagne »SECURITY CUP 2007« für das Mitarbeiter-Magazin der FIDUCIA IT AG

sener Anzug-Hose. Seine Shorts werden offen zur Show gestellt. Der Krawatten-Knoten ist weit geöffnet. Das Gesicht ist stark angeschnitten, so dass man es nicht erkennt – er ist gesichtslos. Deutlich sichtbar sind seine drei perfekt gekleideten Kollegen, ein Mann links hinter ihm sowie eine Frau und ein weiterer Mann rechts hinter ihm. Die Frau und der Kollege rechts neben ihr wenden sich zwar deutlich von dem Unterhosenträger ab, zeigen ihm quasi die kalte Schulter, über die sie allerdings ihn bzw. die Shorts mit hämischem Blick ins Visier nimmt.

Auch hier haben wir eine unmittelbar zupackende Cover Story: Jeder Mitarbeiter soll gut mit seinen Passwörtern umgehen – sie gehören schließlich zu ihm wie ein Ausweis (Passport) und sie sollen vor allem – wie auch seine Unterwäsche – regelmäßig gewechselt werden und natürlich stets im Verborgenen bleiben.

Die Impact Story sagt zudem so oder so ähnlich: »Wer das (oben genannte) nicht tut, ist ein SCHMUTZFINK, der ausgegrenzt wird. Jemand, über den man sich lustig macht. Jemand, der halbnackt vor den Kollegen steht und damit sein Gesicht zu verlieren droht«. Die Impact Story bringt die Cover-Story ins Kippen, denn stets mit sauberer Unterwäsche herumzulaufen, ist ein hoher Anspruch, der an absolute Perfektion grenzt. Im Hochsommer, wenn alles schwitzt, Männer zudem oft auch einen Schlips tragen, geradezu unmöglich! Denn im Grunde beginnt die BESCHMUTZUNG ja unmittelbar mit dem In-Gebrauch-Nehmen der Unterwäsche. Die Frage müsste also lauten: welches Dazwischen erlaubt mir das Motiv? Und wie muss ich als Mitarbeiter eventuell »tricksen«, um nicht als Beschmutzer da zu stehen? (Pokoyski 2008)

Man hätte dieses Poster sicher auch ganz anders konzipieren können, z.B. mit angezogenen Protagonisten, deren Gesichter vollständig sichtbar sind. Personen, die sich freundlich und respektvoll auf Augenhöhe begegnen. Alle in gut sitzender Kleidung, so gut, dass jeder Betrachter geschlossen hätte, dass die Unterwäsche (die man nicht sieht, aber natürlich vermutet, da sie ja in der Headline direkt angesprochen wird) sicher in Ordnung sein müsste. Das Plakat würde auch ohne lautes »Hose runter«, ohne das hiermit verbundene Bloßstellen und die Häme funktionieren. Wahrscheinlich sogar besser, weil man die Chance gehabt hätte, etwas Drittes zu transportieren: Werte!

Kulturelle Valenz

Um Werbung erfolgreich und für den Menschen wertvoll zu gestalten, braucht man mehr als eine Cover und eine Impact Story. Nämlich deren ausbalanciertes Zusammenwirken im Einklang mit dem Transport kultureller Werte. Auch Awareness-Kampagnen, die diese Umstände nicht berücksichtigen und keine Werte mitbewegt, sind nicht vollständig. Awareness-Kampagnen können demnach wie auch allgemein Marketing-Kampagnen vor allem dann erfolgreich sein, wenn sie in einer Balance aus Cover und Impact Story sowie kultureller Valenz für ihr wertvolles Anliegen wirbt

- wenn also die Menschen die Awareness-Maßnahmen als komplette Geschichte erzählen können.

- wenn sie spüren, wofür die Awareness-Maßnahmen eintreten, welche Haltung sie verkörpern.
- wenn sie eine Konsistenz in Bezug auf die Werte ihres Unternehmens entdecken und die Werbung eingebettet ist in ein erlebbares Verhältnis von Unternehmens- und Sicherheitskultur, mithin weder die Menschen noch die Werte »verraten«, auf der sie aufbauen. (Imdahl 2006)

6.1.2 Systemische Kommunikation

Neben der integrierten Kommunikation, die vor allem daran interessiert ist, anderen eine Botschaft über definierte Kanäle zu senden, spielen auch systemische Ansätze, die im Wesentlichen am Aufbau und der Erhaltung von Beziehungen beteiligt sind, eine Hauptrolle in Bezug auf Mitarbeiter- bzw. Werte-Kommunikation.

Die systemische Kommunikation soll die Kommunikation sowohl mit anderen, aber auch mit sich selbst verbessern. Kommunikation besteht hierbei vor allem in der Reaktion, die ich quasi als Sender erhalte. Ein nicht zu unterschätzender Erfolgsfaktor einer Awareness Kampagne, denn Sie wollen ja mit Ihren Maßnahmen nicht nur eine Art Corporate Space bespielen, sondern Interaktion – und im besten Fall – Verhaltensänderungen erzielen.

Wechselbeziehungen statt Ursache-Wirkung-Ketten

Dabei ist es vor allem wichtig, die Kommunikation so zu lenken, dass eine potenzielle Reaktion für alle Teile – Mitarbeiter, Sicherheitsverantwortliche und Unternehmen – sinnvoll und zielorientiert ist und eine Triple-win-Situation entsteht. Denn der Erfolg systemischer Prozesse ist die Wahrnehmung von Wechselbeziehungen statt linearer Ursache-Wirkung-Ketten und die Wahrnehmung von Veränderungsprozessen statt von Schnappschüssen (Senge 1996). Der Führungsexperte Hans Wielens schreibt: »*Erfolgreiche Unternehmensführung hat [...] die informellen Kommunikationsnetze [...] zu beachten und dafür günstige Bedingungen zu schaffen, vor allem eine Kultur des Vertrauens, des Experimentierens, der Offenheit für neue Ideen und neue Wege der Selbständigkeit, Eigenverantwortlichkeit und Unterstützung. Diese informellen Kommunikationsnetzwerke bestimmen häufig die Lebendigkeit eines Unternehmens und dessen Fähigkeit, in instabilen Zeiten, die von Ungewissheit, Ängsten, Verwirrung und Selbstzweifel begleitet werden, sich selbst organisierend kreative Lösungen für neue Ordnungen zu schaffen. Insofern bedeutet kluge Unternehmensführung, sinnvolle Impulse zu geben und ein Kreativität ermöglichendes Klima zu schaffen anstelle von präzisen Anweisungen.*« (Wielens 2008)

Eine klare methodische Trennung von integrierter und systemischer Kommunikation macht allerdings nicht nur im Rahmen von Security Awareness-Kampagnen kaum Sinn, da in jedem Medium stets Elemente beider Ansätze Wirkung entfalten sollten – je nach Kultur, Intention, Kanal und Gestaltung mal mehr der eine, mal mehr der zweite. Es dürfte aber deutlich geworden sein, dass die Stärken systemischer Kommunikation tendenziell eher über Prozessmethoden abrufbar sind, von denen einige am Ende dieses Kapitels (6.4) dargestellt werden.

Abb. 54: Awareness-Kampagnen-Claims

Bevor Sie jedoch über Learning Maps, Game Based Development oder Storytelling lesen, möchte ich zurückkommen zur integrierten Kommunikation und auf die »Hausaufgaben«, die vor dem Launch einer erfolgreichen Awareness Kampagne realisiert werden müssen, dem Branding.

6.2 Security Brand Management

Der konsistente Auftritt einer Awareness-Kampagne und die unmittelbar damit verknüpfte Bekanntheit bei den Mitarbeitern hängt entscheidend von einem kompatiblen Branding ab, das – eingebettet in die Grundzüge der Unternehmenskultur und damit verknüpfter Figurationen (s. Kap. 5.8) – die Intention der Kampagne – auch im Sinne der gewählten Kanäle – vertritt.

Dabei kann die visuelle Ausgestaltung durchaus korrespondieren mit einer Leitfigur wie z.B. Cybarry u.a. (s. Kap. 5.8.2 u. Abb. 77). Schaut man sich unter bekannten Security Awareness Brands um, dominieren hier vor allem menschliche Figuren, oft auch als Leitfigur oder im Rahmen von Comics (s. Kap. 6.3.4) eingesetzt und sehr häufig als Schattenriss. Der Vorteil: je nach Umsetzung werden Schattenfiguren auch als Gender-neutral betrachtet, was in einigen Unternehmungen bzw. Kulturräumen aus verschiedenen Gründen erwünscht wird, aber nicht unbedingt einen Vorteil darstellt.

> **Beispiel** T-Systems: James Bit
>
> Einer von ihnen, »James Bit«, Leitfigur und Brand der T-Systems-Kampagne (s. Kap. 8.8 u. Abb. 55 u. 79 sowie S. 237), fokussiert qua Name sowie über die Ausgestaltung des schwarz-düsteren und maskulinen Schattenrisses in Agentenpose den Aspekt »Security by Obscurity«, eine Richtung, wie sie bei aktuelleren Awareness-Brands, die seit dem Launch dieser Kampagne 2006 entstanden sind, deutlich zurückhaltender bis gar nicht mehr eingeschlagen wird.

> **Beispiel** M. Du Mont Schauberg: Die Insider
>
> Zwar zeigen sich auch die »Insider«, Protagonisten der gleichnamigen Kampagne von M. Du Mont Schauberg (s. Abb. 58 u. 81 sowie S. 212), als Schattenriss. Hier aber sind es gleich

Abb. 55-Abb. 59: Awareness-Kampagnen-Brands von T-Systems, Biotronik, EnBW, M. Du Mont Schauberg und dem Kanton Aargau (v.l.n.r.)

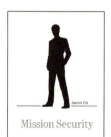

drei Personen beiderlei Geschlechts in der eher BUNTEN Farbwelt des MDS-Intranets, die mehr als »Helfer« denn als »Allwissende« daher kommen und im Unternehmen selbst offenbar stark mit der »SoKo EXPRESS« verknüpft werden, einem ehemalig über die Reaktion des DuMont-Titels EXPRESS eingesetzte »Gute-Menschen-Truppe«, die Kölner auf Zuruf bei der Lösung komplexer Alltagsprobleme unterstützte.

Beispiel Biotronik: Dr. SAFE

Mehr Kontur und Details weist da schon »Dr. SAFE« (s. Abb. 56 u. 78 sowie S. 222), der Brand einer Awareness-Kampagne der Biotronik AG (s. Kap. 8.6) aus. Der Sicherheitsdoktor mit Laptop und dem Corporate Logo auf seinem weißen Arztkittel ist trotz der Form-Reduktion eine smarte, freundlich dreinblickende grauhaarige, durchaus aber virile Person irgendwo zwischen den Paul-Newman-Abbildungen auf den Labels der »Newman's Own«-Charity-Saucen und den »Incredibles« aus dem gleichnamigen Animationsfilm. Als Arzt bildet er laut Unternehmen den idealen Brückenschlag zwischen dem Biotronik-Geschäftsfeld Medizintechnik und dem Thema Sicherheit.

Beispiel Kanton Aargau: Damit Sicherheit kein Zufall bleibt

Ganz ohne menschliche Figuren wirkt der Awareness Brand (s. Abb. 59 u. 82 sowie S. 223) des Kantons Aargau (s. Kap. 8.5). Hier bilden die Farben und mit den drei Sternen und der Welle sichtbar auch Elemente aus dem Kanton-Logo die Basis für den in der Bildmarke inhärenten Wunsch des Kunden, Sicherheit und die Dienstleister-Mentalität des Absenders über eine Art Boje als Symbol des Wegweisers zu kommunizieren.

Beispiel EnBW: Es geht sicher anders!

Sehr sachlich und ohne visuelle Extras kommt hingegen der Brand der EnBW-Awareness-Kommunikation »Es geht sicher anders!« daher (s. Abb. 57 u. 83 bzw. Kap. 8.12 sowie S. 228-229). Er besteht quasi ausschließlich aus dem Claim und der Umsetzung der fünf Kampagnen-Kernbotschaften im klassischen EnBW-Unternehmens-CD.

> **Tipps für einen Awareness-Brand:**
>
> - Klären Sie, was innerhalb ihres Unternehmens in punkto internal Branding zugelassen ist (internal Brand ja oder nein, Illustrationen und/oder Leitfiguren erlaubt?)
> - Identifizieren Sie z.B. via Wirkungsforschung Figurationen innerhalb Ihres Unternehmens und überführen Sie diese in Bildelemente und anschließend in eine Bildmarke
> - Unterscheiden Sie beim Wording zwischen Kampagnen-Titel und Claim – sofern diese nicht identisch sind, sollten sie sich nicht kannibalisieren und müssen mit der potenziellen Bildmarke eine Einheit eingehen
> - Kommunizieren Sie über den Brand mindestens einen Unternehmenswert
> - Entscheiden Sie vor der Definition aller Kanäle, welche Rolle die Marke im Rahmen eines integrierten Kommunikationsansatzes Ihrer Kampagne spielen soll (z.B. weitere Nutzung von Leitfiguren in anderen Kontexten, Medien, etc.)
> - Sichern Sie die Wirkung Ihres Brands auf allen vorgesehenen Kanälen
> - Spielen Sie nicht mit dem Corporate Logo – setzen Sie, wenn überhaupt, Elemente aus dem Corporate Design des Unternehmens ausschließlich in dem Wissen um Do's und Don'ts und dem beabsichtigten Ziel Ihrer neuen Marke ein

6.3 Kommunikationstools und -kanäle

Erstaunlich an Stellenbeschreibungen von Security-Manager ist die Selbstverständlichkeit, mit der man den Sicherheitsprotagonisten und ihren Mitarbeitern zwar technische Werkzeuge an die Hand gibt, während Tools zur Verbesserung der Kommunikation im CISO-Alltag offenbar gar nicht oder so gut wie nicht vorgesehen sind. Was also gibt man den Security-Managern an die Hand, um sich in punkto »Menschlicher Faktor« auszurüsten? Denn es gibt ja keine Security-Protagonisten, die NICHT auch auf dem Feld der Kommunikation agieren. Nach Paul Watzlawick hat jedes Verhalten in einer Beziehung – auch das nonverbale – den Charakter einer Botschaft (Beavin, Jackson, Watzlawick 2000). Jede Security-Kommunikation beginnt also mit dem bloßen Auftritt des Security-Managers. Selbst dann, wenn der CISO irgendwo am Licht rumfummelt, stellt diese Handlung bereits im Grunde etwas Gesagtes dar. Das, was über seinen Knopfdruck lanciert wird, hängt vom Kontext ab, z.B., ob er das Licht an- oder ausknipst, ob es beim An- oder Ausknipsen Tag oder Nacht ist.

Die CISO-Kommunikation erstreckt sich weiter auch über die Gestaltung des Arbeitsplatzes – , an dem der Security-Protagonist ja auch in Kontakt mit seinen Kollegen tritt und überhaupt mit allen Menschen, für deren Sicherheit er u.a. sorgen soll – und setzt sich z.B. über Inhalt, Ansprache und Form einer Policy fort. Und wer kennt nicht die zig Policies, die nicht von den Mitarbeitern verstanden werden, weil sie nicht in deren Arbeitswirklichkeit übersetzt sind. Selbst an einer Policy, die nicht verstanden wird, kann Awareness-Kommunikation scheitern (vgl. a. Kap. 6.3.4 und 8).

Darüber hinaus sind die Sicherheitsbeauftragten dieser Welt in den Unternehmen, vor allem in den kleineren und mittleren, immer auch einer alltagsbezogenen Kommunikationswirklichkeit ausgesetzt, in der sich viele immer weniger zurechtfinden (vgl. a. Kap. 5.4). Z.B. wenn sie direkt mit den Menschen und ihren emotionalen Ausbrüchen, ihren Fehlleistungen in Kontakt treten. Wenn sie in diesem Kontext auch mal kleine Zettelbotschaften an deren Arbeitsplätzen hinterlassen. Oder etwa dadurch, dass sie Insiderwitze oder Artikel aus Fachzeitschriften ausschneiden, ausdrucken und im Unternehmen aushängen oder über andere Kanäle wie z.B. E-Mail lancieren. In den Grauzonen von Flurfunk & Co. (s.a. S. 136) tritt oftmals das an die Oberfläche, was sich einem professionellen Umgang, wie ihn z.B. die Unternehmenskommunikation betreibt, widersetzt. Jede Aktivität, bei denen sich der Security-Manager quasi noch persönlich darum kümmert, den menschlichen Faktor im Unternehmen zu halten, ist wichtig und bildet eine gute Basis für erfolgreiche Security Awareness.

6.3.1 Giveaways – paradoxe Intervention

Um den menschlichen Faktor im Unternehmen zu halten, reichen oftmals so banale Tools wie Giveaways, durch deren Interventionsleistung eine Face-to-face-Kommunikation verbessert oder erst ermöglicht werden kann.

> **Beispiel** Ein Security-Manager erzählte mir während eines Workshops sehr beseelt, dass er unseren »Passworthalter« (s. S. 144 u. Abb. 177) seit zwei Monaten auf seinem Schreibtisch stehen hätte und von seinen Kollegen und Mitarbeitern praktisch täglich mehrfach auf das Tool angesprochen wird. Er sagte, er bräuchte »mehr von diesen Objekten«, weil sie ihn darin unterstützen, das Thema Sicherheit in die Alltagskommunikation zu integrieren.

> **Beispiel** Eine Frau sagte während eines Interviews im Rahmen unserer ersten Security-Studie »Entsicherung am Arbeitsplatz« (s. Kap. 5.3) nach der Vorlage des Kartenspiels »Computerluder – das Virusquartett« (s. Kap. 6.4.2 u. Abb. 149 bzw. 162), das die Psychologen als Testmaterial einsetzten: »*Oh, die sehen aber gefährlich aus. Da muss ich doch direkt morgen meinen Admin fragen, ob ein (1!) Virenscanner ausreicht.*«

Awareness Giveaways sind also Kommunikationsbeschleuniger bzw. -verstärker und unterstützen Sicherheitsverantwortliche darin, auf recht kurzem Weg, in einen qualitativen Kontakt zu den Mitarbeitern zu geraten. Gerade Giveaways eignen sich aufgrund der physischen Gestalt sowie aufgrund der Alltagstauglichkeit und des in der Regel unmittelbaren Zugangs besser als andere Medien, einen solchen Kontakt herzustellen.

Ein weiterer Benefit von Awareness Giveaways besteht in der aktiven Promotion-Leistung für potenziell weniger emotionale Kampagnenbausteine, etwa für informelle Module wie Intranet. Vorträge, Schulungen, Trainings oder andere Veranstaltungen. Aber auch im Rahmen der Implementierung technologischer oder organisatorischer Innovationen, z.B. Authentifizierungsverfahren oder neue Klassifikationen etc., können Security-Werbemittel mit der entsprechenden Botschaft zielführend eingesetzt werden, indem sie die

»digitalen« Aspekte technischer Tools durch ihren »analogen« Zugang erden und so z.B. konkrete Nutzen plakativer herausarbeiten als etwa eine schnöde schriftliche Gebrauchanleitung, Flyer oder Intranet.

Awareness-Tools sind jedoch dann besonders wertvoll, wenn Ihre Leistung über die Funktion als Kommunikationsbeschleuniger oder Werbeartikel hinausgeht und sie sich aus ihrer Intention heraus in den Dienst der Sache stellen, z.B. dann, wenn sie selbst Awareness schaffen. Als Beispiel sei hier nochmals der »Passworthalter« genannt, der im Sinne einer paradoxen Intervention wirkt (s. a. S. 144).

Awareness für die Awareness

Schlaue vielschichtige Security Giveaways wirken aber nicht nur vertikal, sie können auch den Trigger für Management Awareness sein.

Zu den wichtigsten Erfolgsfaktoren bei Security Awareness-Kampagnen gehört ja die Integration der Führungsebene in die Strategie, in die Planung sowie als Enabler respektive Testimonial in die Kommunikationsprozesse selbst. Die Wahrheit sieht allerdings oftmals so aus, dass Security-Verantwortlichen häufig erhebliche Aufwendungen entstehen, ihr Management von der Notwendigkeit, vom potenziellen Erfolg und vom Kosten-Nutzen-Faktor einer Awareness-Kampagne zu überzeugen. Leider reichen gute Argumente nicht immer aus, um hier erfolgreich zu intervenieren. Das ist dann der Punkt, an dem es sinnvoll sein kann, Awareness für die Awareness zu erzeugen (s. Bsp. n. S.).

Eine solche Management-Awareness kann durchaus ähnlich strukturiert sein wie der Weg, den man im Rahmen einer Security-Kampagne beschreiten würde – man bereitet also eine Art Kampagne im kleinen ausschließlich für die Entscheider vor, um diese auf das große, umfassende Anliegen, die Mitarbeiter-Awareness, vorzubereiten, um z.B. den Etat bestätigen zu lassen und die strategische wie auch mediale Stoßrichtung vorzustellen. Über welche Kanäle dies passiert, hängt wie auch bei einer »richtigen« Kampagne von verschiedenen Faktoren ab.

In der Praxis bewährt hat sich in punkto Management Awareness der direkte Kontakt, z.B. aufgeladen über professionelle Präsentationen jenseits von öden Powerpoint-Basteleien und über die Vorstellung eines Kampagnen-Teasers in Form exemplarischer Medien. In diesem Zusammenhang möchte ich aufgrund meiner sehr positiven Erfahrung hiermit die Übergabe von Tool-Sammlungen innerhalb von hochwertigen Behältnissen anregen, die das Management als Führungskraft ausstatten und ausweisen, etwa Awareness-Tools in schicken Koffern, gelabelten Boxen aus ungewöhnlichen Materialien, so genannte »Sicherheitskulturtaschen« o.ä.

Bei Übergabe von Tools z.B. im Rahmen einer Management-Präsentation geht es aber bei weitem nicht nur um eine rein informelle Handlung. Vielmehr soll durch die Übergabe von z.B. Giveaways oder Kampagnen-Dummies ein »Vertrag« mit dem Management geschlossen werden, die die Annahme des präsentierten Konzeptes und die damit erwünschte Verantwortung für eine Kampagne dokumentiert. Eine Management-Ausstattung wäre mithin der Enabler für ein Ritual, Führungsaufgaben eben auch hinsichtlich einer Awareness-Maßnahme zu übernehmen. Die Übergabe von Tools gleicht damit etwa einem Wimpeltausch beim Fußball. Nur, dass hier z.B. eine Präsentation, Kampagnen-Muster oder Giveaways gegen Führungskräfte-Commitment eingetauscht werden, die darüber hinaus auch während der Kampagnen-Laufzeit an die Verantwortung erinnern sollen.

> **Beispiel** Management Awareness über »Your Security Tools« bei einem Chemie-Hersteller
>
> Thomas Dallmann, Information Security Manager bei einem globalen Spezialchemikalienhersteller mit weltweit circa 60 Standorten, gestaltet seit Anfang 2006 den Aufbau einer Abteilung Information Security in seinem Unternehmen.
>
> Für ein mehrtägiges Meeting von Management und IT-Leitungsebene im Mai 2007 in Puerto Rico wollte der Security Manager bei seinem Management mit ebensolchen Tools für den Start einer internationalen konzernweiten Awareness-Kampagne ab 2008 werben und der dort allgemein herrschenden Vorstellung entgegenwirken, dass Security Awareness-Inhalte sich auf öde Trainings, mehr oder weniger versteckte Intranet-Rubriken oder Schwarzen Bretter beschränken müsste.
>
> Ausgehend von dem Ansatz, dass bei der Mitarbeiter-Ansprache im Rahmen einer folgenden Kampagne möglichst wenig Streuverluste einkalkuliert werden und diese sich also weitgehend unabhängig von Faktoren wie Standort, Nationalität, kulturellem Background oder Muttersprache gestalten sollten, setzte der Security Manager bei seinen Überlegungen weniger auf textlastige »Oldschool«-Elemente, sondern vor allem auf eine potente Bildsprache mit haptischen und experimentellen Elementen.
>
> Auf dieser Grundlage wurden gemeinsam mit known_sense neben drei Postern zu aktuellen Security-Themen des Unternehmens Giveaways entwickelt oder angepasst, die zudem ein hohes Involvement und Impactstärke kommunizieren.
>
> Als Ergebnis fürs Management konnte der Koffer »My Security Awareness Tools« (s. Abb. S. 225) präsentiert werden, der mit folgenden Inhalten konfektioniert wurde:
>
> - Metalldose (DIN-A4) mit Kofferlabel und drei Plakaten sowie ausreichendem Platz für potenziell zu ergänzenden Instant-Infos wie z.B. Flyer, etc.
> - Virusquartett »Computer Beast« (englisch) im Corporate Brand des Unternehmens
> - Konzepthalter mit Gravur »Password Bracket« mit einer »Password Card«, auf dem der User aufgefordert wird, sein Passwort zu dokumentieren – selbstverständlich inklusive der sachlichen Richtigstellung dieses Paradoxon (vgl. a. Abb. 177)
> - 20-seitiger Block »My Password Pad« zum »Aufschreiben« von Passwörtern
> - Kugelschreiber mit Gravur »My Password Pencil«
> - Edition »VirusBrickMaster«, nummeriert und vom ISM eigenhändig signiert

Kapitel 6 • Awareness und integrierte bzw. systemische Kommunikation

Spielerisch wie paradox

Diese Tool-Sammlung rückte also ein spielerisches wie paradoxes Vorgehen in den Fokus. »Spielerisch« bedeutet in diesem Kontext, dass die Empfänger via Information Security die »Erlaubnis« erhalten, eine rein sachliche, kognitive Aufmerksamkeit zugunsten eines experimentellen Vorgehens einschränken zu dürfen und sich so dem Thema auch tatsächlich ganzheitlichen unter Einbeziehung aller Sinne zuwenden konnten (mehr zum Thema Securitygames in Kap. 6.4.2).

»Paradox« bedeutet, dass beim Rezipienten über eine klassische paradoxe Intervention zunächst Irritation ausgelöst wird, die anschließend durch eine sachliche Richtigstellung relativiert wird, so, wie es etwa der »Passworthalter« (s. unt.) einfordert. Der Mitarbeiter sollte in der Regel aus sich heraus erkennen, dass eine »Schieflage« vorliegt und sich eigenverantwortlich um Korrektur bemühen. Eine Wirkung, die durch Zustimmung einer sachlich richtigen Aussage, z.B. auf einem Poster – etwa mit dem Slogan »Information Security ist wichtig« – , bei weitem nicht erzielt werden könnte. (Pokoyski 2007)

Virus Brick Master – sich ein Bild von der Abwehr machen

»VirusBrickMaster« kommt mit circa 80 Bausteinen einer bekannten Spielzeugmarke in einer attraktiven Metalldose mit Label im Brand des Kunden daher. Bereits via Copytext auf dem Label werden die Mitarbeiter aufgefordert, den letzten Virus, den sie von ihrem Rechner entfernt haben, zu »visualisieren«, indem sie ihn mithilfe der Bausteine »nachbauen«. Eine Art Bauanleitung präsentierte auf vier Seiten bereits fertige Beispiele für

Awareness-Giveaways zur paradoxen Intervention – Abb. 60: » Passworthalter« mit Passworthalterkarte der EnBW (l., s.a. Abb. 172)

Abb. 61: »VirusBrickMaster«. Editionsbox mit Bausteinen zum Visualisieren des letzten, aus dem System entfernten Virus (o., s.a. Abb. 155)

»visualisierte Viren« und regt an, Fotos persönlicher Viren-Bauwerke via Intranet-Upload unternehmensintern zu veröffentlichen. Den Mitarbeitern gelingt es über die Beschäftigung mit dem Tool, sich ein Bild der Angreifer zu machen, denn sie eignen sich etwas »Fremdes«, an, indem sie dieses Fremde seelisch fassbar machen. Erst durch die Visualisierung einer Bedrohung kann ein hohes (ganzheitliches) Involvement hinsichtlich der bestehenden wie notwendigen Abwehrmaßnahmen erzeugt werden.

> **Beispiel** Passworthalter – Awareness durch Richtig-Stellung

Der »Passworthalter« mit der »Passworthalterkarte« (vgl. a. Abb. 177), dem »Passworthalterblock« und dem »Passworthalterstift« bilden quasi die Objekt-gewordenen Bestandteile einer potenziellen Entsicherung, wobei die beiden zuletzt genannten Giveaways durch den Kunden angeregt wurden. Dieser hatte die Logik des »Passworthalters« weiter gesponnen und zurecht argumentierte, dass seine Kollegen aufgrund der Vielzahl an Anwendungen im Unternehmen nicht nur eine »Passworthalterkarte« benötigen würden, sondern eben einen ganzen Block, und dass dann aber auch ein entsprechend paradox gefärbter Stift die Sammlung noch runder gestalten würde – ein schönes Beispiel für ein frühes Involvement des Kunden in bereits wirksame Awareness-Prozesse.

Der Koffer (s. S. 225) und die oben beschriebenen Tools lösten während der Veranstaltung gerade aufgrund der z.T. paradoxen Logik der Inhalte eine intensive Beschäftigung mit diesen und ein hohes Maß an Interaktion aus – ganz im Sinne der ursprünglichen Intention. Eines der Plakate erhielt den ersten Preis beim internen Plakat-Wettbewerb des Unternehmens und das Thema Security Awareness den Segen des Managements durch den Launch einer weltweiten Security Awareness-Kampagne ab Anfang 2009 (s. a. Kap. 5.8.2).

Zur Umsetzung erforderlich:

- Die »richtige« Verpackung und involvierende Awareness Tools
---

6.3.2 Plakatives – Poster, Aufsteller, Aufkleber & Co.

Dass es in der Nachhaltigkeitskommunikation allerdings stärker auf das »Wie« als auf das »Was« ankommt, demonstrieren gerade auch Kanäle, die immer wieder zum Standard-Repertoire von Awareness Kampagnen gehören, z.B. das ganz banale Plakat oder andere plakative Kanäle – Sie können hierzu etwa auch Aufsteller oder Aufkleber zählen.

Security Awareness-Plakate müssen in Unternehmen mit einer Vielzahl anderer Plakate der internen Kommunikation konkurrieren. Deswegen wird ihnen gerne vorgeworfen, dass sie weitgehend ungeeignet wären, weil sie in der Fülle an Informationsmaterial untergehen.

Nun haben wir es heute mit einer Medienlandschaft zu tun, die sich längst befreit hat von jeglichen Einschränkungen, die ihnen quasi via »Nullachtfuffzehn-Klassifikation« angedichtet werden. Wie sonst könnte aktuell etwa Adgame von diesem oder jenem als ein »klassisches« Tool wahrgenommen werden, während eventuell ein Plakat im Rahmen einer Besonderung von Retro-Medien wieder als »in« eingestuft wird. Oder umgekehrt. Die Richtung hängt eben stets von zahlreichen kontextuellen Faktoren ab. Es wird ja auch niemand dazu gezwungen, sein Plakat als eines unter vielen an ein »Schwarzes Brett« zu klemmen, das einem »Informations-Tsunami« gleicht.

Denn Alternativen für so etwas wie der klassischen »plakativen Propaganda« existieren in vielfältiger Art, z.B.:

- in ein wirklich gutes Konzept investieren und durch außergewöhnliches Design (besondere Formate, besondere Materialien, besondere Ansprache, etc.) auffallen
- Plakat und weitere Kampagnenelemente sind derart miteinander verzahnt, dass sich das Gesagte über die Synergien einstellt, z.B. Plakat wirbt vordergründig für ein Security-Event und umfasst gleichzeitig eine Awareness-Botschaft, die über die reine Terminvermittlung hinaus geht. Oder aber Plakat plus Audiospur gleich Installation. Oder Plakat plus Aufkleber, z.B. Fußspuren, ergeben zusammen etwas Drittes, so dass sich die Botschaft aus der ursprünglichen Intention ableiten lässt, die dem Zusammenspiel aller eingesetzten Materialien zugrunde liegt (s. Kap. 6.4.2)
- die Botschaft von der Wandfläche abrücken, z.B. auf den Boden via Floorprints
- die Botschaft in den Raum befördern, z.B. über Aufsteller
- die Botschaft vom Trägermaterial lösen, z.B. über Projektionen
- Impact erzeugen durch besondere Implementierungsstrategie, z.B. Teaserkampagne: Sie teilen Ihr ursprüngliches Motiv z.B. in vier oder mehr Teile und vervollständigen das Format sukzessive, z.B. durch Anhängen weiterer Teilstücke ans Ausgangsfragment in einem vorab definiertem Rhythmus
- Aufmerksamkeit durch persönliche Handschrift bei zusätzlich äußerst pragmatischer Umsetzung: Sie fallen auf, indem Sie sich von anderen klassischen Formaten und Gestaltungsrastern, die in Ihrem Unternehmen werben, abheben, z.B. durch handschriftliche oder gesprühte Botschaften (etwa auf langen Papierbahnen o.ä.)
- Investieren und Entwicklung anstoßen, indem Sie statt auf Plakate auf Learning Maps (s. Kap. 6.3.3) setzen, die z.B. Ihre Sicherheitskultur zum Thema gemeinschaftlicher Visualisierung machen und die Mitarbeiter so in einen Prozess involvieren

Bewährt hat sich bei zahlreichen Unternehmen jenseits einer Holzhammer-Propaganda und basierend auf dem Ansatz der integrierten Kommunikation, Awareness-Botschaften en passant, z.B. im Rahmen von Veranstaltungsplakaten (z.B. für Security Highdays,) o.ä. zu transportieren.

»Man macht schon KOMISCHE Sachen«

Auch Aufkleber werden im Rahmen von Awareness-Kampagnen immer wieder gerne genutzt (s. auch Kap. 8.7-.8.9, 8.13), da sie die jeweilige Security-Marke bei relativ geringem Budget bekannt machen und die Verbreitung zudem quasi viral über die eigentli-

Platz für Menschen?

Zwar kein Awareness-Plakat, aber ein anschauliches Beispiel, wie schwer es der IKT-Branche selbst heute noch fällt, den »Faktor Mensch« zu integrieren. So zeigt das Key Visual der Cebit 2009, flankiert von dem Claim »Wer die Welt bewegt, bewegt sich hier« eine virtuelle Ansammlung historisch-kulturell bedeutsamer Gebäude, unter ihnen z.B. der Eiffelturm oder das Brandenburger Tor. Bewegung findet in diesem Bild jedoch nicht statt, denn die sattsam bekannten Einzelteile dieser Nicht-Stadt bestehen aus den toten Skins einer Sorte – so, als wären alle aus demselben Material erbaut. Auch Menschen sucht man vergebens; sie haben hier nichts zu suchen. So weckt dann auch der Copytext einer Anzeige auf Basis dieses Visuals mit dem Hinweis »Der Marktplatz Nr. 1 des digitalen Business« befremdlich an, denn zwischen dem Sammelsurium an Gebäuden gibt es weder Platz noch einen Markt. So hat dieses Bild, das offensichtlich auch die Aufbruchstimmung der Branche in den 1990er Jahren wieder beleben soll, als ein 3-D-Modelling noch Begeisterungsstürme entfachen konnte, das Dilemma der Messe 2009 vorweg genommen. Denn die Cebit musste einen heftigen Einbruch bei Ausstellern und den Besucherzahlen hinnehmen.

chen Rezipienten, die Mitarbeiter, erfolgt, denen das Medium ein permanentes »Verklebe mich – egal wohin!« einhaucht. Setzt dieser die Botschaft um, kommt es zu den aus vielen Kampagnen bekannten »Duellen« zwischen klebewütigen Mitarbeitern und den Reinigungskräften. Daher setzen Unternehmen, die Wert auf eine gewisse Sterilität legen, eher auf leicht ablösbare Haftzettel, deren Kanal wiederum ironisch die berüchtigten Passwortnotizen aufgreifen, die angeblich immer noch unter zahlreichen Tastaturen kleben sollen – etwa »Dr. SAFE«, der die Post-its, auf denen er abgebildet ist »Für alles – nur nicht für Ihre Passwörter« anbietet (s. Kap. 8.6 u. Abb. 145). Eine Botschaft, die der paradoxen des »Passsworthalter-Blocks« (s. Kap. 6.3.1) unterm Strich ähnelt.

Beispiel In guter Erinnerung geblieben ist mir eine Kampagne bei einem Unternehmen, bei dem das oben erwähnte Duell Realität wurde und beinahe schon legendäre Züge annahm; während die Sicherheitsbeauftragten noch dabei waren, Teeküchen, Aufzüge und Kantine mit Haftzetteln zu verpflastern, wurde die erste Heftpflastermeile bereits wieder von den Putzfrauen und -männern abgetragen. Das ging so lange, bis die Auflage zur Neige war. Dieses Stückchen »wirkliches Leben« veranlasste die verantwortliche Sicherheitsbeauftragte während eines Fachvortrags zu einem meiner Lieblingszitate im Kontext unseres Themas. »Man macht schon komische Sachen, wenn man eine Awareness-Kampagne durchführt.«

6.3.3 Learning Maps – Bilder sagen mehr

Nicht weit entfernt vom plakativen Kanal treffen wir auf Learning Maps. Dass Bilder mehr sagen als tausend Worte, ist – auch, wenn der Spruch abgegriffen erscheinen mag – oft ärgerliche, manchmal aber hilfreiche Medien-Realität, seitdem bunte Tageszeitungen und noch buntere Wochenmagazine wie etwa der FOCUS in den 1990er Jahren damit begonnen haben, ihren Lesern die Welt vor allem mithilfe allerlei farbiger Infografiken erklären zu wollen. Heute sind Charts mit billigen Cliparts und nervös blinkende Balkendiagramme aus Powepoint-Präsentationen leider kaum noch wegzudenken, auch wenn man sich bei Vorträgen bisweilen einen Live-Filter wünscht, der den sicher gut gemeinten, in der Regel aber schlecht gestalteten Kessel Buntes einmal gründlich ausmistet.

Dass über allerlei visueller Gimmicks aufbereitete Präsentationen, Trainings oder E-Learning-Tools weder die Security Awareness, noch die Kommunikation unter den Mitarbeitern entscheidend verbessert wurde, dürfte niemand bezweifeln. Denn ein Verständnis auch über interkulturelle Grenzen oder Sprachbarrieren (vgl. a. Kap. 7) hinweg oder die Darstellung selbst einfacher Prozesse gelingt auch dann nicht von selbst, wenn hochkarätiges Experten-Know-how innerhalb standardisierter Grafiken oder qua Bulletpoints strukturiert aufbereitet dargestellt werden (Heuer 2006).

Erst mit dem zunehmenden Erfolg von Learning Maps waren Unternehmen in der Lage, mithilfe von Illustratoren Geschäftsprozesse in Bilder zu übersetzen und Management wie Mitarbeiter über Visualisierungen jedweder Art SPRECHEN zu lassen. Ob fotorealistisch oder comic-haft, ob Schattenbilder oder Icons. Ob schwarz-weiß oder farbig – der Stil spielt keine Rolle. Entscheidend ist u.a., dass hier vor allem weitgehend sprachliche Barrieren eliminiert werden und man sich souverän auch über Fragen von Bildung und Hierarchien hinweg setzen kann.

Visuell benötigen Learnings Maps – keinesfalls zu verwechseln mit Concept Maps – den »richtigen« Mix aus Abstraktion und Simplifizierung, ein Mix, der weder die Führungskräfte vergrault, noch einen einfachen Arbeiter überfordert oder gar desavouiert. Die exakten Ausprägungen dieses Mixes sind wiederum abhängig von der jeweiligen Unternehmenskultur, von den Bildern, die im Unternehmen präsent sind und wirken.

Der wichtigste Erfolgsfaktor ist allerdings die methodische Einbindung des Prozesses in ein Entwicklungs-Szenario, das durch ein professionelles Coaching (s. Kap. 5.5.) begleitet wird. Denn Learning Maps sind ja weder Freizeitangebot noch Kreativtest der Personalabteilung; die Teilnehmer sollen, wie bereits der Name vorgibt, etwas lernen. Sie sollen Probleme, Barrieren, aber auch das Gute im Unternehmen über Zurhilfenahme einer Visualisierung ansprechen können und fassbar machen. Das Bild, vor allem eine lebendige, dynamische Entstehungsgeschichte des Bildes, hilft also dabei, was wir und vor allem auch wie wir etwas bis dahin Unausgesprochenes sagen wollen oder sagen können.

> **Beispiel** **Learning Maps**
>
> Für ein Medienunternehmen haben wir im Rahmen einer Kampagnenplanung, an der die Security-Abteilung, die Mitbestimmung, die Unternehmenskommunikation sowie ausgewählte Mitarbeiter und Führungskräfte beteiligt waren, mit Hilfe einer unserer Illustratoren relevante Sicherheitsvorfälle identifiziert und visualisiert sowie in eine wandgroße Zeichnung überführt. Einzelne Unternehmensbereiche wurden in dieser Map als unterschiedliche Landschaften dargestellt und Pain Points wie Risiken in

Icons überführt und daraus haftende Buttons in unterschiedlichen Formaten produziert – je größer der Button, um so größer der potenzielle Schaden fürs Unternehmen. Diese Buttons haben wir in einem weiteren Schritt den auf der Learning Map dargestellten Landschaften, Typen und Vorfällen zuordnen lassen. Hieraus ergab sich ein während der Zeit der Präsentationsprozesses oft wechselndes Bild, das offenbar alle Beteiligten unbewusst bekannt vorkam, über das aber innerhalb des Unternehmens niemals offen gesprochen wurde. Es waren nämlich nahezu alle relevanten Vorfälle im mittleren Management zu verorten. Aufgrund dieses deutlichen Bildes und des darin enthaltenen Rankings wurde das bereits im Vorfeld der Learning Maps erstellte Kampagnekonzept überarbeitet, und es ist nunmehr geplant, die Awareness-Aktivitäten im Sinne eines Customizings vor allem auf die betroffene Gruppe zu konzentrieren.

Zur Umsetzung erforderlich:
- eine Learning Map-Strategie
- ein Workshop-Moderator
- ein Illustrator – live on Workshop-Location und zwischen den Workshops
- ein geeigneten Ort im Unternehmen für die Entfaltung der Learning Maps durch z.B. Aushang

6.3.4 Comics und Cartoons – Stellvertreter in schwierigen Fällen

Eine der einfachsten Varianten von Learning Maps – nämlich quasi »Learning Maps lite« – stellen aus Prozess-Sicht auch Comics und Cartoons dar. Hier bleibt jedoch die bei den Learnings Maps bezweckte Mitarbeiter-Interaktion in der Regel auf der Strecke, weil der übliche Publikations-Kanal oft eine Einbahnstraße darstellt – ohne die umfassenden Feedback-Option, die Learning Maps dann bieten, wenn der (gut moderierte) Entstehungs-Prozess für wichtiger erachtet wird als das fertige Ergebnis.

Dennoch und trotz der vergleichsweise hohen Kosten bei individuellen Entwicklungen gelingt es Comics und Cartoons im Rahmen der internen Kommunikation über die Vereinfachung von Protagonisten, Umgebung, Dialogen sowie über die den Figuren in der Regel zugeschriebenen sympathischen Eigenschaften und oftmals humorvollen Geschichten zu punkten.

Beispiel Walt & Friends – kommunikativer Trojaner

Eine schlaue Vermarktungsstrategie von Awareness-Comics fährt z.B. die Kommunikationsagentur Dewitz, Selzer, Partner, die die Figurenfamilie »Walt & Friends«, eine fiktive Abteilung, der man bei der Arbeit zuschauen kann (Dewitz & Jürgens 2008), entwickelt hat. Ungeachtet der potenziell sehr unterschiedlichen Unternehmenskulturen ihrer Kunden hat die Düsseldorfer Agentur diese Figurenfamilie mit geringen Verschiebungen bezüglich Name bzw. Gestaltung an zahlreiche Unternehmen aus verschiedenen Branchen lizensiert. So werben auf www.dewitz-selzer-partner.de laut Online-Re-

Kapitel 6 • Awareness und integrierte bzw. systemische Kommunikation

ferenzen neben der Hauptfigur der Ursprungsfamilie, Walt, auch Walter, Heinz (»Heinz hat's drauf«) und Bernie (»Bernie and the team«) für die Security u.a. und laut Agenturrefenzen bei z.B. Bayer, Evonik und der Bundesagentur für Arbeit.

Armin Dewitz, Geschäftsführer von Dewitz, Selzer, Partner empfiehlt im Awareness-Special der Zeitschrift DuD (Bizer, Fox, Reimer 2008), Regeln aus den Policies herauszuholen und nur die notwendigen Regeln in geeigneter Dosis und humorvoll verpackt in Cartoons oder Comics zu übersetzen. Dewitz vergleicht Awareness-Comics mit »kommunikativen Trojanern«, die sich innerhalb des Mitarbeiter-Bewusstseins ihren Platz verschaffen, und gibt die Empfehlung, dass es bei der Ausgestaltung der Protagonisten insbesondere auf Glaubwürdigkeit, Loyalität und Lösungsorientiertheit ankäme und darauf, auch menschliche Schwächen, die jedem aus seinem eigenem Alltag bekannt sein dürften, sympathisch darzustellen (Dewitz & Jürgens 2008).

> **Beispiel** Cybarry – Chamäleon in verschiedenen Welten

Während Walt, Walter, Heinz, Bernie und Co. aus der Innensicht des »normalen« Mitarbeiters die sich oftmals überschneidenden Policie-Inhalte von Unternehmen auf ein Bild oder einen Strip verkürzen, erzählt Cybarry, der Protagonist einer Kampagne für einen Spezialchemikalienhersteller (s. a. Kap. 5.8.2 u. Abb. S. 214-216), was er als personifiziertes »Fass« an den zahlreichen Unternehmensstandorten erlebt, und wirbt dort vor allem im Rahmen der Einführung neuer technischer Tools. Dabei wechselt er je nach Bedarf zwischen Innen- und Außensicht, ist aber stets eingebettet in die Branchen-Wirklichkeit und die spezielle Unternehmenskultur seines Wirkungskreises. Mit diesen geradezu chamäleonhaften Eigenschaften repräsentiert Cybarry auf kongeniale Weise den Ansatz der morphologischen Wirkungseinheiten (s. Kap. 5.2.1), die Mitarbei-

Abb. 62: Cybarry-Comic-Postkarte Nr. 2 mit Awareness-Quiz (s.a. S. 215-216) zur Teilnahme an einem Kampagnen-Gewinnspiel eines Spezialchemikalienherstellers auf der Karten-Rückseite (2009)

ter dann (unbewusst) spüren, wenn sich ihr Arbeitsalltag sehr stark an einem Multi-Tasking ausrichtet, so, wie es in zahlreichen Unternehmen längst Realität ist. Als Leitfigur der Kampagne ist Cybarry aber geradezu auch Ausweis (Passport!) des Unternehmens, so dass selbst in Variationen ein Einsatz bei anderen Kunden nahezu unmöglich erscheint.

Eine Comicfamilie allein macht natürlich noch keine Kampagne, selbst dann, wenn die Geschichten und Bilder als Cartoon durch alle verfügbaren Kanäle inklusive Giveaways dekliniert werden.

Interessant ist aber, dass gerade in Bezug auf Comics eine sehr starre und statische Grenze durch die Awareness-Familie verläuft. Während die einen Comics zum Treiber ihrer Kampagne machen, lehnt die andere Hälfte Security-Kommunikation via Cartoons und Comics kategorisch ab. Die Gründe für diese Ablehnung, die ich in den zahlreichen Gesprächen mit CISOs bei keinem anderen Medium als so heftig erlebt habe, sind sehr unterschiedlich. Die einen äußern die Befürchtung, mit Comics formal wie inhaltlich zu sehr zu simplifizieren, es so am nötigen Ernst fehle – bei anderen ist der Comic-Kanal durch andere interne oder externe Kampagnen besetzt.

6.3.5 Print & Co. – Text alleine reicht nicht

Neben Plakaten und (gedruckten) Comics gehören auch weitere Printmedien wie z.B. Flyer bzw. Broschüren, Magazine oder sogar umfangreiche Corporate Books zu den häufig eingesetzten Tools innerhalb von Awareness-Maßnahmen. Und auch hierfür gilt: der Erfolg hängt weniger vom Medium selbst als von Inhalt, Form sowie von der Art der Implementierung ab. Denn eine »Broschüre« oder ein »Buch« kann so ziemlich alles sein, das in der Lage ist, gedruckten Kontent zu verbreiten, etwa auch »Leitkekse« mit eingebackenen Leitsätzen, die wir im Rahmen einer Werte-Kampagne implementiert haben (s. Kap. 6.4.1).

Gerade die Frage, wie ein Tool, ein Giveaway oder eben ein Flyer von a nach b kommt, ist entscheidend für den Erfolg, weil Weg bzw. Richtung Schlüsselfaktoren der Kommunikation darstellten. Ein Flyer, der mir z.B. als Mitarbeiter persönlich vom CISO ausgehändigt wird, wird anders gelesen und anders bewertet als einer, den ich z.B. in meiner Gehaltsauswertung morgens auf dem Arbeitsplatz finde oder gar en passant auf dem Weg zum Klo aus einem Stapel von Informationsmaterial fischen müsste.

Will ich mit einem Flyer oder einer Broschüre gegenüber anderen punkten und auffallen, sollte dies idealiter über die Gestaltung bzw. physische Form, z.B. über besondere Papiere mit einer außergewöhnlichen Haptik o.ä. erfolgen.

Beispiel Policy-Implementierung

Bei einem Verlag sollte die Kurzform einer Policy in Form einer Broschüre an die Mitarbeiter verteilt werden. Da hier neben zahlreichen Regularien auch andere Informationen über Broschüren verbreitet wurden, suchte man nach einer besonderen, auffälligen Form, die das Thema Sicherheit auch haptisch kommuniziert, und entschied sich für einen Ordner mit Schleifpapier als Einband, dessen recht grobes Korn viele Mitarbeiter bereits bei der Übergabe »etwas Risikoreiches« (O-Ton) assoziieren ließ. Die Inhalte wurden über einen Zeitraum von circa drei Monaten auf vorgelochten Einzellieferungen an die Mitarbeiter verteilt. Die Policy-Blätter wurden Kapitel für Kapitel in Folie eingeschweißt und pro Lieferung – versehen mit einem richtigen Werkzeug bzw. Zubehör für zuhause – implementiert. Die als Giveaway mitgelieferten Schraubenzieher, Handbohrer oder Schraubenkästen waren auch mit dem Logo der laufenden Awareness Kampagne versehen, so dass eine Lieferung der Policy-Blätter stets verknüpft war mit der Botschaft, über das Giveaway auch etwas Praktisches zu erhalten. Zudem haben die Mitarbeiter die einzelnen Kapitel stets auch mit einem konkreten Gegenstand, dem der Sendung beigelegten Werkzeug, verbunden. So waren sie durch diese Verknüpfung offenbar in der Lage, die Quellen bestimmter Regeln in ihrer Policy wesentlich schneller aufzufinden als zuvor.

6.3.6 Intranet – Einbindung und Austausch

Ein Security-Intranet, flankiert um ein Push-Instrument wie z.B. einem Security-Newsletter, stellt bei sehr vielen Maßnahmen das informelle Herzstück einer Awareness-Kampagne dar. Hier kann jeder Security Manager ungehemmt z.B. tausende Seiten von Policies ohne großen Aufwand, ohne Kosten, oft aber auch ohne große Wirkung publizieren. Denn der bloße Betrieb eines Intranets bzw. die Publikation sicherheitsrelevanter Informationen hierin werden offenbar immer noch von vielen Unternehmen überschätzt. Die Frage, die sich in diesem Kontext stellt, ist die nach den tatsächlichen Gründen z.B. hoher Zugriffe, denn erhöhte Zugriffszahlen im Rahmen einer Kampagne werden oftmals über den Anreiz eines via Intranet publizierten Gewinnspiels o.ä. Aktionen erzielt. Inwieweit Belange der Informationssicherheit vermittelt werden konnten oder Awareness erzielt wurde, ist anhand bloßer Zugriffe selbstverständlich nicht zu ermitteln.

Zwar wird niemand leugnen, dass die Bekanntheit eines unternehmensweiten Securityportals durch Aktionen wie Quizze und Gewinnspiele bzw. Adgames gesteigert werden kann – auch die Vertrautheit mit der Usability und das exakte Lokalisieren wichtiger sicherheitsrelevanter Informationen kann hierüber eingeübt werden – , welche Nachhaltigkeit dies jedoch konkret im Awareness-Kontext schafft, kann am Ende nur über eine seriöse Evaluation geklärt werden.

Aufgrund der Ausführungen im gestaltpsychologischen Kontext von Awareness in Kapitel 5.1, insbesondere verknüpft mit dem Schlagwort »Kontakt«, aufgrund der Aussagen in zahlreichen hiesigen Interviews zum Thema (s. Kap. 8) und der Erfahrung im Kontext Web 2.0 (vgl. hierzu auch Kap. 3.3) kann allerdings davon ausgegangen werden, dass eine langfristige Bindung der Mitarbeiter an das Medium Intranet nur über eine kommunikative Einbindung gelingt, die Feedback und Austausch ermöglicht. D.h. den Mitarbeitern sollte die Option eingeräumt werden, Beiträge zu kommentieren und sich untereinander austauschen zu können, kurzum: eigenen Kontent zum Thema zu publizieren. Z.B. ermöglicht ein Corporate Blog die direkte Kommunikation zwischen Management und

Mitarbeiter, weil Inhalte kommentiert werden können. So kann sich jeder Mitarbeiter mit eigenen Meinungen, Beispielen und Erfahrungen beteiligen.

6.3.7 Social Media – Du bist Medium

Apropos Interaktivität und User Generated Kontent. Das Thema Social Media hat bisher in Security Awareness-Kampagnen so gut wie keine Rolle gespielt. Das wird sich sicher bereits in naher Zukunft ändern, obwohl die »Fräulein Rottenmeiers« in den Unternehmen sich beharrlich weigern, Social Media in ihre Arbeitswirklichkeit zu integrieren.

Die Sicherheitsbedenken mögen aus Sicht der Information Security nachvollziehbar sein; sie sind aus kulturellen und sozialen Erwägungen aber wenig produktiv. Denn mit dem Kappen von Social Media beim Eintritt in die Unternehmenswelt wird die Schere zwischen »privater« und »beruflicher« Nutzung von Internetforen, Mailinglisten, Weblogs, Podcasting, Vlogs, Wikis und Social-Bookmarking-Dienste, von Diensten wie XING, Flickr, YouTube, Del.icio.us, Mister Wong u.v.m. immer größer, während umgekehrt Privat- und Arbeitsleben oder das, was von beiden ehemals so getrennten Lebensbereichen übrig geblieben ist, immer mehr zusammenwachsen – eine Entwicklung, die ja von den meisten Unternehmen auch gefördert wird.

Schaut man sich an, wie selbstverständlich eine Digital Natives mit der Bildung von Netzgemeinschaften darin aufgegangen und bereits nach kurzer Zeit förmlich mit diesen verwachsen sind, wird deutlich, dass Unternehmen, die Mitarbeitern die von ihnen bevorzugten medialen Zugänge versagen, in naher Zukunft Probleme haben werden, exzellenten Nachwuchs zu akquirieren. Eine Awareness-Kampagne sollte in diesem Kontext von Unternehmen vielmehr als dankbare Möglichkeit aufgegriffen werden, sich dem Thema Corporate Social Media SPIELERISCH, aber durch die Begrenzung der Maßnahme auf eben eine Kampagne auch kontrolliert zu nähern (vgl. hierzu auch Kap. 3.3.5) – abgesehen davon, dass eine Awareness Kampagnen selbstverständlich auch Personalentwicklung beinhaltet.

6.3.8 AV-Medien – zwischen Schulfunk und Laienspielschar

Kennen Sie das? Laienspieler oder aus Hochglanzstocks bekannte Modells versuchen unter der Regie eines Gymnasiallehrers stotterfrei eine Security-Story zu erzählen? Ja, richtig, Sie befinden sich in einem Security Awareness-Video.

»Catch me – touch me« – Filme und Videos

Kein Security Awareness Medium scheitert so gekonnt wie Filme. Denn nicht jeder hat das Budget (bzw. zumindest dem Abspann nach den umfangreichen Stab) des Klassikers unter den Lehrfilmen zur Arbeitssicherheit, »Klaus, der Staplerfahrer« (s.http://www.youtube.com/watch?v=-DMyAHhwWIA), in dem, ausgehend von sattsam bekannten Splatterfilmen, so stark überzeichnet wird, welche Unfälle einem Staplerfahrer widerfahren können, dass keine Steigerung mehr möglich scheint. »Klaus, der Staplerfahrer« lebt vor allem von dieser drastischen Überhöhung, die aus der Arbeitssicherheit mit ihren konkreten physischen Folgen kaum in die Informationssicherheit übertragbar ist. Oder sollte man in einem Security Awareness-Video zeigen, wie eine Fehlleistung mit Teeren und Federn bestraft wird? Wohl kaum. Abgesehen davon, dass sich kein Unternehmen (offiziell!) trauen würde, sich auf eine derartige Botschaft einzulassen.

Dabei könnten AV-Medien wie Bewegbilder, Hörspiele & Co. als Katalysator für mehr und bessere interne Kommunikation fungieren. Z.B. dann, wenn Bilder und Geschichten den Betrachter während der Rezeption und auch darüber hinaus dazu bewegen, das Erlebte in etwas Konkretes zu »verwandeln«, es also in Bezug zu unserem Thema auch zu einer seelischen Anknüpfung an risikoreiche Situationen im Arbeitsalltag kommt, die sich nicht nur auf so etwas wie eine bloße Gebrauchsanweisung beschränkt, bei der man Bild für Bild und Szene für Szene abarbeitet.

Grob kann man das, was der Markt an Videos – Hörspiel sind mir bisher keine bekannt (hierzu aber unser Beispiel eines Corporate Audiobooks in Kap. 6.4.1) – hergibt, in drei Klassen einteilen:

- »Der »Retro-Schulfunk«
- »Der witzige Entsicherungsspot«
- »Das bewegte Blogger-Leben«

Reine didaktische Filme wie der »Retro-Schulfunk«, also »Lehrfilme« zum Thema Security, wie sie z.B. im Bereich Corporate Security ein niederländisches Unternehmen, im Consumer-Segment, aber auch Initiativen wie Deutschland sicher im Netz e.V. anbieten, können Präsentveranstaltungen, bei denen der zu vermittelnde Lehrstoff wenigstens als »Kommunikationshefe« für Gespräche zwischen Seminarleiter und Mitarbeitern fungiert, kaum ersetzen. Warum aber produziert man heute noch so etwas wie Schulfunk, wo schon Regelschule nur noch als hilflos anmutendes Relikt aus dem 19. Jahrhundert anmutet. Gerade im Bereich Bürger-Awareness sind (online) Videos zugänglich, bei denen man sich während des Anschauens kopfschüttelnd fragen muss, ob die Drehbücher respektive Einstellungen hierfür nicht während einer Nacht im Knast ersonnen worden sind.

Fernsehen als Vermittler von klassischen Lehrinhalten ist ja mit Ausnahme von Dokumentationen, die auch nur gesehen werden, wenn sehr spannende Themen sehr involvierend präsentiert werden, bereits seit langem aus den dritten Programmen des Öffentlich Rechtlichen Fernsehens in Deutschland verbannt. Das sagt eigentlich schon alles. Da helfen auch keine nachträglich in ein Video integrierten Corporate Elements, die uns ein Branding in einem Film suggerieren sollen, der quasi von der Stange im Awareness-Discounter vertrieben wird.

Der »witzige Entsicherungsspot«, bei dem das »falsche« Mitarbeiterverhalten auf die Schippe genommen wird, z.B. indem der Protagonist seine Passwortnotizen, als stamme er aus einem Comic, runterschluckt, nachdem er von seinem Chef beim Aufschreiben erwischt worden war, hat innerhalb von Security Kampagnen zwar Hochkonjunktur, aber bei fehlendem Bezug zur Unternehmenskultur eine eher »kurze Awareness-Haltbarkeit«, da das Involvement der Mitarbeiter ohne einen wirklichen Mehrwert in der Regel sehr niedrig ausfällt. Ein Erfolgsfaktor kann bei Awareness Spots etwa die Einbindung in etwas Großes, Umfassendes sein, z.B. durch die Besetzung der Rollen mit eigenen Mitarbeitern, die eine Kampagne auch als Testimonial tragen (s. hierzu Kap. 8.13 u. S. 220).

Das »bewegte Blogger-Leben« umfasst alle Bewegbilder, ob kurz oder lang, die im Kontext Web 2.0 aus den entsprechenden Portalen wie etwa Youtube downloadbar sind, und alle jene Video-Klone, die die damit verbundene Pionier-Ästhetik mehr oder weniger professionell zu kopieren verstehen. Niedrige Auflösung und verwackelte Bilder vermitteln zwar einen gewissen Grad an Authentizität; erfolgreich im Rahmen von Awareness-Kampagnen werden diese Videos aber nur dann sein, wenn auch ihre Protagonisten authentisch und mit allen menschlichen Schwächen dargestellt werden – im Klartext: durch Integration persönlicher und bewegender Anteile.

Wenn es schon Bewegbilder sein sollen, die im Rahmen Ihrer Awareness-Kampagne emotionale Mehrwerte schaffen sollen, starten Sie doch gleich eine Spielfilm-Reihe. Denn Themen wie Betrügereien und Täuschungen werden immer wieder und gerade auch in Hollywood-Filmen mit-bewegt.

Hollywood – Awareness mit Leiden und Leidenschaft

Im Rahmen der Security-Awareness-Gruppe einer populären Business-Community wurden von den Autoren des Buches und ihren Mitdiskutanten bis heute folgende Spielfilme zum Thema Sicherheit vorgeschlagen:

- **Die drei Tage des Condors** (USA 1975, R: Sydney Pollack) u.a. über Betrügereien durch Nachrichtendienste, bei der eine Telefongesellschaft ausgetrickst wird (Mitnick 2003)
- **Der Clou** (USA 1973, R: George Roy Hill) über zwei Trickbetrüger und also Grundformen des Social Engineering (Mitnick 2003)
- **Sneakers – Die Lautlosen** (USA 1992, R: Phil Alden Robinson) u.a. über Hacking und einen Kryptochip (Mitnick 2003)
- **Insider** (USA 1999, R: Michael Mann) u.a. über Industriespionage (Mitnick 2003)
- **Im Schatten der Wahrheit** (USA 2000, R: Robert Zemeckis) über Täuschungen, die unseren Alltag, unser Leben bestimmen
- **Changing Lanes – Spurwechsel** (USA 2002, R: Roger Michell) u.a. über den Verlust einer wichtigen Akte, einem anschließendem Hack mit dem Ziel einer Bankdaten-Manipulation, und um den Beinahe-Verlust einer bürgerlichen Existenz hierdurch
- **Burn After Reading – Wer verbrennt sich hier die Finger?** (USA 2008, R: Ethan und Joel Coen) über ein Potpourri menschlicher Täuschungen und u.a. der Rolle, die ein verlorenen Datenträger mit wichtigen Informationen darin spielt

- **Takedown – Sie dachten, Computer wären sicher** (USA 2000, R: Joe Chappelle) u.a. über Kevin Mitnick und Social Engineering
- **23 – Nichts ist so wie es scheint** (D 1999, R: Hans-Christian Schmid) über den mysteriösen Tod des Hackers Karl Koch
- **Catch me if you can** (USA 2002, R: Steven Spielberg) über den Hochstapler Frank William Abagnale Jr.
- **Titanic** (USA 1997, R: James Cameron) sowie alle Vorgänger, u.a. über das schicksalhafte Vertrauen in eine angeblich 100%ig sichere Technologie

Sie werden sich jetzt vielleicht, aber zurecht fragen, wie denn die Spielfilme zu den Mitarbeitern kommen. Von Firmenbibliotheken hat man hier und da schon gehört. Aber ein Unternehmenskino? Das erfordert ein ganz eigenständiges Kommunikationskonzept. Wie auch bei anderen Medien ist beim Einsatz von Filmen in den Awareness-Prozess eine stimmige Einbindung in den Gesamtkontext zu beachten. Die Frage der Implementierung einzelner Medien ist allerdings in allen Kanälen die Königsfrage und nur vor dem Hintergrund aller unternehmens-individuellen Aspekte zu beantworten.

6.4 Awareness-kompatible Methoden der systemischen Kommunikation

6.4.1 Narratives Management – Security braucht Story

»Manche Facharbeiter haben für die Geräusche einer Anlage so viele Worte wie Eskimos für Schnee.«
(Fritz Böhle, Institut für Sozialwissenschaftliche Forschung in München)

Da wir nun schon beim Film angekommen sind, geht's nun schnell weiter mit Geschichten. »Security braucht eine Story!« hieß es schon in der Studie »Entsicherung am Arbeitsplatz« (s. Kap. 5.3). Unternehmenssicherheit und Geschichten? Ist das nicht ein Widerspruch? Diese Frage haben wir im Grunde gerade über unsere Filmliste beantwortet. Ich möchte diese Antwort darüber hinaus aber auch direkt mit einer Geschichte flankieren.

Beispiel »Meine IT, mein Wurm, meine Abwehr«

Während des Roundtables »Wölfe & Geißen (s. r. S.) erzählte uns ein Sicherheitsbeauftragter, dass in seinem Unternehmen vor einiger Zeit Malware identifiziert wurde, deren Verbreitung relativ gering war und über den entsprechend gerne lanciert wurde, dass »nur wir diesen Wurm hatten« (»unser Wurm«). Und weiter: »Meine beiden Mitarbeiter haben sich dann hingesetzt, die ganze Nacht, und am nächsten morgen hatten sie das Problem im Griff Und die beiden (grinst zufrieden), die vorher außerhalb unserer Abteilung so gut wie niemand kannte, waren dann wer. Sie haben für uns gekämpft. Waren plötzlich die Helden – und das im gesamten Unternehmen.«

Beispiel Bunte Vögel – graues Flattern

Ein weiteres Beispiel: In einem Workshop, in dem es um das Selbstbild der Sicherheitsverantwortlichen ging, war es den Beteiligten wichtig, die Vielfalt des Gegenstandes

WÖLFE & GEISSEN

»WÖLFE & GEISSEN« heißt der Rheinische Security-Stammtisch, der seit November 2006 circa alle 2 Monate in Köln stattfindet und Experten bzw. Security-Workers aus sämtlichen Branchen und mit unterschiedlichen Perspektiven an einem Tisch vereint und zu lebhaften, z.T. kontroversen Diskussionen animiert. So ist der Titel »WÖLFE & GEISSEN« durchaus programmatisch zu verstehen. Wie vieles im Leben hat auch die Security, haben auch ihre Protagonisten immer zwei Seiten: sie sichern und entsichern zugleich! Und in dem Grimmschen Märchen, auf das der Titel Bezug nimmt, finden sich Sicherung und Entsicherung sowie Hinweise auf alle weiteren Aspekte, die das Security-Terrain abstecken: Kontrolle, Täuschen, Infizieren, Phishen, Verstecken, Entlarven, etc.

zu beschreiben, mit dem sie sich tagtäglich beschäftigen. Man beschrieb sich als »bunter Haufen« und schließlich wurde dieser »Haufen« im Verlauf der Arbeit zu einem Bild »bunter Vögel« verdichtet, eine Figuration (s. Kap. 5.8), die in der Tat erahnen lässt, wie lebendig man den Alltag in seinem Security-Arbeitsumfeld erleben kann. Nur leider – und das impliziert bereits die Wahl des Idioms – wird diese Vielfalt und Individualität auf Seiten der Mitarbeiter in den meisten Unternehmen kaum bis gar nicht wahrgenommen. Dieses graue bis völlig unbelebte Image kennzeichnet sehr deutlich eines der Grundprobleme der Unternehmenssicherheit: Es fehlt nicht an belebenden »Geschichten«, die erzählt werden könnten, wohl aber am Know-how, die Menschen, denen diese Sicherheit ja nutzen soll, einzubinden in ein umfassendes Ganzes, das u.a. Kontakt, Interesse, Aktivierung und Verantwortung einschließt.

Das soll natürlich nicht bedeuten, dass Unternehmen wie am Fließband kontrollierte Malware-Attacken kultivieren sollten, wenn es aus der Unternehmenssicherheit (scheinbar) keine (anderen) Geschichten zu erzählen gibt als etwa einen Virenbefall o.ä.. Der Erfolg von Kevin Mitnicks Buch »Die Kunst der Täuschung« und die offenbar verblüffende Wirkung sensibel gestalteter Social Engineering Assessments (s. Kap 6.5.2 und 8.9) aber stützen die zitierten Erkenntnisse über die belebende Wirkung von dramatisch aufbereiteten Geschichten – auch im Rahmen der Informationssicherheit.

Storytelling – Magie des Unverbrauchten?

Noch vor wenigen Jahren wäre es undenkbar gewesen, dass Storytelling oder andere narrative Ansätze als Management-Methode strategisch genutzt werden würden. Aktuell aber scheint es in Mode gekommen zu sein, auf Ansätze zu bau-

Abb. 63: Plakat für »Wölfe & Geißen«

en, die eine gewisse »Magie des Unverbrauchten« verströmen. Selbst Controller-Persönlichkeiten oder gar eher technisch geprägte Führungskräfte entdecken zunehmend wieder das Menschliche bzw. menschliche Erfahrungen und Empfindungen als einen wichtigen Erfolgsfaktor. Nicht zuletzt wohl auch deshalb, weil zahlreiche klassisch betriebswirtschaftliche oder rein der Organisationslehre verpflichteten Veränderungsansätze, in denen emotionale Qualitäten so gut wie keine Rolle spielen, inzwischen als gescheitert gelten.

Dabei sind narrative Methoden gar nicht so neu. Denn das Erzählen von Geschichten gehört zu den ältesten Gewinn versprechenden Kommunikationsansätzen. Auf dem Erzählen beruhte vor der Erfindung der Schrift die Weitergabe von Know-how von Generation zu Generation. Sie werden weit und breit keine Kultur finden, in der nicht Legenden und Märchen erzählt werden. Nicht umsonst setzt z.B. auch die Morphologische Psychologie (s. Kap. 5.2.1) auf Märchen (s. Kap. 5.8), um über die Auseinandersetzung mit einem Fall grundlegende Wirkverhältnisse zu identifizieren und in ein Bild zu rücken. Denn Märchen stellen, gerade auch weil Ihr Bekanntheitsgrad sehr hoch ist, anschauliche Prototypen für die Behandlung von Wirklichkeit dar. Auch die moderne Markenführung setzt sehr stark auf den Einsatz von Geschichten. Es dürfte selbst Otto Normalverbraucher kein Geheimnis sein, dass Marken nichts anderes als die Summe derjenigen Geschichten sind, die über sie erzählt werden. Und der Politikwissenschaftler Herfried Münkler sagt: *»Der Weg der Entzauberung führt zum reinen Administrieren[...] Dagegen gibt es zwei Bedenken: dass Administrieren angesichts der Größe und Neuheit der Herausforderungen überfordert [...] ist. Und dass den Menschen auf Dauer bloße Verwaltung nicht genügt, sondern sie die Dinge umgestalten wollen [...] Man braucht Erzählungen als Orientierung, solche von der Vergangenheit, solche über die Zukunft.«* (Münkler 2009)

Aber was ist eigentlich Storytelling (deutsch: »Geschichten erzählen«)? Storytelling ist eine Methode des Narrativen Managements, mit der vor allem so genanntes implizites Wissen in Form von Metaphern tradiert wird. Implizites Wissen – oder auch »Stilles Wissen« (engl. tacit knowledge)- bezeichnet im Grunde nichts anders als Alltags-Know-how und Informationen, deren wir uns nicht bewusst sind. Es handelt sich also um nicht formalisiertes Wissen, das schwer erklärbar ist und sich in der Regel eher non-verbal artikulieren lässt, indem man z.B. ganz praktisch demonstriert, was man weiß oder kann. In Zusammenhang mit anschaulichen Beispielen verweisen zahlreiche Quellen etwa auf die Fähigkeit, das Gleichgewicht beim Fahrradfahren zu halten. Wer Radfahren kann, ohne zur Seite zu kippen, weiß implizit um komplexe physikalische Gesetze, die aktuelle Geschwindigkeit, die Lenkhaltung und den Neigungswinkel des Zweirads berücksichtigen.

Solche oder ähnliche Regeln lassen sich aber gerade auch durch Geschichten vermitteln. Die Zuhörer werden beim Storytelling also über eine fesselnde Dramaturgie in die Geschichte eingebunden, damit sie den Inhalt leichter verstehen. Durch die Berücksichtigung möglichst vieler Sinne werden Inhalt und Intention eben nicht nur akustisch wahrgenommen, also »gehört«, sondern auch »erlebt«. Das zu vermittelnde Wissen wird auf diese Weise besser verstanden und verarbeitet. So vereinen Geschichten – auch, weil sie über eine strukturelle Mechanik funktioniert, die lehrreich wie anregend zugleich wirken – so vielfältige Ansätze wie kaum andere Instrumente des modernen Managements.

Karin Thier, die ein sehr anschauliches, weil leicht verständliches und doch sehr umfängliches Buch geschrieben hat, definiert Storytelling als eine Methode, »mit der (Erfahrungs-)Wissen von Mitarbeiter über einschneidende Ereignisse im Unternehmen [...] aus unterschiedlichen Perspektiven der Beteiligten erfasst, ausgewertet, und in Form einer gemeinsamen Erfahrungsgeschichte aufbereitet wird. Ziel ist, die gemachten Erfahrungen, Tipps und Tricks zu dokumentieren und damit für das gesamte Unternehmen übertragbar und nutzbar zu machen.« (Thier 2006)

Impact und Identifikation

»Gute« Geschichten vermitteln also nicht nur Spaß, sie erzeugen auch einen hohen Impact und Identifikation mit dem Gegenstand ihrer Handlung. Mit einer Geschichte kann man sich in den Mittelpunkt des Geschehens hieven. Man fesselt die Zuhörer, ringt ihnen gerade über die involvierenden Qualitäten Aufmerksamkeit ab. Man tauscht sich aber auch aus. Geschichten helfen, die eigenen Werte zu beschreiben. Aber sie fordern vom Zuhörer auch Reaktionen, z. B. indem diese sich selbst positionieren und so Orientierungshilfen gewonnen werden.

Dabei ist Storytelling weder belangloses Geplapper noch beschönigende PR-Kosmetik. Geschichten aktivieren die offenen und vor allem aber die verborgenen emotionalen Züge, die wiederum unsere Kreativität anregen, so dass beste Vorraussetzungen geschaffen werden, Lernstoffe auch ganzheitlich wahrzunehmen. Auf diese Weise können auch relativ komplexe Sachverhalte sehr anschaulich und nachvollziehbar vermittelt werden – auch in Unternehmen.

Beispiel **Olympia 2008: Rührende Schicksalsgeschichten**

Gerade die Wahl zum Sportler des Jahres 2008 hat eindrucksvoll belegt, wie emotionale Qualitäten, die Menschen anrühren, diese zu »Schicksals-Gemeinschaften« zusammenschweißen. Die Profis, die Sport-Journalisten selbst, haben hier eindeutig im Sinne ihrer Zielgruppe, den Menschen vor den TV-Bildschirmen, entschieden. Und das, obwohl sie auch anders hätten wählen können, nämlich quantitativ, wie es sportliche Wettbewerbe im Grunde vorgeben. Sie haben aber mit dem Gewichtheber Matthias Steiner und der Schwimmerin Britta Steffen die beiden größten Hauptdarsteller ihrer jeweils eigenen Schicksalsgeschichte ausgezeichnet.

Wären die wahlberechtigten Journalisten tatsächlich quantitativ vorgegangen, hätten sie sicher andere Sportler finden können, deren Leistung im Sinne eines Ertrags höher zu bewerten sind, weil sie 2008 mehr als eine (Steiner) oder zwei (Steffen) Goldmedaillen gewonnen haben: der Vielseitigkeitsreiter Hinrich Romeike etwa, der bei den Olympischen Spielen in Peking gleich zwei Mal Gold errang. Oder Timo Boll, der sage und schreibe alle drei möglichen EM-Titel im Tischtennis verteidigte. Oder etwa Magdalena Neuner, die wie schon 2007 auch 2008 drei WM-Titel im Biathlon vorweisen konnte. Zwar waren die Medaillen von Steffen und Steiner die Eintrittskarte in die Top-Ten dieser Sportlerwahl – Silber hätte wohl in beiden Fällen kaum hierfür gereicht; die eigentliche Win-Situation ist aber den persönlichen Geschichten der beiden zuzuschreiben, die inzwischen nicht nur jeder Deutsche TV-Zuschauer kennt: der tragische Unfall-Tod von Steiners junge Ehefrau und ihr Bild, das er stets bei sich trägt, sowie die nahezu zerstörerisch anmutenden Selbstzweifel der Steffen mit der kompletten Klaviatur von emotionalen Auf und Ab's. Damit wurden auch zwei Menschen ausgezeichnet, in deren jeweiligen Geschichte das Scheitern zum Grundprinzip des Erfolgs gehört. Und im Aspekt des Scheiterns ist exakt das Detail verborgen, das z.B. der gegenüber Britta Steffen wesentlich medien-affinere Fecht-Olympiasiegerin Britta Heidemann, ein »Star« ohne Makel, fehlte, um sich bei dieser Wahl ganz oben positionieren zu können. Gerade dieses Ineinander von Gewinn und Verlust ist das, was Menschen wirklich bewegt.

Soziales Gedächtnis

Auch über Unternehmenskulturen existieren Geschichten in jedem Unternehmen – ganz unabhängig davon, ob sie über Storytelling, über Methode a oder Methode b identifiziert werden oder nicht. Der amerikanische Wissenschaftler David M. Boje, der mehr als zehn Bücher zum Thema »Narratives Management« und auch über die Belebung des »sozialen Gedächtnisses« durch Geschichten, geschrieben hat, behauptet, dass vermehrt auftauchende Geschichten Anzeichen dafür sind, dass in Unternehmen Veränderungsprozesse stattfinden oder bevorstehen (Boje 1991).

Allein aus dem Wissen, dass eine solche inoffizielle Kultur ohne bewusste Identifikation und Behandlung ein strategisch in der Regel weniger nutzbares Eigenleben entwickeln würde, ergibt sich eine eindeutige Verpflichtung der Unternehmen, sich mit Ihren Kulturen auseinanderzusetzen, daraus resultierende Veränderungsprozesse zu steuern und die in diesem Rahmen bedeutenden Ressourcen – auch Geschichten – gewinnbringend einzusetzen.

Leider kehren gerade diejenigen Unternehmen, die behaupten, es gebe aus ihnen heraus »eigentlich nichts Interessantes« zu berichten, ihre narrativen Schätze, die die Historie ihnen wohlwollend zugespielt hat, unter den Teppich. Geschichten aus dem Inneren der Unternehmen werden offiziell oft »klein« gemacht, weil man ihren Wert nie schätzen gelernt hat oder man sich etwa für »Ecken und Kanten« oder für den emotionalen Anteil schämt – die Unternehmensrealität wird mithin als störend und als mit Makel behaftet wahrgenommen.

So wird dann die Unternehmenskommunikation angewiesen, Unerwünschtes, das Emotionale, glatt zu bügeln, weil man hinter vermeintlich stromlinienförmigen Auftritten weniger Streuung hinsichtlich der Zielgruppen vermutet und sich somit größere Marktanteile verspricht. Oft sind es aber gerade die »grauen«, scheinbar »unbelebten« Unternehmen oder Unternehmensbereiche, die fesselnde Gründungsgeschichten, über zahlreiche Krisenintervention und grundsätzlich Stoffe zu erzählen haben, die eng mit den emotionalen Qualitäten ihrer Hauptdarsteller, den Menschen, verknüpft sind.

6.4 ▪ Awareness-kompatible Methoden der systemischen Kommunikation

Flurfunk: Twittern analog

Gerade auch in vermeintlichem Klatsch und Tratsch steckt viel Wirklichkeit. Aus diesem Grund hat sich in den Grauzonen der Unternehmen, in den Büros, auf den Fluren, in den Küchen und Cafeterias der Flurfunk (s.a. Kap. 6.3) entwickelt, die inoffizielle »Kommunikationshefe« aller Unternehmen. Sie kennen das sicher. Wer hier genau zuhört, ist seinem Kollegen in punkto Information oftmals einen Schritt voraus, und manchmal entstehen die besten Ideen beim gemeinsamen Teetrinken, Rauchen oder Klönen. Zuletzt wurden gerade auch durch das Rauchverbot neue, inoffizielle Kommunikationszonen geschaffen, in denen Mitarbeiter, die sich jahrelang fast ausschließlich über E-Mail ausgetauscht haben, wieder miteinander reden. Wer den »Flurfunk« aktiv pflegt, kann also sehr viel über seine Kollegen und Mitarbeiter erfahren. Mehr noch aber über das Unternehmen, in dem er arbeitet, mithin über seine Unternehmenskultur. Und natürlich auch über die herrschende Sicherheitskultur.

Wie kann aber Storytelling produktiv im Feld von Security Management oder Security Awareness wirken? Joanne Martin, die in den 1980er und 1990er Jahren organisationale Geschichten in den USA sammelte, unterscheidet folgende Storytelling-Typen (Martin & Powers 1985):

- Geschichten zu Statusunterschieden
- Geschichten über bestehende Unsicherheit und Sicherheit
- Geschichten über den Grad der vorhandenen Kontrolle

Für sämtliche hier beschriebene Typen lassen sich gerade auch im Themenfeld Informationssicherheit anschauliche Praxisbeispiele finden.

Geschichte zu Statusunterschieden

Hier spielen u.a. Regelverstöße und deren Ahndung auf den verschiedenen Hierarchieebenen eine große Rolle. Interessant wäre zu identifizieren, ob und wie solche Verstöße in Unternehmen geahndet werden und wie etwa potenzielle Bestrafungen z.B. im Rahmen von Policy, Awareness-Maßnahmen oder über andere Kanäle kommuniziert werden. Auch das Thema »Whistle Blowing« gehört in diese Kategorie, denn es spielt z.B. für die Glaubwürdigkeit von Security Awareness-Maßnahmen eine gewichtige Rolle, was genau passiert, wenn Mitarbeiter der obersten Ebene Regelverstöße begangen und Mitarbeiter der unteren Ebene diese entdeckt haben. Darüber hinaus lässt sich via Storytellling auch klären, ob und wie »menschlich« sich Führungskräfte im Unternehmen verhalten, denn ein Vorgesetzter, der nicht in der Lage ist, sich auch ab und zu »ungesichert« geben zu können, würde als Testimonial einer Werte- oder Security Awareness-Kampagne aufgrund einer eingeschränkten Glaubwürdigkeit ein großes Problem darstellen.

Geschichten über bestehende Unsicherheit und Sicherheit

»Wie schnell wird man gefeuert?« »Was muss ich getan haben, damit sich mein Vorgesetzter nicht mehr loyal hinter mich stellt?«, etc. gehören zu den zentralen Fragen, mit denen Mitarbeiter sich im Unternehmen beschäftigen. Der Link zur Security ist kurz. Mitarbeiter, denen die Führung auch Fehler zugesteht und die darüber hinaus die Loyalität ihrer Vorgesetzten spüren, werden sich auch gegenüber diesen und dem Unternehmen als Ganzes eher loyal verhalten als andere, die eine permanente Unsicherheit verspüren. Die Stärkung von Mitarbeitern kann also u.a. auch eine Aufgabe von Security Awareness Maßnahmen sein, mit dem Ziel, die Verantwortung gegenüber dem Unternehmen und dessen Werte zu stärken.

Geschichten über den Grad der vorhandenen Kontrolle

Die zentrale Frage, die hierüber beantwortet wird, muss lauten, wie ein Unternehmen grundsätzlich mit Problemen umgeht, z.B. wie restriktiv die Informationssicherheit die Kanäle der Mitarbeiter nach Außen behandelt. Oder welche Freiräume Mitarbeitern grundsätzlich eingeräumt werden. Denn übermäßige Kontrolle – das hat u.a. die Studie »Entsicherung am Arbeitsplatz« (s. Kap. 5.3) gezeigt – wirkt sich kontraproduktiv auf das Risikogemenge des Unternehmens aus.

Storytelling-Methoden und Durchführung

Storytelling kann also helfen, Unternehmen grundsätzlich im Rahmen aller Change-Prozesse zu unterstützen, vor allem aber z.B. bei der Identifikation von Prozessstärken und -schwächen oder hinsichtlich der Begleitung und Sicherung von Knowledge Management.

> **Grob können drei methodische Storytelling-Richtungen differenziert werden:**
> - Storytelling als Analyse-Methode und zur Wissensdokumentation: implizites Wissen wird in Form essentieller Ereignisse erhoben, in Form einer Erfahrungsgeschichte aufbereiten und im Rahmen von Workshops u.a. reflektiert (z.B. Learning History, entwickelt von Forschern der M.I.T in Harvard und Managern aus verschiedenen US-Unternehmen)
> - Storytelling als Kommunikationsinstrument und Transfer-Tool: Geschichten, in denen es um heikle Themen geht, werden über Analogien bzw. Metaphern »entschärft« und über einen quasi-fiktiven Kanal, über den sich leichter sprechen lässt als über die Wirklichkeit, verbreitet (z.B. Comics, s.a. Kap. 6.3.4)
> - Storytelling als aufbereitete Change-Tools: Geschichten werden identifiziert und bezüglich ihrer Wirkung hinsichtlich eines geplanten Wandels bearbeitet, z.B. Springboard-Stories von Steve Denning (Denning 2001)

Bei der Durchführung einer Storytelling-Maßnahme werden in der Regel folgende Prozessschritte durchlaufen:

- Strategische Planung inkl. Kick-off
- Leitfaden-Erstellung und Durchführung der Interviews

- Interviewanalyse
- Schreiben der Geschichte/des Erfahrungsdokumentes
- Validierung bzw. Abnahme
- Veröffentlichung

Die Dramaturgie dieser Prozessschritte zeigt auch das folgende Projektbeispiel.

> **Beispiel** Leitbild-Kommunikation für M. Du Mont Schauberg
>
> Um einmal über den Tellerrand der Security-Awareness hinauszublicken, hier ein Beispiel aus der Werte-Kommunikation bei M. Du Mont Schauberg. Aufgabe war es, die Einführung neuer Leitsätze durch eine Awareness-Kampagne zu begleiten.
>
> Die Hauptziele waren
>
> - die Bekanntmachung der Inhalte der 6 Leitsätze (inkl. einer Präambel) zu den Themen Führung, Zusammenarbeit, Verantwortung, Fehlerkultur, Kundenorientierung, etc.
> - sowie die Unfütterung derselben durch die Darstellung von Prozessen bzw. »geheimen Faktoren«, die zu den neuen Leitsätzen geführt haben, auch um diese als Thema innerhalb der Kommunikation der Mitarbeiterschaft zu verankern.
>
> Einmal abgesehen von den üblichen betrieblichen und branchenspezifischen Veränderungen, an denen derzeit kaum ein Unternehmen vorbeikommt, schien ein gewisser kommunikativer Aufwand hier auch insofern notwendig zu sein, als dem Launch der Leitsätze ein Prozess vorausging, der sich nicht nur auf die Monate der Findung und ihrer konkreten sprachlichen Formulierung durch die beteiligten Führungskräfte beschränkte. Denn die Geschichte dieser neuen Leitbilder reichte weit zurück bis hin zur Implementierung früherer Leitsätze, die offenbar nicht ausreichend kommuniziert wurden, zumindest aber – dem Hören und Sagen nach – wenige spürbare Konsequenzen nach sich gezogen hatten, so dass die alten Leitsätze zum Zeitpunkt der Entscheidung für die Erarbeitung der neuen Sätze bereits als »verbrannt« angesehen wurden.

Wie die zehn Gebote?

Verkürzung von Leitkultur auf einige wenige kurze Sätze á la »Die zehn Gebote« lassen einerseits auf den Vorteil schließen, dass diese Sätze kurz und knackig, also plakativ daher kommen und relativ unkompliziert kommuniziert bzw. von Mitarbeitern schnell erfasst werden können. Andererseits führt jedoch diese Vereinfachung dazu, dass eine gewisse Verwechselbarkeit geschaffen wird, bei der stets das Risiko besteht, dass Mitarbeiter gerade auf die Verknappung unsicher reagieren. Viele mögen den Inhalten zustimmen, fragen sich aber gleichzeitig achselzuckend, warum selbstverständlich erscheinenden ethischen Grundlagen – quasi recycled – eine derartige Wichtigkeit zugemessen wird, wie es im Rahmen von Einführung und Leitbild den Anschein haben mag.

Insofern ist es im Rahmen der Kommunikation unerlässlich, nicht nur auf die Existenz neuer Leitlinien einzugehen, sondern gerade auch das Wie – die Entstehungsgeschichte – transparent zu machen.

Bezüglich der Kommunikation wollte man es diesmal auch besser machen als zuvor und beauftragte parallel zu Workshops, die mit Führungskräften der zweiten Ebene durchgeführt wurden, um die Idee vertikal zu implementieren, ein Kommunikationskonzept und -tools zu Begleitung dieses Prozesses. Es sollten Tools geschaffen werden, die

- die informelle Ebene der reinen Kommunikation von Leitbild-Inhalten abdecken und
- über emotionale Qualitäten Impact und Involvement schaffen.

Vor diesem Hintergrund entschied man sich für folgende, miteinander verzahnte Kommunikationsmodule (s. a. Abb. auf S. 213)

- Plakate
- Giveaways
- Corporate Audiobook
- Mitarbeiter-Events zum Launch

Zunächst wurden drei Plakatreihen entwickelt, die – jede für sich – auch auf die Mitarbeiter-Events anlässlich des Launchs der Leitsätze hinwies. Auf Grundlage des Corporate Designs wurde zwar kein Kampagnenbrand entwickelt, aber ein Key Visual geschaffen, das auch im Rahmen der weiteren Medien konsistent eingesetzt wurde.

- Plakat a enthielt neben dem Key Visual Schlüsselbegriffe aus den Leitsätzen.
- Die 6 Plakate der Reihe b enthielten jeweils nur einen Schlüsselbegriff in nahezu formatfüllender Größe
- Plakat c, das exakt an das Motiv aus a angelegt wurde, enthielt neben dem Key Visual die 6 kompletten Leitsätze

Die Plakate wurden, um die Neugier der Mitarbeiter zu steigern, wie in einer Teaser-Kampagne üblich – dramaturgisch aufeinander aufbauend – am Unternehmenssitz ausgehängt; zuerst die Plakate der Reihen a und b und kurz vor den Mitarbeiter-Events die »Auflösung« via Reihe c mit den kompletten Leitsätzen.

Parallel zur Publikation der Plakatreihen a und b wurden über das Firmenrestaurant so genannte »Leitkekse«, nichts anderes als Glückskekse mit jeweils einem der sechs Leitsätze, an die Mitarbeiter verteilt, so dass sich die Inhalte des neuen Leitbildes – sukzessive und verteilt über einige Tage und die verschiedenen Medien – erschließen ließen.

Spieltrieb führt unmittelbar zum Kern

Ein weiteres Giveaway war der »Magic Cube«, ein so genannter »Zauberwürfel«, der aus insgesamt 8 jeweils auf allen sechs Seiten bedruckten Würfeln – mithin insgesamt 48 Bildmodulen – besteht, bei denen durch Drehen unterschiedliche Bild-Kombinationen

6.4 • Awareness-kompatible Methoden der systemischen Kommunikation

Abb.: 64: Awareness-Plakat für eine Leitbild-Implementierung von M. Du Mont Schauberg

entstehen. Der Spieltrieb und die Entdeckerfreude führen bei diesem Werbemittel erfahrungsgemäß zu einer intensiven – auch haptischen – Beschäftigung mit dem eigentlichen »Kern«, der erst entdeckt werden wollte. Denn der Abdruck der sechs Leitsätze war im Innenteil des Würfels quasi »versteckt«, während außen Fotos aus dem Unternehmen die visuelle Oberfläche bildeten. Zudem war als zusätzlicher Benefit eine Bohrung vorgenommen worden, so dass der Cube auch bei eher nüchternen Anwendern zumindest als Stifthalter »funktionieren« sollte.

Audiobook als Ritualizer

Das Herz der Awareness-Strategie war jedoch die Produktion eines circa 20minütigen Audiobooks (Abb. 95/96), für das man sich entschieden hatte, weil durch das Briefing deutlich wurde, dass u.a. auch nach einer Vermittlungsform gesucht wurde, die die Mitarbeiter einlädt, ihre Konzentration aktiv auf das Medium zu richten. Sprich: das Thema »Film« wurde ganz bewusst ausgeklammert, weil weder eine Assoziation in Richtung »Popcornkino« noch hinsichtlich »Schulfernsehen« oder affirmativer »Werbeclip« gewünscht war. Mit dem Aspekt des »Hörens« wurde vielmehr eine Stimmung verbunden, der man zuschrieb, u.a. auch den subjektiv empfundenen Verlust von Gemeinsamkeiten im Unternehmen – gerade auch im Sinne von Ritualen – entgegen wirken zu können. Auch wurden mit einem Audiobook »kulturelle Qualitäten« assoziiert – ein vielschichtiges Giveaway, das potenziell auch unterwegs oder zuhause gehört werden kann und das man danach eher ins Regal stellt als es zu entsorgen, dem unwiderrufbaren Schicksal vieler Werbemittel, die ohne nachhaltige Kommunikationsstrategie implementiert werden.

Das Buch für dieses Hörspiel wurde im Rahmen eines Narrativen Managements innerhalb von fünf Tagen auf Basis einer Wirkungsanalyse (s. Kap. 5.7) der Unternehmenskultur mit insgesamt 17 tiefenpsychologischen Interviews erstellt, die über einen Zeitraum von zwei Wochen in einem externen Studio durchgeführt wurden. D.h. die Mitarbeiter haben über die bis zu zweistündigen Interviews direkt oder indirekt – quasi als Co-Autor

– an diesem Leitbild-Hörspiel »mitgewirkt«, indem sie u.a. ihre Unternehmenskultur beschrieben und den Interviewern Geschichten aus dem Unternehmen erzählt haben. Auch Aufgaben wie z.B. die Darstellung des eigenen Arbeitsplatzes über eine Collage oder projektive Abfragen wie etwa »Unternehmen als Tier« (als »Auto«, als »Lied«, etc.) haben dazu beigetragen, eine vielfältig einsetzbare Material-Sammlung einzelner Geschichten zu generieren.

Doppelkultur

Auf die exakten Ergebnisse der Wirkungsanalyse kann hier aus sicher nachvollziehbaren Gründen nicht näher eingegangen werden. Auffällig war jedoch, dass hier offensichtlich zwei unterschiedliche Unternehmenskulturen zum Zuge kommen, deren Wurzeln sowohl in branchen-immanenten Veränderungsprozessen, aber auch in einem Standort-Wechsel und in einschneidenden Wechseln in der Geschäftsleitung zu suchen sind. Das Aushalten dieser Doppelkultur führt bei den Mitarbeitern zu überdurchschnittlich hohen psychischen Aufwendungen, aus denen die Analyse insgesamt vier Hauptumgangsformen ableiten und mithilfe von Spielzeug-Figuren auch visualisieren und in eine Typologie überführen konnte.

> »Fakt ist, dass durch die Methode eine fundierte, umfassende und messerscharf zutreffende Zustandsbeschreibung der Situation des Hauses, der Gefühlswelt der Mitarbeiter und der Unternehmens-Doppelkultur (alt/neu) erstellt wurde, die ihresgleichen sucht. Die Ergebnisse haben z.B. unseren Betriebsrat derart überzeugt, dass er erkannt hat, dass wir alte Fehler nicht wiederholen wollen und ernsthaft etwas Neues schaffen wollen.« (Kurt Schumacher, M. Du Mont Schauberg)

Das Skript trug diesen Veränderungen Rechnung, indem es mehr als ein Dutzend assoziativer Szenen im Stile diverser Radioshows und -snippets (vom Quiz, über Wettervorhersage, Staumeldung, Hörspiel bis hin zum Interview, jeweils mit Kanalrauschen als Blende) in einer Logik aneinanderreiht, die alle qua Wirkungsanalyse identifizierten Umgangsformen der Mitarbeiter mit den »neuen« Situationen berücksichtigt und über exemplarische Typen beschreibt. Eine formale Klammer bildet eine simulierte Taxifahrt vom alten Standort zum neuen, deren Fahrzeit exakt der Zeit des Hörspiels entspricht.

Das Audiobook wurde mit Unterstützung eines erfahrenen Hörspiel-Studios sowie mithilfe von insgesamt 7 Sprechern und Sprecherinnen und zwei Musikern sowie O-Tönen der Unternehmensleitung innerhalb von vier Tagen aufgenommen und einer weiteren viertägigen Postproduktion unterzogen. Der Auswahl der Sprecher ging ein umfangreiches Casting voraus, bei dem vor allem auf den Aspekt der Authentizität der beschriebenen Typen geachtet werden musste, weil die Mitarbeiter trotz der Überhöhung, die sich bei der Darstellung ihrer Umgangsformen angeboten hatte, nicht desavouiert werden sollten.

Während der Postproduktion wurden u.a. auch zahlreiche Klangeffekte zur auditiven Illustration erstellt. Auch solche, die auf O-Tönen aus dem Unternehmen basierten, z.B.

Fahrstühle, Geräusche aus dem Betriebsrestaurant und der Produktionsstätte o.ä., die unmittelbar auch zur Wiedererkennbarkeit des Unternehmens innerhalb des Hörspiels beitragen.

Das Endergebnis wurde mit umfangreichen Begleit-Booklet inklusive der erneuten Dokumentation der eigentlichen Leitsätze als CD aufbereitet. Unberührt von dem Medium CD, das als Mitarbeiter Giveaway eingesetzt werden kann, besteht aber natürlich hier auch die Option, Podcast-Häppchen übers Intranet verfügbar zu machen bzw. vor einer eigentlichen Aufführung zu teasern.

Zur Umsetzung eines Corporate Audiobooks erforderlich:

- ein Team mit mindestens zwei Psychologen und Erfahrungen im Bereich der tiefenpsychologischen Wirkungsanalyse
- einen Storytelling-Experten bzw. Drehbuchautor mit Erfahrung im Bereich des Narrativen Managements, der ggfs. auch die Regie übernimmt
- ein professionelles Aufnahme-Studio mit passendem Equipment
- einen Produktionsleiter mit dramaturgischer Erfahrung
- einen Techniker und Aufnahmeleiter
- diverse Sprecher
- Musik-Lizenzen und O-Töne
- ein Designer bei Verwertung durch eine CD (CD-, Cover- und Booklet-Gestaltung)

Beispiel Passworttauschbörse mit Security-Roman bei einem Medienunternehmen

Dass sich das Thema Sicherheit auch als Lieferant für Stoffe kurzweiliger Unterhaltung eignet, hat 2008 bereits der Antivirus-Hersteller Sophos mit der Herausgabe des IT-Krimis und Promotion-Tools »Spam aus dem achten Stock« (Sauer 2008) demonstriert. Und auch die Diplomarbeit OpenThriller des Schweizers Christian Riesen (www.openthriller.com) kokettiert unter dem Untertitel »8 Leichen, 222 IT-Security-Fachbegriffe, 1 Bundestrojaner, 2 Bücher – der erste Informatik-Lernthriller der Welt« (Riesen 2008) mit Chiffren der Pop-Literatur.

Ein weiteres anschauliches Beispiel sowohl für Security-Stories im Pop-Gewand als auch für eine eher »pragmatische« Version des Storytellings, die auch auf aktionistische Elemente setzt und so Teil eines sozialen Awareness-Events darstellt (s Kap. 6.5.1), ist die »Passwort-Tauschbörse«, die für ein Unternehmen entwickelt wurde, das kurzfristig einen Awareness-bezogenen Eye-Opener im Vorfeld einer Kampagne implementieren wollte.

Dem Security-Management war es sehr wichtig,

- sehr bald und außerhalb von reinen didaktischen Veranstaltungen in einen direkten Kontakt mit den Mitarbeitern zu kommen

- den Mitarbeitern etwas Haptisches in die Hand geben zu können, z.B. ein sehr individuelles Security-Giveaway, das auch einen direkten Bezug zum Geschäftsfeld aufweist
- die Individualität des Unternehmens resp. die Herkunft – mithin etwas Eigenes – über mehr als nur ein einfaches Branding via Logo o.ä. herauszustellen
- eine individuelle und sehr ungewöhnliche Maßnahme auf die Beine zu stellen, die einerseits die Mitarbeiter involviert und andererseits aber auch einen lebendigen Eindruck beim Management hinterlässt

Zunächst wurde mit Plakaten und Postkarten für eine Security-»Messe« unter dem Titel »Passwort-Tauschbörse« geworben, die in unmittelbarer Nähe des Betriebsrestaurants stattfinden sollte. In einem Foyer platzierte sich das Security-Mangement mit Informationsmaterial (Flyer, Poster, Postkarten, etc.) und Tools zur »Messung« der Passwortstärke bzw. zur assoziativen Memorierung des Passworts.

Darüber hinaus wurde ein Krimi-Autor eingeladen und damit beauftragt, bestehende oder ältere Passwörter der Mitarbeiter zu erfragen und zu sammeln, um auf Basis dieser Begriffssammlung ad hoc live im Unternehmen selbst einen Kurzkrimi zum Thema »Informationssicherheit« zu schreiben.

Der Autor wurde vorab über die Pain Points der Security-Abteilung und die potenziellen Inhalte einer kommenden Kampagne unterrichtet. Im Rahmen eines Workshops mit Autor, Security-Management, Unternehmenskommunikation und ausgewählten Mitarbeitern wurde vor dem Event gemeinsam ein Plot für den Security-Kurzkrimi erstellt, der konkrete und gefühlte Risiken für das Unternehmen und Geschichten aus demselben sowie konkrete Corporate Locations berücksichtigte, in denen die Mitarbeiter Ihr Arbeitsumfeld wiedererkennen sollten.

Security-Groschenheft

Da aufgrund der Erfahrung davon ausgegangen werden konnte, zahlreiche triviale Passwörter in Form von Namen und persönlichen Vorlieben der Mitarbeiter zu erhalten, und der Autor als Theater-Dramaturg zudem über Erfahrung mit literarischen Live-Aktionen verfügte, war man sicher, auf dieser Grundlage auch innerhalb der Kürze der verfügbaren Zeit eine Corporate Story generieren zu können, die später im Rahmen eines »Security-Groschenhefts« an die Mitarbeiter verteilt werden sollte.

Das Event selbst konnte – zumindest quantitativ – als Erfolg verbucht werden, da es nahezu von der kompletten Belegschaft be-

Abb. 65: Postkarte für ein Mitarbeiter-Event

sucht wurde und sich mehr als drei Viertel mit »alten« Passwörtern, Witzen, Legenden, Geschichten über wahre Begebenheiten im Unternehmen und sogar mit Vorschlägen für die konkrete Ausgestaltung des Kurzkrimis an dem Schreibprozess beteiligten. Die Mitarbeiter konnten z.T. live mitverfolgen, wie aus dem Plot eine fast fertige Geschichte wurde, die quasi vor der Haustür in ihrem Unternehmen spielte.

Nach einer Validierungsphase über einen Zeitraum von etwa 10 Tagen und die Abnahme durch Management und Betriebsrat konnte der 16seitige Kurzkrimi im DIN-A-5-Groschenheft-Format circa drei Wochen später im Unternehmen verteilt werden. Das Security-Groschenheft enthielt neben Textseiten auch Auszüge der Security-Policy und Tricks und Tipps zum Thema Sicherheit in Form von Anzeigen. Diese wurden dem Retro-Look der Werbung klassischer Trivialmagazine angepasst, so dass das Produkt nicht nur im Brand des Unternehmens und inklusive einer Corporate Story publiziert werden konnte, sondern auch eine stilistische Konsistenz aufwies, wie sie durch die hiesige Kommunikationsstrategie vorgegeben wurde.

Zudem deuten die sechs Kapitel des Kurzkrimis bereits auf die thematische Struktur der in Kürze startenden Awareness-Kampagne hin, die ebenfalls sechs Security-Topics umfasst.

Zur Umsetzung erforderlich:

- aktive, auf die Mitarbeiter zugehende Security-Protagonisten und ggfs. vor Ort bzw. live Mitarbeiter-Animation und -Moderation durch Assistenten, die mit den Zielen der Aktion vertraut sind
- einen Storytelling-Experten bzw. erfahrenen Autor mit Kenntnis bzgl. der Produktion aktionistischer Live-Literatur
- einen erfahrenen Projektmanager bzw. Organisator von Mitarbeiter-Events
- einen Herausgeber sowie einen Gestalter, die die Einzelteile (Story, Policy-Auszüge, Tipps und Tricks) integrativ anpacken und zu einem ganzheitlichen Produkt verdichten

---

Fazit Storytelling

Statt auf der »... *Fehlerquelle Mensch herumzuhacken, solle man die verborgene Intelligenz des Menschen ins Rampenlicht rücken – das sogenannte Erfahrungswissen.*« (Jasner 2009). Storytelling ...

- dient u.a. der Identifizierung von Erfahrungswissen sowie der Bewusstmachung bisher ungenügend präsenter Themen und gibt so Denkanstöße,
- schafft Sensibilisierung hinsichtlich der Unternehmenskultur und hier vor allem in punkto alltagsrelevanter Themen, so dass vor allem auch Toleranz gegenüber abweichendem Verhalten anderer erwirkt werden kann,
- fördert die Kommunikation – gerade auch im Rahmen sensibler, weil unerwünschter Themenfelder – und führt so zu einem Austausch, zu einem bewussten Umgang mit der eigenen Person sowie seinem Umfeld und z.B. auch zur besseren Kritikfähigkeit.

Auch im Rahmen von Security Management kann Storytelling bei der Begleitung von Prozessen wie z.B. Awareness-Maßnahmen einen unverkennbaren Nutzen schaffen, z.B.

- bei der Identifikation von Unternehmens- und Sicherheitskultur
- bei der Validierung von tatsächlichen und gefühlten Risiken
- bei der Identifikation von Unternehmensrisiken und Erfolgsfaktoren der Security bzw. Awareness-Maßnahmen
- bei der reinen Wissensvermittlung zugunsten der Sicherheit
- im Rahmen von Mitarbeiter-Motivation, z.B. bei einer lebendigen Umsetzung von Policies
- bei der Vermittlung von Unternehmens- bzw. Informationssicherheit als Wert und bei der Verstärkung von Bindung zum Unternehmen bzw. zur Security-Abteilung
- bei der Sinnstiftung hinsichtlich Sicherheits- und Security Awareness Maßnahmen
- bei der Positionierung der Security-Protagonisten und -Abteilung und der Perspektivänderungen von Mitarbeitern
- bei der schnelleren Integration von Menschen und Tools im Rahmen laufender Security-Aktivitäten
- bei der Umsetzung der Awareness-Kampagnen-Strategien in Sprache und Bilder, z.B. Titel, Brand, Claim, Metaphern, Leitbilder, Leitfigur, CI, etc
- im Rahmen einer lebendigen Awareness-Projektdokumentation

Stotytelling-Projekte können vor allem dann ihre Stärken bezüglich einer Tiefung ausspielen, wenn die Analysephase mithilfe von tiefenpsychologischen Interviews bestritten wird.

6.4.2 Game Based Development – Unternehmensspiele als Prozessbeschleuniger

Wie Geschichten bieten auch Spiele eine weitere Option, komplexe Zusammenhänge zu vermitteln, Veränderungsmangement einzuleiten oder um als Werbemittel ein Thema oder einzelne Themenaspekte zu fokussieren und bezüglich der Wahrnehmung durch die Mitarbeiter zu verstärken.

> **Unternehmensspiele können grob nach folgender Systematik klassifiziert werden:**
>
> - **Lernspiele:** in der Regel unmoderierte Spiele im Rahmen von Game Based Learning
> - **Veränderungstools:** Spiele, die Prozesse des Changemanagements einleiten – mit oder ohne begleitender Moderation – , z.B. Simulationen, Planspiele, Game Based Development, etc.
> - **Giveaways:** werblich affirmative Spiele, die – je nach Inhalt – auch als Lernspiele oder Veränderungstool eingesetzt werden können

Game Based Learning

Nicht erst seit Verbreitung so genannter Serious Games, Computerspiele, die innerhalb der Aus- und Weiterbildung eingesetzt werden, erfreuen sich didaktische Spiele ständig wachsender Popularität. Hierbei geht es einerseits um typische Qualitäten, die mit dem Schlagwort »Edutainment« verknüpft sind, also unterhaltungsorientiertes Spielen, das Spaß macht, bei dem man aber auch Know-how und Fertigkeiten erwirbt. Andererseits aber um eine im weitesten Sinne spielerische wie auch experimentelle Weiterentwicklung von Changemanagement.

Bereits mit Beginn der zunehmenden Popularität von Methoden wie z.B. dem Lean Management Anfang der 1990er Jahre wurden in Unternehmen verstärkt Planspiele und Virtual Games bzw. andere Simulationen eingesetzt und in handlungsorientierte Unterrichtsformen integriert. Das war nicht immer so. Zwar gab es schon immer Spiele, auch im Retail-Bereich, die als situativer Ersatz genutzt wurden, z.B. in Form von Simulationen für Handlungen, die wegen ihrer Risiken oder Komplexität in der Realität kaum vollzogen werden können. Aber Arbeiten, Lernen und Spielen wurden in der Regel bis dato als drei unterschiedliche Handlungseinheiten wahrgenommen, die in einem Nebeneinander – und entsprechend voneinander abgespalten – dargestellt wurden. Lernen sollte über die schulische Bildung die Grundlage für die so genannte Erwerbsarbeit schaffen, die die eigene Lebensgrundlage zu sichern hat, während Spielen losgelöst hiervon als reine Freizeit-Aktivität und Entspannung vom Lern- und Arbeitsprozess betrachtet wurde.

Obwohl die o.g. Abspaltung auch heute noch oftmals greift, würde paradoxerweise niemand leugnen, dass beinahe jeder auch während der Arbeit lernt und so einen Ertrag für seine jeweilige Unternehmung leistet. Umgekehrt weiß jeder, der sich durch Schule und gegebenenfalls Hochschule gebüffelt hat, wie viel Schweiß und Blut – mithin Arbeit – wiederum mit dem Lernen verknüpft ist.

Arbeitsplatz als Lernfeld

Über die Wiederentdeckung des Arbeitsplatzes als Lernfeld schreibt auch der Mathematiker und Planspiel-Experte Dieter Ballin in »Arbeiten – Lernen – Spielen: Gedanken zum Planspielphänomen« (Ballin 2008). Er sagt, dass wir bei der Arbeit lernen und natürlich auch für die Arbeit und beschreibt im Folgenden das komplexe Ineinander von Arbeiten und Lernen, so als würde er ein mustergültiges Beispiel für die morphologische Theorie der Wirkungs- bzw. Handlungseinheit (s. Kap. 5.2.1) abgeben. Die Menschen wären häufig nicht darauf vorbereitet, die Lernhaltigkeit von Arbeitssituationen zu erkennen und geleistete Arbeit unter Gesichtspunkten des Lernfortschritts und der Persönlichkeitsbildung auszuwerten. Lernen hätte durchaus den Charakter von Arbeit, denn der Lernprozess selbst würde Züge eines Arbeitsprozesses enthalten. Lernen kann daher nach Ballin hinsichtlich der Zielsetzungen, Zeiteinteilung, Vorgehensweisen, der eingesetzten Verfahren, Methodiken und weiterer Merkmale durchaus mit Arbeit verglichen und in weiten Teilen gleichgesetzt werden. Zwar wäre der Nutzen kein unmittelbar ökonomischer. Aber dennoch würden Pädagogen nicht umsonst von einem Lernertrag sprechen (vgl. a. Kap. 3).

Der Hauptverdienst von Planspielen besteht laut Ballin darin, dass diese drei ehemals getrennten Bereiche Arbeit, Lernen und Spielen integrieren und somit einander näher bringen. Er führt an, dass mit Planspielen eine neue Form der Lernergonomie und -ökonomie eingeführt wurde und Planspiele einen hohen Arbeitsbezug aufweisen, so dass das Lernen hier nur nicht zu einem Selbstzweck degradiert ist.

Modelle der Wirklichkeit

Spiele sind darüber hinaus wesentlich erfolgreicher darin, Modelle unserer Wirklichkeit zu erschaffen als reine Lehrbücher oder Regelwerke wie z.B. Policies, die wir ja, z.B. durch Lernen, besser verstehen wollen. Über das Spielen erarbeiten wir uns Wirklichkeit und verstehen die Welt und ihre Einzelteile besser, auch indem z.B. bestehendes oder erlerntes Know-how vertieft wird.

Ballin meint, dass kein Spielen ohne Lernen existiert und dass man nicht spielen kann, wenn man dazu gezwungen wird und umgekehrt wiederum nicht lernen kann, wenn dies unter Zwang geschieht. Lernen würde ebenso wie Spielen Regeln auf freiwilliger Basis voraussetzen, die explizit oder unausgesprochen getroffen werden müssten. Vereinbarungen, wie sie in der Regel auch im Kontext von Werte-Kommunikation – bezüglich z.B. der Loyalität von Mitarbeitern – von Unternehmen eingefordert werden.

Spielregeln für künstliche Konflikte

Einen vergleichbaren Ansatz vertritt der Unternehmensberater Wolfgang Erharter aus Wien, der feststellt, dass Strategien, Leitbilder und Werte in der Praxis oftmals auf zu abstrakte Inhalte bauen, so dass es z.B. klassischen Vermittlungsformen wie etwa Präsentationen, Trainings oder Workshop kaum gelingt, zu einer nachhaltigen Integration in den Arbeitsalltag zu führen. Auf Basis der von ihm entwickelten Methode »Game Based Development« schlägt er vor, Spiele als Systeme zu nutzen, bei denen die Mitarbeiter Teile eines künstlichen Konflikts darstellen. Diese Systeme sollen auf Regeln aufbauen und das Ziel beinhalten, am Ende darstellbare Ergebnisse präsentieren zu können. Hierbei handelt es sich demnach weder um Virtual Games noch um andere Simulationen, sondern um angewandtes Modellieren realer Inhalte, die als Regelwerk und Spielerlebnisse aufbereitet sind. Ein Erkenntnisgewinn wird also nicht durch nachträgliche Reflexion erzielt, sondern ist bereits in das Spiel inkludiert (Erharter 2008).

Nutzen von Planspielen und Game Based Development

In Planspielen bzw. via Game Based Developement zum Thema Werte-Kommunikation bzw. Security können Persönlichkeitsmerkmale, denen im Arbeitsleben ein immer höherer Stellenwert beigemessen wird, adressiert und Situationen des Arbeitsalltags simuliert bzw. modelliert werden, z.B.

- Selbst-Bewertung
- Positionierung: Bewertung von Unternehmen, Security-Abteilung, Unternehmenskultur bzw. -werte, Führungskräfte, Kollegen, etc.

- Soziale Kompetenz: Gemeinsame und aktive Auseinandersetzung z.B. mit dem Thema »Security«
- Kreativität und Flexibilität, z.B. rechtzeitiges Erkennen von Situationen, die Interventionen erfordern, etwa spontan auftretende Risiken, denen mit Sicherungsmaßnahmen begegnet werden soll
- Scheitern einüben, z.B. indem erlernt wird, Risiken angemessen zu begegnen

Ein weiterer Benefit von Spielen besteht in der Möglichkeit, die Realität temporär mit einer gewissen Distanz zu betrachten, um so bisher unerprobte Verhaltensmuster risikofrei zu testen. Auch besteht über ein Spiel die Möglichkeit, im Privat- und Arbeitsleben entwickeltes Verhalten und Fähigkeiten jeweils wechselseitig und nutzbringend in andere Lebensbereiche zu transferieren, z.B. auch den Umgang mit Unsicherheit respektive Risiken.

Beispiele Game Based Development, Planspiele und Co.

Beispiel Ein Beispiel für ein bereits produktreifes und bestellbares prozess-orientiertes Spiel ist z.B. »Attract«, das sich der Mitarbeiterbindung verschrieben hat, ein Thema das im Kontext des Schlagwortes »Loyalität« immer wieder bei der Planung von Security Awareness-Maßnahmen genannt wird. »Attract«, das von der Unternehmensberatung bicini entwickelt wurde, vermittelt einerseits den theoretischen Hintergrund zum Thema, fokussiert andererseits aber auch die Mitarbeiterbindung ganz praktisch, indem die Mitspieler z.B. verschüttete oder neue Kommunikationskanäle oder Gemeinsamkeiten entdecken sollen. Während des Spiels werden die anfallenden Prozesse in der Spielfeldmitte visualisiert (Dorsheimer 2008).

Auch für das Feld der Sicherheit gibt es Simulationen, die – weil sie konkrete Prozesse aus einem Unternehmen modellieren – als Auftragsproduktion speziell für den jeweiligen Kunden konzipiert und gefertigt werden können.

Beispiel »Peter Hack« für einen Kunden aus der Medienbranche

»Peter Hack« ist eine Social-Engineering-Simulation auf Basis eines Kartenspiels, entwickelt für einen Kunden, der über ein signifikant hohes Passwortproblem klagte. Denn es gehörte offensichtlich zum guten Ton im Unternehmen, dass persönliche Passwörter, gerade auch für die Arbeitsplatzrechner, zumindest innerhalb des unmittelbaren Arbeitsumfeldes, den Abteilungen, bekannt gemacht wurden. Auch temporär eingesetzte Arbeitskräfte wie z.B. Zeitarbeiter oder Praktikanten waren hierin offenbar recht schnell involviert, so dass quasi für beinahe jeden ein Zugang zum Rechner seines Kollegen bestand. Etliche Hinweise bis hin zu Drohungen seitens des IT- und Security-Managements blieben wirkungslos. Fast schien es, als würde einer dem anderen sein jeweiliges Passwort sogar aufzwingen wollen. Diese Passwörter stellten in diesem Zusammenhang quasi Ausweise (Passports, s. Studie »Entsicherung am Arbeitsplatz« in Kap. 5.3) der jeweiligen Abteilung dar. In dem Wissen um die Passwörter der Kollegen wurde ein Zugehörigkeitsgefühl, eine Passung, geschaffen. Kollegen, die nicht mitspielten und ihr Passwort nicht verrieten, waren (sozioal) ausgeschlossen.

Der Praktikant als Social Engineer

Stellvertretend für jemanden, der von Außen ins Unternehmen hinein kommt und diesem aufgrund seiner Stellung und Informationen hätte schaden können, wurde für das beauftragte Simulationsspiel der »Schwarze Peter«, Peter Hack, erschaffen. Peter Hack wird als Praktikant in dieses Spiel eingeführt und seine Aufgabe ist es, von den Mitspielern so viele vertrauliche Informationen (Passwörter) wie möglich zu erhalten. Wie im klassischen »Schwarzen Peter« weiß zu Beginn eines Spiels niemand, wer den »Schwarzen Peter« erhalten hat. Auch kann dieser – wie im klassischen »Schwarzen Peter« – pro Spiel mehrfach den »Inhaber« wechseln, so dass jeder in die Lage gebracht wird, sowohl die Perspektive des »Fremden«, als auch die von Kollegen und Vorgesetzten einnehmen zu können. Die Mitspieler (Mitarbeiter) werden Im Laufe des Spiels über Ereigniskarten angehalten, das Unternehmen zu schützen, z.B. indem sie »veröffentlichte« Passwörter wechseln.

Die Intention des Spiels ist es

- den Spielern den Wert von Informationen für das Unternehmen
- potenzielle Gefahren wie z.B. Social Engineering und deren Technik und
- mögliche Strategien für den Informationsschutz

zu vermitteln.

Selbstverständlich wurde dem Unternehmen über die Implementierung des Spiels hinaus empfohlen, die Pain Points zu mindern, indem konzentriert daran gearbeitet werden sollte, Zugehörigkeitsgefühl und Passung der Mitarbeiter über einen anderen, weniger risikoreichen Weg als über das Passwort zu sichern.

Leider stehen im Rahmen von Security Awareness-Maßnahmen selten Etats zur Verfügung, die die Konzeption und Produktionen eines Spiels zu den individuellen Prozessen in einem Unternehmen zulassen. In diesem Fall sind aber auch preisgünstigere Modelle wie etwa Lizensierungen bestehender Security Games möglich. Dies kann sowohl ein Lernspiel (wie z.B. »Quer durch die Sicher-

Abb. 66: Awareness-Kartenspiel Virusquartett 1.0 (2004)

heit«, s. Abb. 64, oder »Computerluder – das Virusquartett«) sein oder aber das Thema »Sicherheit« als Giveaway bewerben.

Beispiel »Computerluder – das Virusquartett«

Quartette oder Trumpfspiele, die zumindest jeder männliche Leser aus seiner Kindheit in guter Erinnerung haben dürfte, sind ursprünglich als Lernkarten eingesetzt worden. Es gibt – Computer hin, E-Learning her – wohl auch kaum jemanden, der als Schüler oder Student Lernstoffe nicht über selbst erstellte Karteikarten gebüffelt hätte. Die Idee hierzu stammt u.a. vom Franziskanermönch Thomas Murner (1475-1537), der seine Schüler dazu anhielt, sich über Karten mit Inhalten zu den Themen Recht und Grammatik zu beschäftigen. Um die Motivation der Auszubildenden zu steigern, integrierte er später auch spielerische Elemente und erfand quasi als Vorläufer des heutigen Quartetts zwei didaktische Kartenspiele, die ihm an der Universität Krakau eine Anklage wegen Ketzerei eintrugen. Es dauert bis zum Ende des 19. Jahrhunderts, bis sich das Quartett als didaktisches Tool durchgesetzt hatte und es üblich war, Wissen über Literatur, Kochrezepte, Geographie oder Geschichte via Kartenspiele zu vermitteln.

Hall of Fame der Malware

Auch »Computerluder – das Virusquartett« (s. a. S. 143ff u. Abb. 149 u. 162) vereint spielerische Elemente mit Know-how über Malware. Auf 32 Karten werden Malware-Daten aus den Kategorien Größe, Entdeckung, Bekanntheit, Verbreitung und Schaden sowie außergewöhnliche Geschichten, z.B. über besondere Symptome von Virus & Co., übersichtlich dargestellt. Die individuell gestaltbare Rückseite bietet genug Platz für Botschaften, die im Rahmen von Awareness-Maßnahmen üblicherweise kommuniziert werden, z.B. Security-Brand, Slogan, Regeln oder Tipps und Tricks.

Seit 2004 wurde das Virusquartett in zahlreichen Kontexten der Security-Kommunikation sowohl als Promotiontool, aber auch als Giveaway innerhalb von Awareness-Maßnahmen eingesetzt. Mit großem Erfolg – und das, nicht nur, weil es quasi en passant Wissen vermittelt, sondern auch sichtbar macht, was ansonsten verborgen bleibt. »Die Visualisierung von Angreifern ermöglicht es, diese als Stellvertreter der im Arbeitstag unterdrückten unkultivierten Tendenzen zu nutzen. Die stärkere Anteilnahme an Auseinandersetzungen eröffnet im sachlichen Arbeitsablauf MENSCHLICHES (s. Kap. 5.3, »Entsicherung am Arbeitsplatz«). Die teils schrägen Illustrationen des Art Brut-Künstlers Jo Zimmermann wecken also nicht nur die Neugier des Betrachters während des Erstkontakts, sondern tragen allein durch das Sichtbar-Machen abstrakter Inhalte zum hohen Impact bei, das das Spiel erzeugt.

Beispiel »Quer durch die Sicherheit« für die EnBW

Die EnBW Energie Baden-Württemberg AG hat im Jahr 2008 die Kampagne »Es geht sicher anders!« (s. Kap. 8.12) gelauncht, in dessen Rahmen u.a. auch so genannte »Sensibilisierungstage« an ganz verschiedenen Unternehmensstandorten durchgeführt wurden.

Kapitel 6 • Awareness und integrierte bzw. systemische Kommunikation

Abb. 67: Riesenspiel »Quer durch die Sicherheit« bei Awareness-Events der EnBW (2008) Foto: EnBW AG/Artis, Uli Deck

Ziele dieser Mitarbeiter-Events waren ...

- Klarheit bzw. Transparenz bezüglich der Ansprechpartner für IT-Security zu schaffen
- alltagsrelevante und nicht zu technisch über das Thema IT-Security zu informieren
- eine (interaktive) Auseinandersetzung mit den Kernbotschaften der Kampagne zu forcieren
- die Begriffe »IT-Security« und »Spaß« zusammenzuführen

Am Rande einer Themeninsel »security spielerisch erleben« sollten die Mitarbeiter u.a. Giveaways erhalten, die Security in einen spielerischen Kontext einbinden. Hierfür wurde z.B. auf Objekte wie »Computerluder – das Virusquartett« und den »Passworthalter« (s. Abb. S. 144) zurückgegriffen.

Da sich die Qualitäten des Events aber nicht nur auf den passiven Empfang von Werbegeschenken reduzieren sollten und auch interaktive Qualitäten im Sinne eines gemeinsamen Erlebens gefordert waren, wurde known_sense damit beauftragt, ein Edutainment-Tool zur Wissensvermittlung und als unterhaltsamer Kommunikationsbeschleuniger zu konzipieren, der die Teilnehmer während der Events im Sinne eines qualitativen Kontakts zusammenführt. Man war also auf der Suche nach einem Spiel zum Thema »Sicherheit«, das die Mitarbeiter gleichsam informiert und involviert. Auch sollte dieses Spiel aufgrund seiner Größe und Ausgestaltung in der Lage sein, größere Räume bespielen zu können.

Auf Grundlage dieses Briefings wurde ein Quizspiel mit einer zusätzlichen strategisch ausgerichteten Ziehdynamik entwickelt, an dem bis zu 4 Personen oder Teams teilnehmen können. Der Titel »Quer durch die Sicherheit« (s.a. Abb. S. 228), ein Spiel, das inzwischen auch in einer kleineren Tischversion (100 x 100 cm, s. Abb. 171) verfügbar ist und demnächst als reines Kartenspiel erscheinen wird, gibt ja den Ablauf bereits vor.

6.4 ▪ Awareness-kompatible Methoden der systemischen Kommunikation

»Security Brain Games«

Brain Games sind Logikspiele auf der Grundlage der Verschlüsselung der Lösung durch Umschreibung, Wortwitz oder Bilder. Rätsel, die das Thema Sicherheit thematisieren und somit pro Security werben, können simple Quizfragen (s. Kap. 8.6 und 8.13) sein, aber auch Kreuzworträtsel, Anagramme, Rebusrätsel, Ordnungsrätsel, Logikrätsel, Laterale oder Drudel. Der praktische Nutzen von Brain Games besteht darin, dass nahezu jede Rätselform eine themenspezifische Zuspitzung verträgt – auch durch das Thema Informationssicherheit. Gerade Laterale, eine Art »Rätselkrimis«, bei dem mit wenigen Informationen eine paradox oder unsinnig erscheinende Anfangssituation vorgegeben ist, deren eigentlicher Sinn gefunden werden muss, eignen sich aufgrund ihrer Erzählstruktur bestens, Teile der Informationssicherheit zu fokussieren. Im Rahmen von Security Awareness-Kampagnen können Brain Games als ergänzender Edutainment-Kontent vor allem für Mitarbeiter-Magazine oder innerhalb von Newslettern eingesetzt werden.

Wie man Rätsel – nicht nur kontentbezogen, sondern auch ästhetisch – instrumentalisieren kann, um ein überraschendes Produkt zu kreieren, zeigt u.a. auch die im April 2008 erschienene Sonderausgabe von Neon, »Das MODERÄTSELHEFT« mit insgesamt 90 Seiten Konzept-Kontent, auf denen jede Seite der hier veröffentlichten Modestrecken mit Brain Games kombiniert ist.

Was Mode und Medien recht ist, kann der Sicherheit nur billig sein. So gibt es z.B. als Antwort auf »Sudoku« das Logikrätsel »Wormoku«, bei denen der Spieler angeleitet wird, der Malware Herr zu werden, indem er Icons, die Antivirus-Software symbolisieren, innerhalb eines aus 9x9 Feldern bestehenden, mit Viren »befallenen« Karte nach einem bestimmten Verteilungsprinzip positionieren soll (vgl. a. Abb. S. 216).

Beispiel Security-Newsletter auf Basis von Braingame-Kontent

Dass Brain Games sogar den werblichen Anteil, die Intranet-Promotion, eines Security-Newsletter ersetzen können, zeigt folgendes Beispiel: Aufgrund unterschiedlicher Vorstellung bezüglich Mitarbeiter-Kommunikation wurden bei einem Kunden sämtliche Aktivitäten in Bezug auf das Corporate Publishing durch die Unternehmenskommunikation temporär ausgesetzt. Es sollten z.B. keine Abteilungs-bezogenen oder themenspezifischen Newsletter, wie es in diesem Unternehmen ansonsten die Regel war, publiziert werden. Hiervon war auch die Security-Abteilung und die bevorstehende Security-Awareness Kampagne betroffen, in deren Rahmen vorerst kein Newsletter erscheinen sollte, wie es ursprünglich einmal geplant war. Durch diese Einschränkung wurde das fein aufeinander abgestimmte Medienportfolio des Awareness-Konzeptes gerade hinsichtlich seiner verzahnten Wirkung stark fragmentiert. Da es an Zeit fehlte, das Konzept zu ändern und auch einige andere Medien bereits produziert waren, sollte ein neues Push-Instrument den nun vakanten Newsletter ersetzen. Man entschied sich für den regelmäßigen Versand von Security Brain Games-Sammlungen, die in ein Gewinnspiel mündeten. Denn gegen die Veröffentlichung potenziell »harmlosen« Edutainment-Kontents einer Rätselsammlung gab es offenbar nichts einzuwenden.

Die zu Sammlungen von jeweils 8 oder 9 Rätsel gebündelten Brain Games bestanden aus Aufgaben, die einerseits das Thema Security allgemein thematisierten, andererseits mit der unternehmensweiten Einführung innovativer Security-Tools korrespondierten. So fungierten diese Spiele auch als Teaser für weiterführende Informationen über die Tools, die im Intranet publiziert wurden.

Beispiel Environment mit interaktivem Securityquiz für eine Event-Agentur

Bei einem mittelständischen Kunden aus dem Bereich der Veranstaltungsorganisation mit überwiegend jungen Mitarbeitern gab es zahlreiche Diebstähle von Notebooks und anderem IT-affinem Equipment. Offensichtlich gelang es immer wieder Fremden, aber auch ehemaligen Mitarbeitern – der Anteil Freier Mitarbeiter war signifikant hoch – ungestört in die Büros einzudringen, um sich an den dortigen PCs, Digitalkameras und Handies zu bedienen. Eine bereits implementierte Awareness-Kampagne, die als zentralen Kanal auf ein Mitarbeiter-Quiz mit Gewinnspiel-Option baute und u.a. als Promotion für die Security-Rubrik des Intranets geplant war, wurde gestoppt, da die Mitarbeiter-Beteiligung aufgrund des geringen Feedbacks als sehr niedrig eingestuft worden war. Kein Wunder – die Mitarbeiter waren aufgrund ihrer gelebten Branchenwirklichkeit eine gewisse Animationsqualität gewohnt. Und dem inhouse erstellten Konzept fehlten exakt jene involvierenden Elemente, für die das Unternehmen bei seinen Kunden bekannt war.

Über die sinnliche Einbeziehung der Büros und Flure als Lokationen eines potenziellen »Krimis« wurde nach Wiederaufnahme der Kampagne eine Installation geschaffen, die durch ihre assoziative Bezugnahme auf das Thema die täglichen Security-Quizfragen der ursprünglichen Kampagne und mit ihnen das Thema aufladen sollte. Zuerst wurden z.B. alle Flure mit Straßenschildern ausgestattet und eine Art »Stadtplan« mit zusätzlichen Informationen an die Mitarbeiter ausgeben. Die »Straßen« erhielten Namen wie »Kevin-Mitnick-Boulevard«, »Hacker-Chaussee« oder »Straße des Datenverlustes vom 17. Juni«. In diesen »Straßen« wurden zudem regelmäßig Hinweise versteckt, die auf Eindringlinge bzw. Diebstahl hinwiesen, z.B. Aufkleber mit Fußspuren-Motive, Computerteile, »Wanted-Plakate«. Die Mitarbeiter wussten, dass es sich hierbei um eine spielerische Inszenierung handelt, beteiligten sich aber im Rahmen dieses Planspiels offenbar gerne an der Ausgestaltung der Geschichte. Die kombinatorische Verwertung derartiger Hinweise konnte z.B. bei sehr schwierigen Quizfragen potenziell schneller zu der richtigen Lösung führen. Das Involvement konnte deutlich gesteigert werden, da sich nach Wiederaufnahme des Security-Quizzes etwa vier Mal so viele Mitarbeiter beteiligten wie vor dem Spiel und so auch die Security-Intranet-Zugriffszahlen erhöht wurden.

Weitere Installationen zum Thema finden Sie in den Kampagnenfotos der Münchener Rückversicherung auf S. 235-236.

Zur Umsetzung erforderlich:

- einen Projektleiter für die Identifikation der jeweilig zu behandelnden Pain Points und das Prozess-Controlling

Abb. 68-70: Elemente eines Awareness-Environment für einen Event-Dienstleister

- einen Coach und/oder Spielentwickler für die Übersetzung in die Spieldynamik
- einen Designer für die visuelle Umsetzung des Spiels und die Produktionsüberwachung
- passende Dienstleister für die Produktion (z.B. Sieb- oder Digitaldruckerei für Dummies oder bei kleinen Auflagen, Kartenspiel-Druckereien bei Auflagen von Kartenspielen ab 600 Ex, etc.) und hinsichtlich des Art Buying (z.B. bei Installationen)
- ein geeignetes Implementierungskonzept auf Basis der integrierten Kommunikation mit aufeinander aufbauenden Modulen, z.B. Promotion für das Spiel und – je nach Unternehmen – die »Erlaubnis« des Managements, sich dem Thema auch spielerisch nähern zu dürfen (z.B. über Fotos spielender Führungskräfte im Mitarbeiter-Magazin o.ä.)

Fazit Game Based Development

Corporate Games sind gleichermaßen impactstarke und Know-how bzw. soziale Gefüge modellierende Tools für den Einsatz in Unternehmen. Die Grenzen zwischen Lernspiel, Veränderungstool und Werbemittel sind fließend. Bezüglich des Einsatzes von Spielen im Rahmen von Security Management und Awareness-Kampagnen bieten sich an:

- Simulation bzw. Modelling von Spieldynamiken bzw. passgenauen Unternehmens spielen, um individuelle Risiken zu identifizieren und Changemanagement im Security-Umfeld spielerisch und nachhaltig zu implementieren
- Securitygames als Lernspiel, Trainingspartner, Workshop-Tool, Giveaway oder Kommunikationsmodul, z.B. im Rahmen von Mitarbeiter-Events, Environments bzw. Installationen

6.5 Events und Social Audits – Involvement und Verantwortung

Wo wir gerade bei Events angelangt sind (und weil nachfolgendes Beispiel wiederum den Einsatz von Spielen umfasst): natürlich ist es ein Dilemma, wenn z.B. Events nicht von den Mitarbeitern angenommen werden, für die die Veranstaltungen ersonnen wurden (»*Möglicherweise wird die Veranstaltung von der Zielgruppe gar nicht besucht*«, enisa 2006). Hieraus jedoch einen potenziellen »Nachteil« hinsichtlich der Wirkung von Events zu konstruieren und zu beschreiben, wie es der o.g., in Expertenkreisen stark verbreitete Online-Awareness-Leitfaden dokumentiert, wirft vielmehr die ironische Frage auf, ob die in der Tat sehr fleißige enisa-Redaktion nicht vergessen hat, zu »erforschen«, dass Awareness-Kampagnen überhaupt erst nur dann einen Sinn ergeben, wenn in einem Untenehmen tatsächlich auch Mitarbeiter vorhanden sind.

6.5.1 Security Events – mehr als Training

Im Grunde beginnen Mitarbeiter-Events, wir können auch Veranstaltungen sagen, schon bei Präsenztrainings oder Schulungen – nur dass die meisten mir bekannten didaktischen Veranstaltungen so viel Sinnlichkeit verströmen wie die durchschnittliche Einrichtung eines Wartezimmers in deutschen Arztpraxen.

Gerade eine Veranstaltung zum Thema Sicherheit sollte sich aller Optionen bedienen, die den hier möglichen direkten Kontakt zu den Mitarbeitern zu verbessern helfen. Ausstellungen, Security Highdays und sogar Trainings können etliche Elemente beinhalten, die Menschen nachhaltig zu involvieren. Z.B. indem die eher sachlichen Inhalte im Mix mit emotionalen Modulen – Workshops, Ausstellungen, Unternehmenstheater, Spiele, Kuschel- und Schimpfkreise, etc. – angereichert werden. So hat die EnBW (s. Kap. 8.12) das Potenzial erkannt, das im unmittelbaren Kontakt mit den Mitarbeitern verborgen ist, und mit ihren so genannten »Sensibilisierungstagen« eine vorbildliche Veranstaltungsreihe geschaffen, die sich sehr unterschiedlicher Ansätze bedient (s. a. Kap. 6.4.2 und 8.12).

Beispiel Serious Security Game Casino für einen KMU-Kunden

Für ein kleines Unternehmen mit circa 40 Mitarbeitern sollte ein Jahres-Event im Sinne eines Security Highday konzipiert und produziert werden. Hiermit wollte man u.a. ein neu gelaunchtes Security-Wiki bekannt machen.

Um die Kosten nicht aus dem Ruder laufen zu lassen, wurde ausschließlich auf generische Awareness-Module zurückgegriffen, die – z.B. in punkto Branding – für die Veranstaltung angepasst wurden. Eingeladen wurden alle Mitarbeiter und interessierte Partner – einmal per E-Mail und ein anderes Mal über drei angepasste Plakate aus dem Backkatalog des Awareness-Kalenders »AHA« (s. Abb. S. 217)

Die Veranstaltung selbst wurde über eine kurze Begrüßungsrede der Geschäftsführung inklusiver Vorstellung des Security-Verantwortlichen und seines Aufgabenbereichs eingeleitet. Als weiterer Speaker konnte ein erfahrener CISO eines internationalen Unternehmens gewonnen werden, der einen Ausblick auf die Informationssicherheit der Zukunft und diverse Bedrohungsszenarien darstellte. Darüber hinaus wurde ein weiterer »Vortrag« in Form einer unterhaltsamen Bildergeschichte erzählt, in der konkrete

6.5 · Events und Social Audits – Involvement und Verantwortung

sicherheitsrelevante Vorfälle innerhalb des Unternehmens nachgestellt und mithilfe des Sicherheitsbeauftragten und des IT-Leiters auf witzige Art und Weise simuliert wurden.

Danach wurden die Mitarbeiter mit Kaffee und Kuchen an insgesamt fünf »Casino«-Tische entlassen. Die Snacks hatten allesamt assoziative, Security-affine Bezeichnungen erhalten und hießen z.B. »Trojabohnen« oder »Backdoor-Waren«, das Knabbergebäck – »Phish & Chips« (vgl. a. MR-Menü, Abb. 218).

An den Tischen wurden die Mitarbeiter durch zwei Moderatorinnen in die Security Games (vgl. a. Abb. S. 226/227 eingewiesen. Hier konnten sie mit diesen als Spielleiterinnen einein-halb Stunden lang diverse Spiele ausprobieren. Die Gewinner erhielten attraktive Preise. Zudem bekamen alle Mitarbeiter eines der Security-Kartenspiel als Giveaway ausgehändigt.

Zur Umsetzung erforderlich:

- einen Projektleiter für die Identifikation der jeweilig zu behandelnden Pain Points und das Prozess-Controlling
- Animation und Moderation bei Live-Veranstaltungen des »Casinos«
- Spiele und Werbemittel für das Event sowie Promotiontools im Vorfeld

Beispiel »Museé de securité«

Mit »Museum der Sicherheit!« wird das Thema Informationssicherheit durch Ansätze der Concept Art kulturell aufgewertet und auf unterhaltsame wie sinnliche Art erlebbar gemacht.

Dabei hat das »Museé de securité« keine feste Heimat im Sinne eines Hauses, denn es basiert auf dem sukzessiv anwachsendenEquipment einer anmietbaren Security-Roadshow, bestehend aus mehreren »Räumen«. Auf der einen Seite zeigen diese »Räume« respektive Ausstellungsmodule »reale« Exponate aus Kampagnen, darunter zahlreiche Awareness-Poster und -Comics, Auflagenobjekte oder Spiele zum Thema, wie sie in diesem Kapitel bereits beschreiben wurden, aber auch Unikate, z.B. Readymades wie etwa das Buchobjekt »The Art of Deception«, ein Umschlag des bekannten Mitnick-Titels, allerdings mit neuem Innenleben, d.h. weißen, unbedruckten Seiten, die ein Buch lediglich vortäuschen.

Auf der anderen Seite bilden die Module konzeptuelle Serien wie z.B. die Fotoserie »1.000 Hacker Faces« oder etwa »101 schlechte Passwörter«, so genannte »Objets trouvé« (franz. für »gefundene Gegenstände«), die einfach behaupten, dass die mit ihnen verknüpften (trivialen) Textfragmente, Gravuren oder Abbildungen von bekannten Marken, Passwort-Memorizer wären, die man bei Mitarbeitern eines fiktiven Unternehmens gefunden hat.

6.5.2 Social Audits – Experiment mit ungewissem Ausgang

Auch im Rahmen eines Social Audits wird in erster Linie kommuniziert. Wie, hängt von der exakten Definition der Ziele und der Wahl der Kanäle sowie von einer sensiblen

Durchführung ab. Hier haben unabdingbar die Regeln der gewaltfreien Kommunikation zu gelten, die sich verständnisvoll zeigt anstatt z.B. blind zu agieren und zurückzuschlagen, z.B. indem man Mitarbeiter desavouiert oder sogar bestraft – so wie inzwischen in den meisten TV-Shows der Privatkanäle mit den Protagonisten umgegangen wird.

Leichter gesagt denn getan. Denn schaut man sich allein die Online-Angebote so mancher Auditoren an – insbesondere deren Wording –, entsteht unwillkürlich der Eindruck, man lässt hier so manch seltsamen Protagonisten aus den Kerkern des IT-Undergrounds agieren, so als wären Social Audits die legitimen Nachfolger des berüchtigten Milgram-Experiments, das ebenso wie ein Theaterstück inszeniert wurde. Auch hier waren alle eingeweiht – außer die Probanden, die sich entgegen ihrem Gewissen der Autorität beugten, um offensichtlich »unmenschliche« Anordnungen zu befolgen.

Denn zahlreiche Unternehmen, die Audits in Anspruch nehmen, geben vor, hierüber auch Evaluationen durchführen zu wollen. Ihnen sind ihre Schwächen offensichtlich schon vor einer derartigen Prüfung bekannt, so dass die Mitarbeiter nur noch Statisten eines bereits vor-geplanten Szenarios darstellen, deren Nebeneffekt es ist, diejenigen wie Erbsen zu zählen, die z.B. auf frischer Tat bei Fehlleistungen ertappt werden.

Aus der Sicht von Awareness besteht bei Audits oder Pentests wie auch im Rahmen anderer Awareness-Kanäle vor allem die Notwendigkeit der Mitarbeiter-Einbindung in allen Phasen, z.B. über eine Selbsteinschätzung vor dem eigentlichen Angriff, die mit den Ergebnissen abgeglichen wird. Durch das Involvement der Mitarbeiter käme es dann in der Tat zu einem gemeinsamen Experiment mit ungewissem Ausgang für alle statt einer Haltung, deren Strategie die Bestrafung von möglicherweise vorweggenommenen Fehlern vorsieht – etwa im Sinne des herrschenden Benotungs-, Bestrafungs- und Demütigungskonzepts der längst gegen die Wand gefahrenen deutschen Regelschulen.

Audits, die nach einem solchen »Script of Punishment« vorgenommen werden, sind aus Sicht der Kommunikation mehr als problematisch. Sie erzeugen sicher Benchmarks und es gelingt potenziell ein hoher Impact, nicht jedoch eine nachhaltige Sensibilisierung. Vielmehr gilt es, die psychologische Expertisé einzubinden, Fehler gemeinsam zu untersuchen und den Sinn dahinter zu verstehen. Denn erst das Verstehen der persönlichen Fehlleistung – nicht das reine Verstellen und Täuschen – führt zur Adaption einer Awareness begünstigenden Werte-Klassifikation, in der sich die Mitarbeiter als Teil einer Gemeinschaft verstehen und bereit sind, Verantwortung zu tragen. Wie dies möglicherweise gelingen kann, darüber berichtet u.a. Michael Lardschneider von der Münchener Rück (s. Kap. 8.9).

6.6 Fazit Awareness Komunikation

Oft werde ich gefragt, was das alles kosten soll bzw. welchem Unternehmen Awareness überhaupt so wichtig sei, individuelle und damit potenziell wertige und nicht ganz billige Maßnahmen zu stemmen. In zahlreichen mir bekannten Leitfäden und »Tipps und Tricks« für Security Awareness scheut man sich nicht, Aussagen über ein mögliches

Budget für eine Kampagne zu treffen. Solche Aussagen können jedoch nur einen groben Kostenrahmen treffen und sind im Grunde völlig unseriös. Wenn Sie wissen wollen, wie viel Sie für Awareness-Maßnahmen investieren müssen, schauen Sie sich z.B. den KFZ-Markt an – vom privaten Gebrauchtwagen bis hin zum Export-Limousine für die Scheichs der Arabischen Emirate mit allen Extras. Das können Sie alles bekommen. Pragmatik oder Luxus ist auch auf der Ebene einer Awareness-Kampagne machbar.

Denn in punkto Kommunikation ist nicht alles, aber vieles erlaubt. Wenn Sie integrierte und systemische Kommunikation zu nutzen wissen, müssen Sie lediglich den richtigen Mix finden, der Sie im Rahmen der kulturellen Bezugspunkte Ihres Unternehmens darin unterstützt, Ihre strategischen Vorgaben zu erfüllen. Unterm Strich zählen nämlich nicht nur die verursachten Kosten, sondern auch das, was erreicht wurde. Das bedeutet, beurteilen zu können, welche Kommunikationsmaßnahmen was zu leisten im Stande sind – »Catch them if you can – and touch them!«

Im Rahmen der Kommunikation und beim BERÜHREN Ihrer Mitarbeiter unterstützt Sie u.a. ...

- das Wissen um Ihre Sicherheitskultur.
- die Learnings aus bereits durchgeführten internen Kommunikationsmaßnahmen.
- eine Offenheit gegenüber neuen Ansätzen, Kanälen, Entwicklungen – auch im Sinne eines experimentellen Vorgehens.
- die Verzahnung aller Einzelmaßnahmen zu einem sinnvollen Ganzen.
- der konsequente Einsatz von Kommunikationsexperten und anderen Begleitern der weichen Faktoren (Kreation, Psychologie, Didaktik) Ihrer Maßnahmen.
- die systemische Integration Ihrer Mitarbeiter in sämtliche Kommunikationsprozesse durch die Kreation eines hohen Involvements und emotionaler Mehrwerte.

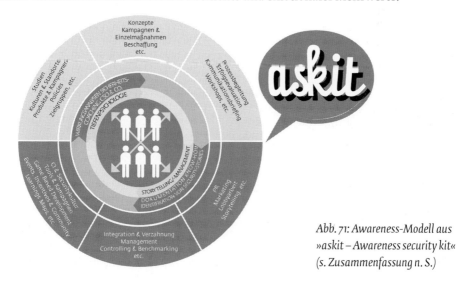

Abb. 71: Awareness-Modell aus »askit – Awareness security kit« (s. Zusammenfassung n. S.)

Kapitel 6 • Awareness und integrierte bzw. systemische Kommunikation

Überblick Management-Tools zur Verbesserung der Kommunikation

Als Reminder und mit Verweis auf Kapitel 5 soll an dieser Stelle zusammenfassend noch einmal darauf hingewiesen werden, dass nachhaltige Awareness Kommunikation nur in dem Wissen um das LEIDEN und die potenziellen Entwicklungsmöglichkeiten im Unternehmen gelingen kann. Hinsichtlich der Analyse und Begleitung von sicherheitskulturellen Faktoren unterstützt Sie u.a. das Tool »askit – awareness security kit« (s.a. S 242).

askit umfasst neben der Security-Wirkungsforschung (s. Kap. 5.2) qua

- **askitInterviewss** (Security-Wirkungsanalysen)
- **askitChange** (qualitative Erfolgsmessung)

auch Analyse- und Kommunikationstools wie:

- **askitMeta**
- **askitLabs**
- **askitVision**
- **askitTouch**
- **askitTalk**

»**askitMeta**« ist ein Moderationstool, das aus Kartenbatterien besteht, die unterschiedliche Aspekte der Informationssicherheit ansprechen und zu einem Planspiel, z.B. im Rahmen von Awareness-Workshops, verdichtet werden können (s. S. 120 u. 241).

»**askitLabs**« sind Security Raising-Workshops mit psychologischer Moderation, die u.a. auch auf Basis von askitMeta durchgeführt werden können (s. S. 125).

»**askitVision**« ist das speziell für CISOs u.a. Sicherheitsverantwortliche entwickelte gestaltpsychologische Security-Coaching (s. S. 113).

»**askitTouch**« ist ein speziell für CISOs u.a. Sicherheitsverantwortliche entwickeltes Kommunikationsbriefing (s. S. 113).

»**askitTalk**« ist ein Security-Blog zur qualitativen Evaluation von Sicherheitskultur oder Awareness-Kampagnen, in dem ausgewählte Mitarbeiter animiert werden, ein Sicherheitstagebuch zu führen, um Barrieren und Fortschritte im Rahmen von Entwicklungen der Corporate Security Culture sicht- bzw. fassbar zu machen (s. S. 116).

7 Warum Weiß nicht gleich Weiß und Schwarz nicht gleich Schwarz ist – Interkulturalität in Awareness-Kampagnen

von Marcus Beyer

> »Bitte achten Sie auf die Unterschiede, Sie suchen schon wieder nur nach Ähnlichkeiten.«
> (Marvin Minsky, Erfinder der »künstlichen Intelligenz)

7.1 Einleitung: Sensibilisierung für das »andere«

Als ich begann, mir über einen verständlichen, praxisnahen und spannenden Artikel für das Ihnen vorliegende Buch zum Thema »Security Awareness« Gedanken zu machen, fiel mir auf, dass über die – zumindest auf den ersten Blick – wichtigsten Anforderungen für den Erfolg von Awareness-Kampagnen in diesem Buch bereits viel geschrieben wurde. Es geht um die Psychologie, kommunikative und pädagogische Ansätze, die Frage, was menschliches Handeln aus Sicht des Marketings beeinflusst, die Bildsprache und vieles mehr. Über diese Themen lesen wir alle immer wieder auch in einschlägigen Magazinen und Fachbüchern. Vielleicht nicht so tiefgründig wie hier, aber oft in Ansätzen bzw. »en passant«.

Während meiner Gedanken zu der Ausarbeitung dieses Artikels erhielt ich einen Projektauftrag unserer ISPIN-Niederlassung MEA. Es ging um eine Security Awareness-Kampagne für eine Verwaltung in den Vereinigten Arabischen Emiraten (VAE). Das klang sehr interessant und spannend. Das passte doch quasi wie die »Faust aufs Auge«, so dass sich für das Projekt in den Vereinigten Arabischen Emiraten adhoc Fragen stellten, die ich in diesem Buchabschnitt versuchen möchte zu beantworten. Z.B. wie ticken die Menschen in anderen Kulturkreisen? Wie sieht es mit den Kulturunterschieden in den VAE und insbesondere auch mit den dortigen Unternehmenskulturen in den Unternehmen und Verwaltungen aus? Kann man bestehende und vielfach erfolgreiche Awareness-Konzepte 1:1 übernehmen oder zumindest Anteile daraus? Was genau muss man an eine spezifische arabische Kultur anpassen? Vor allem auch: Wie steht es dort um die Vermittlung von Regeln und Policies?

Diese Liste von Fragen ließe sich noch unendlich weiter führen, so dass mir bewusst wurde, dass eine Disziplin bei der Betrachtung von Awareness in diesem Buch tatsächlich noch fehlte – die interkulturellen Aspekte der Kommunikation. Diese stellen in Awareness Kampagnen global agierender Unternehmen oder von Unternehmen mit einem hohen Mitarbeiter-Anteil aus verschiedenen Kulturkreisen oft die schwierigste Hürde dar.

Während es nahezu selbstverständlich erscheint, sich externe Experten für Didaktik, z.B. Trainer o.ä., oder Marketing – etwa über Agenturen – ins Haus zu holen, ist es bisweilen gar nicht so einfach, überhaupt jemanden mit hoher Fachkompetenz im Bereich der interkulturellen Unternehmenskommunikation zu finden.

Kapitel 7 ▪ Interkulturalität in Awareness-Kampagnen

Um die möglichen Stolpersteine, die durch kulturelle Differenzen auftreten können, praxisnah zu beschreiben, gebe ich zunächst einen kurzen, nicht vollständigen und auch nicht empirisch geleiteten Überblick über das Thema, auch indem ich meine ganz persönliche Sicht auf das o.g. Projekt in Dubai beschreibe. Ich möchte Sie dadurch im Sinne unseres Buchthemas »Awareness« bezüglich des Umgangs mit Kulturen bzw. der interkulturellen Kommunikation sensibilisieren, Ihnen Tipps und Anregungen geben und über zahlreiche kurze Beispiele erläutern, wo Fallstricke lauern und worauf es in der Basis-Kommunikation zwischen verschiedenen Kulturkreisen ankommt.

Am Ende des Kapitels möchte ich meine sehr persönliche Sicht erweitern über Interviews mit Experten – Security Officers wie Berater –, die aufgrund ihrer Tätigkeiten und Profile über einschlägige Erfahrung in der Arbeit mit verschiedenen Kulturen verfügen. Diese Interviews demonstrieren sehr unterschiedliche, aber ebenfalls persönliche Sichtweisen aus schweizerischen Unternehmen unterschiedlicher Branchen und Größen mit sehr verschiedenen Unternehmenskulturen. Und sie bestätigen – jedes für sich – die in diesem Artikel beschriebene Komplexität des Themas Interkulturalität.

7.2 Was ist eigentlich »Kultur«?

Kultur prägt unseren eigenen und individuellen Kommunikationsstil – zu jedem Anlass und zu jeder Zeit, was immer wieder zu Missverständnissen führen kann. Nämlich dann, wenn z.B. unterschiedliche Kultur- und damit auch unterschiedliche Kommunikationsstile aufeinander treffen. Deshalb glaube ich, dass der Erfolgsfaktor einer Awareness Kampagne in einem internationalen Konzern ausschließlich auf dem tiefen Verständnis der unterschiedlichen Kulturen basiert, die in dem Unternehmen vereint sind.

Vor diesem Hintergrund ist es daher wohl auch nicht sonderlich erstaunlich, dass der Begriff »Kultur« in der Literatur seit vielen Jahren ausgiebig diskutiert und immer wieder neu definiert wird, ohne dass dabei eine eindeutige und allgemeingültige Begriffsklärung erkennbar wird. Geert Hofstede, niederländischer Anthropologe und Kulturwissenschaftler, über den Sie bereits in Kapitel 2 gelesen haben, definiert den Begriff als »die kollektive Programmierung des Geistes, die Mitglieder einer Gruppe oder Kategorie von Menschen von einer anderen unterscheidet. (Hofstede, 1994) Er sagt: »*Kultur [...] ist immer ein kollektives Phänomen, da man sie zumindest teilweise mit Menschen teilt, die im selben sozialen Umfeld leben oder lebten, d.h. dort, wo diese Kultur erlernt wurde. Sie ist die kollektive Programmierung des Geistes, die die Mitglieder einer Gruppe oder Kategorie von Menschen von einer anderen unterscheidet*«. Diese mentale »Programmierung« umfasst spezielle Denk-, Fühl- und Handlungsmuster bis hin zu alltäglichen Aktionen, auf die ich im Verlauf dieses Kapitels eingehen werde.

Fons Trompenaars, niederländischer Wissenschafter im Bereich der interkulturellen Kommunikation, beschreibt den Begriff »Kultur« als dreischichtiges Modell (Trompenaars 2004): Die erste Schicht, umfasst direkt sichtbare Kulturkomponenten wie

7.2 • Was ist eigentlich »Kultur«?

Sprache, Verhalten, Nahrung oder länderspezifische Organisations- und Arbeitsformen – die explizite Kultur. Die darunter liegende zweite Schicht – die Normen und Werte – definiert, was in einer Kultur als richtig oder falsch beziehungsweise als gut oder schlecht gilt. Die dritte und zugleich tiefste Schicht, die eigentliche Kultur, ist aus dem Zusammenleben der Menschen entstanden und setzt sich aus den Grundvoraussetzungen, Prozeduren und Methoden zusammen. Diese drei Ebenen finden sich ebenso, und zwar im Kontext der Unternehmenskultur (siehe Kapitel 2.4.2ff), im drei Ebenen-Modell nach Schein wieder.

In der interkulturellen Forschung wird Kultur oftmals mit geographischen bzw. politischen Grenzen gleichgesetzt. Obgleich sie die am leichtesten nachzuvollziehende Eingrenzung darstellt, ist diese Gleichsetzung nicht unumstritten.

Sprachliche Grenzen sind ein noch weniger geeignetes Abgrenzungskriterium von Kultur. So fanden Hofstede und Trompenaars heraus, dass die kulturellen Unterschiede zwischen Deutschland und Österreich größer sind als die etwa zwischen Deutschland und Großbritannien. Zusammenfassend kann »Kultur« auch als »die Gesamtheit der Grundannahmen, Werte, Normen, Einstellungen und Überzeugungen einer sozialen Einheit« (Schein) verstanden werden.

7.2.1 Der Eisberg der Kulturen

Wenn wir auf einen Eisberg treffen, sehen wir – sofern wir uns ihn nicht als Taucher nähern – maximal 30% von ihm – die berühmte »Spitze des Eisbergs«. Der Rest liegt unter Wasser verborgen. Auch wir Menschen sehen bei anderen, zumindest beim ersten Kennenlernen, in der Regel nur die Oberfläche; wir sind uns nur zu einem kleinen Teil

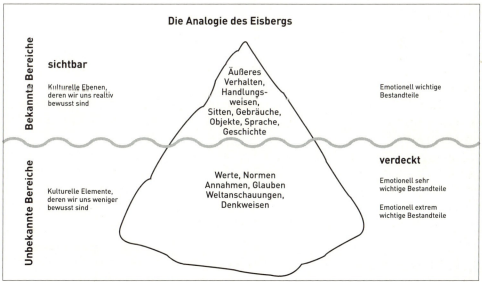

Abb. 72: Eisberg der Kulturen

bewusst, welchen kulturbedingten Wertpräferenzen und Handlungskonditionierungen wir ausgesetzt sind. Der sichtbare Teil eines »Eisbergs der Kulturen« besteht z.B. aus Sprache, Essen oder Kleidung. Unter der Wasseroberfläche befindet sich ein auf den ersten Blick unsichtbarer Teil wie z.B. Kommunikationsstile, Überzeugungen, Verhaltensweisen, Werte oder Wahrnehmungsmuster.

Unsere kulturellen Unterschiede werden also im Wesentlichen von einem nicht-sofort-sichtbaren Teil geprägt. Wenn wir jedoch diese Dinge unter der Oberfläche nicht wahrnehmen, kann dies sehr deutlich zu Missverständnissen bis hin zu Kommunikationsstörungen führen.

7.2.2 Kann man Kulturen klassifizieren?

Auf diese Frage gibt es ein ganz klares Jein. Es gibt etliche Kulturmodelle, die immer aus unserer – also der westeuropäisch geprägten Sicht – versuchen, Gesellschaften zu klassifizieren und dadurch vermeintlich erkennbar und greifbarer machen wollen. Da ist die Rede von individualistischen bzw. kollektivistischen Kultursystemen, dem Low-Context-High-Context-Modell von Edwar T. Hall oder den Kulturdimensionen von Geert Hofstede. Fons Trompenaar klassifiziert mögliche Kulturunterschiede über sieben Gegensatzpaare. Auch die Zeitansätze von Richard Gesteland versuchen sich an einer Struktur. Systematisierung ist aber eben nicht alles.

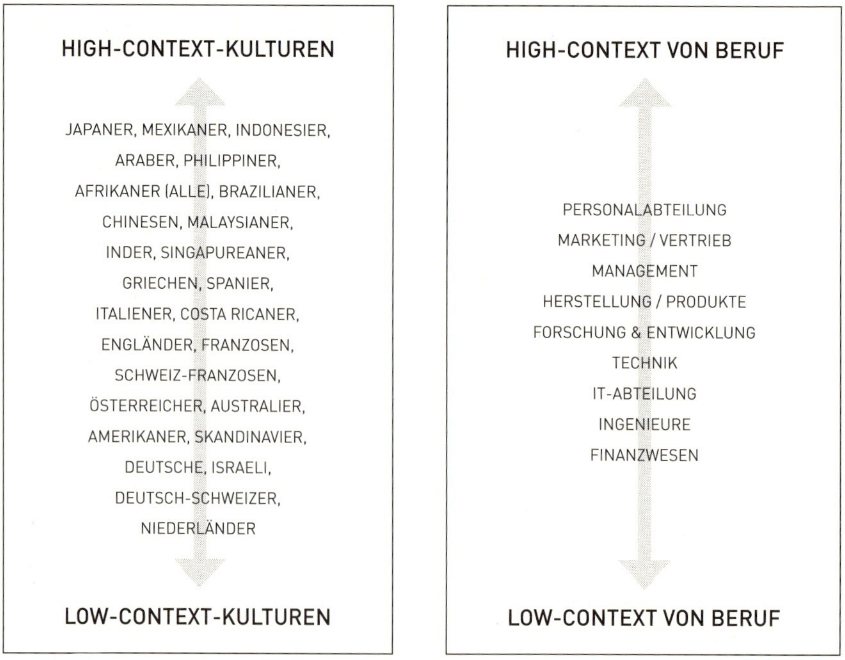

HIGH-CONTEXT-KULTUREN	HIGH-CONTEXT VON BERUF
JAPANER, MEXIKANER, INDONESIER, ARABER, PHILIPPINER, AFRIKANER (ALLE), BRASILIANER, CHINESEN, MALAYSIANER, INDER, SINGAPUREANER, GRIECHEN, SPANIER, ITALIENER, COSTA RICANER, ENGLÄNDER, FRANZOSEN, SCHWEIZ-FRANZOSEN, ÖSTERREICHER, AUSTRALIER, AMERIKANER, SKANDINAVIER, DEUTSCHE, ISRAELI, DEUTSCH-SCHWEIZER, NIEDERLÄNDER	PERSONALABTEILUNG, MARKETING / VERTRIEB, MANAGEMENT, HERSTELLUNG / PRODUKTE, FORSCHUNG & ENTWICKLUNG, TECHNIK, IT-ABTEILUNG, INGENIEURE, FINANZWESEN
LOW-CONTEXT-KULTUREN	LOW-CONTEXT VON BERUF

Abb. 73: High and low context nach Edward T. Hall, angepasst von Samuel van den Bergh (van den bergh thiagi associates gmbh), übersetzt von den Herausgebern

> **Im Himmel sind ...**
> - die Polizisten Briten
> - die Küchenchefs Franzosen
> - die Mechaniker Deutsche
> - die Liebhaber Italiener
> - und alles wird von den Schweizern organisiert
>
> **In der Hölle sind ...**
> - die Polizisten Deutsche
> - die Küchenchefs Briten
> - die Mechaniker Franzosen
> - die Liebhaber Schweizer
> - und alles wird von den Italienern organisiert

Denn diese Kulturmodelle und Konzepte, die sich auf Kulturunterschiede beziehen, beschreiben lediglich »unsere Sicht« auf die Dinge – eine Sicht, die vorgibt, universalistisch angelegt zu sein. Dabei bezieht sie Fremdes, »die Anderen«, selten oder gar nicht mit ein und lässt wenig Spielraum für individualistischen Kontext. Andere Gesellschaften haben da eine andere, wiederum ganz eigene Sicht z.B. auf uns – und das ist gut so.

Bei der Betrachtung aller wirklichen oder nur vermeintlichen Kulturunterschiede ist mithin vor allem Offenheit und Neugier wichtig. Denn es gibt kein »Richtig« oder »Falsch«. Kultur kann nicht so einfach in Schwarz und Weiß oder in andere banale Schubladen klassifiziert werden, ohne die tatsächlichen Phänomene der Wirklichkeit aus den Augen zu verlieren. Nehmen Sie Ihre eigene Unternehmenskultur. Auch dort exstieren sicher eine Vielzahl von Subkulturen – und auch das ist gut so, denn es gibt stets gute Gründe für kulturelle Vielfalt. Ohne eine derartige Diversifizierung, ohne die Einbeziehung des »anderen«, des »Fremden« scheint eine Entwicklung völlig ausgeschlossen. Daher sollten sich Unternehmen VOR einer internen Kommunikationskampagne bewusst sein, welche Kulturen mit welchen Ausprägungen es umfasst, um diese potenzielle Vielfalt kreativ für ihre Zwecke zu nutzen wissen – auch im Bereich der Security Awareness

7.3 Interkulturelle Kommunikation

Dass in der Fähigkeit zur interkulturellen Kommunikation ein entscheidender Erfolgsfaktor für die internationale Geschäftsentwicklung von Unternehmen liegt, ist in Zeiten der Globalisierung wohl unumstritten. Viele Firmen haben heute Geschäftsstellen, Produktionen, Büros und Tochtergesellschaften in anderen Ländern. Auf Grund dieser internationalen Beziehungen ist die Pflege von interkulturellen Kontakten in den Unternehmen durchaus aufwendig geworden. Nicht nur in weit entfernten Märkten wie Asien, sondern auch innerhalb Europas gibt es zahlreiche Beispiele dafür, dass kulturell bedingte Unterschiede zwischen den Denk- und Verhaltensweisen von Mitarbeitern in den verschiedenen Ländern zu erheblichen Problemen führen kann.

Schauen wir beispielsweise in das Land, in dem ich lebe und arbeite – die Schweiz. Hier gibt es ja auch nicht DIE schweizerische Kultur, sondern einen Mix von Sub-Kulturen. Ein Basler findet sich subjektiv immer »besser« als die »anderen« und lässt sich auch ob-

Kapitel 7 • Interkulturalität in Awareness-Kampagnen

USA	Deutschland	China
• Individualismus	• Formalismus	• Gesicht wahren
• Chancengleichheit	• Hierarchie- und Autoritätsorientierung	• Trennung von Arbeits- und Privatbereich
• Handlungsorientierung	• Pflichterfüllung	• Sanktionsangst
• Leistungsorientierung	• Familienzentrierung	• Hierarchieorientierung
• Interpersonale Zugänglichkeit	• Interpersonale Distanzdifferenzierung	• Freude am Feilschen
• soziale Anerkennung	• Körperliche Nähe	• Vertragstreue
• Gelassenheit	• Direktheit interpersonaler Kommunikation	• Freundschaft und Höflichkeit
• Patriotismus	• Persönliches Eigentum	• Gastfreundschaft
• Zukunftsorientierung	• Traditionelle Geschlechtsrollendifferenzierung	• Nationalstolz
• Zwischengeschlechtliches Begegnungsritual („dating")		• Bescheidenheit und Selbstbeherrschung
• Naturbeherrschung		
• Mobilität		

Abb. 74: Zentrale Kulturstandards, Quelle: Thomas u.a. (2003), in: Kutschker/Schmid (2005), modifiziert von Prof. Dr. Stefan Müller, Lehrstuhl für Marketing, TU Dresden, sowie vom Autor

jektiv nicht mit einem Zürcher vergleichen, die Luzerner wiederum nicht mit den Aargauern und so weiter. Die Eigenheiten der einzelnen Kantone werden in der Schweiz nicht zuletzt verstärkt durch die vier Sprachgruppen Deutsch, Französisch, Italienisch, Rumantsch mit den jeweils assoziierten Temperamenten bzw. Lebensweisen.

Auch in Deutschland bestehen diese regionalen Kulturunterschiede. So wird sich ein Bayer auf Rügen wahrscheinlich »fremder« vorkommen als jenseits der nationalen Grenze z.B. in Österreich oder in Böhmen.

Weiteres Beispiel, um die Kulturunterschiede noch stärker zu verdeutlichen: In Frankreich ist alles, was nicht explizit verboten ist, erlaubt. In Deutschland dagegen alles, was nicht explizit erlaubt ist, verboten. Das, was innerhalb von Kommunikation als Botschaft ankommt, hängt also auch vom kulturellen Kontext ab.

7.3.1 Interkulturelle Kommunikation – Begriff und Herkunft

Der Begriff »Interkulturelle Kommunikation« geht davon aus, dass Angehörige verschiedener »Kulturen« aufeinandertreffen, miteinander kommunizieren und aus dieser Kommunikation Verständigungsprobleme resultieren können. Dies beruht darauf, dass die »Selbstverständlichkeiten« eigenen Denkens und Handelns erst in den Begegnungen mit den »kulturellen Selbstverständlichkeiten« anderer Personen bewusst werden: erst die Alternative zum Eigenen, das Fremde, lässt das Eigene erkennen.

Die besondere Bedeutung der interkulturellen Kommunikation liegt darin, dass bestimmte Aspekte von Kommunikation eine größere Bedeutung erhalten als bei der Kommunikation innerhalb einer Kultur. So können etwa Missverständnisse durch Ausdrucks-, Darstellungs- und Handlungsweisen wie Lautstärke, Tonfall, Mimik, Gestik, Grad der Höflichkeit und Grad der Freundlichkeit entstehen.

> **Beispiel** Wenn Sie sich mit einer Kultur nicht auskennen, laufen Sie Gefahr, einen Tabubruch zu begehen. Die Bedeutung des Begriffes Tabu kann am besten durch den Bedeutungsunterschied zum Verbot erklärt werden. »Ein Unterschied zwischen direkt verbotenen und tabuisierten Handlungen besteht darin, dass über Verbote durchaus gesprochen werden kann, sie z. B. nach der rationalen Begründung ihrer Notwendigkeit hinterfragt werden können. Tabus aber stehen außerhalb jeder Diskussion, da sich die tabuisierte Handlung quasi von selbst verbietet«, schreibt Schröder, und zählt neben den Tattabus weitere Tabutypen wie Objekt- und Bildtabus, Kommunikations- und Worttabus (Tabuthemen sowie Tabuwörter) sowie Gedanken- und Emotionstabus auf. (Schröder 1997)

Leider werden mit dem Thema interkulturelle Kommunikation in den westlichen Ländern unvollständigerweise immer noch eher Aspekte wie Migration oder Arbeit mit Ausländern, etc. verknüpft, während professionelle Ansätze von interkultureller Kommunikation als Strategie einer erweiterten Unternehmenskommunikation eher spärlich gesät sind.

Apropos Migration: Von 83 Millionen Menschen, die in Deutschland leben, haben ca. 20% einen Migrationshintergrund (Mikrozensus 2005). Schaut man sich jedoch gerade die Medien derjenigen Institutionen an, die Migranten beraten und mit ihnen arbeiten, überwiegt der Eindruck, dass interkulturelle Aspekte, z.B. der Bildsprache, auch hier leider kaum eine Rolle spielen.

Gerade »Ethnic« gilt als einer der stärksten Community-Builder – auch in der internen Kommunikation. Über die interkulturelle Kommunikation erreichen Sie nicht nur die klassischen Organisations- oder Abteilungsbereiche, sondern eben auch die »Communities« im Unternehmen, so dass hier ein erhebliches Potenzial besteht, Mitarbeiter als Multiplikatoren zu gewinnen. Schauen Sie in die USA. Dort gilt z.B. das so genannte Diversity Management zur bewussten Integration von Vielfalt (Geschlecht, Alter, ethnischer Hintergrund, Behinderung, sexuelle Orientierung, Religion, usw.) als Enabler von Gemeinschaften, deren besondere Stärke in der Vielfalt ihrer Kulturen liegt. Denn »... *als erfolgsversprechender Weg, die unabsehbaren Entwicklungen und unerwartete Nebenwirkungen planvollen Handelns zu bewältigen, wird die Kommunikation möglichst unterschiedlicher Menschen gesehen, die aus den koordinierten Blickwinkeln ihrer fachlichen Kompetenz und ihrer persönlichen Erfahrung differenzierte Perspektiven in den betrieblichen Diskurs einbringen, so dass die Reaktionspotenziale zur Bewältigung von Überraschungen erhöht werden können.«* (Rust 2008)

7.4 Beispiel: Arabische Welt vs. D.A.CH

Das folgende Beispiel meiner Projekt-Erfahrung in Dubai ist zum einen subjektiv, zum anderen bewusst plakativ gehalten, um die Unterschiede zur hiesigen Kultur deutlich zu machen. Ich glaube, dass meine persönliche Sicht, flankiert von den weiteren Informationen zum Kulturkreis über zwei Interviews mit Pascal Gemperli (s. Kap. 7.8.5) und Gunnar Siebert (s. Kap. 7.8.6) am Ende des Kapitels die Besonderheiten der arabischen Kultur in Bezug auf Do's und Don'ts hinsichtlich Security-Awareness erahnen lassen.

7.4.1 Vorbereitung für die Arabischen Emirate

Bevor ich nach Dubai flog, um meine Auftraggeber, eine Verwaltung, und mein Team kennenzulernen, befasste ich mich zuhause ausführlich mit der mich erwartenden Kultur und nahm quasi alles auf, was mir zwischen die Finger kam. Vom »Business Knigge: Arabische Welt« (Kratochwil 2006), über das Trainingsprogramm »Interkulturelle Kompetenz im Umgang mit arabischen Geschäftspartnern« (Jammal & Schwegler 2007) bis hin zu etlichen XING-Foren und Medienberichten – alles erschien mir spannend, neu und wichtig.

7.4.2 Ankommen in Dubai

Nachdem ich in Dubai angekommen war, lernte ich vor Ort von unserem CEO als erstes, das »Warum« aus meinem Wortschatz zu streichen. Die Frage nach dem »Warum?« gibt es in Dubai offensichtlich nicht. Es ist, wie es ist. Man handelt und fragt eben nicht. Schon gar nicht nach Zusammenhängen. Man baut das höchste Gebäude der Welt. Man baut den größten Flughafen der Welt. Und man baut die größte Shopping-Mall der Welt. Da ist für ein »Warum?« kein Platz mehr. Dann die ersten Meetings. Überrascht haben mich vor allem die starken hierarchischen Strukturen, die es zu Hause in dieser Form einfach nicht gibt und die ich bis zu meinem Zusammentreffen mit unseren Klienten in dieser doch sehr starken Ausprägung bisher für ein Klischee gehalten hatte.

7.4.3 Bevölkerungsstruktur in Dubai

In Dubai, das eine Ausländerquote von über 90% aufweist, herrscht ein autoritärer-paternalistischer Führungsstil. So ist es kein Wunder, dass die wichtigsten Positionen von den sogenannten »Locals« ausgefüllt werden. Locals bzw. Emiratis teilen sich mithin die Führungsrollen. Darunter positioniert sich ein Mix von Personen aus dem benachbarten arabischen Kulturkreis – also Saudi-Arabien, Kuwait, Iran, Irak. Diese teilen mit den Locals die Religion und eine unterm Strich durchaus ähnliche Kultur, so, als würde man Deutsche neben Schweizer stellen. Dann kommen die so genannten »Westender« – Auswanderer, Glücksritter, Weltenbummler, hochqualifizierte Fachkräfte, vorrangig aus dem (west-)europäischen Ausland, Nordamerika und Australien. Dann kommt, man verzeihe mir diese drastische Aussage, lange nichts. Und »am unteren Ende der Leiter« die zahlreichen Pakistaner, Inder, Chinesen usw. Diese Hierarchiestruktur ist in Dubai fest verankert, so fest, dass praktisch auf den ersten Blick klar ist, wer hier das Sagen hat. Dabei wird ein formeller und distanzierter Umgang zu den Untergebenen gepflegt.

7.4.4 Regeln und Policies in Dubai

Von großem beruflichem Interesse waren für mich natürlich Regeln und deren Dokumentation, vor allem Security Policies. Es gibt sie zwar – viele Unternehmen und Organisationen geben auch ganz plakativ vor, auf die ISO 2700X Zertifizierung zu setzen – die Regeln werden aber in der Praxis deutlich weniger als bei uns eingehalten, geschweige denn gelebt. Bei der Vermittlung von Policies wird ein großer Wert auf »Gesichtswahrung« gelegt. Ein Nein gilt in der arabischen Welt als unhöflich und Kritik wird allenfalls indirekt ausgeübt. Im Kern fand ich also alles andere als eine perfekte Sicherheitsstrategie – auch nicht eine positive bzw. bewusste Kommunikation des Themas.

Anders als im eher kooperativ-geleiteten deutschsprachigen Raum wird im arabischen Raum mithilfe von Direktiven bzw. Anweisungen gearbeitet. Diese sind allerdings mehr oder weniger Verhandlungssache. Was heute gilt, kann schon morgen wieder »passé« sein. Diese Sprunghaftigkeit erschwert natürlich auch das alltägliche Projektgeschäft. Abgesehen davon passiert in Dubai sehr viel gleichzeitig (polychrone Zeitorientierung) frei nach dem Motto: »Ihr habt die Uhr, wir haben die Zeit.«

Außer viel Zeit hat man auch viele Kameras. Beinahe überall wird man überwacht. Und überall sieht man patrouillierende Sicherheitsdienste. Auch die Mitarbeiter werden beobachtet. »Security by obscurity« – Sicherheit wird ad absurdum geführt. Während wir in Europa – zumindest in der Theorie – auf Eigenverantwortung der Mitarbeiter, z.B. im Umgang mit vertraulichen Daten pochen, liegt die Verantwortung in der arabischen Welt deutlich sichtbar bei der Führungskraft. Eine Awareness-Kampagne mit einem Social Engineering Audit zu starten, ist eigentlich nicht meine klassische Vorgehensweise – in Dubai funktionierte das prima. Denn Motivation erfolgt immer extrinsisch über Lob, Tadel und Kontrolle. Die Freiräume, die wir daheim in Unternehmen zumindest zu haben glauben, weichen in Dubai also klar vorgegebenen, definierten Vorgaben. Ob sie am Ende eingehalten werden (?) – siehe oben …

Bei der Vermittlung von Wissen steht reaktives Lernen, das auf ein Auswendigkönnen setzt, an erster Stelle. Vorgaben steuern auch hier den Prozess der Wissensvermittlung.

Detaillierte Strategien oder umfangreiche, aber eher statische Konzepte für Awareness-Kampagnen führen bei Entscheidern in der arabischen Welt nicht unbedingt zu Sympathiebekundungen. Flexibilität, Reaktionsvermögen und situationsbedingte Abläufe stellen den »Goldene Weg dar, denn das, was sich in arabischen Unternehmen an Sicherheitsvorfällen ereignet, scheint vorbestimmt (Inschallah – so Gott will).

7.4.5 Security Awareness für Dubai

Da das Projekt erst kürzlich auf den Weg gebracht wurde, wäre es an dieser Stelle zu früh, über konkrete Ergebnisse zu berichten. Ich kann zum jetzigen Zeitpunkt kurz nach dem Launch sagen, dass der bisher gewählte Weg in Dubai wunderbar funktioniert, während ich im deutschsprachigen Raum von einem derartigen Medien-Mix, wie wir ihn hier einsetzen, abraten würde.

Leite ich z.B. für Unternehmen im D.A.CH-Raum Schulungen im Zuge von Awareness-Kampagnen, ist oftmals »Security Entertainment« im Spiel. Classroom-Trainings mit einer klassischen Schüler-Lehrer-Beziehung funktionieren in unserem Kulturkreis nur noch bedingt bis gar nicht. Ob bei einer Präsenzschulung oder dem E-Learning – es muss involvierend sein. Der Einsatz von interaktiven oder multimedialen Elementen wie Videos, spielerischen Elementen, Animation, etc. gehört heute in allen Schulungsdisziplinen zum Basisreportoire.

So gut das auch zu Hause funktionieren mag – schaue ich in den arabischen Raum, ist das Bild ein komplett anderes. Schulungen erfolgen im Frontalunterricht mit vielen Personen gleichzeitig. Der Dozierende gibt den Lernstoff vor und ist in diesem Moment auch die Bezugs- und Autoritätsperson. Auswendiglernen steht auf der Tagesordnung. Man hat den Wunsch, alles richtig zu machen – sonst droht eben der »Gesichtsverlust«.

Wie sind wir außerdem in Dubai vorgegangen? Zunächst haben wir eine quantitative Sicherheitskulturanalyse über einen standardisierten Fragebogen produziert, denn in der arabischen Welt geht nichts über Zahlen. Berechenbarkeit und eine zumindest faktische Kontrolle scheinen hier noch wichtiger zu sein als bei uns. Daher werden wir unsere Analyse etwa in der Mitte und an einem avisierten Ende wiederholen.

Auch im Rahmen der Kommunikation setzen wir auf eher klassische Ansätze, z.B. auf Social Engineering Audits, auf Präsentationen zur »Sicherheitssituation« und zur Vermittlung der Policies an das Management sowie an die IT-Professionals. Diese Präsentationen werden über Videos zusätzlich multimedial aufbereitet. Zur Unterstützung der Präsentationen werden auch alle Mitarbeiter der Verwaltung über »Frontalschulungen« involviert und parallel via Poster penetriert.

Apropos Medien: hier ist auf eine stringente Zweisprachigkeit zu achten. Hauptsprache sollte Arabisch sein und dem folgend quasi als Zweitsprache die englische Übersetzung. Diese Hierarchie ist in allen Kanälen strikt einzuhalten.

7.5 Interkulturelle Kommunikation – was kann ich wie nutzen?

»Wahr ist nicht, was A sagt, sondern was bei B ankommt«. Schauen wir uns vor diesem Hintergrund einige prägende Elemente der Kommunikation an.

7.5.1 Die Kultur bestimmt den Kommunikationsstil

Wenn Sie eine Kampagne planen, sind sie zunächst mal zur Einhaltung des Corporate Designs verpflichtet. Für alle Security Awareness-Kampagnen gilt: bei der Planung sind neben dem Management gerade auch die »Corporate Communication« bzw. die Kollegen der Internen Kommunikation wichtige Partner und Multiplikator. Für internationale Kampagnen gilt dies um so mehr, weil Sie u.a. auch von den Expertisen der Kommunikationskollegen in anderen Ländern profitieren können.

7.5.2 Verständnis für kulturelle Unterschiede

Schauen wir uns nun aber an, welche Teilaspekte im Rahmen interkultureller Kommunikation zu berücksichtigen sind, z.B.:

- Sprache (z.B. Herkunft, Übersetzung)
- Bildung (z.B. Bildungsniveau)
- Religion (z.B. arabische Länder)
- Werte und Normen (z.B. Schönheitsideale)
- Gesetze (z.B. Werbeverbote)
- Technologische Rahmenbedingungen (z.B. Infrastruktur, Internetzugang)

Hinweise auf den Umgang mit diesen Triggern der interkulturellen Kommunikation suchen Sie in der Regel in einem Corporate Identity Guide oder einem Corporate Design Styleguide, der sich dem globalen Markt verschrieben hat, vergeblich, denn es geht ja bei den meisten Marken um ein konsistentes Erscheinungsbild – und das möglicht überall auf der Welt, so dass für individuelle Kommunikationsstile kaum Platz bleibt. So gelangen standardisierte Kampagnen häufig an ihre Grenzen bzw. Individualität wird unternehmensintern mittels erheblichem Diskussionsaufwand erreicht.

Anpassungen an die unterschiedlichen Sprachen, die unterschiedlichen Bedürfnisse, Einstellungen oder Lebensstile der Zielgruppen werden spätestens dann notwendig, wenn ein global einheitliches Produkt in dem einen oder anderen Land floppt.

Bei der Anpassung der Kommunikation für die verschiedenen Märkte stellen sich im Rahmen der Gestaltung von Botschaften eine Reihe von Fragen bezüglich der Formulierung von verständlichen und widerspruchsfreien Inhalten, der Auswahl der richtigen Bilder und Symbole und der bestmöglichen Anordnung von Bild und Text. Wenn man also in die Planung von Medien im Rahmen internationaler Awareness-Kampagnen geht, sollte man sich bereits im Vorfeld mit Aspekten wie Bildsprache, Symbolik, Farbe, Platzierung von Text und Bild – aber auch von Tabus auseinandersetzen. Und man sollte sich darüber im Klaren sein, dass es nicht die eine, über alle Kulturgrenzen hinweg global wirkungsvolle Kampagne gibt. Zwar benötigen die verschiedenen Kulturkreise ein »Grundgerüst« in punkto visuellem Erscheinungsbild. Sie benötigen aber ebenso die Möglichkeit zur Individualisierung in bestimmten – eben den kulturspezifischen – Bereichen.

7.5.3 Nonverbale Gestaltungselemente

Die Gründe für eine Anpassung nonverbaler Gestaltungselement in der internationalen Kommunikation sind sehr vielfältig. Eine besondere Rolle spielen die unterschiedlichen Bedeutungszuweisungen der Konsumenten bezüglich der eingesetzten Symbole und Bilder.

Beispiel Eine amerikanische Bank nutzt in Venezuela ihr traditionelles Markenzeichen, ein Eichhörnchen, das Nüsse für den Winter hortet. Weil es aber in Venezuela keine Eichhörnchen gibt und Nüsse exportiert werden, interpretierte man die Botschaft der Bildmarke als eine »diebische Ratte«.

Kulturbedingte Anpassungen können beispielsweise auch aufgrund eines unterschiedlichen Umgangs mit erotischen Reizen bzw. Sexualität notwendig werden. So wird z.B.

ein nackter Körper in Frankreich als Zeichen von Schönheit empfunden und weckt eine positive Assoziation; in China hingegen erregt bereits die Darstellung einer nackten Schulter negatives Aufsehen. Schönheitsideale im arabischen Raum sind ein rundlicher Körper, der von Reichtum zeugt, während in der westlichen Welt ein schlanker, sportlicher Körper als begehrenswert gilt

7.5.4 Humor ist, wenn man trotzdem lacht

Auch durch die interkulturellen Unterschiede im Umgang mit Humor können kulturbedingte Adaptionen notwendig werden lassen. So nimmt der Humor in der Werbung in Großbritannien eine herausragende Stellung ein, wohingegen amerikanische Werbung eher pragmatisch ist. Übrigens: Das Lachen wird in den meisten westeuropäischen Ländern mit Witz und Fröhlichkeit gedeutet, während es in Japan oft Anzeichen von Verwirrung, Unsicherheit oder Verlegenheit ist.

Beispiel Wie kultursensibel und anfällig Werbebotschaften sein können, die plakativ und ironisch wirken wollen, zeigt auch das Beispiel des Gesundheitsministers eines afrikanischen Landes, der für mehr Sauberkeit in den Häusern der Bantu warb. Unter der Überschrift »Kill the animal« wurde ein Bantu gezeigt, der mit einem Gewehr auf Insekten losging. Die befragten Zielgruppen jedoch empfanden diese Darstellung als unsinnig, weil man mit Gewehren nicht auf Insekten schießt. Es fehlte ihnen – bezogen auf Werbung – jedes Verständnis für Ironie.

Beispiel Was im Westen als eine witzige Bildidee gilt, kann in Asien schnell als eine Beleidigung aufgefasst werden. So ist die Abbildung und das Zeigen nackter Fußsohlen in muslimisch-geprägten und asiatischen Ländern ein Ausdruck der Verachtung. Ganz besonders hier sollte Ironie vermieden werden. Zu groß ist die Gefahr, dass diese, gerade dann, wenn sie mit westlichen Aspekten spielt, als Beleidigung empfunden wird. Apropos Glaubwürdigkeit: Bilder, die aus deutscher Sicht als authentisch empfunden werden, könnten in Asien (und auch anderen Kulturkreisen) als unästhetisch gelten.

7.5.5 Auswahl von Claims, Slogan und Awareness-Protagonisten

Wenn Sie eine Kampagne mit einem »Security-Brand« für eine stetige Wiedererkennbarkeit und als Reminder arbeiten wollen, achten Sie auf Memorierbarkeit und den Ausschluss negativer Assoziationen – vor allem auch beim Wording. Denn gerade hier versäumen es selbst gestandene Großkonzerne, z.B. Produktnamen in den unterschiedlichen Sprachräumen ihres angepeilten Marktes zu testen.

Beispiel Der Autohersteller Chevrolet hat im spanischsprachigen Raum einen PKW mit dem Namen »Chevy Nova« u.a. mit dem Argument der besonders guten Aussprechbarkeit der Marke auf den Markt gebracht, aber nicht beachtet, dass »no va« in Spanien »läuft/funktioniert nicht« bedeutet. Mit dem irischen Likör »Irish Mist« konnten sich deutsche Verbraucher – zumindest nicht auf den ersten Blick – wirklich anfreunden. Ein spanisches Gebäck mit dem Namen »Dofi« hätte aufgrund dieser Erfahrung wohl auch kaum Exportchancen nach Deutschland, ebensowenig das französische Abführmittel »Senokot«.

Beispiel Der für die Biotronik AG (s. Kap. 8.6) entwickelte Brand »Dr. SAFE« (s. Abb. 56) hätte aber wahrscheinlich auch in den internationalen Tochtergesellschaften der BIOTRONIK GmbH & Co. KG bzw. der Biotronik AG dieselben Chancen, positiv wahrgenommen zu werden und sich daher erfolgreich zu entwickeln.

Auch Silhouetten wie z.B. James Bit (s. Abb. 55), der Awareness-Protagonist der T-Systems (s. Kap. 8.8) hat durch seine schemenhafte Darstellung gute Chancen bezüglich der Einprägsamkeit. Allerdings könnte er durch seine »Police Officer«-Ausstrahlung in machen Kulturen negative Befindlichkeiten wecken (vgl. auch Kap. 6.2).

7.5.6 Wie Farben wirken

Unser Farbempfinden wurde über Jahrtausende geprägt und beruht auf allgemeinen Erfahrungen, die tief in Bewusstsein, Denken und Sprache verankert sind. Allein Farben bzw. Farbkombinationen können qua Kommunikation unbewusste Vorstellungen beim Menschen hervorrufen. Da Farben in unterschiedlichen Kulturen auch unterschiedlich wahrgenommen werden, müssen die jeweiligen Assoziationen auf der Impact-Ebene getestet werden, um die genaue Wirkung zu prüfen. In der Abbildung unten sehen Sie eine Übersicht über die Wirkung von Farben in der internationalen Kommunikation.

Land Farbe	Italien	Pakistan	Portugal	Schweden	Schweiz
schwarz	Depression	Trauer Hilflosigkeit	Trauer Sorge Hunger	Depression Sorge	Pessimismus illegal
weiß	Unschuld Furcht erfolglose Liebesaffäre	Trauer Nüchternheit Eleganz	Friede Unschuld Reinheit	Güte	Reinheit Unschuld
rot	Ärger Gefahr Feuer	Ärger Heirats-Zusage	Krieg Blut Leidenschaft Feuer	Ärger Wut Feuer	Ärger Feuer
grün	Neid Jugend Geldknappheit depressiver Ärger	Glück Frömmigkeit ewiges Leben	Hoffnung Neid	Neid unerfahren Güte	unwohl reif
blau	Furcht		Eifersucht Schwierigkeit Probleme zu lösen	Blauäugig Leichtgläubig Gefroren Kalt	Wut Ärger Romanze
gelb	Ärger	Jungfräulichkeit Schwäche Ärger	Verzweiflung Plage	ohne Geld	Neid

Abb. 75: Farbsymboliken im internationalen Marketing
Quelle: Wilkes (1977)

Beispiel In Malaysia wird beispielsweise die Farbe grün mit der Dschungelkrankheit und in den meisten lateinamerikanischen Ländern die Farbe lila mit dem Tod in Verbindung gebracht. In der »Ronald-McDonald-Werbung« von McDonald trat der Clown in Japan mit einem weiß geschminkten Gesicht auf. In Japan gilt aber ein weiß bemaltes Gesicht als ein Synonym für den Tod.

7.5.7 Worauf ist bei der Wahl von Symbolen zu achten?

Die Vielfalt der individuellen Interpretationsmöglichkeiten betrifft auch Symbole.

Beispiel Die Verwendung eines »Sicherheits-Elchs« als Symbol einer Awareness-Kampagne sollte in skandinavischen Ländern vermieden werden, da der Elch dort als besonders dumm gilt. In Indien bedeutet das Kopfschütteln »ja« – im Gegensatz zur entsprechenden westlichen Interpretation. Der Daumen nach oben bedeutet in Lateinamerika »Alles klar« während er für Muslime ein grobes sexuelles Zeichen darstellt.

Beispiel Grosse Vorsicht ist auch beim anderen, vermeintlichen »OK-Zeichen«, den zu einem Kreis zusammengehaltenen Daumen und Zeigefinger, geboten. Während es bei Piloten und Tauchern in der Regel tatsächlich als »Alles in Ordnung« verstanden wird, bedeutet es für einen Japaner »jetzt können wir über Geld reden« und im Süden Frankreichs das Gegenteil davon, nämlich »nichts, wertlos«, während es auf der iberischen Halbinsel sowie in weiten Teilen Lateinamerikas und Osteuropas als eine sehr vulgäre sexuelle Geste gedeutet wird.

7.5.8 Was ich Sage und Schreibe – Verbales

Neben dem Wording von Marken, Kampagnentitel oder Claims und den semantischen Unterschieden der nonverbalen Kommunikation stellt sich in diesem Zusammenhang auch die Frage nach der Komplexität der Inhalte sowie nach dem Stil von Ansprache und Form. Je leichter ein Text zu lesen ist, desto leichter ist er auch zu verstehen – und umso breiter ist dabei seine Einsetzbarkeit im Hinblick auf den Aspekt Zielgruppenabdeckung.

Auch das Verständnis, wie etwas kommuniziert wird, unterliegt unterschiedlichen Regeln. So zeichnet sich etwa der angelsächsische Journalismus durch seinen faktenreichen Stil aus, während der mediterrane Journalismus mehr den kommentierenden Stil bevorzugt. Aber auch die Vorliebe für Zitate ist unterschiedlich ausgeprägt. Die angelsächsische Art, in Texten viele Zitate zu verwenden, findet bei den deutschen, aber auch bei den französischen Journalisten wenig Anklang. Unterschiedlich sind auch die Interessenschwerpunkte deutscher und amerikanischer Fachjournalisten. Für die Franzosen sind stilistische und ästhetische Aspekte der Werbung besonders wichtig. In Deutschland hat Kommunikation in erster Linie die Aufgabe, zu informieren und dabei sachlich und informativ zu bleiben. In der englischen Werbung existieren eine Vielzahl von Elementen spezifisch britischer Kultur, z.B. das Festhalten an Klassen und Schichten, das Exzentrische und der oft verwendete, zum Understatement neigende britische Humor.

7.5 • Interkulturelle (Handlungs-)Kompetenz – Lösung für Awareness international

Oftmals werde ich um Rat gefragt, wenn es um die praktikable Übersetzung von Texten geht. Ich empfehle grundsätzlich: Sollten Sie in anderen Ländern Informationen an die Frau oder den Mann bringen wollen, sprechen Sie Ihre Mitarbeiter in der jeweiligen Landessprache an und vermitteln Sie Ihre Informationen über Geschichten. Geschichten funktionieren in allen Kulturkreisen und helfen vor allem Abstraktes, mit dem wir in der Information Security häufig zu tun haben, zu konkretisieren und emotional positiv aufzuladen (vgl. auch Kap. 6.4.1).

Apropos Landessprache – auch bei den großen Unternehmen ist in punkto Markenwerbung eine Trendwende zu beobachten. Ehemals englische Claims werden wieder auf Deutsch kommuniziert und minimieren so mögliche Missverständnisse, die zum Teil fatale Folgen haben könnten. Erinnern Sie sich noch an »Douglas – come in and find out«? Ein Claim, der von vielen Deutschen mit »Komm rein und finde wieder raus« übersetzt wurde Aktuell lautet der Claim: »Douglas macht das Leben schöner«.

Sie sehen – Verbales sollte eher adaptiert als übersetzt werden, d.h. »Übersetzer sollten [...] im Bereich der internationalen Produktvermarktung nicht mehr nur zum Übersetzen herangezogen werden, sondern vielmehr als kompetente Sachverständige in Fragen der Sprache und Kultur des anderen Landes« (Schröder 1994) und bei der Erstellung von Texten beteiligt sein. Darüber hinaus sollten die in diesem Bereich tätigen Sprachmittler über die Funktion des zu übersetzenden Textes und über die wichtigsten Charakteristika der Zielgruppe im Klaren sein.

7.5.9 Was funktioniert konzernweit?

Aus meiner Sicht und Erfahrung gibt es keine Elemente, die auf der ganzen Welt und in allen Kulturen die gleiche eineindeutige Wirkung erzielen. Aber es gibt natürlich Kanäle, die, wenn man die Besonderheiten der interkulturellen Kommunikation beachtet, durchaus überall funktionieren. Dazu gehören u.a.:

- Poster
- Internationale und multilinguale (mehrsprachige) Mitarbeiterzeitungen
- Intranet, E-Mail, Blogs
- Konzernübergreifende Weiterbildungsangebote, Schulungen sowie Einführungsveranstaltungen für neue Mitarbeiter
- AV- Medien wie z.B. Podcasts, Filme, etc.
- Giveaways

Dabei ist stets zu beachten: Je stärker Form und Inhalt an die jeweilige Kultur angepasst sind, umso stärker das Verstehen, die Akzeptanz und umso nachhaltiger wird das avisierte Kommunikations- und Vermittlungsziel erreicht.

7.6 Interkulturelle (Handlungs-)Kompetenz – Awareness international

Unter interkultureller Kompetenz versteht man die Fähigkeit von Menschen, mit Angehörigen anderer Kulturen erfolgreich, professionell und effektiv zu kommunizieren und zusammenzuarbeiten. In der globalisierten Welt, in der auf der Ebene eines Unternehmens unter den Mitarbeitenden oft Dutzende von Nationalitäten vertreten sind und die Märkte immer häufiger internationalen Charakter haben, nimmt die Bedeutung von interkulturellen Kompetenzen stetig zu.

Auch im Zuge der Globalisierung von Unternehmen sind interkulturelle Kompetenzen gefragt. Zu ihnen gehören neben Auslandserfahrung und – mindestens – einer Fremdsprache auch die Fähigkeit, sich in andere Kulturen einfühlen zu können. Nur wer über derartige Fähigkeiten verfügt, ist in der Lage, mittels Kommunikation produktive Kooperationen mit »kulturdifferenten« Interaktionspartnern einzugehen. Die Ergebnisse dieser Kooperation führen in der Regel per se zu einer Win-Win-Situation.

Aus diesem Grund gehören interkulturelle Kompetenzen zu den Grundkompetenzen der modernen bzw. postmodernen Gesellschaft.

J. Schuch (2003) hat interkulturelle Kompetenz in folgende Teilkompetenzen unterteilt:

- **Bereitschaft und Fähigkeit zur Empathie**

Gemeint ist hier die Fähigkeit, Handlungen und Situationen nicht nur aus eigener Sicht zu bewerten, sondern auch die Betrachtung anderer zuzulassen. Im Rahmen eines interkulturelles Team stellt diese Fähigkeit die Möglichkeit dar, sich von konventionellen und klassischen Lösungsmustern zu lösen.

- **Bereitschaft zur Selbstreflexion**

Gefordert ist die Bereitschaft, eigene Ansichten zu hinterfragen. Erst die Transparenz eigener Gesprächs-, Reaktions- und Wahrnehmungsmuster ermöglicht einen kritischen Umgang mit der eigenen Person und eröffnet Optionen für einen in jeder Hinsicht offenen Umgang mit anderen Menschen bzw. immer wieder neuen, unbekannten Situationen.

- **Bereitschaft zur Ambiguitätstoleranz**

Selten ist der Verlauf von Begegnungen mit »Fremden« bzw. Menschen anderer Kulturen genau zu planen. Die Ambiguitätstoleranz erfordert den Mut, Unsicherheiten auszuhalten, wobei kultureigne Reaktionsmuster zwingend reflektiert werden müssen.

- **Bereitschaft zur Flexibilität**

Gefragt ist die Fähigkeit, sich neuen Situationen und Umgebungen flexibel anzupassen.

- **Fähigkeit zur Openmindness**

»Openmindness« ist die Offenheit, andere Erkenntnisse und Betrachtungen anzuerkennen, um damit die eigenen Kommunikationsmöglichkeiten zu erweitern

- **Kommunikations- und Konfliktfähigkeit**

Kommunikations- und Konfliktfähigkeit zählen zu den wichtigen Schlüsselqualifikationen in interkulturellen Arbeitsteams. Der Rahmen der Kommunikationsmöglichkeit soll erweitert werden. Gleichzeitig ist der professionelle Umgang mit Konflikten gefragt. Typische Verhaltensabläufe sollten immer wieder kritisch hinterfragt werden.

7.7 Fazit und Empfehlungen interkulturelle Kommunikation

Rasante Fortschritte in der Transport- und Kommunikationstechnologie haben den Aktionsraum von Unternehmen innerhalb weniger Jahrzehnte um ein Vielfaches, oft auf eine globale Ebene vergrößert.

Wer in einem solchen Kontext – das heißt im Wechselspiel unterschiedlicher Kulturen – agiert, sollte sich stets bewusst sein, dass sich eine spezifische Kultur über Jahrhunderte oder sogar Jahrtausende entwickelt hat und damit, ungeachtet aller technologischer Fortschritte, tief in den Menschen des jeweiligen Kulturkreises verwurzelt ist.

Nach Pinto (2000) bietet sich hinsichtlich eines Beziehungsaufbaus im Rahmen interkultureller Kontakte eine Dreischritte-Methode an:

- Lernen Sie die kulturgebundenen Werte Ihrer eigenen (Unternehmens- und Interaktions-) Kultur kennen.
- Lernen Sie die kulturgebundenen Werte und Verhaltensweisen (Fakten) anderer kennen.
- Versuchen Sie Ihre Umgangsweise mit den identifizierten Werten und Verhaltensweisen in Einklang zu bringen, so dass es zu einer Anpassung und Akzeptanz kommt.

D.h. Selbstreflektion ist der eigentliche Treiber interkultureller Kommunikation. Wer sich selbst versteht (s. Kap. 5.1) ist in der Regel auch in der Lage andere – auch andere Kulturen – zu verstehen.

Darauf aufbauend können etliche Empfehlungen hinsichtlich internationaler Awareness Kampagnen ausgesprochen werden, wenn Ihr zentraler Standort in der Region D.A.CH. liegt:

1. Bilden Sie ein Awareness-Core-Team am Standort des Headquarters, bestehend aus Vertretern der Abteilungen Personal (HR), Interne Kommunikation (CorpCom), IT- und Informationssicherheit, Legal/Datenschutz und HelpDesk/Support (wegen dem direkten Draht zum Mitarbeiter). Die Mitglieder dieses Awareness-Core-Teams sollten auf Augenhöhe miteinander diskutieren und arbeiten.
2. Setzen Sie sich mit den jeweilgen Kulturen auseinander. Holen Sie Experten ins Boot, lesen Sie die einschlägige Literatur über die jeweiligen Landessitten, sprechen Sie mit Kollegen aus den jeweiligen Kulturkreisen oder begeben Sie sich vor Ort in Ihre Tochtergesellschaften.
3. Binden Sie Ihre Kollegen aus den Tochtergesellschaften in eine Sicherheitskulturanalyse und die Planung der Awareness-Kampagne mit ein. Holen Sie sich Feedback ein, welche Themen und Befindlichkeiten in den Ländergesellschaften in Bezug auf Ihr

Vorhaben aktuell on top sind und wie die Mitarbeiter vor Ort mit den bisherigen Regeln umgehen.

4. Der Rollout der Awareness-Maßnahmen sollte zunächst im Headquarter erfolgen. Das gibt Ihnen Zeit, Ihre Tochtergesellschaften in den internationalen Rollout einzubinden und gegebenenfalls Tools und Inhalte an die Kultur vor Ort anzupassen. Die Tochtergesellschaften sollen ja nicht das Rad neu erfinden, denn sie profitieren von der Vorarbeit des Headquater. Das lässt die Kosten vor Ort in der Regel überschaubar gestalten. Dies macht es Ihnen auch einfacher, das »Go« für ihr Vorhaben vom lokalen Management zu erhalten.

5. Präsentieren Sie dem Management Ihre Kampagnenbausteine und holen Sie sich von Ihnen ein Management-Commitment.

6. Informieren Sie die Sicherheitsbeauftragten in den Tochtergesellschaften über den Ablauf (die Roadmap) der Awareness-Kampagne und sorgen Sie für eine Rückkoppelungsmöglichkeit.

7. Kommunizieren Sie grundsätzlich Einfachbotschaften – schnell erfassen und sofort verstehen ist hier die Devise.

8. Wenn Sie externe Übersetzungsbüros einbinden, sollte eine Qualitätskontrolle stets durch »Natives« – z.B. muttersprachlich-versierte Kollegen vor Ort – erfolgen.

9. Unterstützen Sie über Ihre konzernweite Awareness – wenn möglich – auch die Internationalisierung des Unternehmensleitbildes. So schaffen Sie a) schnell ein Gemeinschaftsgefühl zur Sache – nämlich Sicherheit – und haben b) die Corporate Communication und das Management hinter sich.

10. Nicht alle Konflikte lassen sich auf Kulturunterschiede zurückführen!

Die Realität der Kommunikationspraxis erfordert selbstverständlich nicht selten auch ein pragmatisches Vorgehen. Ich empfehle Kunden, die aus Zeit- bzw. Budgetgründen nicht alle o.g. Details berücksichtigen können, die Durchführung einer internationalen Dach-Kampagne. Dieser Ansatz stellt eine Mischform aus einer standardisierten (gleiche Tools, gleiche Kommunikationswege, gleiche Inhalte, etc.) und einer differenzierten Kampagne (jedes Land bekommt etwas Eigenes) dar. Es liefert der internationalen Strategie Orientierungspunkte und wird auf nationaler Ebene angepasst. Da es sich in der Kommunikations-Praxis selten um Entweder-Oder-, sondern in den meisten Fällen um Sowohl-als-auch-Entscheidungen handelt, stellt eine Kombination der verschiedenen Ansätze oftmals den goldenen Mittelweg dar.

Nachhaltige Erfolge erzielen Sie grundsätzlich immer dann, wenn Sie alle Abteilungen, alle Mitarbeiter und alle Kulturen zu integrieren versuchen – frei nach dem Motto von Benjamin Franklin »*Tell me and I'll forget; show me and I may remember; involve me and I'll understand.*«

7.8 Verschiedene Kulturen, verschiedene Sichten – Interviews zur Interkulturalität

7.8.1 Uwe Herforth, CISO Ringier AG, Zürich

Woher entstammen Sie ursprünglich und wo liegt Ihr derzeitiger Wohn- bzw. Arbeitsort?

Ich stamme gebürtig aus Deutschland, genauer Dinslaken, bin also im Nordwesten des Ruhrgebiets aufgewachsen und lebe und arbeite heute in der Schweiz.

Wie werden nach Ihren Erfahrungen Regeln wie z.B. Security Policies in Unternehmen Ihres derzeitigen Kulturkreises bzw. im Vergleich zu anderen kommuniziert?

Ich habe in den letzten 9 Jahren in verschiedenen Branchen und Kulturkreisen im Bereich IT Sicherheit und IT Risikomanagement gearbeitet. Wie die Regeln kommuniziert werden, hängt in der Tat sehr stark von der Art des Unternehmens, aber auch vom jeweiligen Kulturkreis ab. Nach meinen Erfahrungen werden Sicherheitsregelwerke häufig nach einem zentralistischen Ansatz an die relevanten Zielgruppen kommuniziert, was nicht immer zum gewünschten Ergebnis führt. Besonderen Herausforderungen steht man gegenüber, wenn beispielsweise Sicherheitsregeln, die im deutschsprachigen Raum erstellt wurden, im Raum Asien/Pazifik kommuniziert werden müssen. Diese Region erstreckt sich über Länder wie Indien, China, Japan und auch Australien, deren kulturellen Unterschiede sehr gravierend sind.

Man findet z.B. in der Arbeitswelt Australiens Elemente aus dem angloamerikanischen und englischen Raum. Dinge werden hinterfragt und nicht als »von oben« gegeben hingenommen. Hier ist teilweise wirkliche Überzeugungsarbeit zu leisten. Gerade das »Warum« spielt eine nicht zu unterschätzende Rolle. In Japan hingegen verhält man sich gegenüber Vorgaben durch Sicherheitsregeln eher zurückhaltend. In manchen Situationen ist es unklar, ob und in welcher Form Sicherheitsregeln verstanden wurden. In der indischen Arbeitswelt ist man den Dingen gegenüber

Hamburgerkultur

Der amerikanische Kulturforscher Watson beschreibt die Unterschiede der Länder am Beispiel von »Hamburgern«:

In Israel haben Hamburger keinen Käse, da in kosheren Restaurants die Trennung von Fleisch und Milch herrscht. In Indien sind sie mit Gemüse zubereitet, der Burger besteht aus Hammelfleisch, weil Rindfleisch bei Hindus verboten ist (Kühe sind dort heilig). In muslimischen Ländern dürfen Restaurants kein Schweinefleisch verwenden – McDonald's musste sich für Rind- und Schweinefleischgeschmack in Pommes Frites entschuldigen. Die Japaner essen den Burger mit Essbesteck und schneiden ihn in kleine Stücke. Andere Speisen dürfen die Japaner aus religiösen Gründen nur mit den Händen essen, wie zum Beispiel Reiskugeln mit rohem Fisch.

Sie sehen: bei einem global scheinenden Produkt wie einem Hamburger, richtet sich die Fast-Food-Kette nach den Essgewohnheiten des jeweiligen Landes. Auch bei Awareness-Maßnahmen sollte stets auf die spezifischen Gewohnheiten des Landes geachtet werden.

scheinbar aufgeschlossen, ohne diese jedoch zu hinterfragen. Es ist offenbar mehr Akzeptanz für Vorgaben dieser Art aus dem Headquarter vorhanden; dieser Eindruck entsteht vor allem deshalb, weil sehr wenig Feedback eingebracht wird.

Was ist nötig, damit diese auch verstanden, umgesetzt und gelebt werden?
Es ist sehr wichtig, die kulturellen Unterschiede von Anfang an zu berücksichtigen.

Welche Tipps haben Sie hinsichtlich der internen Unternehmenskommunikation in Kulturkreisen, in denen Sie gelebt bzw. gearbeitet haben?
Grundsätzlich hilfreich ist, wenn die direkten Vorgesetzten in die Kommunikation eingebunden werden und hier grundsätzlich mit in die Pflicht genommen werden, relevante Inhalte an die Mitarbeiterinnen und Mitarbeiter weiterzugeben – im Sinne eines »Leading by Example«. Dies ist unabhängig vom jeweiligen Kulturkreis.

Über Australien kann ich sagen, dass man dort grundsätzlich bereit war, sich mit den Sicherheitsregeln auseinanderzusetzen und für die Kommunikation an die breite Masse durchaus auch Web-basierte Trainingssysteme gut angenommen wurden.

Die verschiedenen Verantwortlichen für sicherheitsrelevante Themen wie CSO, CISO, CRO etc. sollten in jedem Fall verstärkt mit den internen Kommunikationsbereichen zusammenarbeiten. Die Kommunikation muss auf der einen Seite an die Spezifika des Unternehmens angepasst werden. Auf der anderen Seite müssen die verschieden interkulturellen Aspekte berücksichtigt werden.

7.8.2 Ralph Halter, Head of IT Governance, Panalpina AG, Basel (Schweiz)

Woher entstammen Sie ursprünglich und wo liegt Ihr derzeitiger Wohn- bzw. Arbeitsort?
Beides Schweiz, vorher auch USA und Brasilien. Bei Panalpina nun seit 1995.

Wie werden nach Ihren Erfahrungen Regeln wie z.B. Security Policies in Unternehmen Ihres derzeitigen Kulturkreises bzw. im Vergleich zu anderen kommuniziert?
Bestimmte Policies werden direkt als »windows active directory policies« weltweit implementiert, ohne diese explizit zu kommunizieren. Sämtliche Policies sind im so genannten »IT Manual« zusammengefasst. Einige Policies werden neuen Mitarbeitern im Rahmen einer Einführung direkt an ihren PCs oder Laptops erklärt. Bei neuen oder geänderten Policies wird via Intranet (in seltenen Fällen per E-Mail) informiert. Flyer und Videos wurden einmalig produziert. Bestimmte Sicherheitsthemen wurden face-to-face während Live Sessions an alle Mitarbeiter weitergegeben.

Wie müssen sie aus Ihrer Sicht heraus kommuniziert werden, damit sie auch umgesetzt, gelebt bzw. verstanden werden?
Im Gegensatz zur Schweiz ist es in Brasilien wichtig, dass Regeln von einer in der Hierarchie möglichst weit oben stehenden Person kommuniziert werden, damit sie überhaupt akzeptiert werden. Für ein Nach-Leben braucht es ein Vor-Leben, d.h. dem Ma-

nagement kommt eine sehr wichtige Vorbildfunktion zu. Verstanden werden Policies nicht, weil entweder keine Erklärungen (»Wozu das Ganze?«) mitgeliefert werden, oder weil die Referenz fehlt, denn was zuhause geht, muss im Unternehmen noch lange nicht an allen Standorten gleich funktionieren.

Welche Tipps haben Sie in peto hinsichtlich der internen Unternehmenskommunikation in Kulturkreisen, in denen Sie gelebt bzw. gearbeitet haben?.

Das Top Management muss dahinter stehen und die Policies vorleben, jede Ausnahme ist ein Nagel für den Sarg der Regel.

7.8.3 Thomas R. Jörger, CISO EMEA, Bayer (Schweiz) AG BBS-EMEA Central Europe

Woher entstammen Sie ursprünglich und wo liegt Ihr derzeitiger Wohn- bzw. Arbeitsort?

Ich komme aus dem deutschen Kulturkreis und bin in eben diesem beheimatet, bzw. im so genannten »Sonderfall«. So sehen sich die Schweizer m.E. immer wieder mal gerne, aber völlig grundlos.

Wie werden nach Ihren Erfahrungen Regeln wie z.B. Security Policies in Unternehmen Ihres derzeitigen Kulturkreises bzw. im Vergleich zu anderen kommuniziert? Was ist nötig, damit diese auch verstanden, umgesetzt und gelebt werden?

Nach meinen Erfahrungen gibt es auch im eigenen Kulturkreis kein einheitliches Vorgehen. Zumindest in der Schweiz kommt es stark auf die Zusammensetzung der Mitarbeiterschaft an, während in Unternehmen, in denen vorwiegend Schweizer arbeiten, Regeln in Form einer Weisung als Holschuld des Mitarbeiters angesehen werden, wird in gemischten Unternehmen direkter und aktiver kommuniziert. Das bedeutet allerdings nicht, dass die Kommunikation dadurch nachhaltiger ist.

Es gibt durchaus Unterschiede, sogar in Westeuropa, was zeigt, wie reich Europa an verschiedenen Kulturen ist. In Italien beispielsweise wird vordergründig alles sehr ernst genommen, unglaublich kompliziert kommuniziert mit kaum nachvollziehbaren darunter liegenden Prozessen, wogegen in Griechenland weniger kommuniziert wird; aber irgendwo steht dann der Polizist, der dann eingreifen will, wenn es meist schon zu spät ist. Österreich kommuniziert sachlich; aber bitte »nid glei vo null auf hundert«. UK kann gut mit Italien verglichen werden, Regeln sind wichtig, alleine die Ansätze sind etwas pragmatischer. Auch Belgien hat ähnliche Ansätze wie Italien; die entsprechenden Prozesse sind aber oft sehr schwer oder gar nicht anwendbar. In Spanien und Frankreich sieht man zwar die Notwendigkeit gewisser Regeln, solange sie die laufenden Geschäfte nicht beeinflussen.

Dass in solchen Ländern Regeln verstanden, umgesetzt und gelebt werden, funktioniert nur durch Überzeugung und das Aufzeigen, dass schlussendlich alle davon profitieren. Einfach Regeln erlassen und mit dem Zeigefinger herumfuchteln ist i.d.R. kontraproduktiv.

Welche Tipps haben Sie hinsichtlich der internen Unternehmenskommunikation in Kulturkreisen, in denen Sie gelebt bzw. gearbeitet haben?.

Es ist nötig. sich unter allen Umständen mit der jeweils lokal herrschenden Kultur auseinander zu setzen, und zwar nicht nur mit den Mitarbeitern des eigenen Unternehmens, da diese Kultur nicht unbedingt die als »echt« empfundene sein muss.

Es gibt gute Beispiele aus dem Marketing: ein grosser Nahrungsmittelkonzern hat vor Jahren in Japan die eigenen Mitarbeiter eingeladen, eine neue Backmischung für den japanischen Markt zu beurteilen. Das Resultat des Konzern-internen Tests war umwerfend. Die Backmischung bekam von den japanischen Mitarbeitern Bestnoten bezüglich des Geschmacksempfindens. Da sich allerdings Backmischungen und die in der Regel sehr traditionell ausgerichtete Küche Japans nahezu ausschließen (es gab damals praktisch keine Backöfen in den Haushalten), blieben die Backmischungen im Regal stehen.

7.8.4 Samuel van den Bergh, van den Bergh Thiagi Associates GmbH

Samuel van den Bergh ist Professor für Interkulturelles Management und Interkulturelle Kompetenz an der Zürcher Hochschule für angewandte Wissenschaften (ZHAW) in Winterthur und Experte hinsichtlich der Führung von multikulturellen Teams.

Aus welchem Kulturkreis bzw. Land kommen Sie und wo sind Sie gerade beheimatet?

Ich habe zwar einen holländischen Namen, bin aber in der Schweiz aufgewachsen und groß geworden. Mein Großvater kam aus Holland in die Schweiz. Holländisch spreche ich nicht. Die Frage, wo ich beheimatet bin, lässt sich einfach beantworten: meine Heimat ist da, wo ich gerade bin. Mein erster längerer Auslandaufenthalt war in Großbritannien. Er prägte mich stark. Dort lernte ich auch gewisse Dinge an der Schweiz schätzen. Dann habe ich lange Zeit in Amerika studiert, gewohnt und gearbeitet. Ich bin viel unterwegs – auch in den Ferien. In den letzten Jahren habe ich eine starke Affinität zu den lateinischen Kulturen entwickelt, bin z.B. regelmäßig in Kuba.

Wie werden »Regeln«, z.B. Security Policies, in Unternehmen in Ihrem derzeitigen Kulturkreis bzw. – nach Ihren Erfahrungen – in anderen Ländern kommuniziert? Wie sollte man diese aus Ihrer Sicht heraus kommunizieren, damit Sie auch umgesetzt, gelebt, bzw. verstanden werden?

In den meisten Ländern, die ich kenne, werden Regeln flexibler gehandhabt als hier in der Schweiz. Regeln gibt es überall. Aber man findet eben immer wieder Wege, diese neu zu interpretieren und gegebenenfalls auch zu umgehen, oftmals nicht aus Böswilligkeit. Ein Beispiel zum Thema »Pünktlichkeit«: Wir Schweizer sind sehr rigide, was den Umgang mit Zeit angeht. Diese Besessenheit hindert uns manchmal daran, den Anderen kennen zu lernen. Um jemanden kennen zu lernen, braucht es aber keine Agenda, sondern Zeit und Interesse. Außerdem kommt es oftmals darauf an, wer die Regel vorgibt und wem Ausnahmen gestattet werden. Das Regelverhalten in anderen Kulturen ist differenzierter als bei uns. Hier in der Schweiz ist eine Regel eine Regel. Sie gilt für alle gleichermaßen. In Malaysia oder Kuba zum Beispiel muss man ständig Wege finden, wie starre Regeln umgangen werden können. Der persönliche Kontakt ist oft wichtiger. Da lauert dann aber auch die Gefahr der »Korruption«. Wir brauchen natürlich Regeln, aber diese brauchen ihrerseits die Fähigkeit, sich anpassen zu können, wenn eine neue Situation es verlangt. Regeln sollten also die Fähigkeit haben, von Ausnahmen lernen zu können.

Welchen Ratschlag geben Sie der internen Kommunikation, auf die ja z.B. unser Thema, die Security Awareness, baut, auf den Weg?
Ganz klar – wir benötigen mehr Flexibilität. Ich muss immer davon ausgehen, dass ich eben nicht genau weiß, wie es woanders läuft. Ich brauche vor Ort Vertrauenspersonen, die mit den lokalen Regeln vertraut sind und die auf lokale Tabus achten. Im Umgang mit anderen Kulturen benötige ich eine ethnorelative Haltung – also das Wissen über die Verschiedenheit der Kulturen und die Akzeptanz der Andersartigkeit. Regeln sollen ja nicht kontraproduktiv wirken sondern helfen, sich und andere zu organisieren und den Umgang miteinander zu erleichtern.

7.8.5 Pascal Gemperli, CEO, Gemperli Consulting

Woher entstammen Sie ursprünglich und wo liegt Ihr derzeitiger Wohn- bzw. Arbeitsort?
Ich stamme aus der Schweiz und habe einen sehr ausgeprägten arabischen Hintergrund, dies sowohl privat-familiär als auch beruflich. Ich lebe in der Schweiz und in Marokko und bin häufig beruflich und privat in der arabischen Welt anzutreffen.

Wie werden nach Ihren Erfahrungen Regeln wie z.B. Security Policies in Unternehmen Ihres derzeitigen Kulturkreises bzw. im Vergleich zu anderen kommuniziert? Was ist nötig, damit diese auch verstanden, umgesetzt und gelebt werden?
In der arabischen Welt existieren sowohl fördernde Aspekte hinsichtlich der Umsetzung von Security Policies als auch Barrieren: Fördernde Faktoren sind:

Kommunikationsstil: In der arabischen Kultur wird stark emotional kommuniziert und auch argumentiert. Da Sicherheit durchaus ein emotionales Thema ist, kann dieser Umstand geschickt genutzt werden. Man darf ruhig auch einmal emotional darauf hinweisen, wie wichtig die Security für das Überleben der Firma und die Sicherheit der Mitarbeiter ist.

Hierarchienstrukturen: Organisationsstrukturen sind in der arabischen Welt traditionell stark hierarchisch. Entsprechend müssen Security Policies auch von oben integriert, geführt und kontrolliert werden, um erfolgreich zu sein.

Vermeidung von Ungewissheit: Das Bedürfnis nach Vermeidung von Ungewissheit ist bei arabisch geprägten Menschen deutlich höher als beispielsweise bei Europäern. Da

Sicherheitskonzepte auch hier ansetzen, sollte mit entsprechend geschickter Kommunikation leicht Unterstützung dafür gefunden werden. Allerdings muss darauf hingewiesen werden, dass es zwischen dem Bedürfnis nach Vermeidung von Ungewissheit und dem taktisch Einsatz von Willkür für Eigeninteressen – oft von Vorgesetzten ausgeübt – eine gewisse Diskrepanz gibt (Hofstede 2001).

Behindernde Faktoren sind:

Umgang mit Informationen, Informalität und Bürokratie: Der eher verschlossene Umgang mit Informationen, die informelle Kommunikation – verbal statt geschrieben – und die teilweise ausfernden bürokratischen Abläufe reden einer minimalen, dafür erfolgreichen Polic< das Wort. Anstatt seitenweise Dokumente zu erstellen, sollten grundlegende Prinzipien im Arbeitsalltag immer wieder – vor allem auch mündlich – kommuniziert werden. Dafür spricht zusätzlich auch die prozessorientierte Denk- und Arbeitsweise – anstelle der ziel- oder sachorientierten, d.h. spärlicher Informationszugang, informeller Informationsfluss, viel Bürokratie in administrativen Abläufen.

Personenorientierung: Die arabische Kultur ist stark personenorientiert. Schutz sucht man in der eigenen Gruppe und der Beziehung mit Menschen, nicht in abstrakten Gebilden, wie zum Beispiel Security Policies. Es dürfte sich als Vorteil herausstellen, ein solches Konzept möglichst auf Menschen statt Prozesse und Dokumente abzustützen. Regeln werden üblicherweise mitarbeiterorientiert angewandt – anderer Mitarbeiter andere Regeln – und sind somit dynamisch bzw. werden lieber ungern fix definiert.

Fatalismus und Inschallah: In der arabischen Alltagskultur kann ein gewisser Hang zum Fatalismus festgestellt werden. Dies gilt insbesondere für Themen wie Gesundheit, menschliche Sicherheit, etc. Schwere Unfälle o.ä. werden als Prüfung durch eine höheren Instanz gewertet. Es wäre sinnvoll, über konkrete Beispielen und Best Practices aufzeigen zu können, dass entsprechende Konzepte in der Praxis nützlich sind. Inschallah…

Welche Tipps haben Sie hinsichtlich der internen Unternehmenskommunikation in Kulturkreisen, in denen Sie gelebt bzw. gearbeitet haben?.

Siehe oben. Für genauere Angaben müsste man das am spezifischen Fall konkret betrachten.

7.8.6 Gunnar Siebert, CEO, ISPIN MEA

Woher entstammen Sie ursprünglich und wo liegt Ihr derzeitiger Wohn- bzw. Arbeitsort?
Mittlerer Osten bzw. Dubai.

Wie werden nach Ihren Erfahrungen Regeln wie z.B. Security Policies in Unternehmen Ihres derzeitigen Kulturkreises bzw. im Vergleich zu anderen kommuniziert? Was ist nötig, damit diese auch verstanden, umgesetzt und gelebt werden?

7.8 • Verschiedene Kulturen – verschiedenen Sichten – Interviews zur Interkulturalität

Eine sehr schwierige Frage, da nicht nur jedes Land in GCC dies anders handhabt, sondern alleine auch in UAE der Unterschied z.B. zwischen Dubai und Abu Dhabi schon sehr groß ist. Kommuniziert werden sie meistens via Intranet und Papier. Selten finden diesbezüglich z.B. Awareness-Maßnahmen statt. Die aktuelle Form ist m.E. nach nicht ausreichend, so dass die Regeln daher auch nicht gelebt werden. Einige Organisationen in UAE haben daraus gelernt und sind dabei, Policies mithilfe von Awareness-Kampagnen und Social Engineering Assessments in das Bewusstsein der Mitarbeiter zu tragen.

Policies müssen auch erst einmal in der eigenen Organisation identifiziert und dann spezifisch ausgearbeitet, nicht kopiert und angepasst werden. Selten kommt etwas Praktisches bzw. Begreifbares dabei raus. Sie sollten in den gesamten Prozess von der Einstellung der Mitarbeiter, Arbeitswirklichkeit im Unternehmen bis zum Verlassen des Unternehmens kontinuierlich dargestellt werden. Und das über verschiedene Kanäle, z.B. unterstützt durch geeignete und am besten individuell ausgearbeitete Awareness Materialien. Filme, Roll-Up-Banner und Präsentationen mit guten Beispielen helfen, das umzusetzen, was man sich vorgenommen hat.

Dann aber beginnt die eigentlich wichtige und schwierige Aufgabe, nämlich die Sicherung der dauerhaften Anwendung Hierzu bedarf es mehr als nur einmaliger Aktionen. Denn gerade die nachhaltige Sicherung wird überwiegend vernachlässigt. Daher sind z.B. ISO27001 Zertifizierungen auch so erfolgreich, denn es kommt hier vor allem auf den regelmäßigen Beleg einer Anwendung an.

Welche Tipps haben Sie hinsichtlich der internen Unternehmenskommunikation in Kulturkreisen, in denen Sie gelebt bzw. gearbeitet haben?.

Die aktive Einbindung des Top Managements und die aktive Mitarbeit hinsichtlich der Kommunikation. Vorbildfunktion ist hier gefragt und vor allem auch die Diskussion der Policies mit den Mitarbeitern. Auch anschauliche Beispiele sind beliebt. Sie werden in der Kommunikation auch leichter akzeptiert als nacktes Regelwerk und daher in der Praxis eher umgesetzt.

Kapitel 7 • Interkulturalität in Awareness-Kampagnen

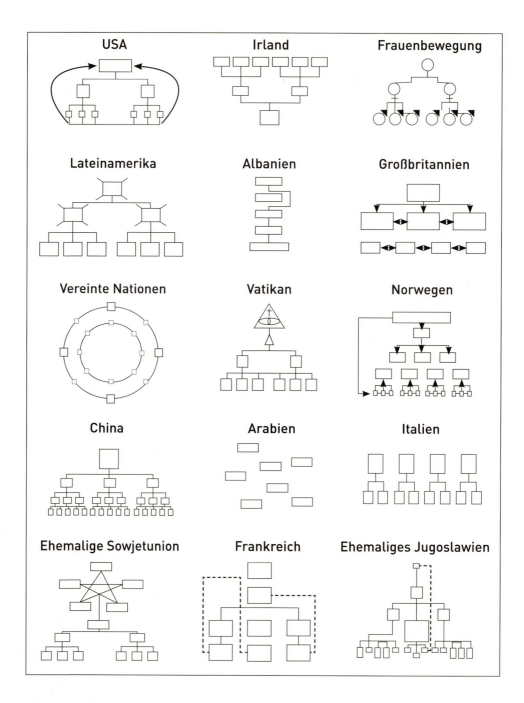

Abb. 76: Beispiel einer Visualisierung von Kultur und Organisationsstrukturen (Quelle unbekannt, überarb. von M. Beyer)

Farbtafeln • Security Awareness-Brands

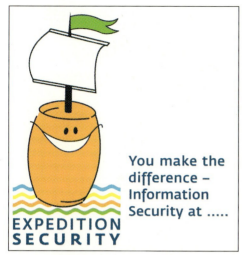

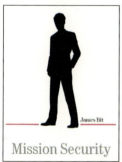

Abb. 77-85: v.l.o.n.r.u. Security-Brands eines globalen Spezialchemikalienherstellers (2009), der Biotronik AG (2008), der T-Systems (2006), der DSV-Gruppe (2009), von M. Du Mont Schauberg (2007), vom Kanton Aargau (2008), der EnBW (2008), der Münchener Rück (2002) und der FIDUCIA IT AG (2007)

Farbtafeln ▪ M. Du Mont Schauberg »Die Insider«

Abb. 86-89: Plakate und Visitenkarte der Kampagne »Die Insider« (2007) von M. Du Mont Schauberg

Abb. 90-96: div. Poster, Giveaways Magic Cube, »Leitkeks« und Corporate Audiobook »Wir in Köln« für eine Leitbild-Implementierung von M. Du Mont Schauberg (2008)

Farbtafeln • Globaler Spezialchemikalienhersteller »Expedition Security«

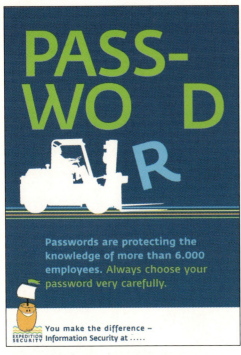

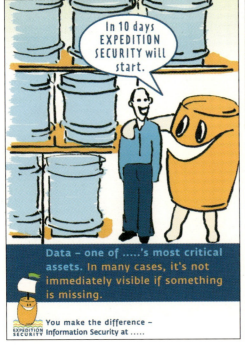

Abb. 97-100: Plakate/Cartoon (r.u.) eines Chemiekalienherstellers aus »Expedition Security« (2009). Im Kontext des Plakats o.r. wurde das Bildmotiv der gebückten Frauensilhouette, die den Buchstaben »r« ersetzt, lebhaft als »sexistisch« diskutiert. Denn die originäre Yoga-Position wurde als eine A-tergo-Stellung interpretiert – eine Phantasie, die allerdings offensichtlich ausschließlich die US-amerikanischen Mitarbeiter ereilte.

Mit dem aus vier Teilen bestehendem Plakat l. wurde die Kampagne sukzessive angeteasert. Ein unbeabsichtigter visueller Fehler führte zu erhöhter Aufmerksamkeit – vor allem im asiatischen Raum. Dort diskutierten die Mitarbeiter, dass das Unternehmen das Stapeln von Fässern nur bis zu einer Höhe von zwei Etagen erlaubt.

Farbtafeln • Globaler Spezialchemikalienhersteller »Expedition Security«

Abb. 101-103: Mehrsprachige Comic-Postkarten eines globalen Spezialchemiekalienherstellers aus der Kampagne »Expedition Security« (2009). Die Postkarten sind mit einem Gewinnspiel auf der Rückseite verknüpft und werden über Dispenser an den Kampagnenfigur-Aufstellern gestreut.

Farbtafeln ▪ Globaler Spezialchemikalienhersteller »Expedition Security«

Abb. 104-107: Security Brain Games (o.) und das Cover eines Gewinnspiels mit Brain Games, ausgelobt von einem Spezialchemiekalienhersteller im Rahmen der Kampagne »Expedition Security« (2009)

Farbtafeln • aware-house: Awareness-Kalender

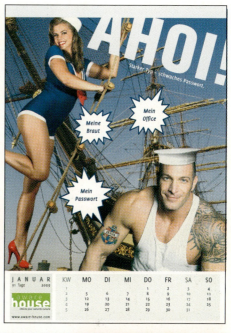

Abb. 108-115: »ACH - der Security Awareness Kalender 2009« mit 12 Awareness-Visuals als Promotiontool für aware-house (Agentur: known_sense, 2008, Bildquelle Abb. 109-115: istockphoto.com)

Farbtafeln · FIDUCIA IT AG: »SECURITY CUP 2007«

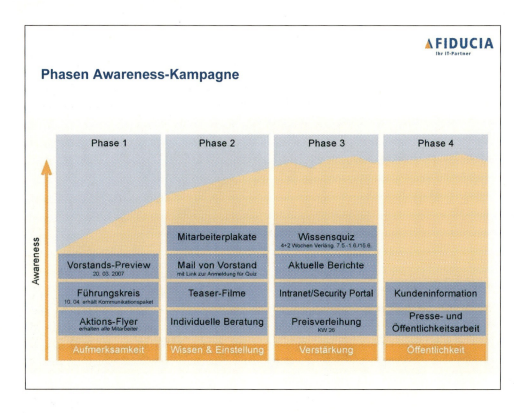

Abb. 116-121: Struktur (o.), Mailing (u.) und Poster (r.S.) der FIDUCIA IT AG aus »SECURITY CUP 2007«

Farbtafeln • FIDUCIA IT AG: »SECURITY CUP 2007«

Farbtafeln ▪ FIDUCIA IT AG: »SECURITY CUP 2007«

Abb. 122-134: Stills der FIDUCIA IT AG aus zwei von vier Videos der Kampagne »SECURITY CUP 2007« (2007, Sequenz o. »Security-Disziplin Nr. 2«, u. »Security-Disziplin Nr. 4«)

Farbtafeln • DSV-Gruppe: »Damit Sie sich tierisch sicher sind«

Abb. 135-139: Poster und Broschüre (r. u.) aus der Awareness-Kampagne der DSV-Gruppe (2009)

Farbtafeln • BIOTRONIK AG: »Dr. SAFE«

Abb. 140-145: Plakate (o.), Quickguide (l), Quizpostkarte (mit.), Pflasterheft (u. mit.) und Haftnotizblock (u.r.) der Biotronik AG aus der Kampagne »Dr. SAFE«.(2008)

Farbtafeln • Kanton Aargau: »Damit Sicherheit kein Zufall bleibt«

Abb. 146-149: Sicherheits-CD (o.), Plakat (l.) und Giveaway (r.) des Kanton Aargau aus der Kampagne »Damit Sicherheit kein Zufall bleibt« (2008ff)

223

Farbtafeln · ISPIN AG: »Awareness Koffer«

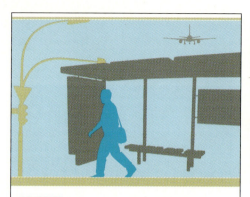

Abb. 150-153: »Awareness Koffer« (u.) für die ISPIN AG mit Plakaten (o.) aus dieser Tool-Sammlung (2007)

Farbtafeln ▪ »My Security Tools«

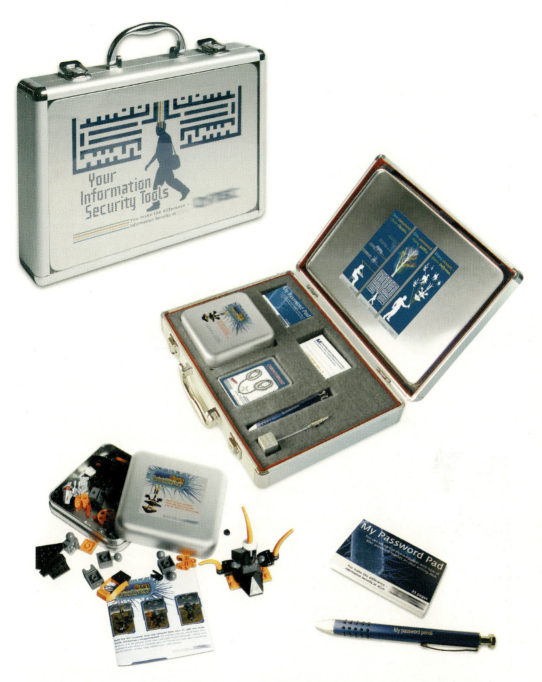

Abb. 154-157: Management- und Kunden-Awareness über die Tool-Sammlungen »Your Security Tools« (2007) für einen globalen Spezialchemikalienhersteller mit »VirusBrickMaster« (u.l.), »My Password-Pad« sowie »My Password-Pencil« (u.r., Fotos: Markus Mohr, Quelle: known_sense)

Farbtafeln • Security Games und Planspiele

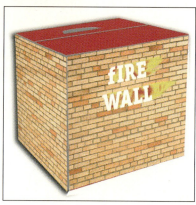

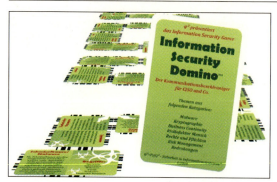

Abb. 158-160: Securitygames (v.l.o.n.r.u.) »Duel Worms« und »fIREWALL« (2005, known_sense) in einer Promo-Würfelverpackung, das auch als Spielbrett fungiert

Abb. 161: »Information Security Domino« (l., 2009, Ps(i)²™/Sebastian Klipper)

Farbtafeln • Security Games und Planspiele

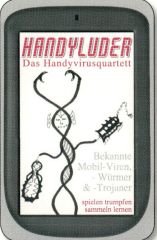
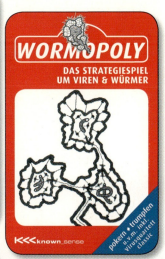

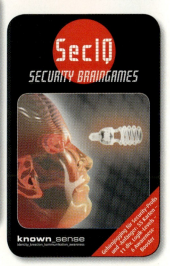

Abb. 162-167: Securitygames (v.l.o.n.r.u.)
»Computerluder – das Virusquartett 2.0«
»Handyluder – das Handyvirusquartett«
»Wormopoly« (KeyVisuals Abb. 162-164: Jo Zimmermann)
»Peter Hack – Jagd auf den Social Engineer«
»Quer durch die Sicherheit – das Kartenspiel«
»SecIQ – Security-Braingames« (alle known_sense, 2004-2009)

Farbtafeln • EnBW: »Es geht sicher anders!«

Farbtafeln • EnBW: »Es geht sicher anders!«

Abb. diese Seite:

Abb. 172-176 (o.): Key Visuals (»Kernbotschaften«) der EnBW (2008) aus der Kampagne »Es geht sicher anders!« (2008)

Abb.: 177 (u.): »Passworthalter« mit »Passworthalterkarte« für die Themeninsel «Security spielerisch« der EnBW-Kampagne (2008, Foto EnBW AG/Artis, Uli Deck)

Abb. linke Seite:

Abb. 168-170: Riesenspiel »Quer durch die Sicherheit«(350 x 350 cm) für Events der EnBW (2008, Fotos EnBW AG/Artis, Uli Deck)

Abb. 171 (l.S.u.r.): Kleinere Tischversion von »Quer durch die Sicherheit« (100 x 100 ccm) im Moderationskoffer (2008). Quelle: known_sense

Farbtafeln · SAP AG

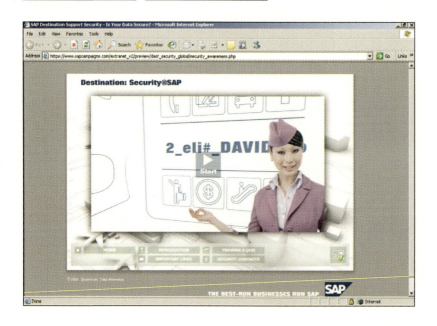

Farbtafeln • SAP AG

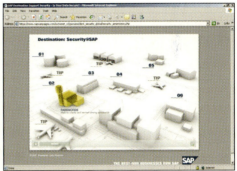

Abb. 178-188 (l.u.r.S.): Medien für die SAP-Kampagne »Destination Security@SAP« (2007ff) sowie Aufkleber »Take a look at the most important security officer at SAP« (2004, l.u., r. Abb. 188: Aufkleber auf Spiegel) sämtl. Abb. auf S. 230 und 231 Copyright © 2009 SAP AG

Farbtafeln • Swiss Re

Abb. 189-196 (l.S.): Poster für Awareness-Maßnahmen der Swiss Re (2002ff)

Rechte Seite:
Abb. 197-202: Folder (o.), Workshop-Tools und Giveaways für Awareness-Maßnahmen der Swiss Re (2002ff)

Farbtafeln · Swiss Re

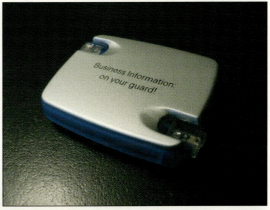

Farbtafeln • Münchener Rück: »Sicherheit verstehen und leben«

Abb. 203-215: Medien aus der Kampagne der Münchener Rück »Sicherheit verstehen und leben« (2002-2005)

Diese Seite:
Abb. 203-206 (o.): Vierwöchige Posteraktion in der Kantine (l.) und persönliche Einladung an alle Mitarbeiter (r.)
Abb. 207-208 (u.): Messeinstallationen

Nächste Seite:
Abb. 209-212: Messeinstallationen (o. u. mit., u.r.)
Abb. 213-215: Infobroschüren (u.l.), Mini-CD mit Antiviruskit für den privaten Gebrauch (u. mit.)

Farbtafeln • Münchener Rück: »Sicherheit verstehen und leben«

Farbtafeln · Münchener Rück: »Sicherheit verstehen und leben«

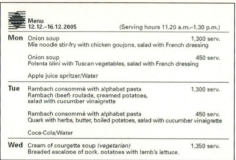

Abb. 216-219: Medien aus der Kampagne der Münchener Rück »Sicherheit verstehen und leben« (2002-2005)
Abb. 216-217 (o.): Messeinstallationen
Abb. 218 (mit. l.): Kantinen-Speisekarte »Rambach-Teller«. Rambach, war der von der MR eingeführte Name des »Bösewichts« im Kontext des Social Engineering Assessments, mithin ein fiktiver Social Engineer, der innerhalb des Unternehmens sein Unwesen trieb.
Abb. 219: Organisationsstruktur der Folgemaßnahmen (2003ff) der Münchener Rück-Kampagne

Farbtafeln • T-Systems: »Mission Security und James Bit«

Abb. 220-222: Anstecknadeln (o.l.), Aufsteller »James Bit« (o.r.) und Intranet-Screenshot (u.) aus der Kampagne »Mission Security« der T-Systems (2006ff)

Farbtafeln • Sunrise/Novartis

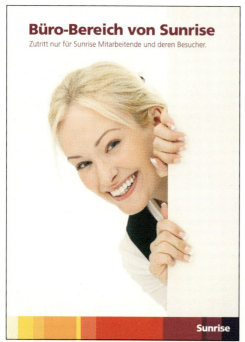

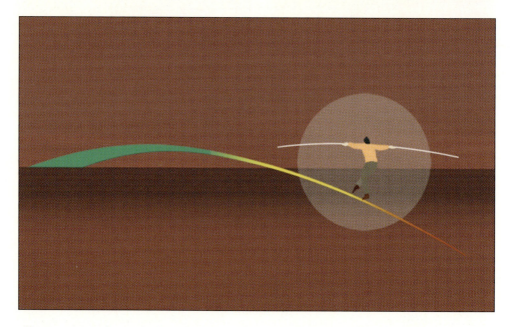

Abb. 223-225 (o.): Medien aus der Kampagne der Sunrise Communications AG (2009ff, Bildquelle: istockphoto.com)
Abb.: 226 (u.): Key Visual der Awareness-Kampagne »Novartis employees – the first line of defense« von Novartis

Farbtafeln · E-SEC: »E-SEC Virtual Training Company«

Abb. 227-229: Next Generation E-Learning:
Screenshots aus »E-SEC Virtual Training Company« der E-SEC Information Security Solutions (2009)

Farbtafeln · Evaliations-Tools

Abb. 230-233: Aus exemplarischen Landschafsbildern, Icon-Sammlungen und Magazinfotos werden Bilder der Arbeitswirklichkeit – Probanden-Collagen (»Mein Arbeitsplatz«) aus den tiefenpsychologischen »askitInterviewss« der Security-Wirkungsanalysen (vgl. Kap. 5.3 u. 5.4) von known_sense (2006-2008).

Farbtafeln · Evaluations-Tools

Abb. 234-235: Aufstellungen mit Spielzeugfiguren in »askitInterviewss« ermöglichen einen tiefen Blick in Unternehmenskulturen (o.) – z.B. Mitarbeiter kämpfen einsam (o. l.) oder umsorgen sich gemeinsam (o.r.),

Abb. 236-243: Moderationskarten (m. u. u.) aus »askitMeta«, dem Tool-Koffer für CISO-Coaching, Awareness- und Leitbild-Workshops (2009)

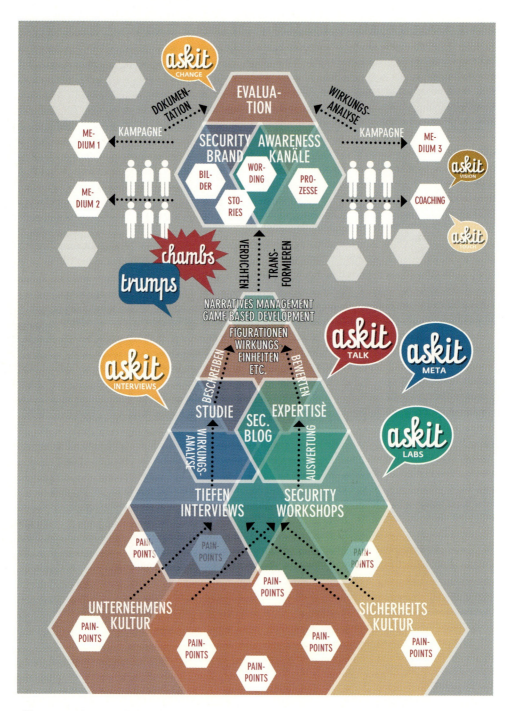

Abb. 244: Doppelte Pyramide der Kampagnenprozessarchitektur nach »askit – awareness-security kit« (vgl. a. Abb. 71)

8 Awareness Stories im Dialog

Die in diesem Kapitel dokumentierten Interviews, in denen CISOs, Security Manager und/oder Kommunikationsexperten Aspekte ihrer jeweiligen Awareness-Maßnahmen beschreiben, stellen keine repräsentative Auswahl dar. Denn obwohl alle uns bekannten Unternehmen, die bedeutende Awareness-Maßnahmen gestemmt haben, angefragt wurden (darunter z.B. BASF, Gothaer Versicherungen u.a.), gestaltete sich das Feedback sehr zurückhaltend. Ein Teil der mehrfach angefragten Unternehmen antwortete überhaupt nicht. Ein anderer Teil wies unser Anliegen barsch zurück – teilweise so empört, als wären wir potenzielle Eindringlinge bzw. hätten allein über unser Interesse einen Tabubruch begangen. Wenn auch nicht offen ausgesprochen, so legte das Verhalten der hier Angesprochenen oft den Eindruck nahe, dass unser Anliegen etwas sei, worüber man lieber nicht spreche.

In einigen Fällen gestaltete sich die Kontaktphase als ein langwieriger Vor- und Zurück-Prozess, indem beispielsweise eine offenbar klare Absage erteilt wurde, man aber dennoch neugierig Zugeständnisse in kleinen Häppchen einräumte (»Ein Gespräch über dieses Thema würde mich schon interessieren. Ich weiß aber nicht, ob ich eine Freigabe für das Interview erhalte.«). Mit einem derartigen Hin und Her war zu rechnen. Die Unsicherheit der Verantwortlichen bezüglich Außendarstellungen von sicherheitsrelevanten Themen macht offenbar auch nicht Halt vor Security Awareness-Maßnahmen. Bedauerlich, dass nicht mehr Unternehmen die Chance ergreifen, die Imagedimension von Awareness-PR – gerade auch im Sinne einer testierten Rückkopplung auf die eigenen Mitarbeiter (wie z.B. FIDUCIA, s. Kap. 7.13) – zu realisieren.

In zwei Fällen wurde der Abdruck der Interviews untersagt, obwohl diese bereits stattgefunden, Vorgespräch, Vorbereitung, Interview, Transkription, journalistische Aufbereitung und Lektorat einen nicht unerheblichen Aufwand erzeugt hatten.

Auf der anderen Seite gab es nach einer Vorankündigung des Buches im Rahmen eines bekannten Business-Portals zahlreiche Anfragen von Consultants, eigene Success Stories publizieren zu dürfen – in der Regel verknüpft mit dem Hinweis, man hätte äußerst »innovative« Methoden und Tools zu beschreiben (Motto: »Awareness einmal anders«). Bei Nachfrage erwiesen sich die meisten dieser Ankündigungen als völlig unrealistische Selbstbewertungen, bei denen man den angekündigten »innovativen« Anteil mit der Lupe suchen musste. Wurden die Berater dennoch aufgefordert, einen Textbeitrag zu liefern, erwiesen sich auch ihre Zusagen als Flop. Lieferung der versprochenen Inhalte Fehlanzeige, der Kontakt wurde nach guter Manier einfach abgebrochen.

Aufgrund dieser Dynamik ist es letztlich nicht verwunderlich, dass vor allem die Kunden der hier versammelten Autoren im Vertrauen auf die ihnen in der Regel lange bekannten Berater zu Interviews bereit waren. Lesen Sie über Kampagnen, von denen Sie an anderer Stelle möglicherweise bereits gehört oder über die Sie Fachbeiträge gelesen haben (z.B. FI-

DUCIA, Münchener Rück, SAP oder T-Systems). Aber auch über aktuelle Awareness-Projekte, die bisher öffentlich noch nicht oder nicht in aller Breite dargestellt worden sind. Einige der Kampagnen laufen aktuell noch oder beginnen erst in Kürze bzw. sind während der Arbeit an diesem Buch gelauncht worden.

Bei Durchsicht der Interviews fällt auch auf, dass bestimmte Erfolgsfaktoren, z.B. die frühzeitige Einbindung des Managements, durchgehend oder beinahe durchgehend beschrieben werden. Zugleich ist aber bemerkenswert, dass immer wieder spezifische Erfolgsfaktoren genannt werden, die im Kontext mit der individuellen Unternehmens- bzw. Sicherheitskultur wirken.

Im Ergebnis ist ein sehr spannender Schnitt durch Kampagnen mit unterschiedlichen Intentionen, Protagonisten, Konzepten und Vorgehensweisen, Tools, Etats und Erfolgsgeschichten zusammengekommen – von mittleren und großen deutschen, österreichischen (7.1-7.2) und schweizerischen (7.3 – 7.6, 7.10, 7.11) Untenehmen unterschiedlicher Branchen und Größen. Dabei erfüllen die beschriebenen Maßnahmen auch nicht zwangsläufig den Ansatz AWARENESS NEXT GENERATION in Reinform. Vielmehr ist bei vielen das Ringen zu spüren, bewährte »Oldschool«-Konzepte zumindest teilweise mit neuen bzw. innovativen Ansätzen zu vermählen. Daher dürfte bereits heute eine potenzielle Neuauflage dieses Buchs mit einem möglichen Kapitel »Was ist eigentlich aus Ihrer Kampagne geworden« die spannende Entwicklung der Fortsetzung dieses Ringens die Neugier der Autoren und Leser weiter anheizen.

Ein Teil der Interviews wurde auf Basis eines Fragebogens (7.3. bis 7.7) per E-Mail geführt, ein anderer, z.T. ausführlicherer, face-to-face (7.1 und 7.2 sowie 7.9 bis 7.13). Die Interviews mit Heinrich Holst (Telekom, 7.8) und Konrad Zerr (7.14) wurde per Fragebogen begonnen und über Telefoninterviews vertieft. Um erneut über den Tellerrand der Security Awareness hinauszuschauen, schließt dieses Kapitel mit einem Telefoninterview, das mit Jochen Matzer von der Red Rabbit-Werbeagentur zum Thema Public Awareness geführt wurde (7.15).

8.1 TIWAG – Tiroler Wasserkraft AG: »Awareness als ein entscheidender Baustein«

Die TIWAG-Tiroler Wasserkraft AG (TIWAG) ist der Landesenergieversorger Tirols mit Sitz in Innsbruck (Österreich). Seit 1924 versorgt die TIWAG Bürgerinnen und Bürger sowie Unternehmen im In- und Ausland mit Strom. Zum konzernweiten Angebot zählen neben dem Kerngeschäft Strom auch Dienstleistungen in den Bereichen Erdgas, Fernwärme, Wasser, Engineering sowie der Betrieb der Schifffahrt am Achensee und am Inn im Raum Kufstein. Harald Oleschko ist nun seit mehr als 20 Jahren im Unternehmen TIWAG tätig und leitet die IT-Stabsstelle für IT-Qualität und -Sicherheit.

Herr Oleschko, welche Rolle spielt Security Awareness in Ihrem Unternehmen?

Die Steigerung der Security Awareness ist für uns ein entscheidender Baustein zur Erreichung unserer Sicherheitsziele. Dazu tragen wir mit unterschiedlichen Maßnahmen bei.

8.1 • TIWAG – Tiroler Wasserkraft AG: »Awareness als ein entscheidender Baustein«

Welchen Ansatz zur Vorgehensweise haben Sie gewählt?

Wir bevorzugen generell die Top-Down-Vorgehensweise, um wichtige Themen und Vorhaben im Unternehmen umzusetzen. Durch die sichtbare Unterstützung des Vorstands wird die Wichtigkeit des Thema bzw. Vorhabens unterstrichen und mit höherer Priorität umgesetzt.

Was haben Sie hinsichtlich Security Awareness gemacht?

Die wohl wichtigste Maßnahme stellte zu Beginn auch eine große Herausforderung dar: Das Schulen aller Mitarbeiter zum Thema Security mit Praxisbezug. Da eine face-2-face Schulung organisatorisch kaum umsetzbar bzw. mit sehr hohem Aufwand verbunden gewesen wäre, haben wir uns entschlossen, ein E-Learning Tool, das speziell für den Bereich Security Awareness entwickelt wurde, einzusetzen. Wichtig waren uns hierbei vor allem die Qualität der zu vermittelnden Inhalte und die Art und Weise der Informationsaufbereitung. Außerdem haben wir nach einer Lösung gesucht, die unserer Einschätzung nach von den Mitarbeitern akzeptiert und auch genutzt werden würde.

Wie schätzen Sie den Erfolg Ihrer Awareness-Maßnahmen ein?

Wir haben festgestellt, dass die gesetzten Maßnahmen unterschiedlich angenommen und auch wahrgenommen werden. Ich glaube, dies liegt auch in der Natur des Menschen und ergibt sich aus der Individualität der Mitarbeiter. Generell haben wir festgestellt, dass computergestützte Awareness-Kampagnen bzw. -Schulungen eher von IT-affinen Personen angenommen werden. Der Erfolg hängt auch sehr stark von der aktuellen Verfassung oder Einstellung und der Arbeitslast der einzelnen Mitarbeiter ab. Bei Stress werden Awareness-Massnahmen eher als »lästiges Übel« – also als Pflicht – empfunden. Leider konnten nicht alle definierten Ziele des Projekts erreicht werden. Dies liegt sicher an der zu hohen Erwartungshaltung vor dem Projektstart. Ich denke, ein persönlicher Einsatz lohnt sich immer und ist sehr wichtig. Ohne persönlichen Einsatz des Projektleiters und des -teams ist ein Projekt von Beginn an zum Scheitern verurteilt. Rückblickend sind wir mit den umgesetzten Maßnahmen sehr zufrieden und können diese als Erfolg werten.

Welche Highlights gab es?

Highlight war sicherlich der Ausrollprozess der visuell ansprechenden Software-Lösung und die ersten Reaktionen der Mitarbeiter.

Sind weitere Maßnahmen geplant? Wenn ja, welche?

Für mich ist wichtig, das Thema Awareness-Bildung als eine Art wiederkehrenden Prozess zu sehen. Neue Sichtweisen, Erkenntnisse und Bedrohungsszenarien bedingen die laufende inhaltliche und methodische Anpassung der Konzepte. Für nächstes Jahr ist geplant, die Mitarbeiter auch über zusätzliche Informationskanäle zu erreichen.

Wollen Sie unseren Lesern noch einen Tipp für das Thema »Awareness im Unternehmen« mit auf den Weg geben?

Unterschätzen Sie nie die Bedeutung eines jeden Mitarbeiters. So, wie sich der Mitarbeiter behandelt bzw. beachtet fühlt, so wird er auch mit den Informationen und Werkzeugen des Unternehmens umgehen. Identifikation des Mitarbeiters mit dem Unternehmen ist der wichtigste Grundstein für erfolgreiche Awareness-Bildung. Awareness sollte integraler Bestand der Unternehmenskultur werden.

Das Interview führte Kathrin Prantner am 05.12.2008 in Innsbruck.

Die Awareness Maßnahmen im Überblick: »VIRTUAL COMPANY«

- **Unternehmen:** Tiroler Wasserkraft AG
- **Laufzeit:** 2006ff
- **Abbildungen:** S. 239

8.2 RRZ Raiffeisen Rechenzentrum Tirol GmbH/LOGIS IT Service GmbH: »Security Awareness – eine tragende Säule«

Im Jahre 1972 wurde von der Raiffeisen-Landesbank Tirol AG die Abteilung »EDV« aufgebaut, die dann später in »Raiffeisen-Rechenzentrum« umbenannt wurde. 2002 wurde damit begonnen, die Abteilung RRZ aus der Raiffeisen-Landesbank Tirol AG auszugliedern und in eigenständige Gesellschaften umzuwandeln. Das Ergebnis dokumentiert sich in der Gründung der Firmen RACON West Software GmbH, LOGIS IT Service GmbH und RRZ Raiffeisen-Rechenzentrum Tirol GmbH. Deren Services reichen von Hard- und Softwareinstallation über das Netzwerkdesign bis hin zur Umsetzung des aktiven Sicherheitsmanagements. Ing. Gerhard Wieser ist seit fast 20 Jahren im Unternehmen RRZ tätig und seit 2001 in der Position des CISM (Chief Information Security Manager).

Herr Wieser, welche Rolle spielt Security Awareness in Ihrem Unternehmen?

Awareness ist eine der tragenden Säulen der IT-Security. Ohne die Bewusstseinsbildung ALLER Mitarbeiter – vor allem aber des Managements kann keine vernünftige IT-Security-Policy eingesetzt bzw. gelebt werden. Dies wirkt sich auch bei Prüfungen nach CobIT, ISO 27001, etc. aus, die speziell bei den Banken immer mehr Bedeutung erlangen. Als CISM habe ich unter anderem die Aufgabe, gemeinsam mit der Führungsebene ein Awareness-Konzept zu entwickeln, das uns die aktive und vor allem positive Unterstützung der Mitarbeiter in allen Belangen der IT-Sicherheit gewährleistet.

Wie lautet Ihre Definition von Security Awareness?

Sensibilisierung der IT-Nutzer und des Managements für Sicherheitsbelange in der IT.

Was war der Auslöser bzw. die Motivation für die Umsetzung von Security Awareness-Maßnahmen und welche konkreten Ziele sollten erreicht werden?

Technische Maßnahmen im Bereich IT-Security sind fast wertlos, wenn die Mitarbeiter zu wenig ausgeprägte Sensibilität für die Belange der IT-Sicherheit aufweisen. Als konkretes Ziel haben wir die Steigerung des Sicherheitsbewusstseins aller in der Raiffeisen Bankengruppe und in den Raiffeisen Rechenzentren vor Augen, da ein sicherheitssensibles Verhalten enorm zum Unternehmenserfolg beiträgt.

8.2 • RRZ Raiffeisen Rechenzentrum Tirol/LOGIS: »Security Awareness – eine tragende Säule«

Welchen Ansatz zur Vorgehensweise – Top-Down oder Bottom-Up – haben Sie gewählt und warum?

Eigentlich sind beide dieser Vorgehensweisen notwendig. Die Initiierung des Projekts kam aus der Ecke der IT-Security-Abteilung. Das Management trägt prinzipiell die Verantwortung und unterstützt aktiv die resultierenden Maßnahmen aus dem SA-Projekt.

Wie sind Sie an die Planung der Awareness-Maßnahmen herangegangen?

Eine Awareness-Kampagne besteht aus mehreren Phasen. Zu allererst muss die Aufmerksamkeit der Mitarbeiter geweckt und der Einzelne zu einer aktiven Beteiligung motiviert werden. Danach erst kann man das Wissen für IT-Sicherheitsbelange vermitteln und die Sichtweise der Mitarbeiter verändern.

Was haben Sie genau gemacht?

Wir haben eine externe Firma beauftragt, uns bei Aufbau und Umsetzung der Sicherheitskampagne zu unterstützen. Eine externe Vergabe war für uns deshalb sinnvoll, um der eigenen Betriebsblindheit und der »negativen Aura« der IT-Sicherheitsabteilung entgegen zu wirken. Persönliche Interviews und die Durchführung von anonymen Online-Befragungen der Mitarbeiter ließen uns das Gefährdungspotential abschätzen und geeignete Maßnahmen wie die Erstellung einer Sicherheitsrichtlinie mit assoziiertem Sicherheitshandbuch treffen. Das Sicherheitshandbuch erläutert in verständlicher Form die oft knapp gehaltenen Anweisungen der Richtlinie. Ein Flyer sowie ein kleiner Ratgeber in Broschürenform erzeugen eine weitere Stufe der Bewusstseinsbildung. Zusätzlich wird derzeit an der Umsetzung eines Online-Awareness-Projekts gearbeitet, das es dem Mitarbeiter gestattet, seine IT-Sicherheits-Kenntnisse in einer virtuellen Umgebung (Virtual Training Company) zu vertiefen und zu festigen.

Wie schätzen Sie den Erfolg Ihrer Awareness-Maßnahmen ein?

Fast alle Beteiligten nahmen die Vorbereitungen hinsichtlich unseres Awareness-Projektes positiv auf und das Management unterstützt uns bei der weiteren Umsetzung aller notwendigen Maßnahmen. Gelegentlich war es etwas schwierig, den Führungskräften die Wichtigkeit des Projekts zu vermitteln und die Ablehnung der Mitarbeiter zu überwinden, die es als eine weitere »Arbeitsbehinderung« sehen. Unsere Milestones wurden bislang komplett erreicht. Einige liegen noch vor uns. Denn Security Awareness ist ein laufender Prozess, der sich nicht über ein Projektende begrenzen lässt. Auch die laufenden Entwicklungen am IT-Markt müssen konsequenterweise Eingang ins Unternehmen in Form angepasster Richtlinien finden.

Sind neue/weitere Maßnahmen geplant? Wenn ja, welche?

Derzeit wird am an unserem WBT-Projekt, der Virtual Training Company, gearbeitet, das wir gemeinsam mit der Firma E-SEC, unserem externen Dienstleister in Sachen Security Awareness, umsetzen.

Wollen Sie unseren Lesern noch einen Tipp auf den Weg geben?

Awareness darf nie den Charakter eines Strohfeuers haben! Nur die kontinuierliche Verbesserung und strukturierte Umsetzung des Maßnahmenkonzepts kann eine positive Verhaltensänderung bei den Mitarbeitern bewirken.

Das Interview führte Kathrin Prantner am 04.03.2009 in Innsbruck.

Die Awareness Maßnahmen im Überblick: »VIRTUALTRAINING COMPANY«

- **Unternehmen:** RRZ Raiffeisen Rechenzentrum Tirol GmbH / LOGIS IT Service GmbH
- **Laufzeit:** 2009ff
- **Abbildungen:** S. 239

8.3 Sunrise Communications AG: »Bewusster Umgang mit Sicherheitsrisiken«

Die Sunrise Communications AG mit Hauptsitz in Zürich ist mit rund 2,3 Mio. Kunden das zweitgrößte Telekommunikations-Unternehmen der Schweiz. Es bietet Dienstleistungen für Privat- und Geschäftskunden in den Bereichen Festnetz, Mobilfunk, Internet und Datenkommunikation. Stefan M. Strasser, im Unternehmen seit Anfang 2004 und seit Mai 2008 Manager Corporate Security, plant zur Zeit ein Awareness-Maßnahmenpaket für Sunrise und gab uns via E-Mail Auskünfte auf Basis unseres Fragebogens.

Herr Strasser, welche Rolle spielt Security Awareness in Ihrem Aufgabenbereich im Unternehmen?

Als Manager Corporate Security bin ich u.a. verantwortlich für die Planung und Realisierung von Sensibilisierungs-Maßnahmen zum Schutz unserer Sicherheitswerte. Security Awareness spielt darin eine immer wichtigere Rolle, denn technische und organisatorische Maßnahmen alleine reichen längst nicht mehr aus, um unsere Informationen zu schützen. Ohne Risikobewusstsein und Sensibilisierung der Mitarbeiter besteht die Gefahr, dass der »Faktor Mensch« zum schwächsten Glied in der Informationssicherheitskette wird.

Wenn Sie Security Awareness definieren müssen – wie würde Ihre Definition lauten?

Die Empfangsbereitschaft der Mitarbeiter für Sicherheitsregeln und der bewusste Umgang mit Sicherheitsrisiken.

Was war der Auslöser bzw. die Motivation für die Umsetzung Ihres Security Awareness-Konzeptes und welche konkreten Ziele sollten erreicht werden?

Der Vormarsch von Social Engineering-Angriffen kombiniert mit menschlichem Fehlverhalten lässt den Mitarbeiter immer stärker in den Fokus der Informationssicherheit rücken. Mit gezielten Maßnahmen wollen wir die Sicherheitspolitik von Sunrise dem Mitarbeiter auf eine verständliche Art und Weise näher bringen und die Sicherheit als solches besser im Unternehmen positionieren.

Welchen Ansatz zur Vorgehensweise haben Sie gewählt?

Wir verfolgen den Top-Down-Ansatz, denn Garant für den Erfolg unserer Initiative ist das Committment unserer Geschäftsleitung.

Wie sind Sie an die Planung der Awareness-Initiativen herangegangen?

Wir haben ein internes Awareness Team mit Vertretern aller Abteilungen aufgebaut. In diesem Team haben wir die Grundlagen, Schwerpunkte und die Roadmap der Awareness-Initiativen erarbeitet. Unser Ziel ist es, die Themen immer im Rahmen eines konkreten Business-Kontexts zu vermitteln.

Wer hat Sie unterstützt?

Interne Unterstützung haben wir unter anderem von unserem Brand Management, sowie der internen Kommunikation erhalten. Sie setzen uns die Vorgaben hinsichtlich Corporate Design, geeigneter Kommunikationskanäle und -formen. Extern werden wir durch die Firma ISPIN unterstützt.

Die Awareness-Maßnahmen im Überblick:

- **Unternehmen:** Sunrise Communications AG
- **Laufzeit:** 2009ff
- **Abbildungen:** S. 238 oben

8.4 Ringier AG:
»Positive Verhaltensänderung zur Verbesserung des Sicherheitsniveaus«

Die Ringier AG mit Sitz in Zofingen ist das größte Schweizer Medienunternehmen. Weltweit arbeiten etwa 7.000 Mitarbeiter für Ringier, davon etwa 3.300 in der Schweiz. 2008 startete der aus Deutschland stammende Uwe Herforth, Head of Group IT Security, mit der Planung einer umfänglichen und weltweit auszurollenden Security Awareness-Kampagne. Die Vorbereitungen waren zum Zeitpunkt des Redaktionsschlusses dieses Buchs so weit voran geschritten, dass der Launch unmittelbar bevorstand.

Herr Herforth, welche Rolle spielt Security Awareness in Ihrer Security Roadmap?

Die Sensibilisierung unserer Mitarbeiterinnen und Mitarbeiter für sicherheitsrelevante Themen ist ein wesentlicher Bestandteil unserer Aktivitäten im Bereich IT/Informationssicherheit. Neben den technischen und organisatorischen Aspekten im Bereich Sicherheit legen wir sehr großen Wer darauf, dass jeder einzelne seinen Beitrag zur gesamten Sicherheit des Unternehmens leistet.

Wenn Sie Security Awareness definieren müssen – wie würde Ihre Definition lauten?

Security Awareness strebt eine positive Verhaltensänderung bei Mitarbeitern zur Verbesserung des Sicherheitsniveaus an.

Was war die Motivation, eine Security Awareness-Kampagne in Ihrem Unternehmen

zu starten und welche konkreten Ziele sollen erreicht werden?

Das Thema IT-/Informationssicherheit soll im Unternehmen transparent und anfassbar gemacht werden. Zur Erreichung dieses Ziels wurde im letzten Jahr eine international angelegte Security Awareness Kampagne gestartet, die zunächst als Zielgruppe »normale« Endbenutzer im Fokus hat. Dies wird nach dem Ausrollen erster Maßnahmen auf weitere spezifische Zielgruppen (z. B. IT Personal, Unternehmensleitung) ausgeweitet.

Welchen Ansatz haben Sie gewählt?

Top-Down, da diese Thematik ohne Unterstützung von oben nicht den richtigen Stellenwert bekommt und somit ein langfristiger Erfolg fraglich wäre.

Wie sind Sie an die Planung der Awareness-Kampagne herangegangen?

Zunächst wurde eine internationale Umfrage zu verschiedenen sicherheitsrelevanten Themen an allen Standorten durchgeführt. Gemäß der individuellen Anforderungen und Wünsche aller Beteiligten wurde ein Team mit Vertretern aus den Bereichen Personal, Kommunikation und IT gebildet, dass sich konkret um die Ausarbeitung der Awareness-Maßnahmen kümmert. Inhaltlich werden die individuellen Anforderungen aller Umfrageteilnehmer berücksichtigt.

Wer hat Sie hierbei unterstützt?

Die gesamte Kampagne wird von der Unternehmensleitung unterstützt. Bei der inhaltlichen Ausarbeitung sind Vertreter aus den Bereichen Personal, Kommunikation und IT beteiligt.

Welche Einzelmaßnahmen sind im Rahmen Ihrer anstehenden Kampagne geplant?

Wir betrachten das nicht als ein Projekt mit definiertem Anfangs- und Endzeitpunkt. Weitere Maßnahmen werden als Bestandteil der gesamten Kampagnenplanung berücksichtigt. Welche das im Detail sein werden, machen wir in erster Linie vom Erfolg der zur Zeit in der Entwicklung befindlichen Maßahmen abhängig. Diskutiert wurden filmische Aufbereitungen diverser Themen, die Einführung eines web-basierten Trainingssystems und auch die gezielte Vergabe von Giveaways.

Wollen Sie unseren Lesern am Ende noch einen Tipp oder einen kurzen Leitsatz hinsichtlich unseres Themas auf den Weg geben?

Awareness im Unternehmen stellt einen wesentlichen Erfolgsfaktor für ein ganzheitliches Sicherheitsmanagement dar. Wir Menschen können mit richtigen Verhaltensweisen erheblich zur Erhöhung der Sicherheit innerhalb des Unternehmens beitragen.

Die Awareness Maßnahmen im Überblick: »My space –my security«

- **Unternehmen:** Ringier AG
- **Laufzeit:** 2008ff

8.5 Kanton Aargau: »User als Partner gewinnen«

»*Damit Sicherheit kein Zufall bleibt« heißt eine Ende 2008 gelaunchte und aktuell noch laufende Awareness-Kampagne beim Kanton Aargau. Der IT-Architekt und IT-Sicherheitsbeauftrage Ronny Peterhans, der seit 2006 in der Verwaltung des Kantons tätig ist und seit Ende 2007 seine aktuelle Position ausfüllt, beantworte für das vorliegende Buch unsere Fragen per E-Mail.*

Herr Peterhans, wenn Sie Security Awareness definieren müssen – wie würde Ihre persönliche Definition lauten?

Security Awareness hat das Ziel, das Verhalten der Mitarbeiter in Bezug auf den sorgsamen Umgang mit Technik und Informationen nachhaltig zu ändern, indem der User als Partner gewonnen und eine Sensibilisierung erreicht wird.

Was war der Auslöser für die Umsetzung Ihrer Security Awareness-Kampagne und welche konkreten Ziele sollten erreicht werden?

Auslöser war bei uns ein konkreter politischer Auftrag der höchsten Informatik-Entscheidungsinstanz. Die Hauptziele lauteten: 1. Richtiges Mitarbeiterverhalten bei Risiken und Vorfällen, 2. Akzeptanz für Benutzerweisungen und Schutzmassnahmen, 3. Stärkung von IT und Informationssicherheit

Welchen Ansatz zur Vorgehensweise haben Sie gewählt und warum?

Das Informatikboard, sprich die oberste Geschäftsleitung hat den Auftrag zur Awareness-Kampagne erteilt. Somit handelt es sich um einen klassischen Top-Down-Ansatz. Dieser ist absolut sinnvoll zumal die Mitarbeiter nur ins Boot geholt werden können, wenn das Management die Kampagne unterstützt und auch entsprechend vorbildlich handelt.

Wie sind Sie an die Planung der Security Awareness-Kampagne methodisch herangegangen?

Durch verschiedenste Anlässe zum Thema Informationssicherheit wurden wir auf den Awareness-Spezialisten Marcus Beyer aufmerksam. Da uns die praktische Erfahrung in diesem Bereich fehlte, haben wir Herrn Beyer zur Unterstützung hinzugezogen und mit ihm die Planung erarbeitet und die einzelnen Maßnahmen umgesetzt.

Was haben Sie genau gemacht?

»Damit Sicherheit kein Zufall bleibt« ist unser Claim für die Awareness-Kampagne, den wir mit der Kreation eines Logos untermauert haben. Unser Awareness-Core-Team hat die wichtigsten Themen adressiert, welche die Projektleitung dann mit einem Konzept wieder aufgenommen hat. Dieses sieht eine mindestens zweijährige Aktivität mit drei Hauptphasen vor: einer Analyse- und Informationsphase, einer Aufmerksamkeitsphase und einer Verstärkungsphase mit Messung der bisherigen Maßnahmen. Wir setzen dabei auf verschiedenste Tools bzw. Medien wie Intranet, Printmedien, Veranstaltungen mit Präsentationen, Schulungen, Giveaways wie z.B. das Virusquartett und WBTs.

Verraten Sie uns etwas über die Kosten Ihrer Maßnahmen bzw. über den Aufwand?

Wir rechnen mit rund CHF 60.000 also etwa € 39.000 pro Jahr und einem zeitlichen Aufwand von ca. 25 Tagen für externe Dienstleistungen.

Wie schätzen Sie den Erfolg Ihrer Awareness-Kampagne ein?

Unsere Kampagne hat erst im Dezember 2008 begonnen. Somit können wir aktuell keine Aussagen machen. Eine erste Maßnahme, ein Antivirenprogramm für den Heimgebrauch (s. Abb. 146/147), war durchaus erfolgreich, zumal wir 1.000 CDs produziert haben und nach kürzester Zeit, d.h. nach wenigen Tagen, bereits über 920 Bestellungseingänge hatten. Angeboten wurde die Sicherheits-CD rund 4.700 Mitarbeitern.

Wer hat Sie unterstützt?

Eine Awareness-Kampagne kann nur Erfolg haben, wenn sie nicht nur von der IT getrieben wird. Sie muss breit abgestützt sein, weshalb wir die Personalabteilung, das Management sowie die Kommunikationsfachleute und den bereits erwähnten externen Dienstleister einbezogen haben.

Wollen Sie unseren Lesern noch einen Tipp geben?

Eine nachhaltige Sicherheitskulturveränderung bei den Mitarbeitern kann nur unter Einsatz gezielter Maßnahmen über einen längeren Zeitraum (Jahre) erreicht werden, reine Awareness-Maßnahmen werden genau so wenig zum Erfolg führen wie reine Ausbildungsmaßnahmen.

Die Awareness Maßnahmen im Überblick: »Damit Sicherheit kein Zufall bleibt«

- **Unternehmen:** Verwaltung des Kanton Aargau
- **Laufzeit:** 2008ff
- **Abbildungen:** S. 211, 223

8.6 Biotronik AG: »Gemeinsam für mehr Sicherheit!«

Biotronik ist mit weltweit circa 4.500 Mitarbeitern ein europäischer Hersteller von Produkten und Dienstleistungen für das Herzrhythmus-Management und die vaskuläre Intervention. Der IT Security Administrator Roger Hofer ist seit 2000 für die Biotronik AG tätig, einer Tochter der Biotronik GmbH & Co. KG mit Hauptsitz in Berlin. 2008 hat er am Standort in Bülach (Schweiz) die Security Awareness-Kampagne »DR. SAFE« gelauncht, die inzwischen u.a. auch an Standorten in Warnemünde und Erlangen (beide Deutschland) angekommen ist und für weitere Standorte aufbereitet wird.

Herr Hofer, welche Rolle spielt Security Awareness in Ihrem Unternehmen?

Security Awareness muss langfristig geplant werden, um einen nachhaltigen Effekt zu erzielen, deshalb wird diese – wie schon heute – auch zukünftig eine wichtige Rolle in unserer Roadmap spielen.

8.6 ▪ Biotronik AG: »Gemeinsam für mehr Sicherheit!«

Wenn Sie Security Awareness definieren müssen – wie würde Ihre Definition lauten?

Unser Kampagnen-Claim drückt dies sehr gut aus. »Gemeinsam für mehr Sicherheit!«

Was war der Auslöser bzw. die Motivation für die Umsetzung einer Security Awareness-Kampagne und welche konkreten Ziele sollten erreicht werden?

Für diverse Sicherheitsfragen existieren keine technischen Lösungen oder nur solche, die unvertretbare Kosten oder aber Arbeitsbehinderungen mit sich bringen. Beispiel: Wie wollen Sie technisch verhindern, dass ein Mitarbeiter über vertrauliche Projekte in öffentlichen Zonen spricht? In diesen Fällen hilft nur die Sensibilisierung. Insofern ist es unser Ziel, mithilfe von Security Awareness Sicherheit als Kulturelement zu etablieren. Durch eine nachhaltige Verbesserung des Sicherheitsbewusstseins soll die Anzahl der Sicherheitsvorfälle deutlich reduziert werden.

Welchen Ansatz zur Vorgehensweise haben Sie gewählt und warum?

Wir haben uns für einen Top-Down-Ansatz entschieden. Wir halten es für enorm wichtig, dass die Geschäftsleitung zu 100% hinter der Kampagne steht und dies auch nach Außen vorlebt. Wenn die Geschäftsleitung nach dem Motto »Wasser predigen und Wein trinken« handeln würde, würde dies die ganze Kampagne in Frage stellen.

Wie sind Sie an die Planung der Kampagne herangegangen?

Wir haben im Rahmen eines Planungsworkshops die Strategie und die aus unserer Sicht sinnvollen Maßnahmen festgelegt.

Was haben Sie im Rahmen der Kampagne genau gemacht?

Um einen Wiedererkennungswert über die komplette Dauer der Kampagne zu erzielen, wurde ein Brand und ein Claim geschaffen. Der Brand heißt »Dr. SAFE« (s. Abb. 78), quasi ein Sicherheitsdoktor. Als Hersteller von medizinischen Instrumenten konnten wir mit dieser Leitfigur einen idealen Brückenschlag zwischen unserem Geschäftsfeld und dem Thema Sicherheit schaffen. Der Claim unserer Kampagne lautet – wie schon oben erwähnt – »Gemeinsam für mehr Sicherheit«, was aus unserer Sicht sehr bildhaft verdeutlicht, dass jeder Mitarbeiter einen Beitrag für mehr Sicherheit leisten kann und soll.

Welche Medien und Kanäle haben Sie genutzt?

Als Bestandesaufnahme haben wir ein Security-Audit und ein Security-Quiz (s. Abb. 143) mit Verlosung durchgeführt. Das Quiz sollte nicht eine vertiefende Analyse der Sicherheitslage liefern, sondern vielmehr den »Erstkontakt« herstellen und die Mitarbeiter dazu anregen, sich dem Thema Sicherheit zu stellen. Dem Top-Down Ansatz folgend haben wir auch einen Workshop mit dem Top-Management und den anderen Managementebenen durchgeführt, um diese als Multiplikatoren nutzen zu können. Benutzer- und Sicherheitsweisungen sind oft sehr umfangreich und werden deshalb häufig nicht gelesen. Aus diesem Grund haben wir einen Quickguide, der die wichtigsten Regeln zu verschiedenen Sicherheitsthemen prägnant zusammenfasst, produzieren lassen. Unterstützend dazu wurde im Anschluss eine Plakatkampagne, die unsere Sicherheitsthemen nochmals aufgreift, lanciert. Als Transportmittel für aktuelle Themen dient uns überdies ein lebensgroßer Aufsteller unserer Leitfigur »Dr. SAFE«. Diese ist mit einem Klemmbrett ausgerüstet und eignet sich daher auch hervorragend, um Quickwins zu erzeugen, z.B. um durch einen einfachen Aushang auf die Abgabe einer Sicherheits-CD aufmerksam zu machen. Diese haben wir als Goodie für unsere Mitarbeiter mit aktueller Sicherheitssoftware und Tipps für den privaten Gebrauch zusammengestellt. Um auch den direkten face-to-face-Kontakt zu den Mitarbeitenden zu schaffen, musste die CD bei der ICT-Abteilung persönlich abgeholt werden, ein Ansatz, der aufgrund der hohen Nachfrage sehr erfolgreich war. Als weiteres Goodie haben wir außerdem Notizzettelblöcke mit dem Titel »Für alles – nur nicht für Ihre Passwörter« (s. Abb. 145) verteilt.

Verraten Sie uns etwas über die Kosten bzw. den Aufwand Ihrer Maßnahmen?

Die Kosten einer Awareness-Kampagne sind sicher nicht zu vernachlässigen und sollten über einen längeren Zeitraum verteilt werden. Wenn man diese aber auf den erzielbaren Sicherheitsgewinn umlegt, ist das Geld sehr gut angelegt. Durch Sicherheitsvorfälle können ja auch gewaltige Schäden entstehen, die die Kosten einer Security Awareness-Kampagne um ein mehrfaches überschreiten. Was unseren persönlicher Zeitaufwand angeht, hält sich dieser in einem gut verträglichen Rahmen, da wir unsere Kampagne gemeinsam mit einem professionellen Dienstleister durchführen. Der größte Aufwand ist in der Anfangsphase des Projektes entstanden, in der mehrere Maßnahmen geplant und koordiniert werden mussten.

Wie schätzen Sie den Erfolg Ihrer Kampagne ein?

Wir haben gerade erst die erste von drei Phasen abgeschlossen, können aber schon heute sagen, dass unsere Mitarbeiter wesentlich sensibler auf Risiken reagieren, u.a. weil wir in der ICT deutlich mehr Anfragen erhalten. Was uns zur Zeit noch fehlt, ist eine methodische Erfolgs-Messung. Diese wollen wir aber zu einem späteren Zeitpunkt durchführen. Sehr interessant war auch die Reaktion aus unserem Mutterhaus. Hier war man anfänglich sehr skeptisch. Mittlerweile ist diese Skepsis aber Begeisterung gewichen und unsere Mutter hat unsere Kampagne inzwischen auch übernommen.

Wer hat Sie bei der Kampagne neben dem externen Dienstleister unterstützt?

Intern kooperieren wir mit der Marketingabteilung, da alle Maßnahmen auch CI-kompatibel sein sollen. Nach Bedarf ziehen wir natürlich auch andere Abteilungen und Personen wie z.B. die Personalabteilung oder den Sicherheitsverantwortlichen hinzu.

Was waren die größten Hürden bei der Realisierung?

Eine skeptische Haltung – nicht nur bei unserer Mutter – , die erstmal abgebaut werden musste.

Welche Highlights gab es?

Vor allem neue technische Maßnahmen stoßen auf weniger Widerstand. Befriedigend ist vor allem, dass nun eben auch unser Mutterhaus auf die Kampagne eingeschwenkt ist.

Welche weiteren Maßnahmen sind geplant?

Vor allem solche, die auf die Vertiefung des Wissens bei den Mitarbeitenden abzielen, z.B. Workshops zu verschiedenen Sicherheitsthemen. Wir haben aber auch vor, Goodies bzw. Giveaways an die Mitarbeiter abzugeben.

Was würden Sie zukünftig anders machen?

Wir sind bisher mit unserer Kampagne restlos zufrieden und würden diese wieder genauso aufbauen und durchführen.

Wollen Sie unseren Lesern noch einen kurzen Leitsatz für das Thema auf den Weg geben?

Nur wer bewusst mit dem Thema Sicherheit umgeht, arbeitet sicher.

Die Awareness Maßnahmen im Überblick:

»Dr. SAFE – Gemeinsam für mehr Sicherheit!«

- **Unternehmen:** Biotronik AG
- **Laufzeit:** 2008ff
- **Abbildungen:** S. 211, 140

8.7 SAP AG: »Sicherheitsbewusst handeln und leben«

Die SAP AG gehört zu den ersten Unternehmen in Deutschland, deren Informationssicherheitsstrategie gezielt auch Security Awareness-Maßnahmen beinhalten. Neben Postern wurden hier vor allem Videos und Aufkleber eingesetzt. Klaus Schimmer, Director Government Relations SAP Global Communications und seine Kollegin Julia Langlouis, Information Security Manager SAP Global GRC Security, sind für die Information Security Awareness-Programme des weltweit viertgrößten Softwareherstellers verantwortlich.

Frau Langlouis, Herr Schimmer, welche Rolle spielt Security Awareness in Ihrer Security Roadmap?

Einen sehr hohen Stellenwert. Unserem Management ist bewusst, dass das Verhalten der Mitarbeiter der Schlüssel zum Erfolg für ein Sicherheitskonzept ist.

Wenn Sie Security Awareness definieren müssen – wie würde Ihre Definition lauten?

Awareness hat zum Ziel, dass jeder Mitarbeiter sicherheitsbewusst handelt, und LEBT. Unsere Handlungsanweisungen sollen idealerweise ins Unbewusste eines jeden Mitarbeiters vorgedrungen sein. Ziel: Mitarbeiter sollen eine bewusste Entscheidung treffen, wie ein Wert angemessen zu schützen ist.

Was war der Auslöser für die Umsetzung von Security Awareness-Kampagnen und welche konkreten Ziele sollten erreicht werden?

Die Motivation bestand darin, alle Mitarbeiter trotz Informationsüberflutung und Arbeitsstress für das Thema Sicherheit zu sensibilisieren. Grundgedanke war, jedem Mitarbeiter die Verantwortung, die er selbst trägt, klar zu machen.

Welchen Ansatz zur Vorgehensweise haben Sie gewählt?

Top-down. Aus unsrer Sicht muss die Geschäftsleitung immer vorbildlich handeln – Sicherheit ist Chefsache. Es wurden also nicht nur die Mitarbeiter in der Masse, sondern auch die Manager mit den für Ihre Bereiche identifizierten besonderen Anforderungen an Sicherheit angesprochen.

Wie sind Sie an die Planung der Maßnahmen herangegangen?

Der Rollout der überarbeiteten Security Policy wurde 2004 als Anlass für eine weltweite Kampagne genommen, die sich in Schüben bis heute fortsetzt. Die Kampagne wurde wie eine Werbekampagne geplant und aufgezogen. Aktuell haben wir die Kommunikationsmaßnahmen mit einem Online-Training und einem Quiz kombiniert.

Was haben Sie genau gemacht?

Kernbotschaft ist für uns immer die Aussage: Du bist der wichtigste Sicherheitsverantwortliche im Unternehmen. Davon hat sich eine Reihe von Maßnahmen abgeleitet, in denen konkrete Tipps und Verhaltensweisen vermittelt wurden.

Wie schätzen Sie den Erfolg Ihrer Kampagne ein?

Sehr gut. Wir haben eine hohe Beteiligungsrate – trotz freiwilliger Teilnahme. Unsere Sicherheitskampagne ist bei der Beteiligungsrate mit an der Spitze im Vergleich zu anderen internen Kommunikationskampagnen angesiedelt. Teilweise haben sich sogar Ausdrücke unserer Kampagne in den Sprachgebrauch der Kollegen eingeschlichen. Der Slogan »Human Firewall« oder »Think before you click« werden direkt von Mitarbeitern benutzt.

Wer hat Sie – intern wie extern – unterstützt?

Der Großteil der Kampagne wurde in der Sicherheitsabteilung selbst entwickelt und umgesetzt. Ich bin von Hause aus Kommunikationsspezialist und konnte so meine Erfahrung aus meiner Zeit in Werbeagenturen einsetzen. Teilweise wurden zur Umsetzung z.B. für Filme oder Webseiten Filmproduktionen und Werbagenturen eingesetzt.

Was waren die größten Hürden bei der Realisierung? Welche Highlights gab es?

Die größte Hürde war wie immer das Budget und das Zufriedenstellen aller Beteiligten. Eine globale Kampagne ist immer eine Herausforderung, da man in der Zentrale quasi im Elfenbeinturm sitzt und die Verhältnisse in den anderen Standorten nicht kennt. Unsere globale Aufstellung von Sicherheitsverantwortlichen bei SAP war hier sehr hilfreich.

Wir verfügen über eine gute weltweite Abdeckung. Die Kollegen vor Ort haben uns hervorragend unterstützt. Highlight in der Vergangenheit war sicherlich der Toilettenspiegelaufkleber »Take a look at the most important security officer at SAP« (s. Abb. 187/188) Wir haben ihn weltweit in allen Toiletten angebracht Damit konnte kostengünstig die ganze SAP Welt über einen einzigen Kanal versorgt werden, der täglich (!!!) Kontakt mit dem Thema garantierte. Unsere jetzige Kampagne zeichnete sich durch Modernität und Unterhaltungswert aus. Ein Quiz im Stil von »Wer wird Millionär« mit attraktiven Gewinnen führte zu vielen positiven Rückmeldungen der Mitarbeiter.

Sind weitere Maßnahmen für die derzeit ca. 50.000 Mitarbeiter geplant?

Zur Zeit werden weitere Trainingsmaßnahmen vorbereitet, um den Top Down-Ansatz zu verstärken.

Was würden Sie zukünftig anders machen?

Inhaltlich würden wir die Kampagne wieder genau so aufziehen. Ergänzend würden wir uns mehr Mittel zur Erfolgskontrolle wünschen.

Wollen Sie unseren Lesern noch einen Tipp oder einen kurzen Leitsatz für das Thema »Awareness im Unternehmen« mit auf den Weg geben?

Denken Sie immer an die lange Kette der Kommunikation, bis endlich eine Verhaltensänderung eingetreten ist. Adäquat dokumentiert auch im Zitat des Verhaltensforschers Konrad Lorenz: »Gesagt heißt nicht immer gehört, gehört heißt nicht immer verstanden, verstanden heißt nicht immer einverstanden, einverstanden heißt nicht immer angewendet, angewendet heißt nicht immer beibehalten.« Also: ein gutes Poster, ein Training, ein Email reichen nicht.

Die Awareness Maßnahmen im Überblick: »Destination Security@SAP«

- **Unternehmen:** SAP AG
- **Laufzeiten:** 2004 (Aufkleber und Unterhosenposter),
  2007-2008 »Destination Security@SAP«
- **Abbildungen:** S. 230/231

8.8 T-Systems: »Mission Security mit James Bit«

Die Deutsche Telekom AG setzt als eines der weltweit führenden Dienstleistungs-Unternehmen der Telekommunikations- und Informationstechnologie-Branche international Maßstäbe. Im Mittelpunkt aller Aktivitäten steht der Nutzen für den Kunden. Ziel ist es, die Deutsche Telekom zum bestangesehenen Service-Unternehmen der Branche zu machen. Mit innovativen Produkten und Dienstleistungen fördert der Konzern die persönliche und soziale Vernetzung der Menschen. Als international ausgerichteter Konzern ist die Deutsche Telekom AG in rund 50 Ländern rund um den Globus vertreten.

Rund 46.000 Mitarbeiter von T-Systems verknüpfen Branchenkompetenz und ICT-Innovationen, um Kunden in aller Welt spürbaren Mehrwert für ihr Kerngeschäft zu schaffen. Im Geschäftsjahr

2008 erzielte die Großkundensparte der Deutschen Telekom einen Umsatz von rund 11 Milliarden Euro.

»Mission Security« heißt eine Security Awareness-Kampagne, die der international operierende ICT-Dienstleister T-Systems Anfang 2006 startete. Erfolgreich wurde die Kampagne über die Leitfigur, den virtuellen Mitarbeiter »James Bit« und über den Claim »Mir ist es nicht egal!«. Damit erreichte man seinerzeit fast 60.000 T-Systems-Mitarbeiter weltweit und informierte sie über die Belange des Informationsschutzes und der IT-Sicherheit. Zwischenzeitlich führt auch die Deutsche Telekom AG die Awareness-Maßnahmen für T-Systems durch. Heinrich Holst, Senior Experte Group Business Security/Security Awareness bei der Deutschen Telekom AG und davor bei T-Systems verantwortlich für die Kampagnen-Planung, gewährt einen Einblick in »Mission Security«, in den aktuellen Stand und in geplante, neue Awareness-Maßnahmen des Konzerns.

Herr Holst, welche Rolle spielt Security Awareness in Ihrer Security Roadmap und Ihrem Aufgabenbereich im Unternehmen?

Security Awareness wird oft unterschätzt, ist aber für eine sichere Arbeitsumgebung von großer Bedeutung! Jeder Mitarbeiter muss die elementaren Sicherheitsthemen kennen und vor allem, er muss »Sicherheit leben«. Damit dies geschieht, beschäftigt sich bei der Deutschen Telekom ein ganzes Team ausschließlich mit der Information und Kommunikation von Security-Themen und verantwortet das Durchführen von Awareness-Kampagnen.

Wenn Sie Security Awareness definieren müssen – wie würde Ihre Definition lauten?

IT-Komponenten, Gebäude, Fahrzeuge usw. kann man in irgendeiner Weise technisch absichern – Menschen muss man von Sicherheit überzeugen, für Sicherheitsbewusstsein sensibilisieren, damit sie in prekären Situationen richtig reagieren. Mitarbeiter empfinden Maßnahmen zur Informationssicherheit anfangs häufig als Behinderung oder zusätzliche Arbeit. Den persönlichen Nutzen dagegen erkennen sie in der Regel selten sofort. Dieser Einstellung kommt gelegentlich das passive Verhalten von Führungskräften entgegen, die wegen hohen Termin- und Erfolgsdrucks notwendigen Sicherheitsmaßnahmen oder -vorkehrungen eine geringere Priorität einräumen. Meine Definition von Security Awareness ist daher: Jeder Mitarbeiter erkennt sicherheitskritische Situationen und ist in der Lage, sofort die richtigen Maßnahmen umzusetzen.

Was war der Auslöser bzw. die Motivation für die Umsetzung einer Security Awareness-Kampagne und welche konkreten Ziele sollten erreicht werden?

Ziel der Kampagne war dem Thema »Informationssicherheit« den Stellenwert zu verschaffen, den es verdient. Für Führungskräfte und Mitarbeiter sollte Sicherheit zukünftig als Mehrwert für die T-Systems erkennbar sein und im täglichen Arbeitsleben in Fleisch und Blut übergehen. Sie legte gleichzeitig den Grundstein für die Entwicklung einer optimierten Sicherheitskultur, die das Sicherheitsniveau im Unternehmen weiter erhöht und zu einem dauerhaften Qualitätsmerkmal erhebt. Nach der Kampagne sollten alle Mitarbeiter mindestens drei konkrete Vorteile der Informationssicherheit im Unternehmen benennen können.

Welchen Ansatz zur Vorgehensweise haben Sie gewählt und warum?

Um die Relevanz des Themas zu verdeutlichen, wählten wir den Weg vom Vorstand, über die verschiedenen Führungsebenen, bis hin zum letzten Mitarbeiter. Die Vorbildfunktion der Führungskräfte war ein wesentlicher Joker. Sie sollte ausschlaggebend unterstützen, dass sich sicherheitsbewusstes Handeln im Unternehmen manifestiert

Was haben Sie im Rahmen der Kampagne genau gemacht?

Der eigentliche Start der Kampagne begann bereits mit dem Aufstellen von lebensgroßen James-Bit-Figuren (s. Abb. 221) mit dem Claim »Mir ist es nicht egal!«. Diese Aufsteller platzierten wir, nahezu ohne weitere Informationen, in allen T-Systems-Gebäuden im In- und Ausland mit mehr als 50 Mitarbeitern. Dabei wählten wir verkehrsreiche Plätze wie beispielsweise den Eingangsbereich oder vor den Aufzügen. Bewaffnet war James Bit lediglich mit Visitenkarten, mit denen wir die URL-Adresse des Intranetauftritts bekannt machten. Der CEO schickte einen Security-Brief an die Führungskräfte, diese verantworteten die Sensibilisierungsmaßnahmen für die nächste Ebene und so fort. An alle Mitarbeiter ging die Aufforderung, sich aktiv an der Kampagne zu beteiligen, z.B. am Ideen-Wettbewerb oder aber auch durch E-Mails an unsere fiktive Identifikations- und Kampagnenfigur James Bit. Als Handwerkszeug bekamen die Führungskräfte eine Präsentation und ein Video zur »Informationssicherheit«. Sie erhielten außerdem Aufkleber mit dem »Mission Security«-Logo, um über deren Verteilung an die Mitarbeiter eine breite Streuung innerhalb des Unternehmens zu gewährleisten. Durch das Anbringen der Aufkleber, z.B. auf Laptop oder auf die Mitarbeiterausweishülle, dokumentierte sich das aktive Bekenntnis der Mitarbeiter zu den Zielen von »Mission Security«. Der Chief Security Officer informierte etwa zwei Wochen später alle Mitarbeiter über die Awareness-Kampagne. In seiner E-Mail stellte er die Figur des James Bit, als auch die Kampagnen-Grundzüge mit allen Zielen und Medien vor. Außerdem kündigte er die bevorstehende Präsentation durch die Führungskräfte an und gab die richtigen Ansprechpartner bekannt.

Gerade das Intranet war ein wichtiger Kanal der Kampagne?

Ja, der Kampagnen-Auftritt der »Mission Security« erhielt eine eigene Adresse und eine individuelle Gestaltung (s. Abb 79). Damit ergänzten wir den Intranet-Auftritt der Unternehmenssicherheit und erleichterten den Zugang zum Thema. Wir achteten bei der Planung insbesondere auf komplementäre Inhalte und eine konsequente Verlinkung. »James Bit« entwickelte sich während der Kampagne zu einem fleißigen Blogger. Mindestens zwei Mal wöchentlich informierte er die Mitarbeiter zur Kampagne und verschiedenen Sicherheitsthemen. Innerhalb des »Tatort-Security« publizierten wir tatsächliche und Beinahevorfälle, natürlich anonymisiert und mit dem Hinweis auf mögliche Konsequenzen für Kunden oder das Unternehmen. In der Rubrik »Tipps und Tools« bekamen die Nutzer praktische Hilfestellung, beispielsweise wo man Sichtschutzfilter für Laptops oder Sicherheitskabel bestellt. Über die Rubrik »Security-Themen« steuerten wir die Wissensvermittlung. Wir erzählten zu jedem der adressierten Themen eine Story, immer eingeleitet mit dem Claim »Mir ist es nicht egal, dass...«. James Bit dokumentierte als fiktiver Autor eine mögliche Sicherheitslücke, um dann einen hiermit verknüpften konkreten Fall zu schildern. Abschließend bat er die Mitarbeiter, sich richtig zu verhalten und gab Ihnen Tipps zur Umsetzung der entsprechenden Sicherheitsrichtlinien.

Welche Medien haben Sie darüber hinaus eingesetzt?

Zeitgleich mit dem Start der Kampagne bekam unsere Figur James Bit ein eigenes E-Mail-Postfach. Mitarbeiter konnten und können sich auch heute noch, mit Fragen, Problemen und Anmerkungen via James Bit direkt an das Security Management wenden. Der Film zur Informationssicherheit war ein voller Erfolg und wird auch heute noch im Rahmen von Sicherheitsunterweisungen und -schulungen gezeigt. Plakataushänge, Giveaways wie Gummibärchen sowie James-Bit-Anstecknadeln (s. Abb. 219) oder -Aufkleber penetrierten Claim und Kampagne mit jeweils unterschiedlichem Erfolg. Zu Beginn der Kampagne versendeten wir alle zwei Wochen und später monatlich einen Newsletter an die Mitarbeiter. Neben allgemeinen Informationen rund um die Kampagne wiesen wir dabei auch stets auf neue »James Bit Stories« hin. Immer wieder erzählten wir zu jedem der adressierten Security-Themen eine solche Story.

Mitarbeiter-Involvement gelang Ihnen auch über einen Wettbewerb?

Ja, die Ausschreibung eines Security Awards war ein zentrales Element der Kampagne. Hiermit boten wir allen Mitarbeitern eine Plattform, persönlich an den Security-Prozessen mitzuarbeiten. Sie konnten Verbesserungsvorschläge zur Sicherheit bei T-Systems einreichen, die drei besten Vorschläge zeichneten wir aus. Die Aufforderung zur Teilnahme am Security Award, aber auch die Ergebnisse und die Preisverleihung veröffentlichten wir zugkräftig im T-Systems-Intranet.

Sie haben auch Audits durchgeführt? Wie und mit welchen Learnings hinsichtlich der Kampagne?

Vor dem Start der Kampagne führten wir eine »Nullmessung« mit den Mitarbeitern durch, um zu sehen, auf welcher Basis wir aufsetzen, drei Monate nach dem Ende der Kampagne quasi die Erfolgsmessung. Dazu haben wir eigens einen speziellen Awareness-Fragebogen entwickelt.

Wie schätzen Sie den Erfolg Ihrer Kampagne ein?

»Mission Security« übertraf in ihrer Wirkung den erwarteten Erfolg. Die erreichten Werte der Erfolgsmessung oder auch die Intranetzugriffszahlen lagen in allen Fällen über den Erwartungen. Eine repräsentative Online-Umfrage unter Führungskräften und Mitarbeitern zum Sicherheitsbewusstsein belegte den Erfolg. Sämtliche Werte der Grunddatenerfassung unserer Evaluation konnten im Verlauf der Kampagne gesteigert werden.

Wer hat Sie bei der Planung und Durchführung unterstützt?

Grundlage bei der Planung zur Awareness-Kampagne waren Zustimmung und tatkräftige Unterstützung der Geschäftsführung. Aussagen wie »Sicherheit ist mir wichtig, weil …«, flossen immer wieder in Redebeiträge ein und hoben die Sicherheit auf eine höhere Ebene. Verantwortlich für die Gesamtorganisation war das zentrale Security Management. Aus den Sicherheitsorganisationen in der Fläche bekamen wir Unterstützung beim dezentralen Rollout und erhielten zahlreiche Sensibilisierungsbeiträge. Die Security Officer der internationalen Einheiten passten die vorgegebenen englischen Kampagnen-Templates an und übersetzten sie in die jeweilige Landessprache. Weiterhin steuerten sie den Kampagnen-Rollout in ihren Ländern. Die Kommunikationsabteilung bediente unsere Medien mit vielen internen Beratungsbeiträgen. Das Ideenmanagement organisierte alle Maßnahmen rund um den Security Award. Von extern unterstützte ein kompetentes Beratungsunternehmen und eine Design-Agentur.

Was waren die größten Hürden bei der Realisierung? Welche Highlights gab es?

Gott sei dank war die Geschäftsführung von Anfang an von der Wichtigkeit unseres Projektes überzeugt. Nachdem sie unserem überarbeiteten Konzept zugestimmt hatte, erhielten wir von dieser Seite immer wieder Unterstützung. Das Highlight für uns war die Prämierung unserer Kampagne durch das Land Baden Württemberg. Diese Anerkennung in einem harten Bewerberumfeld bestätigte uns und unseren Mitarbeitern, alles richtig gemacht zu haben. Denn letztendlich wurde nicht nur die Kampagne, sondern auch das Ergebnis bewertet und belohnt. Und dort schlug sich vor allem die aktive Teilnahme unserer Mitarbeiter positiv nieder.

Sind neue/weitere Maßnahmen geplant? Wenn ja, welche?

Die Sensibilisierung der Beschäftigten muß eine immer wiederkehrende Aufgabe des Unternehmens sein. Das zentrale Kommunikationsinstrument dazu bildet eine »Awareness Academy«. Dies ist ein WEB-basierendes Trainingsprogramm mit Textbeiträgen und korrespondierenden Videosequenzen zu den verschiedensten Themen. Begleitend dazu gibt es einen eigenen Intranetauftritt oder einen Security Newsletter. Wenigstens einmal jährlich wird eine größere Awarenesskampagne weltweit durchgeführt. In diesem Jahr zu den Themen »Zutrittsschutz und Tragen des Unternehmensausweises. Ergänzend dazu werden zusätzliche, benutzergruppen-spezifische Maßnahmen durchgeführt.

Das Interview erfolgte auf Basis eines standardisierten Fragebogens und wurde von Dietmar Pokoyski mithilfe von zwei Telefoninterviews im März 2009 vertieft.

Die Awareness Maßnahmen im Überblick:

»Mission Security«
- **Unternehmen:** Deutsche Telekom, T-Systems
- **Laufzeit:** 2006ff
- **Abbildungen:** S. 211, 237

8.9 Münchener Rückversicherungs-AG: »Sicherheit verstehen und leben«

Neben SAP hat auch die Münchener Rückversicherungs AG recht frühzeitig die Bedeutung des Sicherheitsfaktors Mensch erkannt. Unter der Verantwortung von Michael Lardschneider entstand seit Mitte 2002 eines der bekanntesten Awareness-Programme in Deutschland. In der Zeit von 1999 bis Mitte 2008 fungierte er als Chief Information Security Officer und ist nun als Chief Security Officer für die gesamte Münchener Rück-Gruppe tätig.

Herr Lardschneider, welche Rolle spielt Security Awareness in Ihrer Security Roadmap und Ihrem Aufgabenbereich im Unternehmen?

Die Antwort erfordert eine differenzierte Betrachtung. In der von mir aktuell verantworteten Einheit, die sich um die Themen Security & Continuity Management kümmert, spielt Security Awareness eine fundamentale Rolle. Um es bildlich auszudrücken: das Security & Continuity Management-Gebäude steht auf dem Fundament Security Awareness. Im integrierten Risikomanagement, zu dem bei der Münchener Rückversicherung seit Mitte 2008 auch das Security & Continuity Management zählt, arbeiten wir gerade daran, der Security Awareness den angemessenen Stellenwert zu geben. Dies mag daran liegen, dass unsere Organisationseinheit erst seit Kurzem besteht. Wir sind im Moment noch sehr damit beschäftigt, strukturelle Vorarbeit zu leisten und werden uns erst danach an die inhaltliche Ausgestaltung machen.

Wenn Sie Security Awareness definieren müssen – wie würde Ihre Definition lauten?

Awareness würde ich gleichsetzen mit den Begriffen Sensibilisierung sowie Bewusstsein bzw. genauer Risikobewusstsein in Bezug auf Sicherheitsfragen. Wesentliche, damit verbundene Aspekte sind: Wissen, Wollen und Können d.h. die Mitarbeiter müssen dem Thema Sicherheit positiv gegenüberstehen, sie müssen wissen, was richtiges (und falsches) Sicherheitsverhalten ist, und sie müssen auch in der Lage sein, dieses Verhalten in ihrer täglichen Arbeit, bewusst oder unbewusst, umzusetzen. Das wiederum hängt nicht allein von ihnen ab, sondern auch von den Rahmenbedingungen und dem Umfeld, in dem sie ihre Arbeit verrichten. Somit ist Awareness geprägt von der »gelebten Sicherheitskultur« des Unternehmens.

Was war der Auslöser für die Umsetzung eines Security Awareness-Programms und welche konkreten Ziele sollten erreicht werden?

Der eigentliche Auslöser für die Initiierung unseres Security Awareness-Programms war eine Kombination aus einem technischen Defizit in Verbindung mit menschlichem Fehlverhalten, das im Ergebnis Ende 2002 zu einem »significant security incident« in der globalen Münchener Rück-Organisation führte. Dieser Vorfall wurde auch im damaligen Vorstand thematisiert. Fast zeitgleich dazu wurden die aktualisierten Informationssicherheits- und Datenschutz-Richtlinien veröffentlicht. In einer Mail an alle Führungskräfte forderte der Vorstand die Einhaltung dieser durch alle Mitarbeiter ein. Zudem war es dem Vorstand wichtig, dass alle Mitarbeiter ein Sicherheitstraining absolvieren sollten. Das führte dazu, dass sich innerhalb weniger Stunden eine Vielzahl von Mitarbeitern für diesen Kurs anmeldete. Da die Schulungsabteilung die unerwartet große Nachfrage kurzfristig nicht befriedigen konnte, waren wir gezwungen, über alternative Wege zur Zielerreichung nachzudenken. So entstand der Gedanke, ein Sensibilisierungsprogramm aufzusetzen, mit dem nicht nur Wissen vermittelt werden sollte, sondern das darauf abzielte, Verhalten nachhaltig zu verändern. Nicht zuletzt gab also der Aspekt der Nachhaltigkeit den Ausschlag für die Umsetzung des International Security Awareness Program der Münchener Rück.

Welchen Ansatz zur Vorgehensweise haben Sie gewählt und warum?
Der Anstoß für die Umsetzung des Programms kam, in Form der hausweiten Mail an alle Mitarbeiter, vom obersten Management. Umgesetzt wurde es jedoch bottom-up, wobei wir uns bei der Umsetzung natürlich auch »Verbündete« im mittleren Management gesucht haben, um den Umsetzungsprozess selbst effizienter zu gestalten.

Wie sind Sie an die Planung der Awareness-Maßnahmen methodisch herangegangen?
Für das Awareness-Programm haben wir einen dreistufigen Ansatz gewählt. Ziel der ersten Phase war es, alle Mitarbeiter an die verschiedenen Facetten des Themas Sicherheit in der Münchener Rück heranzuführen, ein positives Image für Sicherheit zu schaffen und ausführlich über Sicherheit zu informieren. Nach dieser Informationsphase sollte jeder Mitarbeiter wissen, was Sicherheit in der Münchener Rück inhaltlich bedeutet und welche Verantwortung jeder Mitarbeiter in diesem Kontext selbst hat. In der zweiten Phase ging es darum, die Umsetzung der Sicherheitsvorgaben einzuleiten, das heißt darzustellen, wie diese zu leben sind und die Mitwirkung jedes Einzelnen einzufordern. Ziele der dritten und letzten Phase waren, nachzuhalten, ob und inwieweit die Sicherheitsvorgaben gelebt werden sowie anschließend an der permanenten Verbesserung der Situation zu arbeiten. Wir waren uns darüber bewusst, dass es sehr schwierig ist, harte Kriterien zu finden, an Hand derer festgestellt werden kann, wo das Unternehmen hinsichtlich des Sicherheitsverhaltens der Mitarbeiter steht. Die Anzahl der gemeldeten Vorfälle, der Rückfragen beim Helpdesk, die Antworten zu Sicherheitsaufgaben in Umfragen usw. sind Kriterien, die hier kaum weiter helfen. Sicherheitsrelevantes Verhalten, vor allem in Stresssituationen, lässt sich nicht sinnvoll auf einer Skala abbilden.

Was haben Sie genau gemacht?
Die erste Phase des Programms, die sog. Informationsphase, bestand aus einer Initial-Kampagne mit systematisch aufeinander aufbauenden sowie inhaltlich ineinander greifenden Kommunikationsmaßnahmen. Diese Kampagne wurde über einen Zeitraum von vier Monaten hinweg umgesetzt. Dabei wurde Gebrauch gemacht von in der MR üblicherweise verwendeten Kommunikationsmedien (Poster, Intranet, Flyer, etc.) wie auch von Maßnahmen, die bis dahin und in der Form noch nie eingesetzt wurden (z.B. Installationen). Dadurch wurden zusätzliche »Aha-Effekte« erzielt. Das Highlight dieser Kampagne bildete Anfang 2003 eine einmalig veranstaltete dreitägige hausinterne Informationsmesse inkl. Gewinnspiel, Giveaways, Live-Vorführungen und Präsentationen. In

der Folge fanden vierteljährlich Informationsveranstaltungen zu aktuellen Fragestellungen bzgl. Sicherheit (z.B. Wirtschaftsspionage, kritische Infrastrukturen, Hacking) statt, die auf die Informationsbedürfnisse der Zielgruppe Mitarbeiter ausgerichtet waren. Ebenso wurde das Angebot von Präsenz-Trainings für Mitarbeiter fortgeführt. Beiträge in verschiedenen hausinternen Medien sowie Sicherheitsmitteilungen am Schwarzen Brett komplettieren noch heute das Spektrum der durchgeführten Maßnahmen. In der zweiten Phase ging es darum die Umsetzung der Sicherheitsvorgaben einzuleiten. Besonderer Fokus lag dabei auf der Zielgruppe Management. Hierzu wurden fünf Informations-Sessions zum Thema Sicherheit durchgeführt. Anhand praktischer Beispiele wurde die konkrete Bedrohungslage erläutert und Sicherheit als Teil der Führungsaufgaben thematisiert. Während dieser Phase wurden die o.g. Maßnahmen in Richtung der Zielgruppe Mitarbeiter weitergeführt. Zudem wurde ein E-Learning Tool entwickelt, das nun allen Mitarbeitern die Möglichkeit der selbständigen und flexiblen Wissensaneignung ermöglichte. Gegenstand der dritten Phase war die Erfolgsmessung, was im Rahmen eines einmalig durchgeführten Social Engineering Assessments erfolgte. Mit den dabei gewonnen Ergebnissen wurde eine weitere Kampagne zu Social Engineering konzipiert und umgesetzt.

Was war dabei besonders wichtig?

Zum einen sollte stets darauf geachtet werden, dass Awareness Maßnahmen zur Kultur des Unternehmens passen und deren Inhalte geeignet aufbereitet werden. Hierbei halte ich es für absolut erforderlich, Awareness nicht allein aus der IT oder der Sicherheitsabteilung heraus zu planen und umzusetzen, sondern vielmehr die Unterstützung und Beratung von Kommunikationsfachleuten einzuholen. Wir waren in der glücklichen Lage, diese Kommunikationsfachleute von Anfang an steuernd mit im Boot zu haben. Zum anderen sollten die Maßnahmen unter die Haut gehen d.h. die angesprochenen Mitarbeiter sollten sich idealerweise unbewusst angesprochen fühlen. Ganz wichtig: Es geht mir dabei aber nicht um Manipulation, sondern darum, die Mitarbeiter zur Selbsterkenntnis zu bringen! Nur wer etwas selbst erfährt, wird es auch behalten. Wichtig ist drittens, dass Awareness-Maßnahmen auch auf den persönlichen und privaten Mehrwert des Adressaten ausgerichtet sein müssen. In dem Maße, in dem das Angebot, das dem Mitarbeiter von den Security-Fachleuten gemacht wird, auch in seinem privaten Umfeld einen Mehrwert zu liefern vermag, steigert das meiner Einschätzung nach auch die Akzeptanz von Awareness-Maßnahmen im Unternehmen. Wir hatten sicherlich auch das Glück, einen iterativen Ansatz fahren zu können, bei dem wir ganz klar erkennen konnten, was wir an welcher Stelle wie besser machen konnten. Unsere Annahmen haben sich dann bei Umsetzung der Maßnahmen meist wie von uns erwartet bestätigt.

Verraten Sie uns etwas über die Kosten Ihrer Maßnahmen?

Im ersten Jahr beliefen sich die Kosten auf ca. Euro 200,00/Mitarbeiter und in den Folgejahren auf ca. Euro 100,00. Bei einem Vergleich mit anderen Unternehmen ist dabei zu beachten, dass die absoluten Kosten kaum höher gewesen wären, wenn wir statt 3.000

Mitarbeiter 6.000 oder gar 10.000 adressiert hätten. Das produzierte Material (Handouts, Poster, etc.) macht nur einen geringen Prozentsatz der Kosten aus. Aufwändig war und ist die Erstellung des Gesamtkonzepts, dessen Pflege sowie die laufende Pflege einer übergreifenden Security-Webpräsenz.

Wie schätzen Sie den Erfolg Ihrer Awareness-Maßnahmen ein?

Wir haben sämtliche Ziele, die wir uns zu Anfang gesteckt hatten, erreicht. Darauf können wir stolz sein. Mit Erreichen dieser Ziele haben wir unsere eigene Mssßlatte sukzessive immer höher gelegt. Awareness hatte für manche Personen im Unternehmen sogar »Entertainment«-Effekt. Ich werde heute zum Teil noch gefragt, wann Michael Rambach, also die Figur, die wir im Rahmen des Social Engineering Assessments kreiert haben, wieder zuschlägt. Als weiteres positives Indiz für den Erfolg werte ich das Interesse, das unsere Aktivitäten auch außerhalb der Münchener Rück hervorgerufen hat. Unumwunden positiv lässt sich auch die Frage, ob sich mein persönlicher Einsatz gelohnt hat, beantworten.

Wer hat Sie unterstützt?

Wie bereits erwähnt, wurden wir sehr stark durch interne Kommunikationsfachleute unterstützt. Diese zeichneten für die Konzeption, Definition von Inhalten, Maßnahmen und deren Umsetzung sowie das gesamte Projektmanagement des Programms verantwortlich. Für den Erfolg eines Awareness-Programms halte ich diese Unterstützung für wesentlich. Andererseits sollte ein solches Vorhaben nie allein aus der Sicherheit heraus getrieben werden. Der kommunikative und psychologische Hintergrund von Awareness ist dafür zu wichtig, um nur von Sicherheitsfachleuten gesteuert und umgesetzt zu werden. Unternehmenskommunikation hatte an der Stelle eine ausführende Rolle insbesondere was die grafische Aufbereitung von Kommunikationsmitteln anbelangte. Wichtig an der Stelle war der Rückhalt, den das Thema im Bereich der Unternehmensleitung erfahren hat. Es war sehr wertvoll, dass das Top-Management ehrliches Interesse an dem Thema gezeigt hat und das nicht nur im Rahmen bilateraler Gespräche, sondern auch öffentlichkeitswirksam. So hatte der damalige Vorstandsvorsitzende bspw. die Mitarbeitermesse besucht, was in der Belegschaft positiv aufgenommen wurde. Natürlich spielt auch der Betriebsrat eine maßgebliche Rolle. Wenn dieser erkennt, dass wir von der Sicherheit die Maßnahmen nicht ergreifen, um den Mitarbeitern das Leben schwer zu machen oder gar sie auszuforschen, sondern um Arbeitsplätze zu sichern, wird er Awareness-Kampagnen unterstützen. Gerade in Unternehmen, in denen es um Personalabbau geht – dazu gehören wir glücklicherweise nicht – dominiert die Angst. Angst ist aber kein Motivator der hilft, eine Vertrauenskultur im Unternehmen zu pflegen. Auf Vertrauen fußt allerdings die Sicherheit.

Was waren die größten Hürden bei der Realisierung?

Leider ist der Erfolg von Awareness nur schlecht messbar, was in der Natur der Sache liegt. Diese mangelnde Messbarkeit ist ein Faktor, der Budgetverhandlungen nicht gerade leichter macht.

Welche Highlights gab es?

Highlights waren sicherlich die dreitägige Mitarbeiterveranstaltung (Messe) mit sämtlichen Maßnahmen die darin integriert waren. Zudem waren die Installationen ein Highlight, weil es derartiges bis dahin in diesem Unternehmen nicht gab (inkl. des damit verbundenen Effekts im Hause). Als das größte Highlight werte ich das Social Engineering Assessment mit der sich daran anschließenden Kampagne und der Resonanz darauf in der Belegschaft.

Sind weitere Maßnahmen geplant?

Das Awareness-Programm wird in Richtung einer »3rd Generation Awareness« weitergeführt. Dabei handelt es sich um einen psychologischen Ansatz, der die unbewusste Ebene menschlichen Handelns in das Zentrum seiner Betrachtung stellt. So wird die Zielgruppeneinteilung in der dritten Generation Awareness nicht mehr, wie üblich, nach organisatorischen Rollen erfolgen sondern nach bestimmten psychologischen Ausprägungsrichtungen der Menschen selbst. Dies sind: die Dominanz, die Stimulanz und die Balance.

Was würden Sie zukünftig anders machen?

Ich bin der Meinung, dass wir unser Awareness-Programm sehr gut auf- und umgesetzt haben. Was ich feststelle ist, dass dieses Thema unter zunehmenden Kostendruck gerät. Awareness-Maßnahmen dürfen aber nicht primär als Betriebskosten, sondern eher als Investition in eine ganzheitliche Risikoprävention angesehen werden. Diese Message würde ich heute noch aktiver nach außen tragen.

Wollen Sie unseren Lesern noch einen kurzen Leitsatz für das Thema »Awareness im Unternehmen« mit auf den Weg geben?

Ich möchte gerne zwei Tipps geben: Macht Awareness nicht, weil es »in« ist! Das Topmanagement muss sich seiner Vorbildfunktion bewusst sein, denn es setzt damit den Rahmen für die Sicherheitskultur im Unternehmen. Diesen Rahmen kann man mit keiner Awareness-Maßnahme sprengen, sondern höchstens ausfüllen. Tipp zwei: Sicherheit ist – auch wenn viele es so hinstellen – kein Technikthema. Es ist vielmehr eine Sache, bei der der Mensch im Mittelpunkt steht, denn er entscheidet, konzipiert und setzt die Dinge um – er lebt Sicherheit. Schärfen Sie daher den Verstand, indem Sie auf Ihren Kopf hören, und folgen Sie gleichzeitig Ihrem Instinkt, indem Sie sich mehr auf Ihr Bauchgefühl einlassen.

Das Interview führte Michael Helisch am 25.11.2008 in München.

Die Awareness Maßnahmen im Überblick: »Sicherheit verstehen und leben«

- Unternehmen: Münchener Rückversicherungs-AG
- Laufzeit: Seit Mitte 2002 bis dato in mehren Phasen
- Abbildungen: S. 211, 234-236

8.10 Swiss Reinsurance Company: »Awareness als permanente Ausbildung«

Die Swiss Re gehört zu den weltweit führenden Rückversicherungen. Martin Sibler und Margrit Karrer waren und sind die Hauptprotagonisten des Awareness-Programms der Swiss Re. Frau Karrer, Associate Information Security Coordinator, und Herr Sibler, Vice President Infomation Security, sind seit 2001 für die Swiss Re tätig. Sie haben das Awareness-Programm konzipiert und waren für dessen erfolgreiche Umsetzung verantwortlich.

Frau Karrer, Herr Sibler, welche Rolle spielt Security Awareness in Ihrem Unternehmen?

Security Awareness ist fest verankert in der Information Security Policy und wird ebenfalls in unserem Code of Conduct erwähnt. Das Thema ist somit sehr gut in der Organisation verankert. Bezüglich Awareness haben wir die volle Unterstützung des Chief Risk Officer wie auch des Group Information Officer.

Wenn Sie Security Awareness definieren müssen – wie würde Ihre Definition lauten?

Aus meiner Sicht hat Awareness mehrere Stufen. Die erste Stufe wäre das Bewusstsein. Daran schließt sich die Kenntnis der Konsequenzen des eigenen Verhaltens an sowie letztlich die Umsetzung des richtigen Verhaltens bezogen auf die erkannten Risiken. Awareness ist eine permanente Ausbildung, manchmal auch vergleichbar der Erziehung eines Kindes. Ich benutze hier gern das Beispiel mit dem Kind und der Kochplatte. Awareness sollte zudem nicht IT-lastig sein. Man sollte sich auch darüber im Klaren sein, dass Awareness eine Verkaufsaufgabe im Unternehmen ist. Awareness-Aktivitäten sind vergleichbar mit einer Marketing-Kampagne. Hier kommt es auf Fingerspitzengefühl an wie auch darauf, die richtigen Kanäle zu verwenden sowie die richtigen Zielgruppen anzusprechen.

Was war der Auslöser für die Umsetzung einer Security Awareness-Maßnahme?

Auslöser war, wenn Sie so wollen, die Weitsicht des Chief Risk Officer und des Group Information Officer. Sie hielten es für notwendig, dass vorhandenes Wissen aufgefrischt und entsprechende Maßnahmen ergriffen werden sollten. Für diese Entscheidung war auch der Umstand relevant, dass mit dem »e-business-Hype« alle Mitarbeiter Zugang zum Internet hatten und mehrere Business-Prozesse Internet-fähig wurden. Die Zusammenarbeit in der Swiss Re gestaltete sich in der Folge zunehmend global unter Nutzung der entsprechenden e-Medien, was so vorher nicht der Fall war. Somit bestand Bedarf dafür, den Mitarbeitern die Risiken dieser neuen Technologien bewusst zu machen.

Welche konkreten Ziele sollten erreicht werden?

Wir wollten die Mitarbeiter unmittelbar bei Ihrem Informationsbedarf abholen, weshalb wir die Kampagne sehr zielgruppennah und persönlich aufgezogen haben. Das bedeutete zudem, dass wir die Mitarbeiter direkt vor Ort angesprochen haben. Dabei wollten wir Information Security ein Gesicht geben, was wir insbesondere durch die Präsenztrainings erreicht haben, die in allen Lokationen durchgeführt wurden. Die Awareness-Kampagne selbst wurde zweigeteilt umgesetzt. Sie bestand zum einen aus einer Kampagne in den jeweiligen Bereichen, zum anderen aus einer gruppenweiten Kampagne.

Welchen Ansatz zur Vorgehensweise haben Sie gewählt?

Wir haben den Top-Down Ansatz gewählt d.h. es wurde zuerst das Top Management informiert, danach das Senior Management, um deren Unterstützung zu erhalten. Im Anschluss daran wurden die jeweiligen Kampagnen ausgerollt. Dieses Vorgehen hat sich in der Vergangenheit bewährt. Bezüglich Erzeugung von Inhalten, also der Frage, welche Probleme und Bedürfnisse die Mitarbeiter bewegen, sind wir bottom-up vorgegangen. Wir haben uns z.B. unmittelbar mit den Entwicklern oder Endbenutzern zusammengesetzt und deren Informationsbedürfnisse besprochen.

Wie sind Sie an die Planung der Awareness-Kampagne methodisch herangegangen?

Wichtig war uns, eine möglichst hohe Passung zwischen Informationsbedarf und Kommunikationsinhalten zu erreichen. Unser methodisches Vorgehen bestand aus einer Kombination eines Top-down-Ansatzes in Verbindung mit einem rollenbasierten sowie gruppenweiten Vorgehen. Von erheblicher Relevanz war auch, dass die Awareness-Aktivitäten im Rahmen eines Projekts umgesetzt wurden, mit einem professionellen Projektmanager an der Spitze des Teams aus Vertretern vieler verschiedener Organisationsbereiche.

Was haben Sie genau gemacht?

Wie bereits erwähnt, wurde die Awareness-Kampagne zweigeteilt umgesetzt. Sie bestand zum einen aus einer Kampagne in den jeweiligen Bereichen, zum anderen aus einer gruppenweiten Kampagne. Beide Kampagnen wurden simultan umgesetzt. Welche Zielgruppen haben wir adressiert? Zu Beginn das Management über entsprechende Briefings, den Kreis der Endanwender zu den Themen Internet, E-Mail, Passwort und »mobile Devices« mittels Präsenzseminaren, sowie die IT-Mitarbeiter (Anwendungsentwickler und Kollegen im Betrieb) die wir mit einem sehr umfragreichen Kampagnen-Modul adressiert haben. Jeder Mitarbeiter sollte pro Jahr zwei bis drei Awarenessbezogene Aktivitäten durchlaufen bzw. damit konfrontiert werden, denn der Aspekt der Stetigkeit der Maßnahmen war uns wichtig. Als Widererkennungsmerkmal haben wir ein Motiv mit einem Schloss sowie verschiedene Miniaturfiguren verwendet. Als übergreifender Claim diente der Slogan »On your guard« in Verbindung mit dem Appell »Watch out!«. Das Trainingskonzept für die Endanwender wurde mit einem »train-the-trainer-Ansatz« ausgerollt. Bei den Trainern handelte es sich um einen bunten Mix von Mitarbeitern aus den unterschiedlichsten Funktionen und Hierarchieebenen. Wichtig war, dass es sich bei den Trainern um interne, lokal ansässige Mitarbeiter handelte, um die Nähe zu den Endanwendern vor Ort gewährleisten zu können. Die Trainer zeigten ein außerordentlich starkes Engagement. Das war sicherlich ein entscheidender Faktor für den Erfolg der Kampagne. Am Ende der Trainingssequenz wurde jedem Teilnehmer ein Koffer überreicht, der die während des Trainings verwendeten Materialien (Slides, Karten, etc.) enthielt. Interessant zu beobachten war, dass die »normalen« Endusertrainings positiven Anklang auch bei den IT-Kollegen fanden. Zu beobachten war dort der intensive Austausch zwischen IT-Kollegen und Kollegen mit eher geringem IT-spezifischen Hintergrundwissen. Dieser Mix in den Schulungen hat sich durchaus bewährt. Im Rahmen der Kampagne kamen, neben den bereits erwähnten, folgende Kommunikationsmittel bzw. Maßnahmen zum Einsatz: eine eigene Webpräsenz, ein inhouse-produzierter Awareness-Film, verschiedene Broschüren und Flyer, Poster, e-Mail News, Gadgets und Giveaways sowie Quiz und Gewinnspiele (Übersicht der Kommunikationsmittel bzw. Maßnahmen s. S. 232/233). Nachdem sich die Zeit immer mehr zu einem kritischen Faktor entwickelte, haben wir uns dazu entschlossen, E-Learning Tools im Rahmen der Schulungsmaßnahmen zu verwenden, insbesondere für neue Mitarbeiter sowie IT Mitarbeiter zu speziellen IT-sicherheitsspezifischen Themen. Bei der Ausgestaltung der Inhalte galt ebenfalls die Devise »so nah wie möglich an den Informationsbedürfnissen des Lernenden«. Je nach Antwortverhalten des Users zu Beginn des Programms nimmt das weitere Schulungsprozedere einen anderen Verlauf. Das Tool druckt bei Bestehen des eingebauten Tests ein Zertifikat sowie eine Zusammenfassung von Schlüsselbotschaften der Schulungssequenz aus. Weiterführende Informationen sowie die Kontaktdaten der Informationssicherheit werden ebenfalls zur Verfügung gestellt.

Verraten Sie uns etwas über die Kosten Ihrer Maßnahmen und über den personellen Aufwand?

Für die Kampagne haben wir im Zeitraum von 2002 bis 2006 ca. 250,00 Franken pro Mitarbeiter ausgegeben. Umgerechnet in Euro sind dies bei 10.000 Mitarbeitern in Summe ca. 1,6 Millionen Euro, wobei dies keine Vollkostenzahlen sind. Das Projekt-Core-Team umfasste ca. 8 – 10 Personen, die allerdings nicht full-time im Projekt agierten.

Wie schätzen Sie den Erfolg Ihrer Awareness-Maßnahmen ein?

Die Resonanz war sehr positiv mit einigen wenigen Ausnahmen. Wir als Sicherheitsabteilung wurden und werden auf breiter Basis wahrgenommen. Die Mitarbeiter kamen von sich aus auf uns zu und forderten Unterstützung bei uns ein. Es war deutlich mehr Initiative auf Seiten der Nutzer zu spüren. Den Erfolg positiv beeinflusst hat der Ansatz, sehr kunden- bzw. zielgruppenspezifische Inhalte zu generieren und die Sprache des Unternehmens zu sprechen. Mit extern angeschafften Standardprodukten hätten diese positiven Ergebnisse kaum erzielt werden können. Ebenso positiv ausgewirkt hat sich, dass wir uns bis heute genau anschauen, wie der Stand der Bearbeitung des E-Learning in den einzelnen Bereichen ist und dies bei den entsprechenden Führungskräften nachverfolgen. Zu den Maßnahmen, mit denen wir den Erfolg evaluierten, gehören u.a.: Quiz und Gewinnspiele, Web-Fragebögen, Interviews und Gespräche mit den Kollegen, Fragebogen am Ende von Präsenzseminaren, Feedback am Ende der E-Learning-Sequenz, Intranetzugriffe nach Veröffentlichung von Awareness Maßnahmen.

Was haben Sie mit der Kampagnen nicht erreicht?

Nun, man wird die Personen, die sich gegen Security sträuben, nicht erreichen. Eine hundertprozentige Abdeckung ist somit meiner Ansicht nach nicht realistisch.

Wer hat Sie unterstützt?

Wie erwähnt wurde ein Projekt aufgesetzt, mit einem Projektleiter der dort zu hundert Prozent agierte sowie einem Core Team von Personen aus unterschiedlichen Bereichen wie Unternehmenskommunikation, Personal, Betriebsrat sowie Vertreter aus dem Business, die neben der Rolle im Projekt gleichzeitig ihre originären Aufgaben weiterzuführen hatten.

Was waren die größten Hürden bei der Realisierung?

Die riesige Informationsmenge in eine Struktur zu bringen, damit das Ganze mit den vorhandenen Ressourcen umgesetzt werden konnte, war eine Herausforderung. Die Anzahl von Training-Sessions, die in den verschiedenen Lokationen durchgeführt werden musste, war unter Koordinations- und Qualitätsgesichtspunkten eine weitere Herausforderung. Eine Hürde ist es auch, wenn Awareness-Aktivitäten ohne ein sauberes laufendes Projektmanagement umgesetzt werden.

Welche Highlights gab es?

Ein Highlight war der Start der Kampagne mit Awareness-Kurzfilm, der als sehr packend wahrgenommen wurde. Weiteres Highlight war das Quiz, bei dem enorm hohe Rücklaufquoten erzielt wurden. Ebenso möchte ich hier die Dynamik im Projekt nennen wie auch Diskussionen mit den Mitarbeitern im Rahmen der Präsenz-Trainings.

Sind weitere Maßnahmen geplant?

Wir planen die Awareness-Aktivitäten auf jährlicher Basis. Aktuell steht an, dass alle Mitarbeiter ein neues E-Learning durcharbeiten. Zudem wird unsere Information Security-Broschüre überarbeitet und einige Artikel im Intranet platziert.

Was würden Sie zukünftig anders machen?

Meine persönliche Präferenz geht da ganz klar in Richtung Präsenz-Seminare. Bei dem, was wir tun, orientieren wir uns natürlich auch an anderen Unternehmen. Bis dato haben wir dort noch nichts gefunden, was wir nicht gemacht hätten.

Wollen Sie unseren Lesern noch Tipps für das Thema »Awareness im Unternehmen« mit auf den Weg geben?

Als eine Person, die für ein solches Vorhaben verantwortlich ist, sollte man sich bewusst sein, dass es primär um Menschen geht. Das Verhalten der Menschen ist dabei sehr divers. Die Kombination verschiedener Ausbildungs-Methoden und Kommunikationsinstrumente ist unerlässlich. Der Aufwand für Awareness sollte nicht unterschätzt werden, nicht zuletzt auch deshalb, weil Awareness-Aktivitäten stetig fortzuführen sind. Auf Kultur, Sprache und Bedürfnisse der Zielgruppen ist unbedingt und unmittelbar einzugehen. Die Messung der Verhaltensänderung ist schwierig. Ein Fertigprodukt bringt nicht den gewünschten Effekt. Es sollten möglichst viele interne Mitarbeiter in ein solches Vorhaben einbezogen werden. Ein Netzwerk von Helfern und Fachleuten ist essentiell.

Das Interview führte Michael Helisch am 10.11. 2008 in Zürich.

Die Awareness Maßnahmen im Überblick:
»On your guard« in Verbindung mit »watch out«
- **Unternehmen:** Swiss Reinsurance Company
- **Laufzeit:** seit 2002 in verschiedenen Rollout-Phasen
- **Abbildungen:** S. 232/233

8.11 Novartis International AG: »Sinnvolle Entscheidungen treffen«

Wissensvermittlung ist wichtig, sie allein reicht uns aber nicht« diesem Statement folgend hat sich der Fokus der Security Awareness-Aktivitäten der Novartis International AG im Laufe der Zeit verändert. Manfred Schreck, seit 2002 Head of Group Information Security erklärt, wie sich dieser Entwicklungsprozess konkret gestaltete.

Welche Rolle spielt Security Awareness in Ihrem Aufgabenbereich im Unternehmen?

Security Awareness ist neben dem Baustein Training ein essentieller Bestandteil unserer Information Security-Strategie. In dieser Strategie haben wir verschiedene Risikothemen definiert wie z.B. Web 2.0 oder den Bereich der »consumer technology« d.h. den stationären und vor allem mobilen Werkzeugen, die von den Kolleginnen und Kollegen in ihrer täglichen Arbeit verwendet werden. Aufgabe von Awareness ist es, diese Risikothemen zu adressieren und die Umsetzung dieser Strategie zu unterstützen. Um bei dem Beispiel der »consumer technology« zu bleiben: Gerade bei neuen Technologien ist man allzu oft nicht in der Lage, sämtliche, mit der Nutzung dieser Technologien verbundenen Risiken sofort zu antizipieren. Dementsprechend existieren oftmals auch keine geeigneten Sicherheitsmassnahmen (Tools, Prozesse, Richtlinien). Aus Sicht der Sicherheit entsteht somit eine Lücke, die es zu schließen gilt. Wie tun wir das? Indem wir unsere Mitarbeiter zur »first line of defence« machen. Mittels Awareness und Training werden die Mitarbeiter zu einem wirksamen »Instrument«, um solche Sicherheitslücken zu schließen. Wir versetzen sie in die Lage, risikoadäquat zu handeln und »ihre« Informationen situationsgerecht zu schützen. Da wir in diesen »neuen, unbekannten« Bereichen nicht auf bestehende Richtlinien zurückgreifen können, sind wir bewusst abgekommen von der strikten Fokussierung auf Compliance-Bestrebungen (»Du darfst / Du darfst nicht«) und haben unseren Awareness-Ansatz stärker auf das Risikobewusstsein des Mitarbeiters (»Du kannst und entscheidest, was du tust bzw. nicht tust«) ausgerichtet. Auch der in unserer Strategie adressierte Risikobereich der wachsenden Globalisierung unseres Business beeinflusst unseren Ansatz zum Thema Awareness. Ganz konkret bedeutet das: Als Verantwortlicher einer Group Information Security-Abteilung muss ich generelle kulturelle Unterschiede der einzelnen Länder beachten, genauso wie ich die Unterschiede der einzelnen Geschäftsbereiche beachten muss. Dies erfordert eine Flexibilisierung der Art und Weise, wie Awareness in den einzelnen Novartis Geschäftsbereichen und zugehörigen Unternehmen umgesetzt wird. Training hingegen fokussiert stärker auf die Vermittlung und »Übersetzung« der Security-Vorgaben auf die security-relevanten Geschäftsprozesse.

Was sollte ich als Mitarbeiter der IT bei der Entwicklung von Applikationen aus Sicherheitssicht beachten? Was bedeutet Sicherheit in meiner täglichen Arbeit als Mitarbeiter im Bereich Personal? Um Fragen wie diese geht es hier beispielsweise. Unser Training in diesem Bereich ist also sehr viel stärker auf spezielle Zielgruppen wie IT, Personalabteilungen etc. und spezielle Richtlinien für diese Bereiche ausgerichtet. Unsere Information Security Manager und alle Mitarbeiter, die mit sensitiven Informationen umgehen, müssen über entsprechendes Know-How verfügen, um dies dann in den relevanten (Business-)Prozessen adäquat anwenden zu können.

Wenn Sie Security Awareness definieren müssen – wie würde Ihre Definition lauten?

Ich mache es daran fest, was ich mit Awareness erreichen möchte. Hier würde ich als Ziel formulieren: Der Mitarbeiter macht die Dinge intuitiv richtig d.h. geht mit Informationen sicher um. Um in der Information Security wirklich nachhaltig voran zu kommen, muss ich den Mitarbeiter in die Lage versetzen, sinnvolle Entscheidungen zu treffen, bei denen er selbst Risiko-, Business- und sonstige relevante Aspekte abwägt und dann entsprechend handelt. Für das Unternehmen wird der Mitarbeiter so zum Risk Manager derjenigen Informationen, mit denen er tagtäglich umgeht. Der andere Teil meiner persönlichen Definition von Security Awareness beschreibt den Weg dorthin und die Mittel, die ich dazu brauche. Er beschreibt somit den Prozess der Awareness. Awareness benötigt allerdings nicht zwangsläufig immer Richtlinien, da es schlichtweg unmöglich ist, alle Risiken über Regeln erfassen zu können bzw. zu wollen.

Was war der Auslöser bzw. die Motivation für die Umsetzung von Security Awareness-Maßnahmen und welche konkreten Ziele sollten erreicht werden?

Da gibt es verschiedene Aspekte, die im Zeitraum der letzten acht bis zehn Jahre relevant waren. Unsere grundlegende Motivation bestand aber darin, die Mitarbeiter mit dem Thema Information Security vertraut zu machen. In der ersten Phase, also ab 2002 ging es zunächst im Rahmen von web-based trainings darum, den Novartis-Mitarbeitern ein relativ umfangreiches Sicherheits-Regelwerk einfach und verständlich zu vermitteln. Diese reine Wissensvermittlung hat uns aber nicht genügt. So lag der Fokus der zweiten Phase auf der Frage, wie wir uns weiter verbessern können. Unter dem Motto »small steps for improvement« wurde ein Programm ins Leben gerufen, das auf kleine Teams in den Geschäftsbereichen ausgerichtet war. Im Rahmen einer einstündigen Team-Session wurden typische, sicherheitsrelevante Problembereiche (z.B. »Tailgating« oder Verwendung »schwacher Passwörter«) dargestellt und deren Folgen geschildert. Das Team sollte nun selbst die Frage beantworten: Wie sieht es in unserem Bereich aus? Was können, was werden wir im Hinblick auf die uns betreffenden Probleme tun? Innerhalb der nächsten Wochen sollte dann im Rahmen einer gemeinsamen Teamvereinbarung ein entsprechender Aktionsplan erarbeitet werden. Die Problembearbeitung und damit die Verhaltensänderung erfolgte somit aus dem Team heraus. Wichtig dabei war, dass das Team selbst die Verantwortung für die Umsetzung der von ihm festgelegten Maßnahmen übernommen hat. In der dritten Phase geht es nun darum, die Mitarbeiter zu der bereits erwähnten »first line of defense« zu machen. Anhand ausgewählter Situationen wie z.B: der Benutzung von mobile Devices wird aufgezeigt, welche Risiken existieren und wie sicherheitskonformes Verhalten aussehen kann. Den Mitarbeitern werden damit konkrete Entscheidungshilfen für ihren beruflichen Alltag mit an die Hand gegeben. Den Inhalt der vierten Phase, die mehr oder weniger parallel zu »first line of defense«» läuft, erarbeiten wir zielgruppenspezifische Trainingseinheiten für Prozess-Experten wie z.B. die Information Security Officer, Mitarbeiter im Bereich Personal oder Anwendungsentwickler. Es geht hier also um ein proaktives Adressieren von Mitarbeitern in Rollen mit besonderer Sicherheitsrelevanz. Was wir laufend tun ist, aktuelle Sicherheitsvorfälle aufzugreifen und das richtige Verhalten in den entsprechenden Medien wie z.B. in unserem Information Security Webportal zu erläutern. Die Klickraten zeigen, dass dieses Angebot von den Kollegen dankbar angenommen wird. Als Group Information Security-Abteilung ist es unser Ziel, dass das umfangreiche Awareness-Material zukünftig verstärkt von allen Information Security Officern in der globalen Organisation genutzt wird.

Welchen Ansatz zur Vorgehensweise haben Sie gewählt und warum?

Die Initiative für die Awareness-Maßnahmen kam aus der Group Information Security, somit von uns selbst. Wir haben es als nötig erachtet, hier entsprechende Schritte einzuleiten und haben unser Anliegen an der richtigen Stelle platziert. Die Organisationsstruktur des Novartis-Konzerns mit seinen verschiedenen Geschäftsbereichen und Unternehmen bringt es mit sich, dass die Umsetzung der Information Security-Strategien und Vorgaben dezentral durch die Information Security Officer erfolgt. Dabei passen die Information Security Officer diese Vorgaben natürlich den Anforderungen vor Ort an. Dafür stellen wir im Awareness-Bereich z.B. eine Tool-Box zur Verfügung aus dem sich der Information Security Officer vor Ort bedienen kann.

Wie sind Sie an die Planung der Awareness-Kampagne herangegangen?

Das Programm mit seinen vier Phasen haben wir mehr oder minder »step by step«, aus unserer eigenen Erkenntnis heraus entwickelt. Dabei haben wir die erforderlichen Aktivitäten weitestgehend selbst definiert und umgesetzt. Die Zusammenarbeit mit unserer eigenen Kommunikationsabteilung erfolgt erst seit jüngster Zeit und da im Speziellen, wenn es um die Umsetzung von Kampagnen geht.

Was haben Sie genau gemacht?

Das »web-based training« wurde extern gemäß unserer Anforderungen entwickelt. Branding-Aspekte bleiben dabei unberücksichtigt. Für das »small steps for improvement«-Programm wurde gezielt ein eigenes Branding entwickelt, das durch seine Farbgestaltung die gewünschte Aufmerksamkeit im Unternehmer erzielte. Dieses Programm wurde auf Basis eines »train the trainer«-Ansatzes mittels web-casts für Information Security Officer umgesetzt. Jeder Trainer vor Ort hat einen Trainingskoffer zzgl. diversen Awareness-Materialien wie Poster, Präsentationen, Leaflets etc. zur Verfügung, welche er in den Training Sessions nach Bedarf einsetzen konnte. Ursprünglich geplant war, dass die Information Security Officer die Abteilungsleiter schulen sollten, um sie in die Lage zu versetzen, die entsprechenden Team-Sessions durchzuführen. Dem konnten die Abteilungsleiter oft aber nicht nachkommen. So wurden die Team-Sessions oft durch die Information Security Officer umgesetzt. Der gewünschte Effekt, nämlich die eigenständige Entwicklung der Maßnahmen aus dem Team heraus, wurde damit nur eingeschränkt erzielt. Für die »first line of defence«-Kampagne wird das bereits vorhandene Branding genutzt. Mittels Filmen und begleitender Maßnahmen wie Poster, Mailings, »Lunch Sessions«, werden aktuelle Beispiele wie Social Engineering, Mobile Business oder E-Mail-Nutzung anschaulich thematisiert. Ein stabiles Moment über alle Phasen hinweg ist unser Webauftritt, der vor allem die Funktion eines Werkzeugkastens für die Information Security Officer hat, aber auch für die direkte Information unserer Mitarbeiter verwendet wird.

Verraten Sie uns etwas über die Kosten Ihrer Maßnahmen und/oder über den zeitlichen/personellen Aufwand?

Die Kosten für das WBT beliefen sich auf ca. 1,00 Franken pro Mitarbeiter. Für das »small steps for improvement«-Programm wurden etwa 2,50 Franken pro Mitarbeiter ausgegeben. Die laufenden Kosten auf Group Information Security-Ebene beziffern wir auf ca. 0,35 Franken pro Mitarbeiter und Jahr. Dies beinhaltet keine Personalkosten und nicht die Kosten, die vor Ort bzw. in den einzelnen Ländern anfallen. Diese sind nur schwerlich zu beziffern. Die Verantwortung für die Planung und Koordination aller Awareness- und Trainings-Aktivitäten liegt bei Group Information Security, wofür wir in der Vergangenheit etwa 130 Projekttage pro Jahr veranschlagt haben.

Wie schätzen Sie den Erfolg Ihrer Awareness-Kampagne ein?

An der Stelle kann ich nur mit weichen Faktoren argumentieren. Wenn mich also ein Novartis-Manager fragen würde, was wir mit den Investitionen in Awareness und Training erreicht haben, so kann ich ihm keinen schlüssigen, im Sinne von nachprüfbaren Beweis für den Erfolg liefern. Das liegt allerdings in der Natur der Sache. Da wir auch keine Maßzahlen definiert haben, kann ich die Frage nach dem Erfolg nicht wirklich beantworten. Was jedoch das WBT anbelangt, so haben wir hier mittlerweile eine Abdeckung von ca. 90 % aller Mitarbeiter. Von den neuen Mitarbeitern haben ca. 70 % die entsprechenden Informationsveranstaltungen durchlaufen. Was das Thema Erfolgsmessung via Umfragen anbelangt, bin ich der Meinung, dass die Mittel sinnvoller in Konzeption und Umsetzung von Awareness-Aktivitäten investiert sind. Die Awareness-Ressourcen sind schon knapp genug – der Mehrwert bzw. die Aussagekraft von Umfragen rechtfertigt den Aufwand, den sie verursachen, aus meiner Sicht nicht. In Summe ist meine Einschätzung diejenige, dass wir das Bewusstsein für Information Security geschärft haben. Das zeigt mir nicht zuletzt auch die deutlich gestiegene Zahl der Anfragen, die wir erhalten, unter denen z.T. auch recht kritische sind. Man sieht also, die Kolleginnen und Kollegen setzen sich mit dem Thema auseinander.

Wer hat Sie unterstützt?

Punktuell haben wir externe Unterstützung in Anspruch genommen. So z.B. bei der Erstellung von Artikeln für Newsletter, bei der Erstellung von grafischen Arbeiten, neuerdings bei der Schulung der Information Security Officer. Der Kern der Awareness-Kampagne wurde ebenfalls extern bezogen. Meiner Ansicht nach sollte der Information Security Officer 50% seiner Zeit für Awareness aufwenden, was in der Realität allerdings oftmals anders aussieht. Die Zusammenarbeit mit dem Betriebsrat und der Personalabteilung war durchweg positiv. Ggf. auftretende Ängste oder Vorbehalte seitens des Betriebsrats, die Mitarbeiter würden durch uns in welcher Forma auch immer kontrolliert, gab es bei uns nicht.

Was waren die größten Hürden bei der Realisierung? Welche Highlights gab es?

Als große Hürde erwies sich die Tatsache, dass die Organisationsstruktur der Novartis AG sehr diversifiziert ist. Novartis agiert global in einer Vielzahl von unterschiedlichen Geschäftsgebieten mit einer großen Zahl an Unternehmen. Das macht die einheitliche Umsetzung einer zentralen Kampagne wie diese sehr komplex. Als komplex erwies sich auch der Faktor der kulturellen Unterschiede. Novartis agiert in 140 Ländern und damit in ganz unterschiedlichen Kulturkreisen. Wie verpacke ich die Botschaften, damit sie in einem solch diversifizierten Umfeld auch ankommen? Ebenfalls kein leichtes Unterfangen. Flexibilität in der Umsetzung von Awareness ist daher dringend erforderlich.

Sind neue/weitere Maßnahmen geplant? Wenn ja, welche?

Wir haben in den letzten zwei Jahren sehr viel Material angesammelt. Dieses Material wird in 2009 und 2010 verstärkt eingesetzt werden. Des weitern werden wir die inhaltliche Ausrichtung der Awareness-Kampagne verändern d.h. weg vom »Silodenken« im Sinne von: Information Security adressiert dieselben Zielgruppen ausschließlich mit seinem Anliegen, Datenschutz adressiert die Sicht des Datenschutzes, dito bei IT Security usw. hin zu einer organisationsübergreifenden und vor allem prozessbezogenen Informationsvermittlung aus einer Hand. Awareness wird zukünftig stärker aus der Sicht des Anwenders erfolgen. »Wo können wir (als Verbund von internen Organisationseinheiten, die sich um die verschiedenen Facetten des Themas Risiko kümmern) in deinem Arbeitsumfeld Hilfe leisten?« wird zum Maß der Awareness-Aktivitäten.

Was würden Sie zukünftig anders machen und welche Unterstützung, Methoden oder Tools wünschen Sie sich für zukünftige Maßnahmen?

Ich würde mehr Zeit für Konzeption und Methodik aufwenden und würde früher mit Werbe- und Schulungsfachleuten wie auch mit unseren Kollegen aus der Kommunikationsabteilung zusammenarbeiten. Einen themenspezifisches Tool-Set, dessen Inhalte an den Belangen der Mitarbeiter ausgerichtet sind, wie auch einen »Werkzeugkasten«, der denjenigen, der Awareness umsetzt, unterstützt, halte ich für sehr hilfreich.

Wollen Sie unseren Lesern noch einen Tipp auf den Weg geben?

Auch wenn das ein Allgemeinplatz ist: Awareness sollte so umgesetzt werden, dass man selbst das Gefühl hat, es bringt einen echten Mehrwert. Als Verantwortlicher im Bereich

Security ist man Verkäufer einer Sache, die (zunächst) keiner haben möchte und die keiner benötigt (solange nichts passiert). Dessen sollten Sie sich bewusst sein.

Das Interview führte Michael Helisch am 16.12.2008 in Basel.

> **Die Awareness Maßnahmen im Überblick:**
> »Novartis employees – the first line of defense«
> - **Unternehmen:** Novartis International AG
> - **Laufzeit:** Seit 2002 bis dato in vier Phasen
> - **Abbildung:** S. 238 unten

8.12 EnBW – Energie Baden-Württemberg AG: »IT-Security als Hygiene«

Ende 2006 wurde die EnBW Akademie durch den Konzernbevollmächtigten IuK Security mit der Konzeption einer konzernweiten Sensibilisierungskampagne zu den »EnBW Konzerngrundsätzen zur Sicherheit in der Informations- und Kommunikationstechnologie« (EKSIT@) beauftragt. Erstmalig im Konzern sichtbar wurde die Kampagne durch eine zweitägige Auftaktveranstaltung im September 2007, dem 1. »EnBW IT-Security-Event«, das auch gleichzeitig den internen Kick-Off zum Start der weiteren Projektarbeit darstellte. Wir sprachen mit Andreas Fritz, dem Projektleiter seitens des EnBW Security Management-Teams über »Es geht sicher anders!«

Herr Fritz, auf welche Weise sind Sie mit Information Security in Berührung gekommen und wie kam es zu der Projektleitung der Kampagne?

Das Thema Information Security begleitet mich in den 25 Jahren, in denen ich in der IT-Branche tätig bin, permanent. Sicherlich hat für Wolfgang Reibenspies, unserem Konzernbevollmächtigten IuK-Security und Mentor unserer Kampagne, bei der Vergabe der Projektleitung für die Awareness-Kampagne eine Rolle gespielt, dass ich zu Beginn meiner Tätigkeit stark vertriebs- und marketingorientiert war. Das sind auch heute noch wichtige Aspekte meiner Tätigkeit, nicht zuletzt, weil man ja als Security Manager den Mitarbeitern durchaus auch etwas verkaufen muss. Das Generalunternehmen für dieses Projekt ist allerdings die EnBW Akademie, die die Change Expertise für die EnBW führt.

Hat diese sehr spezielle Konstellation bezüglich der Durchführung ausschließlich Vorteile oder gibt es auch Nachteile?

Das hat vor allem viele Vorteile. Die Akademie bringt als Gesellschaft u.a. die Expertise mit, die Kultur der Einzelgesellschaften zu kennen oder etwa konzernweit Großveranstaltungen durchgeführt zu haben. Die Herangehensweise bezüglich der Kommunikation und der Prozesse hat im wesentlichen die Akademie erarbeitet, während ich das Projekt mithilfe meiner Mitarbeiter über die Security-Expertise vorangetrieben habe.

Wie haben Sie zueinander gefunden und Ihre Kooperation geregelt?

Während einer etwa halbjährigen Vorbereitungsphase ab erstem Quartal 2007 gab es mehrere Brainstorming-Workshops, in denen wir uns vornehmlich gegenseitig missioniert haben. Die Akademie hat uns mehr oder weniger dazu gebracht, unsere durch Stringenz und Risikoorientierung geprägte Denkweise abzulegen und uns mehr auf die Individuen im Unternehmen einzulassen – eine Haltung, die einen wesentlichen Bestandteil von Awareness darstellt. Während wir Security Manager also unsere ersten Awareness-Schritte mithilfe der Akademie gemacht haben, haben wir im Gegenzug unseren in punkto Security eher unbedarften Kollegen gezeigt, worum es uns geht, z.B. indem wir ihnen unsere Risiko-Perspektiven darstellen konnten. Im Juni 2007 haben wir dann einen zweitägigen Impulsworkshop veranstaltet, zu dem wir neben allen Security-Protagonisten des Konzerns, also den Security Managern und den seitens der Akademie an der Kampagne beteiligten Personen auch Fach-Referenten und potenzielle Dienstleister eingeladen hatten. Hierdurch konnte u.a. ein einheitliches Verständnis der Thematik und zu den wichtigen Zielgruppen der Kampagne hergestellt werden, so dass wir etwa ab diesem Zeitpunkt wussten, was wir wollten. Somit war es dann auch möglich einen für alle Seiten passenden Projektauftrag zu formulieren. Als Lenkungskreis für das Projekt dient das Security Management Team der EnBW, in dem alle Kerngesellschaften vertreten sind.

Sie haben in der Planungsphase über die Kommunikation eines Ihnen wichtig erscheinenden Schlüsselbegriffs »Loyalität« eine Assoziation zu der der Sicherheit eher übergeordneten Wertekampagnen in Unternehmen aufkommen lassen. Gab es da auch einen Brückenschlag zu Leitbildern oder Leitsätzen jenseits Ihrer Security-Expertise?

Es war von uns von Anfang an klar, dass das Thema Loyalität ein wichtiger Bestandteil der Kampagne sein sollte. Loyalität ist bei unseren Mitarbeitern in Form von Unternehmenskonformität grundsätzlich in einem hohen Maß vorhanden. Das Problem setzt aber dann ein, wenn sich Loyalität auch auf das Thema IT erstrecken soll. Es verstehen die wenigsten, dass man z.B. die Loyalität verletzt, indem man einem nicht-autorisierten Empfänger ein Dokument zur Verfügung stellt, z.B. eine Excel-Tabelle. Dies ist im Bewusstsein vieler Mitarbeiter nicht in einem Umfang vorhanden, wie wir uns das wünschen würden. Auch das Thema »digitale Identität« stellt ein Problem dar. Dass sich Mitarbeiter in Web-2.0-Plattformen z.T. zu Ihrem Nachteil exibitionieren, ist vielen nicht bewusst. Es war aber auch klar, dass unserer Awareness-Kampagne kein Leitbildcharakter zugeschrieben werden sollte. Dass am Ende unserer Planungs-Workshops fünf Kernbotschaften standen, die nicht als Imperativ und dadurch eben nicht so wie typische Leitsätze daherkommen, sondern eher mit Alltagssituationen verknüpft werden, hat uns im Unternehmen zu einem sehr positivem Feedback verholfen.

Wie lautete denn der originäre Auftrag?
Der Auftrag unseres obersten IT-Gremiums, dem Strategiekreis Informationsmanagement, bestand darin, ein umfassendes Aus- und Weiterbildungskonzept zum Thema IT-Sicherheit für die Mitarbeiter und Führungskräfte zu erarbeiten. Wichtig ist auch der Aspekt, Aufmerksamkeit für die Themen IT-Sicherheit und Informationsschutz zu generieren. Unsere Zielsetzung ist im Rahmen einer Projektbeschreibung dokumentiert, in der

es heißt: Die Mitarbeiter, Führungskräfte und Externe kennen 1. die Existenz von EKSIT@ und wissen, an wen sie sich bei Fragen wenden können, 2. wissen, warum es EKSIT@ gibt, 3. haben die Quintessenz von EKSIT@ verstanden und wissen um die Gefahren und Risiken, die bei Nicht-Beachtung von EKSIT@ entstehen können, 4. haben einen bewussten Umgang mit unternehmensinternen Informationen und vertraulichen Daten, 5. interessieren sich für die Thematik und suchen bei Bedarf die Diskussion, den Austausch mit dem zuständigen Security Manager, 6. sind von sich aus motiviert, EKSIT@ einzuhalten. Außerdem lautete im Kontext des Auftrags die Frage, wie man 1.700 Seiten Papier mit IT-Policies so herunterbrechen kann, dass die Inhalte verständlicher werden. Wir haben dann zwei Workshoptage benötigt, in denen wir die Policies gesichtet und die Inhalte systematisiert haben, bevor wir sie im Rahmen einer mehrstufigen Bearbeitung immer stärker verkürzen konnten. Die Clusterung erfolgte nach den Fragestellungen zu »was«, »wo«, »wie« und »wer«. In Kontext von Workshops sind dann auch die Kernbotschaften entstanden. Die erste wurde eher beiläufig und flapsig in den Raum geworfen. Das war »Meins bliebt Meins«. Nachdem wir uns alle über einen vermeintlichen Witz gefreut hatten, wurde es still und dann waren wir der Meinung, dass es der Satz wert sei, dokumentiert zu werden. Dann kamen die anderen Botschaften (Abb. 172-176) quasi assoziativ und wie von allein dazu.

Sagen Sie etwas zu den Hintergründen der Kernbotschaften?
»Meins bliebt Meins« adressiert ja deutlich das Thema »Umgang mit Passwörtern bzw. mit den Dingen die – auch im dienstlichen Umfeld – ausschließlich einer Person zuzuordnen sind. »Intern bliebt intern« bedeutet, dass interne Informationen nicht über öffentliche Kanäle lanciert werden sollen und Informationen so lange intern sind, bis sie veröffentlicht werden. »Sicher ist sicher« bezieht sich u.a. auf das Feld der mobilen Kommunikation und der Nutzung mobiler Datenträger. »Draußen ist draußen« dockt an die Policy zur Vermeidung geschäftsschädigenden Verhaltens an. Z.B. wie nutze ich mein Diensttelefon in der Lufthansa-Lounge? Wie verhalte ich mich generell in der Öffentlichkeit und wie und wo nutze ich EnBW IT-Systeme über öffentliche Kommunikationskanäle? Das Beispiel Zugfahren, z.B. zwischen Karlsruhe und Stuttgart, wird im Konzern immer wieder gerne angeführt. Und »Wir sind wir« bezieht sich auf die große Anzahl der externen Mitarbeiter im Unternehmen. Auch für die muss man Spielregeln parat haben. Wir machen den Beratern der großen Beratungshäuser nicht ungefiltert alle Informationen zugänglich und sie z.B. darauf aufmerksam, dass Informationen aus unserem Haus wieder zurückzugeben sind. Meine Vision ist, dass die Mitarbeiter einen Security-sensitiven Habitus entwickeln – gerade auch im Umgang mit Externen. Dieser Aspekt ist auch bei der gesellschaftsübergreifenden Kommunikation sehr wichtig. Wir bewegen uns in einem regulierten Umfeld, so dass vor allem die Expertise gefragt ist, welche Informationen darf ich z.B. auch dem Kollegen aus einer anderen Gesellschaft zur Verfügung stellen und welche nicht.

Was passierte nach der Definition der Kernbotschaften?
Wir haben die Kernbotschaften als Handlungsempfehlung für Führungskräfte und Mit-

arbeiter verstanden und eben auch versucht zu erläutern, was wir über diese Botschaften transportieren wollen. Vor allem, in welchen Kontexten sich die Mitarbeiter diese vor Augen halten sollen. Außerdem haben wir einen standardisierten Schulungsvortrag erstellt, den jeder Security Manager in den verschiedensten Situationen genutzt hat.

Das Thema Schulung war aber kein neues, das mit der Kampagne in das Unternehmen kam?

Nein, es existierte bereits vor der Kampagne ein reguläres Security-Schulungsprogramm, das jeder Mitarbeiter regelmäßig durchlaufen muss. Wir haben aber diese Schulungen vor dem Launch der Kampagne professionalisiert, indem wir insbesondere die Dramaturgie optimiert haben. Auf diesem Weg haben wir ohne die IT-Security Sensibilisierungsveranstaltungen weitere 2.000 Mitarbeiter in 2008 erreicht.

Als Brand Ihrer Kampagne fungiert der Claim »Es geht sicher anders!«, eingebunden in das Corporate Design der EnBW. Haben auch Sie, wie viele Ihrer Kollegen, über die Möglichkeit nachgedacht, eine Leitfigur zu entwickeln, die Sie als Brand und Sprachrohr nutzen?

Ja, diese Idee hatten auch wir verfolgt und mit »Sicherle« über einen Comic-Helden nachgedacht, der dieselbe Doppeldeutigkeit wie dem Kampagnenmotto zugeschrieben werden könnte. »Sicherle« sollte nach unserer Vorstellung ein Computerwurm sein, der paradoxerweise ausschließlich Gutes tut, indem er den Nutzern mit Rat und gutem Beispiel zu Seite steht. Allerdings sind Illustrationen oder Comics derzeit in der Bildsprache der EnBW nicht zugelassen, auch nicht im Rahmen der internen Kommunikation, so dass diese Überlegungen bis auf weiteres auf Eis gelegt wurden.

Sie haben auch eine quantitative Evaluation vorgenommen?

Ja, wir haben eine Nullmessung auf wissenschaftlicher Basis vorgenommen, uns allerdings in den Benchmarks nicht wiedergefunden, u.a. weil es kaum Energieversorger gab, mit dem wir uns vergleichen konnten. Es war aber schon sehr wichtig festzustellen, wo wir stehen. Das Ergebnis unserer Nullmessung wurde ausschließlich der Geschäftsführung und dem Vorstand präsentiert, weil wir uns keinen »Interpretationen« der Mitarbeiter ausliefern wollten. Wir haben allerdings fünf Kern-Ergebnisse zum Start der Kampagne über Plakate an die Mitarbeiter kommuniziert.

Was waren das für Aussagen?

Das waren bewusst negativ gewählte Aussagen, um die Mitarbeiter zum Nachdenken zu animieren und Aufmerksamkeit für die Kampagne zu erzeugen. Insgesamt wurden über einen Zeitraum von sechs Wochen fünf unterschiedliche Plakate gestreut. Auf dem ersten Plakat stand »Für 18% sind die IT-Sicherheitsrichtlinien Ausdruck eines starken Bürokratismus« Dies war quasi anonym nur mit dem neuen Claim und ohne weitere Erklärung kommuniziert worden. Über das zweite Plakat lancierten wir die Aussage »25% sind der Ansicht, dass Informationssicherheit irrelevant für den Unternehmenserfolg ist«. Beim dritten Plakat mit dem Text »29% der Mitarbeiter fühlen sich durch starre IT-

Sicherheitsrichtlinien in ihrer Arbeit behindert« haben wir erstmalig den Link zum Intranet-Auftritt des Projekts kommuniziert. Hiermit haben wir uns zu Erkennen gegeben und gesagt: »Hallo, wir sind das. Und das sind die Ergebnisse der Nullmessung zur EnBW IT-Security«. Das vierte Plakat ging dann so: »69 % der Mitarbeiter sind unsicher, wie sie bei einem IT-Sicherheitsvorfall zu reagieren haben«. Und das fünfte: »77% der Mitarbeiter fühlen sich über IT-Sicherheitsthemen nicht ausreichend informiert«. Danach haben wir eine Pause gemacht, bevor wir mit den Kernbotschaften und den Sensibilisierungstagen weitergemacht haben. Die Messung stellte also auch einen wichtigen inhaltlichen Baustein dar. In 2009 ist zwischenzeitlich eine Folgemessung erfolgt. Dies weist den vollen Erfolg der Kampagne bzüglich Sensibilisierung und Bewusstseinsbildung nach. Wir werden die Messungen fortsetzen und so einen kontinuierlichen Reifegrad der IT-Security-Awareness nachweisen können.

Gab es noch weitere Inhalte und Kanäle in Ihrer Kampagne?

Unser Intranetauftritt, an dem wir permanent arbeiten, Flyer, Giveaways wie z.B. Kaffeetassen und Notizbücher mit den Kernbotschaften, Passworthalter oder Spiele und vor allem aber Mitarbeiter-Events, die so genannten »Sensibilisierungstage« (s. S. 228), die auch genutzt wurden, um die Giveaways zu implementieren. All' diese Medien, vor allem aber die Sensibilisierungstage, haben uns darin unterstützt, um das Security Management in der Rolle als Enabler sichtbar zu machen. In den EnBW Kerngesellschaften wurden die Sensibilisierungstage von Sommer 2008 bis Februar 2009 durchgeführt. Am Ende des Jahres 2008 hat die EnBW dann 41 dieser Veranstaltungen mit insgesamt 1.800 Teilnehmern durchgeführt. Das sind 20 % unserer Mitarbeiter.

Wie sehen diese Sensibilisierungstage aus? Was passiert dort?

Die Veranstaltungen sind offen für alle Mitarbeiter der jeweiligen Gesellschaft. Das Grundformat sieht so aus, dass man die Hälfte des Vormittags mit Vorträgen und den Themeninseln verbringt – alles moderiert durch die EnBW Akademie. Im Idealfall eröffnet ein Vorstand oder Geschäftsführer der Gesellschaft die Veranstaltung, um die Management Attention darzustellen und auch und insbesondere die Führungskräfte zu erreichen. Der Geschäftsführer oder Vorstand der jeweiligen Gesellschaft stellt auch explizit den Security Manager in seiner Rolle und seiner Aufgabenstellung bzw. seinem Berichtsweg vor. Dann gibt es einen Vortrag des besagten Security Managers der jeweiligen Gesellschaft. Außerdem einen Kurzvortrag über das Security Management in der EnBW, in dem über Prozesse und Organisation berichtet wird. Weiterhin gehört zu jeder Veranstaltung ein Vortrag über unsere Kampagnen-Kernbotschaften und zusätzlich eines externer Referenten, der in der Regel über allgemeine Bedrohungen spricht. Mit dem Externen erzeugt man ein gewisses Maß an Unsicherheit. Man macht die Zuhörer betroffen. Das ist strategisch so geplant. Mit den Kernbotschaften möchten wir dann den Mitarbeitern konkrete Verhaltensregeln an die Hand geben. Dies geschieht auch zusätzlich in Form eines Flyers. Zudem gibt es noch eine Podiumsdiskussion über die Inhalte der Vorträge oder etwa den Sinn der Kampagnen-Kernbotschaften.

Sie hatten bereits das Thema »Spiele« angesprochen. Wie kamen die zu den Mitarbeitern oder – umgekehrt – die Mitarbeiter zu den Spielen?

Viele Gesellschaften nutzen in der Regel während der Sensibilisierungstage jeweils auch zwei bis drei der interaktiven Module, die wir ihnen anbieten. Diese haben wir »Themeninseln« genannt. Eine Themeninsel heißt »Security spielerisch«. Hier laufen die Mitarbeiter wie über einen Parcours, der Spiele zum Thema anbietet, z.B. das Riesenspiel »Quer durch die Sicherheit« (s. S. 174 u. Abb. S. 228), das sehr gut angekommen ist, oder das »Virusquartett« (s. S. 173) bzw. »VirusBrickMaster« (s. S. 142 u. Abb. 156). Eine weitere Themeninsel heißt »Aus dem Nähkästchen«. Hier erzählen Mitarbeiter und Security Manager, womit sie sich übers Jahr in punkto IT-Security beschäftigen – also lockere Gespräche über Vorfälle, Verstöße, Schäden, Viren, Kennzahlen, etc. Über die Themeninsel »Wieso weshalb warum« lernen die Mitarbeiter, woher die Richtlinien stammen oder wer diese veranlasst bzw. verantwortet. Dann gibt es noch ein eher praxisbezogenes Modul, das z.B. Live-Hackings präsentiert oder Support für den privaten Bereich, z.B. »Wie mache ich meine private Fritzbox sicher«.

Dass Sie den persönlichen Kontakt zu den Mitarbeitern so sehr fokussieren, passt gut zu den Ansätzen unseres Buchs.

Ja, der Kontakt zu den Mitarbeitern ist Garant für die IT-Security-Awareness! Gerade auch in der Nachbetrachtung – wir haben über einen Fragebogen mit Freitextfeld das Feedback der Teilnehmer eingeholt – haben uns die Sensibilisierungstage zu wesentlichen Erkenntnissen verholfen – auch bezogen auf die gesamte Kampagne. Über das Feedback waren wir in der Lage, das Dilemma zu identifizieren, in dem sich ein durchschnittlicher IT-Anwender befindet.

Worin besteht dieses Dilemma?

Wir haben mit dem Claim ein Wording gewählt, das sehr konkret auf die partikularistische Struktur der Unternehmenskultur bei der EnBW und deren Folgen abhebt. Da wir ein mehrfach fusioniertes Unternehmen mit einer langen Historie sind und einem eingespielten Kommunikationsnetz, wissen wir genau, dass wir mit dem Wording »Es geht sicher anders!« ein Verhalten ansprechen, das den meisten Mitarbeitern bekannt vorkommen wird. Ihr Verhalten lässt sich am besten beschreiben mit dem O-Ton »Ich kenne da schon einen, der bestimmte Dinge vorbei an den normalen Prozessen für mich erledigt.« Heute verfügen wir in der EnBW zu jeder Fragestellung der Security über einen Prozess. Da aber Prozesse in der Regel eher unsichtbar sind, fällt es vielen schwer, diese im Alltag anzuwenden. Im Verlauf der Kampagne haben wir als Dilemma identifiziert, dass die Mitarbeiter sich gerne sicher verhalten möchten, demgegenüber aber der Druck der Aufgabenerfüllung in der Linie steht. Und so kommt es immer wieder zu »Bypässen« an den Prozessen, obwohl die Mitarbeiter es besser wissen müssten und zum Teil auch wissen. Dieses Dilemma wird durch eine Kampagne noch verstärkt, indem die Kampagne Know-how und damit auch Kompetenz vermittelt. Soll heißen: bisher haben sich viele unserer Mitarbeiter hinter einer unbewussten Inkompetenz verstecken können.

Durch die Awareness-Kampagne verschiebt sich das Bild in Richtung einer bewussten Inkompetenz. Den Mitarbeitern wird an vielen Stellen klar, dass er sich nicht richtig verhält. Das macht sie zusätzlich unsicher. Daher haben wir auch die Ausrichtung der Kampagne verändert. Bisher war die Kommunikation der Regelwerke ein tragendes Element der Kampagne. Jetzt geht sie in eine eher lösungsorientierte Richtung. D.h. wir haben die Regelwerke. Dann haben wir eine Verhaltensrichtlinie. Und jetzt sagen wir den Mitarbeitern: »Schaut mal, hier haben wir dokumentiert, wie Du in Deinem Arbeitsalltag zu einer exemplarischen Fragestellung diese und jene Regeln korrekt anwenden kannst«. Das ist ein ganz praktischer und pragmatischer Ansatz, wie er von den meisten unserer Mitarbeiter gefordert wurde. Die Menschen wollen informiert werden, was in der EnBW konkret passiert. Sie wollen mehr Praxisbeispiele. Sie brauchen also »Kochrezepte«, wie sie sich korrekt verhalten.

Klingt fast gestaltpsychologisch. Was kommt denn bei Ihnen nach der bewussten Inkompetenz?

Einer der Höhepunkt unserer Kampagne lag klar in der 2. Hälfte 2008 mit unseren Veranstaltungen. In der nächsten Phase möchten wir in der Kompetenztreppe höher steigen in Richtung bewusster Kompetenz. Wir haben eine Matrix entwickelt auf Basis der Fragen, die im Kontext der Sensibilisierungstage entstanden sind, und arbeiten diese sukzessive ab. Der nächste Kontakt wird über eine Mailing-Aktion hergestellt, bei der die Besucher unserer Events darüber informiert werden, dass der Input der Mitarbeiter aus den Veranstaltungen aufbereitet via Intranet verfügbar gemacht wurde. Eine weitere Maßnahme wird das 2. »EnBW IT-Security-Event« im Spätsommer 2009 sein. In diesem Jahr werden wir auch eine Art Expertenkonzept implementieren, in dem die Mitarbeiter sich durch drei »Prüfungen« bis zum »Security-Kenner« vorarbeiten können. Für 2010 haben wir noch nichts detailliertes in Planung, werden aber auf jeden Fall einen permanenten Messprozess zur Security Awareness implementieren und einen iterativen Prozess generieren, um das Thema lebendig zu halten, auch, um auf die geleistete Arbeit aufbauen zu können.

Gab es weitere Erfolgsfaktoren, die Sie noch nicht benannt haben?

Wir hatten eine sehr glückliche Hand mit unseren Referenten, die den Mitarbeitern im Rahmen unserer Events stets auch durch emotionale Faktoren und eine geschickte Dramaturgie sehr nahe gekommen sind, z.B. über Polarisierung. Die haben die Mitarbeiter zunächst betroffen gemacht, um einen Aha-Effekt auszulösen. Diese Betroffenheit ist dann z.B. über Diskussionen oder die Kontakte im Rahmen der Themeninsel »Security spielerisch« relativiert worden.

Welche Tipps und Ratschläge können Sie unseren Lesern darüber hinaus geben?

Die Rückkopplung des Projektmentors an das Team ist wichtig. Entscheidend ist auch, dass Sie sich die Leute der Unternehmenskommunikation an Board holen. Ich habe bei vielen Unternehmen gesehen, wie Kampagnen, die originär aus der IT stammten, gescheitert sind. Schaffen Sie es also, so wenig IT-Expertise wie möglich zu integrieren.

Ich bin jemand, der ebenfalls stark IT-sozialisiert ist, konnte aber vor allem durch die Kooperation mit der EnBW Akademie meine IT-Perspektive ändern. Der Auftrag muss also lauten, IT-Sicherheit nicht für die IT zu generieren, sondern für die IT-gestützten Geschäftsprozesse. Dieser Auftrag muss von der Unternehmensführung kommen. Auch der laufende Rückenwind muss aus der Führung kommen. Dafür müssen Sie sich vor der Führung verantworten. Und suchen Sie sich vor Beginn einer Kampagne jemanden, der in der Lage ist, kulturelle Strömungen im Unternehmen auf den Punkt zu bringen. Die Integration der Akademie war diesbezüglich für uns ein Glücksfall. Ohne Wissen um die Kultur im Unternehmen wären wir sicher im Laufe der Kampagne in ein Dilemma geraten. Die Akademie hat uns auch zu dem direkten Kontakt zu den Menschen geraten und uns dazu ermutigt, sich mit individuellen Strömungen auseinanderzusetzen. Nämlich mit der Abfrage, was treibt die Menschen? Was ist Ihnen wichtig? Dieser Kontakt ist durch nichts zu ersetzen.

Sie befinden sich in der außergewöhnlichen Situationen, dass Sie auf die EnBW Akademie zurückgreifen können, die über einschlägige Erfahrung mit Change-Prozessen in Ihrem Unternehmen und eben auch offenbar über Kenntnisse der Unternehmenskultur verfügt. Was empfehlen Sie denn Unternehmen, die sich nicht in dieser glücklichen Position befinden, hier eigene, erprobte Ressourcen einzusetzen?

Dann kann ich diesen Unternehmen nur empfehlen, sich mit den von uns co-produzierten tiefenpsychologischen Security-Studien von known_sense auseinanderzusetzen. Die Studien waren ein wichtiger Trigger während der Planungsphase und sind es noch heute. Wenn ich heute mit meiner Erfahrung aus der Kampagne die Studie »Entsicherung am Arbeitsplatz« (s. Kap. 5.3) lese, dann sehe ich, dass die Ergebnisse sich mit meinen aktuellen Erfahrungen decken. Vor zwei Jahren ohne die praktische Erfahrung einer Awareness-Kampagne hatte ich noch manches in der Studie nicht in der ganzen Tiefe verstanden. Heute finde ich dort exakt meine Erfahrungen wieder. Insofern sind diese Studien bzw. auch individuelle Security-Analysen in den Unternehmen nicht nur nützlich, sondern essentiell für die Planung einer Awareness-Kampagne, aber auch hinsichtlich der Eliminierung von Barrieren während des Prozesses. Und auch das ist eine wichtige Erfahrung: Reiner Aktionismus bringt nichts. Sich eine coole Werbeagentur ins Haus zu holen, die einen coolen Comic macht und tolle bunte Plakate, ist keine Kunst. Das kann klappen. Das kann auch gut klappen. Es kann aber auch in die Hose gehen. Besser ist es, Zeit in die Planung und Analyse zu investieren, um sein Handeln auf Basis einer methodischen Überprüfung der Sicherheitskultur aufzusetzen. Besser, man schaut sich genau an, wie der nicht IT-Security affine Mitarbeiter in genau Ihrem Unternehmen tickt und welche Folgen das für das kulturelle Umfeld hat, bevor man sich blind in eine Kampagne stürzt. Und geben Sie den Menschen Zeit. Wichtig ist, den Menschen eine Perspektive zu vermitteln. Ein Awareness-Tsunami nützt nicht viel. Die Erkenntnisse müssen sich setzen. Unsere Mitarbeiter erleben gerade knapp sechs Wochen Sendepause, um verschnaufen zu können, bevor die nächsten Aktionen gestartet werden.

Kapitel 8 • Awareness Stories im Dialog

Wir haben jetzt sehr lange über Awareness gesprochen, als wäre völlig klar, worum es dabei geht. Es gibt – das zeigt auch das vorliegende Buch – sehr unterschiedliche Vorstellungen bezüglich des Begriffs. Wie klingt denn – gerade auch aufgrund Ihrer aktuellen Erfahrung – Ihre persönliche Definition von Security Awareness?

Ich sehe das so, als würde ich meinen kleinen Kindern die Grundzüge von Hygiene beibringen. IT-Security ist nichts anderes als Hygiene. Die medizinische Forschung belegt ja auch, dass wesentliche Krankheiten durch den Einzug hygienischer Standards ausgerottet wurden. Wenn das klappt, gibt es auch im Erwachsenalter eine intrinsische Situation, bei der es selbstverständlich wird, sich in bestimmten Situationen die Hände zu waschen.

Das Interview führte Dietmar Pokoyski am 19. Januar 2009 in Karlsruhe.

Die Awareness Maßnahmen im Überblick: »Es geht sicher anders!«

- **Unternehmen:** EnBW Energie Baden-Württemberg AG
- **Kampagnesteuerung:** EnBW Akademie GmbH
- **Laufzeit:** 2007-2009
- **Abbildung:** S. 228/229

8.13 FIDUCIA IT AG: »Weniger ist mehr«

Die FIDUCIA Gruppe mit Hauptsitz in Karlsruhe ist mit ihren rund 2.800 Mitarbeitern einer der führenden IT-Anbieter für Finanzdienstleister in Deutschland – außerdem IT-Competence Center und größter IT-Dienstleister im genossenschaftlichen FinanzVerbund. Zum Kerngeschäft gehören IT-Dienstleistungen für Volksbanken und Raiffeisenbanken, für Unternehmen des genossenschaftlichen FinanzVerbunds, für Privatbanken und weitere Unternehmen. Gemäß den Konzernwerten »Sicherheit« und »Kundennähe« sensibilisiert FIDUCIA alle Mitarbeiter regelmäßig zum Thema Informationssicherheit. Nach den beiden Awareness-Kampagnen »IT – Aber sicher!« (2002) und »SECURITYCUP 2007« (2007) planen unsere Gesprächspartner Lutz Bleyer, Leiter Zentrale Security, und Dr. Christa von Waldthausen, Leiterin Marketing und Kommunikation bei der FIDUCIA IT AG, aktuell bereits die dritte FIDUCIA Awareness-Kampagne, die 2009 ins Leben gerufen werden soll.

Herr Bleyer, erzählen Sie uns, wie Sie in Ihre jetzige Position gekommen sind?

Bleyer: Nachdem ich bereits drei Jahre lang für die FIDUCIA gearbeitet hatte, habe ich im Herbst 2000 eine Ausschreibung am Schwarzen Brett gelesen und fand sie interessant. Ein Job im Security-Umfeld hatte mich gereizt, obwohl ich vorher mit dem Thema eher weniger in Berührung gekommen war. Aber ich konnte hier etwas Eigenes aufbauen und habe die Sicherheit als Chance gesehen. Bevor ich mich tatsächlich auf die Stelle bewarb, habe ich angefangen, mich in die Inhalte des IT-Grundschutz-Handbuchs einzuarbeiten, konnte mich aber nicht wirklich für diese Ansätze begeistern. Ich hatte auch nie geglaubt, dass die BSI-Inhalte in der Praxis vollständig umzusetzen sind. Danach habe ich mich mit dem British Standard 7799, aus dem später der ISO Standard für Sicherheitsmanagement, die ISO 17799 geworden ist, angefreundet. Außerdem habe ich im Rahmen der Bewerbung mit unserem Vorstand gesprochen und meine Ideen vorgestellt. Der hat gesehen, dass ich es ernst meine und umgekehrt habe ich gesehen, dass auch er die angekündigte Unterstützung – auch hinsichtlich geplanter Awareness-Kampagnen – ernst meint.

Wie haben Sie damals die Situation der Security als Quereinsteiger wahrgenommen?

Bleyer: Fast jeder hat eine eigene Vorstellung von Sicherheit. Oft sind es aber Stereotypen, die für jemanden, der sich professionell damit beschäftigt, eher unerfreulich sind. Dann werden Security-Maßnahmen z. B. als Hindernis oder »Spaßbremse« wahrgenommen, die dazu führen, dass man nicht so agieren kann, wie man es möchte. Man kann aber Sicherheit ganz anders leben und darstellen. Man kann Lösungen schaffen, die kaum behindern und die trotzdem sicher sind. Das verstehe ich unter »guter Sicherheit«. Ich vergleiche das gerne mit dem Auto, das in den letzten Jahren und Jahrzehnten durch zahlreiche technische Maßnahmen wesentlich sicherer gestaltet wurde, obwohl die Insassen diese Maßnahmen so gut wie gar nicht als störend wahrnehmen.

Und wie kam es zu den Awareness-Kampagnen bei FIDUCIA?

Bleyer: 2002 waren wir eines der ersten Unternehmen in Deutschland, das eine Awareness-Kampagne realisiert hat. Ein Jahr zuvor hatten wir bereits damit begonnen, ein Security Management System zu implementieren. Unsere erste Aufgabe bestand darin, eine Sicherheitsleitlinie zu verfassen. Die Frage, die sich in diesem Kontext stellte, lautete: Wie kommt die Leitlinie zu den Mitarbeitern? Wir haben für die Kampagne die wichtigsten Inhalte unserer Sicherheitsleitlinie als »Zehn Sicherheitsgebote der FIDUCIA« dargestellt. Die Sicherheitsleitlinie gemeinsam mit den 10 Sicherheitsgeboten als »Faltblatt« zum Abheften in einer Broschüre zusammengefasst und personalisiert an die Mitarbeiter verteilt. Diese Leitlinien werden aktuell auch allen neuen Mitarbeitern als Welcome-Kit ausgehändigt. Zudem haben wir mit einer Aktion alle Kollegen direkt und persönlich angesprochen und ihnen analog zur Serie »Liebe ist …« die Frage »Sicherheit ist …?« gestellt. Damit wurden vom Hausmeister über den Sachbearbeiter und Kundenberater bis hin zum Top-Manager alle aufgefordert, den Satz zu vervollständigen und so Ihre individuelle Sicht auf das Thema zu schildern. Wir haben Aktionskarten ausfüllen lassen und uns die zehn schönsten Statements herausgesucht. Dann wurden die Verfasser inklusive ihrer Sprüche fotografiert und auf Plakaten abgedruckt. Die Plakate haben wir ausgehängt oder als Anzeige in der Mitarbeiterzeitung veröffentlicht. Wir haben auch Kugelschreiber verteilt mit dem Spruch »IT – aber sicher«, die man heute noch im Unternehmen findet. Daraus können Sie auch die Nachhaltigkeit solcher Giveaways ableiten. Darüber hinaus haben wir im Rahmen der Kampagne aber auch ein Web Based Training (WBT) und unser Security Portal im Intra- und Extranet etabliert.

Was sind Ihre Ziele, wenn Sie eine Awareness-Kampagne stemmen?

Bleyer: Mit unseren Kampagnen wollen wir ein Bewusstsein für »gute Sicherheit« schaffen. Ziel muss es sein, dass jeder von selbst Sicherheit als gut empfindet. Die Mitarbeiter sollten beispielsweise in der ersten Kampagne über die neue Sicherheitsleitlinie informiert werden. Sie sollen durch unsere Kampagnen Sicherheit als wichtiges Thema erkennen und sich freiwillig und gerne damit beschäftigen. Das Thema Sicherheit sollte auch emotional verinnerlicht werden; wir wollten, dass die Mitarbeiter sich mit ihrem sicheren Unternehmen identifizieren. Sie sollten ein persönliches Sicherheitsbewusstsein in der Arbeit entwickeln, die Risiken im täglichen Job kennen und wissen, worin ihr individueller Beitrag zu mehr Sicherheit besteht. Außerdem sollten bestimmte Handlungsformen, die der Kontrolle und Sicherheit dienen, als »gute« Gewohnheiten angenommen werden und so einen hohen Sicherheitsstandard etablieren. Schließlich sollte die tägliche Auseinandersetzung mit dem Thema Sicherheit selbstverständliche Kommunikationskultur werden.

Dr. von Waldthausen: Auf einen kurzen Nenner gebracht: Wir wollen erstens ein breites Verständnis für das Thema schaffen und die Bedeutung von Sicherheit adäquat kommunizieren und zweitens Regeln so implementieren, dass diese bei den Mitarbeitern fast schon in einen Ritus übergehen.

Sie haben mit ihrer letzten Kampagne den Sicherheitspreis des Landes Baden-Württemberg für »herausragende Projekte der betrieblichen Sicherheit« erhalten und nehmen auch sonst kein Blatt vor dem Mund, wenn es um die Außendarstellung Ihrer Awareness-Aktivitäten geht. Warum unterscheiden Sie sich hier so stark von vielen anderen Unternehmen, bei denen man das Gefühl hat, Awareness-Kampagnen werden eher unter den Tisch gekehrt, selbst dann, wenn sie erfolgreich waren?

Dr. von Waldthausen: Wir agieren in einem sensiblen Markt. Unsere Kunden sind Banken und erwarten zu Recht, dass wir Sicherheit auf einem hohen Niveau anbieten. Das hat also erstens Imagegründe, weil unsere Kampagne auch auf eine Signalwirkung bei unseren Kunden abzielt. Der zweite Grund ist, dass die Mitarbeiter hier im Unternehmen wahnsinnig stolz sind, dass wir diesen Preis gewonnen haben und mit dem Thema in den Medien erschienen sind. Und das hat noch mal einen verstärkenden Effekt in Form einer Rückkopplung. Auszeichnung und Presseveröffentlichungen heben die Kampagnen-Wirkung deutlich an, gerade auch, weil es ein testierter Weg ist, über den die Awareness zurück ins Unternehmen gebracht wird.

Bleyer: Wir haben für unsere Kampagnen mit Augenzwinkern stets auch einen spielerischer Ansatz gewählt, so dass es nicht schwer fällt, gerne über unsere Maßnahmen zu sprechen. Wir haben zudem bewusst Themen und Inhalte eingesetzt, die eher typische, weit verbreitete Risiken adressieren und jeden angehen, also nicht unbedingt spezifisch für unser Unternehmen sind.

Es fällt auf, dass Sie Kampagnen nicht auf längere Zeiträume ausdehnen, sondern nach dem Höhepunkt runterfahren und abschließen, um dann nach einer Pause eine neue Kampagne in einem anderen Stil und einer anderen Sprache einführen, die sich deutlich von dem des Vorgängers unterscheidet

Bleyer: Das ist eine mentale Sache. Wir wollten uns nicht wiederholen. Außerdem versuchen wir die aktuelle Stimmung oder aktuelle Strömungen aufzugreifen. Eine Awareness-Kampagne sollte modern sein. Es sollen Themen adressiert werden, die auch eine

Rolle im Alltag der Menschen spielen. Eine FIDUCIA Kampagne soll eben mitten im Leben stehen und Akzente und Trends setzen. Letztes Jahr haben wir im Rahmen unserer Mini-Kampagne »Sicherheit für Ungeduldige« Richtlinien auf fünf Kernaussagen verkürzt und in plakative Bilder übersetzt. Die schmückten dann die Verpackung von zwei Dominosteinen und wurden in der Kantine verteilt. Das ist auch sehr gut angekommen. Für die nächste Kampagne diskutieren wir aktuell das Thema »Sicherheit von Bankdaten«, gerade auch, weil wir aus der allgemeinen Diskussion viele Fälle kennen, in denen Kundendaten in der Öffentlichkeit aufgetaucht sind und wir als FIDUCIA gegenüber unseren Kunden aus der Finanzbranche eine hohe Verantwortung tragen. Die aus den Medien bekannten Vorfälle entstehen möglicherweise deshalb, weil Profis, die ständig mit sensiblen Daten umgehen, manchmal das Bewusstsein für deren Brisanz verlieren. Dieses Bewusstsein zu schärfen, ist auch eine Aufgabe einer Awareness-Kampagne.

Dr. von Waldthausen: Gerade in punkto Kommunikationskanal soll die jeweils aktuelle Kampagne in die Zeit passen. Bei der zweiten Kampagne haben wir z.B. zahlreiche Aspekt des viralen Marketings integriert. Thematisch geht es ja stets um das Thema Sicherheit, aber immer wieder um andere Aspekte. Über diesen inhaltlichen Kontext stellen die Mitarbeiter auch die Verbindung zwischen den Kampagnen her, auch dann, wenn die Brands unterschiedlich daher kommen.

Bleyer: Der Aspekt »Sicherheit, die mitten im Leben steht« fordert aber auch den Blick über die Grenzen des Unternehmens ins Private und möglicherweise auch über den Tellerrand der Informationssicherheit hinaus auf die soziale Unsicherheit vieler Menschen oder etwa auf das Dilemma, in denen sich viele Banken befinden und mit ihnen ihre Kunden.

Dr. von Waldthausen: Das ist richtig und auch wichtig. Natürlich hat das Thema Security eine Implikation ins Private, der wir gerecht werden wollen. Allein durch Heimarbeitsplätze oder die Mobilität des Vertriebs ist bei vielen Mitarbeitern eine Trennung von Arbeit und Privatem kaum mehr möglich. Und natürlich sehen die Mitarbeiter, dass ihnen das Know-how der Kampagne auch im privaten Umgang mit Security hilft.

Nutzen Sie eigentlich auch klassische, rein didaktischen Formen der Vermittlung?

Bleyer: Haben Sie schon mal Sicherheitsschulungen über sich ergehen lassen müssen? Entweder Sie arbeiten mit Angst und Schrecken. Das ist dann zwar oft sehr beeindruckend für die Mitarbeiter. Damit kann man die Menschen vielleicht auch wachrütteln, nicht aber zu einer Verhaltensänderung bewegen, denn aus einem Schockerlebnis heraus wird man das Erlebte kaum in ein praktisches Handeln überführen. Oder aber Sie organisieren klassische Schulungen. Diese sitzen die Mitarbeiter in der Regel nur ab und lästern gemeinsam mit den Kollegen. Auch das führt nicht zu Nachhaltigkeit. Und haben Sie schon mal ein WBT freiwillig bis zum Ende durchgearbeitet? Die meisten WBT sind blass und wenig emotional. Wenn ein Training nicht ein Mindestmaß an Unterhaltung a la »Die Sendung mit der Maus« anbietet, motiviert es niemanden, so etwas bis zum Schluss durchzuziehen. Die Frage ist: Wie kann man also einen Anreiz schaffen und die Mitarbeiter aktivieren? Antwort: Sie müssen auf Spaß setzen, das Thema emotional und damit positiv besetzen. Dazu brauchen Sie unbedingt jemanden, der sich mit all diesen Anforderungen professionell auseinandersetzt, also einen Kommunikationsexperten.

Haben Sie im Rahmen Ihrer Kampagnen Erfolgsmessungen durchgeführt?

Dr. von Waldthausen: Wir haben bei unseren Mitarbeitern den so genanten Awareness Index freiwillig messen lassen und hatten mit 45% eine relativ hohe Beteiligung. Und es hat viel genützt. Im Vergleich zu anderen Unternehmen stehen wir offenbar sehr gut da. Und wir haben gemerkt, dass diejenigen, die ein schlechtes Sicherheitsbewusstsein haben, auch unsere Regularien schlecht kennen. Umgekehrt kennen die, die über ein hohes Bewusstsein verfügen, unsere Regeln sehr gut.

Bleyer: Der Erfolg macht sich aber auch ganz praktisch bemerkbar. Es gab im Nachgang zu unserer ersten Kampagne einen Fall, bei dem ein Fremder ins Haus wollte, wahrscheinlich, weil er Laptops klauen wollte. Die Person wurde von Mitarbeitern konsequent zum Eingang zurück begleitet. Ich weiß nicht, ob das ohne Kampagne auch so glatt abgelaufen wäre.

Auch Ihre zweite Kampagne war ja offenbar sehr erfolgreich – nicht zuletzt sichtbar über die erwähnte Auszeichnung. Welche Medien und Kanäle haben Sie hier genutzt?

Bleyer: Bei der zweiten Kampagne haben alle aus unserem Führungskreis-Gremium , das sind der Vorstand und die Führungskräfte der 2. Ebene, ein Starterpaket bekommen, das mit einer Präsentation, Beispielplakaten, einer Broschüre und einem Lanyard konfektioniert war.

Dr. von Waldthausen: Daran hing der so genannte »Securitypass«. Den haben wir nachts über die Monitore aller Mitarbeiter hängen lassen.

Bleyer: Zu Beginn der Kampagne haben wie vier Plakate (s. Abb. 118-121) zu unseren vier Hauptthemen ausgehängt. Dann haben wir sehr witzige Filme á la Stromberg aus Gründen der Authentizität-Sicherung mit einem unserer Mitarbeiter in der Hauptrolle produziert (s. S. 220) und über drei Multiplikatoren, die den Film wie bei einem Schneeballsystem weitergegeben haben, ins Unternehmen gestreut. Später haben wir die Filme auch im Intranet zum Download zur Verfügung gestellt. Höhepunkt war ein Intranet-Security-Quiz, mit täglich neuen Fragen. Die Beteiligung lag bei nahezu 50%. Und wir hatten einen enormen Anstieg der Zugriffe auf unser Intranet mit bis zu 1.000 %. Die besten Mitarbeiter wurden dann FIDUCIA Security-Champ. Es gab Wochenbeste und Gesamtsieger, die während einer After-Work-Party ausgezeichnet wurden.

Dr. von Waldthausen: Wir haben damit alle möglichen Kontaktpunkte in unserem Unternehmen integriert und durch das Branding und die durchgängig freundlich-humorige Art einen hohen Wiedererkennungswert generiert.

Sind die Awareness-Kampagnen mit weiteren internen Kommunikationskampagnen verzahnt worden bzw. hat man hieraus für andere Maßnahmen gelernt?

Dr. von Waldthausen: Die Mitarbeiter fühlen häufig eine Informationsüberlastung. Wir haben daher unsere Kanäle exakt definiert und auch, welche Inhalte darüber transportiert werden. Natürlich wurden immer mal wieder noch unbesetzte Instrumente wie Podcasts neu bei uns eingeführt. Die Frage ist: Über welchen Kanal takte ich wann welche Informationen? Wir haben z.B. übers Intranet mit regelmäßigen News auf die Awareness-Kampagne bzw. unser Security-Portal aufmerksam gemacht und in der Mitarbeiter-Zeitung das Casting des Mitarbeiters, der für die Kampagne als Testimonial eingesetzt wird, sehr blumig beschrieben. So nutzen wir alle Kanäle in der für sie vorgesehenen Art und Weise. Bei unserer Messung haben wir auch abgefragt, was gut und was weniger gut ankam. Die Ergebnisse werden wir im Rahmen der nächsten Kampagne nutzen.

Sie haben After Work Parties organisiert, die Mitarbeiter in Kontent-Erstellung einbezogen oder Castings bzw. ein »Making of« breit dargestellt, d.h. Kontakte und Prozesse wirken vor diesem Hintergrund wichtiger als die primären Awareness-Medien wie etwas die Plakate oder die Videos selbst?

Dr. von Waldthausen: Ja, der Kontakt und die Prozesse waren ganz wichtig. Die muss man aber auch zeitlich gut takten, und hierfür sollten Medien und Kanäle gut ineinander greifen. Der Mitarbeiter aus unserem »Making of …«, der zum Testimonial der letzten Kampagne aufgebaut wurde, wird auch heute noch mit der Security verknüpft, obwohl er gar nicht zur Abteilung gehört.

Herr Bleyer, was hat sich durch die Awareness-Kampagne für Sie oder Ihre Abteilung verändert?

Bleyer: Wir sind jetzt auch zunehmend stärker in die Prozesse bei den verschiedenen verwandten Abteilungen eingebunden. Immer dann wenn jemand, z.B. aus der Anwendungsentwicklung oder Systemtechnik etwas Ungewöhnliches, Neues machen möchte, fragt er: »Wie habt ihr das denn gemacht?« Im Moment merken wir schon, dass wir durch die Erfolge der Kampagnen fast schon unter dem Erfolgsdruck abzusaufen drohen. Dennoch macht es einen zufrieden, wenn man auch das Image der Security so nachhaltig verbessern konnte.

Mit welchen Ressourcen haben Sie Ihre Kampagnen realisiert?

Dr. von Waldthausen: Keine unserer Kampagnen kommt auf eine sechsstellige Summe. Intern haben wir sowohl in der Zentralen Security als auch in der Kommunikation für die Kampagne jeweils einen Mitarbeiter abgestellt. Die externe Kommunikationsexpertise lieferte die Agentur DauthKaun aus Karlsruhe, die auch im Rahmen anderer Kommunikationsprojekte für FIDUCIA tätig ist. Die Verzahnung aller Expertisen ist auch einer der größten Erfolgsfaktoren: das fachliche Know-how von Herrn Bleyer, der das Thema mit sehr viel Verve ins Unternehmen transportiert, flankiert durch die Integration unserer Kommunikationsexperten.

Was ist darüber hinaus wichtig im Rahmen von Awareness-Kampagnen? Haben Sie am Ende noch einen Tipp?

Bleyer: Man muss andere Dinge liegen lassen können zugunsten der Kampagne. Denn wenn jemand aufgrund der Maßnahmen Kontakt mit uns aufnimmt, soll er idealerweise innerhalb weniger Minuten bedient werden und eine Antwort bekommen.

Dr. von Waldthausen: Wichtig ist, alle Interessensgruppen frühzeitig einzubinden – sowohl die Führungskräfte als auch den Betriebsrat – und finanzielle als auch personelle Ressourcen bereitzustellen. Die Kampagne sollte von der Vorbereitung bis zu Nachbereitung durchgeplant sein – und zwar integrativ über alle Kommunikationsmedien. Allerdings müssen Sie wie immer im Leben auf alle möglichen Überraschungen gefasst sein. Nicht nur in diesem Zusammenhang ist es wichtig, dass sich alle Sicherheitsbereiche im Unternehmen miteinander verzahnen und sich Verbündete suchen sollten.

Bleyer: Außerdem sollte man wissen, was man transportieren möchte. Und die Botschaften an die Mitarbeiter sollten so einfach wie möglich sein, denn weniger ist mehr.

Das Interview führte Dietmar Pokoyski am 19. Januar 2009 in Karlsruhe.

Die Awareness Maßnahmen im Überblick:

»IT – Aber sicher!«

»SECURITY CUP 2007«

- Unternehmen: FIDUCIA IT AG
- Laufzeiten: 2002 bzw. 2007
- Abbildung: S. 134, 218-220

8.14 Konrad Zerr: »Positive Einstellung mündet in sicherheitskonformes Verhalten«

Konrad Zerr ist seit 1996 Professor für Marketing sowie für Markt- und Kommunikationsforschung an der Hochschule Pforzheim und Leiter des Steinbeis-Beratungszentrums Marketing – Intelligence – Consulting. Seit einigen Jahren beschäftigt er sich u.a. mit der quantitativen Evaluation von Security Awareness in Unternehmen.

Herr Zerr, wenn Sie Security Awareness definieren müssten – wie würde Ihre Definition lauten?

Positive Einstellung der Mitarbeiter innerhalb des Unternehmens gegenüber Sicherheitsthemen und -regelungen, die in einer erhöhten Sensibilität gegenüber Sicherheitsrisiken und in einem sicherheitskonformen Verhalten mündet. Die Ausbildung des individuellen Sicherheitsbewusstseins von Mitarbeiterinnen und Mitarbeitern unterliegt dabei einer Vielzahl von Einflussfaktoren: Von außen auf den Mitarbeiter einwirkende Faktoren sind bspw. Unternehmensphilosophie und Führungskultur, die wahrgenommene Management Attention des Themas, die »gefühlte« Eigenverantwortlichkeit des Mitarbeiters sowie der wahrgenommene Einfluss von Sicherheitsregeln auf die Aufgabenbewältigung. Außerdem spielen auch das soziale und mediale Umfeld und ggf. durchgeführte Kommunikationsmaßnahmen eine wichtige Rolle bei der Formung des Sicherheitsbewusstseins. Last but not least spielen persönliche Wertvorstellungen, die Arbeitsplatzzufrieden-

8.14 • Konrad Zerr: »Positive Einstellung mündet in sicherheitskonformes Verhalten«

heit und die gefühlte Anerkennung der eigenen Arbeitsleistung eine Rolle. Letzteres zeigt besonders die Notwendigkeit einer interdisziplinären Herangehensweise an das Thema.

Wie sind Sie zum Thema Security Awareness gekommen und welche Rolle spielt Security Awareness heute in Ihrem Arbeitsalltag?

Über ein Forschungssemester, bei dem es darum ging, die Übertragbarkeit von Modellen zur Messung des Werbeerfolgs auf interne Kampagnen zu überprüfen. Bei der zu überprüfenden Kampagne handelte es sich zufällig um eine Security-Awareness Kampagne. Aus dem Forschungsprojekt heraus hat sich eine Eigendynamik entwickelt. Das konzipierte Modell stieß auf großes Interesse seitens der Praxis. Es wurde kontinuierlich erweitert. Heute geht es nicht mehr nur um die Messung des Kampagnenerfolgs sondern grundsätzlich um die Messung des Sicherheitsbewusstseins der Mitarbeiter und -innen eines Unternehmens.

FIDUCIA und EnBW haben sich in den Interviews auf Ihre Messungen bezogen. Wie sind Sie da vorgegangen? Wie war das Evaluationssetting? Was wurde gefragt? Wie sind Sie zu den Fragen gekommen?

Zunächst zum grundsätzlichen Vorgehen bei Projekten: Ausgangspunkt ist immer eine ausführliche Bestandsanalyse. Zu untersuchen sind dabei: Implementierte Security Awareness-Maßnahmen, Organisationsstruktur, vorhandene Sicherheitsregelungen, last but not least Sicherheitskultur. Dann wird die grundsätzliche Zielsetzung der Security-Policy und der durchzuführenden Messung des Sicherheitsbewusstseins festgelegt. Im nächsten Schritt wird auf dieser Grundlage ein Erhebungskonzept entwickelt. Dieses definiert die zu beantwortenden zentralen Fragen, die zu betrachtenden Organisationseinheiten und die einzusetzenden Erhebungsinstrumente. Das Erhebungskonzept wird ggf. im Rahmen von Expertengesprächen validiert und geht danach in die operative Umsetzung. Am Ende stehen die Auswertung und Interpretation der gewonneenn Einsichten und die Ableitung von Handlungsempfehlungen. Ein zentraler Bestandteil des Erhebungskonzepts ist meist ein teilstandardisierter Fragebogen, der neben offenen Antwortmöglichkeiten auch die Ableitung standardisierter Kennziffern (SAI) in einer unternehmensrepräsentativen Weise ermöglicht. Dieser besteht aus teils standardisierten, teils kundenindividuell entwickelten Fragestellungen. Die standardisierten Fragen sind deduktiv, d.h. theoriegeleitet entwickelt und im Rahmen mehrerer Praxis-Projekte auf ihre Reliabilität hin überprüft. Die individuellen Fragen werden spezifisch und kontextbezogen mittels Expertengesprächen entwickelt.

Zu welchen Ergebnissen kamen Ihre Untersuchungen? Wie wurden die Ergebnisse weiter genutzt?

Die Ergebnisse sind vielfältig und hängen auch von den kundenindividuellen Umsetzungen ab. Generell können jedoch z.B. bereichs- oder abteilungsbezogene Unterschiede im Sicherheitsbewusstsein identifiziert werden. Dies hilft bei einer zielgerichteten Planung von Awareness-Maßnahmen. Darüber hinaus ergeben sich auch Hinweise für die thematische Schwerpunktsetzung durchzuführender Security Awareness-Maßnahmen. Grundsätzlich ist im Rahmen eines Benchmarkansatzes auch ein brancheninterner oder branchenübergreifender Vergleich des vorherrschenden Niveaus an Sicherheitsbewusstsein zu anderen Unternehmen möglich. Im Falle von wiederholten Messungen können Veränderungen im Sicherheitsbewusstsein identifiziert und so die Wirksamkeit zwischenzeitlich durchgeführter Maßnahmen beurteilt werden. Letztlich helfen die Ergebnisse bei der modellhaften Ermittlung eines »ROI« von Security Awareness-Maßnahmen. Dabei ist der Begriff »ROI« in einem übertragenen und nicht streng betriebswirtschaftlichen Sinn zu verstehen: Als »Return« können typische Zielgrößen des Sicherheitsmanagements betrachtet werden, wie z.B. die Steigerung des Sicherheitsbewusstseins der Mitarbeiterinnen und Mitarbeiter oder die Reduzierung von Risikopotenzialen.

Welchen Wert messen Sie derart gewonnenen Kennziffern bei?
Kennziffern können als »Intelligenzverstärker« helfen, die Maßnahmen und Prozesse des Sicherheitsmanagements zielorientierter zu steuern. Sie helfen, bei einer Objektivierung der Diskussion, welche Maßnahmen in welcher Weise sinnvoll oder weniger sinnvoll sind und liefern konzeptionelle Anstöße. Insofern helfen sie auch bei einer Optimierung der Budgeteffizienz. Sie sind aber kein »Intelligenzersatz«! Blinde Zahlengläubigkeit ist nicht angebracht. Die Verantwortung für kreative, effiziente und zielgerichtete Entscheidungen verbleibt beim Sicherheitsmanagement.

Wie erleben Sie das Verhältnis quantitativer Methoden und qualitative Ansätze? Welchen Benefit erbringt jeder dieser Ansätze? Wie lassen sich diese beiden Herangehensweisen gewinnbringend miteinander verknüpfen?
Qualitative und quantitative Modelle ergänzen sich im Forschungsprozess hervorragend. Ganz im Sinne des EDEKA-Modells: Explorativ-Deskriptiv-Kausale Forschung. Für »warum, weshalb, wieso-Fragen« tendenziell qualitativ, für »wie viel, wie oft, wie häufig-Fragen« tendenziell quantitative und für »wenn-dann-Fragen« kausale Forschung. Auf das Sicherheitsmanagement übertragen bedeutet dies z.B., dass explorativ-qualitative Ansätze insbesondere dazu geeignet sind, mögliche Motive und Motivtypen sowie Ursachen regelverletzenden Verhaltens zu identifizieren. Außerdem können sie bei der Entwicklung kreativer Maßnahmenideen für Awareness-Kampagnen unterstützen. Deskriptiv-quantitative Ansätze helfen dann z.B. bei der quantitativen Bestimmung unterschiedlicher »Motivtypen« (z.B. %-Anteil sicherheitsbewusster und weniger sicherheitsbewusster Mitarbeiter) innerhalb eines Unternehmens. Sie helfen, die Relevanz für potentielle Kampagnen festzustellen, Maßnahmenpriorisierungen vorzunehmen und interne Zielgruppen sowie Kommunikationskanäle festzulegen. Zudem liefern sie quantitative Kennziffern zur Prozesssteuerung. Kausale Untersuchungen dienen schließlich dazu, die Wirksamkeit von Maßnahmen des Sicherheitsmanagements entweder bereits im Vorfeld (»Pretests«) oder aber auch im Nachhinein zu überprüfen.

Erklären Sie uns Ihre Aussage, dass man auch quantitativ »bildhaft« arbeiten kann.
Die »qualitativ-kreative Kraft« quantitativer Forschung wird oft maßlos unterschätzt; meist aus Unkenntnis über die analytischen Möglichkeiten moderner statistischer Methoden. Data-Mining-Modelle zeigen z.B., wie aus quantitativen Daten valide, tiefgehende Einsich-

ten über menschliches Verhalten und dahinter liegende Persönlichkeiten gewonnen werden können. Es entsteht ein oft verblüffend realitätsnahes »Persönlichkeitsbild«. Offene Fragestellungen in repräsentativen Studien, die Integration normierter bildhafter Darstellungen, bei Online-Forschung z.B. kombiniert mit Reaktionszeitmessungen, ermöglichen auch Einsichten in implizite Vorgänge der Bewusstseinsbildung bei den Befragten.

Wenn Sie Unternehmen, die eine Security Awareness-Kampagne planen, einige wenige kurze Tipps geben wollen, z.B. bzgl. möglicher Erfolgsfaktoren, wie würden diese Ratschläge lauten?

Unterstützung der Unternehmensführung sichern. Klare Definition der Ziele, Themen und internen Zielgruppen. Zur Unternehmenskultur passende Medien- und Maßnahmenmix einsetzen. Dialog fördern, persönliche Betroffenheit bei den Mitarbeitern schaffen, Konsequenzen aufzeigen.

Das Interview führte Michael Helisch auf Basis eines Fragebogens sowie über eine Vertiefung qua Telefon am 23.03.2009

8.15 Red Rabbit Werbeagentur: »Awareness bedeutet Aufmerksamkeit«

Jochen Matzer ist geschäftsführender Gesellschafter der Red Rabbit Werbeagentur GmbH aus Hamburg, der offiziellen Newcomer-Agentur des Jahres 2004. Vom Hamburger Kiez aus eroberte Red Rabbit u.a. Kunden wie BMW, Hamburg-Mannheimer, Schweppes, OTTO oder fritz-kola. Die Macher haben bis heute über 300 nationale und internationale Preise gewonnen. Für Dunkelziffer e.V. produzierte die Agentur 2008 eine Awareness-Kampagne u.a. mit dem Spot »Tentacles«, der mit einem Löwen in Cannes ausgezeichnet wurde.

Herr Matzer, wir wollen auch einmal über den Tellerrand der Security Awareness hinausblicken und Sie als Werber fragen: Was verstehen Sie eigentlich unter »Awareness«?

Awareness bedeutet in unserer Branche nichts anderes als Aufmerksamkeit. Eine solche Aufmerksamkeit kann ich auf unterschiedliche Art und Weise erzielen. In der Kommunikation habe ich grundsätzlich die Möglichkeit, den Kanal, also die Auswahl der Medien, Form und Inhalt zu bestimmen. D.h. wenn ich z.B. mit einer Botschaft unterwegs bin, die im Kanal ungewöhnlich ist, habe ich allein hierdurch die große Chance, Aufmerksamkeit zu erhalten. Nehmen Sie das Beispiel Virgin Airlines. Die haben für Ihre First Class in den USA und in Großbritannien hauptsächlich auf Pornokanälen in Hotels geworben. Ganz einfach, weil deren Marketing von der Annahme ausgegangen ist, dass sich die Geschäftsleute, die hauptsächlich First Class fliegen, abends in Hotels sitzen und sich langweilen. Dann plündern sie die Minibar und schauen Pornos. Dann hat die Linie kleine Softpornos – nichts hartes – produziert, die immer in der First Class von Virgin Airlines gespielt haben. Infolge der Spots sind die Buchungs-Zahlen in der Tat nach oben gegangen. Ein solcher kalkulierte Regelbruch, in dem die Sehgewohnheiten bewusst gebrochen werden, bezieht ihre Vorbilder u.a. aus der bekannten Benneton-Kampagne, die für eine Modemarke sehr ungewöhnlich war. Auch die Agentur Springer & Jacoby hat solche Brüche immer wieder eingesetzt, z.B. als durch Kulmbacher erstmals werbefreie Spielfilme – im Privatfernsehen gesponsert wurde.

Wie gelingt eine solche Aufmerksamkeit am besten?

Die Aufmerksamkeit gelingt, weil der Verbraucher in punkto Werbung eher die Stereotypen abspeichert und durch den Regelbruch ein Störer eingebaut ist, mit dem die erste Hürde – nämlich gesehen zu werden – übersprungen wird. In unterschiedlichen Medien hat man natürlich unterschiedliche Möglichkeiten. Bei unserer Kampagne für Dunkelziffer e.V. arbeiteten wir ähnlich. Auch in dem Video »Tentacles« (s. http://www.youtube.com/watch?v=pwZET_O2m5s), das die lebenslange Präsenz des Missbrauchs für die Opfer verdeutlicht, geht es um einen Regelbruch. Wir haben eine Metapher gefunden, die den bloßen Schreck über das Vorstellbare symbolisiert. Eigentlich will man als Betrachter mit dem unangenehmen Thema Missbrauch nichts zu tun haben. Mit einer Spende erkauft man sich am Ende ja auch eine gewisse Distanz. Die große Aufgabe ist es, den Selbstschutzmechanismus zu durchbrechen, damit ein solcher Film von immerhin mehr als einhundert Sekunden nicht nur einfach durchrauscht.

Sie bedienen als Werber die Intention des Kaufanreizes oder wollen z.B. über Ihre Awareness-Kampagne für Dunkelziffer e.V. Menschen zum Spenden animieren. Security Awareness aber zielt auch auf eine Verhaltensänderung der Zielgruppe ab. Wie erreiche ich diese?

Hierzu fallen mir die Kampagnen des Deutschen Verkehrssicherheitsrat e.V. (DVR) ein, in denen man immer versucht, den Autofahrern zu erklären, wie man sich im Straßenverkehr benimmt, ohne sich und die anderen zu gefährden. Das hat man in der Vergangenheit oft über eher sympathische Ansätze, z.B. auch Comics, versucht. Die neuen Visuals, die so aussehen wie Todesanzeigen, finde ich persönlich besser. Ich weiß nicht, ob die auch bei der Zielgruppe nachweisbar besser funktionieren. Aber es wird dem Betrachter sehr drastisch vor Augen geführt, was passiert, wenn er sein potenziell »schlechteres« Verhalten nicht verändert. Man könnte das auch anders machen, indem man die Situation einfach umdreht und eine positive heile Welt darstellt, z.B. eine Bilderbuchfamilie, die man ja z.B. durch einen Unfall verlieren könnte. Etwa nach dem Motto: »Wenn du weiter mit dem Bleifuss fährst, gefährdest du aber auch deine Idylle.« Ein solcher liebevoller Appell funktioniert aber eben nicht so gut wie der dargestellte Worst Case. Auch hier gilt natürlich: Medium plus Inhalt gleich Botschaft. Wenn ich mit 180 km/h an den DVR-Awareness-Plakaten vorbeifahre, muss ich die Chance haben, die Botschaft direkt zu erfassen. Gerade in einer immer stärker individualisierten Gesellschaft ist das Verhalten, sich an gemeinsame Regeln zu halten, tendenziell aufgebrochen. In diesem Umfeld werde ich darüber hinaus auch permanent mit Botschaften penetriert, so dass sich die Neigung durchsetzt, möglichst viele Werbebotschaften zu filtern bzw. abzuwehren. Diese harte Nuss, das Durchdringen der vom Menschen intendierten Abschaltung, gilt es über Awareness-Kampagnen zu knacken.

Das Telefon-Interview führte Dietmar Pokoyski am 15. Januar 2009.

9 Fazit und Erfolgsfaktoren für Security Awareness

Michael Helisch und Dietmar Pokoyski

Mit zunehmendem Interesse, das dem Thema Awareness im Verlauf der jüngsten Zeit zugekommen ist, hat sich auch die Bandbreite der Methoden und Tools sowie der als relevant diskutierten Erfolgsfaktoren deutlich erhöht.

Was als relevant ins Feld geführt wird, hängt allerdings vielfach auch vom jeweiligen Background des Senders ab. Es darf vermutet werden, dass ein Produktanbieter sein eigenes Produkt, ein Berater seinen Beratungsansatz als unabdingbar für erfolgreiche Sensibilisierung erachtet, was durchaus legitim ist, zumal die Wege nach Rom auch beim Thema Awareness vielfältig und zum Teil auch recht verschlungen sind. Je nach Anbieter erhalten Sie Security Awareness-Maßnahmen als Schule, Trainingslager, E-Learning-Tool, als warehouse mit Video-, Comic-, Giveaway- oder Spielabteilung, als Prozessbegleitung oder als Mix von allem in Form von integrierten Kommunikationskampagnen bzw. Change-Prozessen.

9.1 Fazit SECURITY AWARENESS NEXT GENERATION

Wer in Sachen Security Awareness auf die einzig richtige, im Sinne von universell einsetzbare Vorgehensweise gehofft hat, den müssen wir leider enttäuschen. Derjenige, der Security Awareness-Maßnahmen als Kampagne mit mehr oder weniger verbundenen Einzelmodulen plant und umsetzt, sollte durch dieses Buch vielmehr einen angemessenen Eindruck von den grundsätzlichen methodischen Herangehensweisen sowie dem zugehörigen Maßnahmenfächer erhalten haben. Damit wäre schon einiges erreicht.

Da Awareness nicht nach dem Gießkannenprinzip funktioniert, steht jeder Awareness-Protagonist vielmehr vor der Herausforderung, die in den einschlägigen Fachkreisen diskutieren Ansätze zu analysieren, sich eine Meinung dazu zu bilden und sie letztendlich an die Anforderungen des eigenen Unternehmens und der individuellen Bedürfnisse der Mitarbeiter anzupassen – verbunden mit der entscheidenden Frage: Was funktioniert in unserem Unternehmen bzw. was funktioniert in unserem Unternehmen nicht?

Eine derartige Passung will reiflich durchdacht sein. Genau hier liegen aber auch die Risiken. Denn allzu leicht verfährt man sich – ob aus reiner Bequemlichkeit, aufgrund mangelnder Priorisierung von Awareness oder aufgrund unbewusster, GEHEIMER Faktoren – in einer Einbahnstraße eingefahrener Denkweisen.

Die ideale Lösung zu finden, macht es zumindest im ersten Schritt erforderlich, einen möglichst unbefangenen Blick auf sämtliche zur Verfügung stehenden Methoden zu werfen. Der Blick über den Tellerrand hat das Potenzial neue, bisher unbeachtete Möglichkeiten zu erkennen, und ist einer der wesentlichen, wenn nicht der größte Erfolgsfaktor für Awareness.

Um bei den wenigen grundsätzlichen Erfolgsfaktoren zu bleiben – wichtig ist die Erkenntnis, dass Security Awareness in den seltensten Fällen nur eine abgekapselte Sicherheitsaufgabe darstellt. Awareness bzw. Compliance sind lediglich zwei von vielen Aspekten im Gesamtsystem Unternehmen. Somit geht Awareness mit der Frage einher: In welchen Unternehmenskontext ist sicherheitsrelevantes Verhalten der Mitarbeiter tagtäglich eingebunden? Was lässt die Mitarbeiter so verhalten, wie sie sich nun mal verhalten? Das wiederum schließt den Kreis zur inhaltlichen Struktur dieses Buches.

Last but not least sollen an dieser Stelle zwei Eigenschaften genannt werden, die für die Umsetzung von Awareness unabdingbar sind: Ausdauer und Konsequenz. Awareness ist keine bloße Aneinanderreihung von Einzelaktionen, sondern ein langfristiger Prozess, mitunter auch ein langfristiger Prozess der Unternehmensentwicklung mit offenem Ausgang.

Bevor wir nun am Ende dieses Buchs auf wesentliche Erfolgsfaktoren für Awareness eingehen, möchten wir auf eine andere, sehr umfangreiche Zusammenstellung dieser Faktoren hinweisen. Diese ist in der vom European Network and Infomation Security Agency (enisa) in 2008 herausgegebenen Veröffentlichung »The new users' guide: How to raise information security Awareness« zu finden. Die Publikation enthält zudem zahlreiche Anleitungen und Hilfsmittel für die praktische Awareness-Arbeit.

Unsere eigene Sichtweise der Erfolgsfaktoren für Awareness und Compliance möchten wir weniger als Vorgaben, sondern vielmehr als Denkanstöße verstanden wissen. Aus diesem Grund sind sie in der folgenden Liste häufig auch als Fragen formuliert.

9.2 Die 10 Erfolgsfaktoren für SECURITY AWARENESS NEXT GENERATION

1. **Strategie: Inwieweit wird Sicherheit als ein Teil der Führungsaufgabe des Managements verstanden? Definieren Sie vor jeder Kampagnenplanung …**
   - Ihre genauen Ziele und …
   - die Dauer der Maßnahmen vor dem Hintergrund der Machbarkeit, bezogen auf …
     - personelle und wirtschaftliche Ressourcen,
     - auf interne wie externe Unterstützung.
   - Unterscheiden Sie zwischen den …
     - persönlich geleiteten Interessen und
     - den kurz- wie langfristigen Interessen von Abteilung und Unternehmen.
   - Seien Sie sich des Risikofaktors »Mitarbeiter« im Zusammenspiel mit anderen Risiken hinsichtlich einer Gesamtbetrachtung bewusst.
   - Die Analyse Ihrer Unternehmens-/Sicherheitskultur hilft Ihnen, die richtigen Dinge frühzeitig anzugehen. Eine fundierte Evaluation der Ausgangslage minimiert den nachfolgenden Prozess-Aufwand.

- Gleichen Sie Ihre Strategie und deren Machbarkeit mit den Ergebnissen und Empfehlungen Ihrer Analyse ab.
- Erstellen Sie integrierte, in sich geschlossene und widerspruchfreie Kommunikationskonzepte, wenn nötig auch mithilfe externer Experten.

2. **Unternehmenskultur, -werte, Loyalität und Einzigartigkeit: Berücksichtigen Sie bei Planung und Durchführung die Grundzüge Ihrer Unternehmens- und Sicherheitskultur.**
   - Wird Sicherheit als ein wichtiges Thema im Unternehmen wahrgenommen?
   - Welches Image hat/haben der/die Sicherheitsverantwortliche(-n) im Unternehmen?
   - In welchem Maße sucht der/die Sicherheitsverantwortliche(-n) die persönliche, direkte Kommunikation mit den Mitarbeitern?
   - Berücksichtigen Sie hierbei auch Faktoren wie verdeckt vorhandene Phänomene sowie, im internationalen Kontext, Kulturkreis-bedingte Unterschiede der verschiedenen Lokationen Ihres Unternehmens.
   - Verankern Sie, wenn noch nicht geschehen, Sicherheit als einen Teil Ihrer Corporate Identity.
   - Verzahnen Sie Ihre Interessen mit denen der Corporate Identity und nutzen Sie Leitbild-Komunikation, Kulturdiskurse u.a. interne Kampagnen für Ihre Zwecke, ohne sich gegenseitig zu kannibalisieren.
   - »Ich schütze was mir wichtig ist« – Mitarbeiter-Zufriedenheit und Loyalität beeinflussen direkt die Fähigkeit Ihres Unternehmens, Informationen wirksam zu schützen. Eine Sinn-Richtung jenseits bloßer Erwerbsarbeit ist hierfür ein Muss!

3. **Interne Kooperationen: Holen Sie sich Unterstützer aus Ihrem Unternehmen ins Boot.**
   - Awareness für Awareness schaffen: Ohne Einbeziehung des gesamten Managements – d.h. neben dem Top-Management auch des mittleren und unteren Managements – läuft gar nichts.
   - Kommunizieren Sie dem Management seine generelle Vorbildfunktion für das Verhalten der Mitarbeiter. Eine wertvolle Sinn-Instanz beeinflusst nicht nur den Erfolg von Awareness, sondern jeglicher Veränderungsprozesse. Je glaubhafter das Management dies vorlebt, umso einfacher (und kostengünstiger) wird das avisierte Ziel erreicht.
   - Gewinnen Sie das Management als aktive und laufende Unterstützer, als Testimonial und als Protagonisten geplanter Medienproduktionen, z.B. als Darsteller im Rahmen von Videos o.ä.
   - Integrieren Sie frühzeitig die Expertise von Unternehmenskommunikation und Changemanagement. Profitieren Sie vor allem von den Erfahrungen anderer Abteilungen in Bezug auf sämtliche internen Kommunikationsmaßnahmen.
   - Berücksichtigen Sie die Ansprüche der Mitbestimmung (z.B. Personal-/Betriebsrat).

- Agieren Sie nicht vorbei an den Interessen von Helpdesk oder der IT-Abteilung(en).
- Awareness macht Arbeit! Mit zunehmendem Umfang und Komplexität Ihres Awareness-Vorhabens ist dieser Job kaum noch sinnvoll neben dem Tagesgeschäft zu bewältigen. Es empfiehlt sich der Einsatz eines übergeordneten professionellen Projektleiters in der Rolle des »Kümmerers«.
- Identifizieren Sie neben den bisher genannten weitere Interessensgruppen, die für Ihr Vorhaben wichtig sind, und überlegen Sie sich, wie sie diese gewinnen.

4. **Externer Support: Verstärken Sie Ihr Security-Team um Experten aus Kommunikation/Marketing, Didaktik, Changemanagement und Psychologie.**
   - Sichern Sie sich während der Maßnahmen den neutralen Blick von Außen z.B. durch Externe wie z.B. einen Coach. Diese erweitern Ihren Blick auf mögliche Barrieren u.a. kritische Entwicklungen.
   - Vernetzen Sie sich mit externen Kollegen und profitieren Sie von deren Erfahrung im Awareness-Kontext. Guter Rat ist da meinst gar nicht teuer!

5. **Richtlinien: Erledigen Sie Ihre »Hausaufgaben« und überprüfen Sie sämtliche Policies auf Anwendbarkeit im betrieblichen Tagesgeschäft, inhaltliche Redundanz und vor allem auf Verständlichkeit.**
   - Hinterfagen Sie kritisch den Bezug zum Arbeitsalltag.
   - Wo bestehen Konfliktpotenziale zwischen den Richtlinien und sonstigen (expliziten und impliziten) Verhaltensvorgaben an die Mitarbeiter?
   - Welche Maßnahmen zur Behebung dieser Konfliktpotenziale werden (von wem? bis wann?) eingeleitet?
   - Reduzieren Sie die Essenz jeder Policy auf das Notwendige – idealerweise auf wenige plakative Sätze.
   - Visualisieren Sie das Notwendige so, dass sich sämtliche Mitarbeiter angesprochen fühlen und die Inhalte verstehen.
   - Erklären Sie die Regeln mithilfe von Beispielen, die der Wirklichkeit – also Ihrem Unternehmen bzw. Ihrer Unternehmenskultur – entnommen sind.
   - Veröffentlichen Sie Policies ausschließlich über Kanäle, die von den Mitarbeitern auch in Anspruch genommen werden.
   - Publizieren Sie Kurzformen Ihrer Security-Policiy im Rahmen ihrer Kampagnenmedien – entweder als Pocket-Guide, als Comic o.ä. oder, eingedampft auf einen Satz, z.B. als Slogan im Rahmen der Kampagnen-Medien.

6. **Ansprache und Customizing: Nicht jeder Mitarbeiter braucht alles. Wenden Sie sich im Sinne niedriger Streuverluste nur an diejenigen, die ihnen »zuhören« sollen.**
   - Definieren Sie hierfür Verfassungen und/oder Zielgruppen sowie Lokationen.

- Zu welchem Anlass bzw. Zeitpunkt, mit welchen Botschaften und über welche Kanäle sind – im Sinne der Strategie – die Zielgruppen am erfolgreichsten zu erreichen?
- Der Empfänger macht die Botschaft, nicht Sie! Versetzen Sie sich in Ihre Mitarbeiter und reflektieren Sie die Botschaft aus deren Perspektive. So treffen Sie, mit dem, was sie sagen wollen, häufiger ins Schwarze.
- Inwieweit werden auch aktuelle Sicherheitsvorfälle in Rahmen der Awareness-Initiative aufgenommen und kommunikativ genutzt?
- Impact und High Involvement – der Schlüssel für eine nachhaltige Verhaltensänderung!

7. **Image, Positionierung, Security als Marke: Sicherheit muss eindeutig erkennbar, leicht zuordenbar sein und ein positives Image haben.**
   - Wie ist das Selbstbild der Security-Protagonisten?
   - Welches Image hat Sicherheit/haben die Protagonisten im Unternehmen? Welche Positionierung streben Sie an?
   - Analysieren Sie den Status Quo unter Berücksichtigung Ihrer Strategie und der herrschenden Sicherheitskultur und übersetzen Sie Ihre angestrebte Positionierung in Bilder und Geschichten.
   - Stellen Sie sicher, dass Awareness-Kommunikation ein einheitliches, widerspruchfreies visuelles Erscheinungsbild hat, das zu Ihnen, Ihrem Wirken und zur aktuellen Unternehmenskultur passt.
   - Kommunizieren Sie all' Ihre Aktivitäten konsequent mithilfe dieses Brands.

8. **Hilfsmittel: Nutzen Sie alle Methoden, Tools, Medien und Kanäle, die für die Umsetzung Ihrer Strategie wichtig werden können – bewährte wie innovative (statisch, explorativ, spielerisch, etc.)**
   - Um Aufmerksamkeit zu schaffen, kann auf Bewährtes zurückgegriffen werden. Wichtig dabei ist, das Bewährte in ungewöhnlicher Weise miteinander zu kombinieren. Je ungewöhnlicher die Kombination, desto größer der Aha-Effekt.
   - Vernachlässigen Sie auch Experimente nicht, denn das Neue wird auch Sie darin unterstützen, potenziell eingefahrene Perspektiven mit neuem Blick bewerten zu können.
   - Setzen Sie auf integrierte wie systemische Kommunikation, indem Sie die Prozesse miteinander verzahnt bzw. ganzheitlich angehen.
   - Berücksichtigen Sie auch inoffizielle Kanäle wie den Flurfunk.
   - Suchen Sie, wann immer möglich, den direkten, persönlichen Kontakt zu Ihren Kollegen bzw. Mitarbeitern – als Sicherheitsverantwortlicher sind Sie auch Vertriebsmitarbeiter in eigener Sache.

- Ermöglichen Sie ihnen ein Feedback – entweder direkt face-to-face oder über kompatible Kanäle (Social Media).
- Involvieren Sie die Mitarbeiter aktiv in einen Diskurs und schaffen Sie so Präsenz für Ihr Thema. Definieren Sie exakt, mit welchen Mitteln die Eigenverantwortung des Einzelnen für Sicherheit im Rahmen einer Awareness-Initiative im Sinne eines Empowerments gestärkt wird.

9. **Evaluation und Dokumentation: Lassen Sie Ihre Maßnahmen (laufend) evaluieren und dokumentieren Sie den kompletten Prozess sowie den erzielten Erfolg.**
   - Wo ist der Einsatz von qualitativen bzw. quantitativen Methoden zielführend und wo ergänzen sich beide Ansätze, um potenziell notwendige Strategie-Korrekturen vornehmen zu können?
   - Sprechen Sie offen und offensiv – auch nach Außen, auch mit Partnern und Multiplikatoren wie z.B. Medien – über Ihre Maßnahmen.
   - Testierte Rückkopplung: Wie gut sind wir im Vergleich zu anderen? Bestreiten Sie extern PR auf Basis Ihrer Maßnahmen-Dokumentation und nehmen Sie mit Ihrer Kampagne z.B. an Wettbewerben teil.

10. **Förderung von Alltagskultur, Emotionalität, Authentizität und positiver Einstellung:**
    - Widerspruchsfrei gelebte Alltagskultur sensibilisiert Ihre Selbstwahrnehmung und die Ihrer Mitarbeiter. Ermutigen Sie sich und Ihre Mitarbeiter, der eigenen Wahrnehmung zu vertrauen.
    - Hierzu gehört auch die Förderung der individuellen Anteile von Mitarbeitern, der Gemeinschaft und der Eigen-Verantwortung jedes einzelnen.
    - Modellieren Sie ein positives Bild für die Sicherheit.
    - Beweisen Sie aber auch den Mut, Fehler einzugestehen. Krisenkommunikation darf nicht beschönigen, sondern muss erklären.
    - Verzichten Sie also auf die Schere im Kopf. Gerade vermeintlich unbequeme Themen können Kommunikationsverstärker sein.
    - Selbst vordergründiges Scheitern lässt Sie erkennen, an welchen Stellschrauben zukünftig zu drehen ist. Dieses Potenzial sollten Sie nutzen.
    - Daher kommunizieren Sie intern offen und konsistent mögliche Konsequenzen von sicherheitskonformen Verhalten bzw. Fehlverhalten und wenden Sie dies konsequent an.

Literatur

BACKHAUS, K., BÜSCHKEN, J., VOETH, M. (1998) Internationales Marketing. Stuttgart: Schäffer-Pöschel

BALDERJAHN, I. & SCHOLDERER, J. (2007) Konsumentenverhalten und Marketing, Grundlagen für Strategien und Maßnahmen. Stuttgart: Schäffer-Pöschel

BALLIN, D. (2008) Arbeiten – Lernen – Spielen: Gedanken zum Planspielphänomen. In: DIALOGUS Magazin. www.dialogus.de/magazin/ideen/45

BARTSCHER, T. & HUBER, A. (2007) Praktische Personalwirtschaft. Wiesbaden: Gabler

BAULIG, V. (1999) Psychoanalytische Wurzeln der Gestalttherapie. In: Fuhr, R., Sreckovic, M., Gremmler-Fuhr, M. (Hrsg.) Handbuch der Gestalttherapie. Göttingen: Hogrefe

BAUMER, T. (2002) Handbuch interkulturelle Kompetenz. Zürich: Orell Fuessli

BEAVIN, J. H., JACKSON, D., WATZLAWICK, P. (2000) Menschliche Kommunikation. Formen, Störungen, Paradoxien. 10. Aufl. Bern: Huber

BERGER, W. (2008) Unternehmenskultur und Ethik. In: OSCARtrends, 1. Ausg. Köln: OFW student consulting and research

BERTELSMANN STIFTUNG (Hrsg.) (2006) Interkulturelle Kompetenz – Schlüsselkompetenz des 21. Jahrhunderts? Thesenpapier der Bertelsmann Stiftung auf Basis der Interkulturellen-Kompetenz-Modelle von Dr. Darla K. Deardorff. Gütersloh. http://www.bertelsmann-stiftung.de/bst/de/media/xcms_bst_dms_17145_17146_2.pdf

BIEBERSTEIN, I. (2006) Dienstleistungsmarketing. 4. Aufl. Ludwigshafen: Kiehl

BIZER, J., FOX, D., REIMER, H. (Hrsg.) (2008) DuD Datenschutz und Datensicherheit. Schwerpunkt Awareness, 9. Ausg. Wiesbaden: Vieweg+Teubner

BLOTHNER, D. (2003) Das geheime Drehbuch des Lebens – Kino als Spiegel der menschlichen Seele. Bergisch Gladbach: Lübbe

BÖHMER, M. & MELCHERS, C. B. (1996) Produkt-Wirkungseinheit – der Werbewirkung alltagsnäher auf der Spur. In: Zwischenschritte. 1. Ausg. Bonn: Bouvier

BOJE, D. M. (1991) Consulting and Change in the Storytelling Organisation. In: Journal of Organizational Changemanagement. Vol. 4

BOLTEN J. & EHRHARDT C. (2003) Interkulturelle Kommunikation. Sternenfels. Int. Unternehmenskommunikation. Ergebnisse einer qualitativen Befragung von Kommunikationsverantwortlichen in 20 multinationalen Großunternehmen. Claudia Mast (Hrsg.) In: Kommunikation und Analysen, 1.Ausg. Universität Hohenheim. Lehrstuhl für Kommunikationswissenschaft und Journalistik

BUBER, M. (1983) Ich und Du. Heidelberg: Schneider

BUNDESAMT FÜR SICHERHEIT IN DER INFORMATIONSTECHNIK (2007) Die Lage der IT-Sicherheit in Deutschland 2007. http://www.bsi.bund.de

Literatur

BUNDESMINISTERIUM FÜR WIRTSCHAFT UND TECHNOLOGIE (2006) Monitoring Informations- und Kommunikationswirtschaft: 9. Faktenbericht. TNS Infratest

CAPGEMINI (2007) Studie IT-Trends 2007: IT ermöglicht neue Freiheitsgrade. http://www.de.capgemini.com

CHIP-ONLINE (2008) Das Jahr der Superviren, Meldung vom 15.02.2008. www.chip.de/artikel/Malware-2008-Die-Security-Trends_30351104.html

COMPUTER ZEITUNG (10.02.1999) Der Mensch ist das Maß

DAMMER, I. & SZYMKOWIAK, F. (2008) Gruppendiskussionen in der Marktforschung. Köln: rheingold Verlag

DAVENPORT, T., PRUSAK, L. (1999) Wenn Ihr Unternehmen wüsste, was es alles weiß… das Praxishandbuch zum Wissensmanagement. 2. Aufl. Landsberg: Moderne Industrie

DELOITTE TOUCHE TOHMATSU (2007) Global Security Survey, The shifting security paradigm. http://www.deloitte.com

DEMING, W.E. (1986) Out of the Crisis. New York: McGraw-Hill

DENNING, S. (2001) The Springboard. How Storytelling Ignites Action in Knowledge-Era Organizations. Woburn: Butterworth-Heinemann

DEWITZ, A & JÜRGENS P. (2008) Zu viele Regeln im Sicherheitskonzept? Weniger ist mehr. In: DuD Datenschutz und Datensicherheit. 9. Ausg. Wiesbaden: Vieweg+Teubner

DEWITZ, SELZER, PARTNER (2009) www.dewitz-selzer-partner.de

Dorsheimer, T. (2008) bicini. www.bicini.de

DSV GRUPPE, EnBW, <KES>, KNOWN _ SENSE, NEXTSOLUTIONS, PALLAS (Hrsg.) (2006) Entsicherung am Arbeitsplatz. Die geheime Logik der IT-Security in Unternehmen. Eine tiefenpsychologische Studie. Köln: known_sense

EnBW, KNOWN _ SENSE, PALLAS, SAP, SONICWALL, STERIA MUMMERT CONSULTING, TREND MICRO (Hrsg.) (2008) Aus der Abwehr in den Beichtstuhl. Qualitative Wirkungsanalyse CISO & Co. Eine tiefenpsychologische Studie. Köln: known_sense

ENISA (Hrsg. 2006) Wege zu mehr Bewusstsein für Informationssicherheit. Heraklion. http://www.enisa.europa.eu/doc/pdf/deliverables/WGAR/guide_de.pdf

ERHARTER, W. (2008) iloops. www.iloops.net

ESCH, F.-R. (1999) Wirkung integrierter Kommunikation – ein verhaltenswissenschaftlicher Ansatz für die Werbung. 2. Aufl. Wiesbaden: Gabler

FOX, D. (2003) Security Awareness. Oder: Die Wiederentdeckung des Menschen in der IT-Sicherheit. In: DuD Datenschutz und Datensicherheit, 27. Ausg. Wiesbaden: Vieweg

FOX D. & KAUN, S. (2005) Security Awareness Kampagnen, Bonn: 9. Ausg. 9. Deutscher IT-Sicherheitskongress des BSI

FRAMBACH, L. (1999) Spirituelle Aspekte der Gestalttherapie. In: Fuhr, R., Sreckovic, M., Gremmler-Fuhr, M. (Hrsg.) Handbuch der Gestalttherapie. Göttingen: Hogrefe

FRESE, E. (2000) Grundlagen der Organisation. Konzept - Prinzipien – Strukturen. Wiesbaden: Gabler

GALLUP (Hrsg.) (2009) Gallup Engagement Index 2008

GREMMLER-FUHR, M. (1999) Grundkonzepte und Modelle der Gestalttherapie. In: Fuhr, R., Sreckovic, M., Gremmler-Fuhr, M. (Hrsg.) Handbuch der Gestalttherapie, Göttingen: Hogrefe

GRÜNEWALD, S. (2006) Deutschland auf der Couch, Frankfurt: Campus

HATZER, B. & LAYES, G. (2003) Interkulturelle Handlungskompetenz. In: Thomas, A., Kinast, E. -U., Schroll-Machl, S. (Hrsg.), Handbuch Interkulturelle Kommunikation und Kooperation, 1 (Grundlagen und Praxisfelder) Göttingen: Vandenhoeck & Ruprecht

Heathfield, S. (2008) Change, Change, Change: Changemanagement lessons form the field, http://humanresources.about.com/od/changemanagement/a/change_lessons.htm

HELISCH, M. (2007) Awareness-Arbeit und Unternehmenskultur in: Lanline spezial, IV/2007, Leinfelden-Echterdingen: Konradin IT-Verlag

HELISCH, M. (2008) Wollen, Wissen – und was dann? In: <kes> Die Zeitschrift für Informations-Sicherheit, 10. Ingelheim: secumedia

HERBST, D. (2008) Internationale Werbung und Public Relations. Berlin: Cornelsen

HERINGER, H. J. (2007) Interkulturelle Kommunikation. Grundlagen und Konzepte. Tübingen u.a.: Francke

HEUER, S. (2006) Bilderbuchhaltung. In: brand eins, 1. Ausg. Hamburg

HOFSTEDE G. & HOFSTEDE G. J. (2005) Cultures and Organizations: Software of the mind. Columbus: Mc Graw-Hill

HOFSTEDE, G. (1993) Interkulturelle Zusammenarbeit. Kulturen – Organisationen – Management. Wiesbaden: Gabler

HOFSTEDE, G. (1994) Cultures and Organizations: Software of the Mind. Columbus: McGraw-Hill

Hofstede, G. (2001) Culture's Consequences – Comparing Values, Behaviors, Institutions and Organizations Across Nations, 2. Ed., Thousand Oaks, London, Neu Delhi

HORNSTEIN VON, E., ROSENSTIEL, L. (2000) Ziele vereinbaren – Leistung bewerten. München: Wirtschaftsverlag Langen Müller/Herbig

IDENTITÄTER (2008) www.identitaeter.at

IKARUS SECURITY SOFTWARE GMBH (02.02.2009) Trojaner Spam & Co. – krisensicher auch in 2009! www.ikarus.at

IMDAHL, I. (2006) Wertvolle Werbung. In: rheingold newsletter, 1. Ausg. Köln

INFORMATIONSSICHERHEIT UND IT-GRUNDSCHUTZ (2008). BSI-Standards 100-1, 100-2 und 100-3. Köln: Bundesanazeiger

INTERKULTURELLES PORTAL (2008) Akademie für interkulturelle Studien. www.interkulturelles-portal.de

Literatur

ISO/IEC 27001 (2005) Information technology – Security techniques – Information security management systems – Requirements

IT-Sicherheit im Mittelstand (27.02.2007) Unternehmensziele im Kreuzfeuer der Bedrohungspotenziale, Breakfast Briefing, München: Dorint Sofitel Bayerpost

Jammal, E. & Schwegler, U. (2007) Interkulturelle Kompetenz im Umgang mit arabischen Geschäftspartnern. Ein Trainingsprogramm. Bielefeld: transcript

Jánszky, S. G. (2009) Das letzte Gefecht des Datenschutzes. In: www.securitymanager.de

Jasner, C. (2009) Gefühlte Sicherheit – Die Technik funktioniert, der Mensch nicht. Oder ist es eher umgekehrt? In: brand eins, Ausg. 7, S. 53ff

Kelly, G. A (1969) Humanistic Methodology. In: Psychological Research. Journal of Humanistic Psychology, Vol. 9. pp. 53-65

<kes> (2008). <kes>-/Microsoft-Sicherheitsstudie Gau-Algesheim: SecuMedia

Kilian, D. (2005) Weiterbildung in Veränderungsprozessen. Innsbruck: Studia

Kilian, D., Krismer, R., Loreck, S., Sagmeister, A., Sigl, A. (2005) Werkzeuge für Praktiker. Innsbruck: Studia

known _ sense (2004) Computerluder – das Virusquartett. Köln

known _ sense (Hrsg.) (2006) askit – awareness security kit. Köln. www.known-sense.de/askit.pdf

Kotler, P. & Bliemel, F. (1999) Marketing-Management. Stuttgart: Schaeffer-Poeschel

Kowalczik, W., Ottich, K. (1995) Schülern auf die Sprünge helfen. Reinbek: Rowohlt

Krastochwil, G. (2006) Business-Knigge: Arabische Welt. Erfolgreich kommunizieren mit arabischen Geschäftspartnern. 3. Aufl. Zürich: Orell Füssli

Kroebel-Riel, W. & Esch, F.-R. (2000) Strategie und Technik der Werbung: Verhaltenswissenschaftliche Ansätze. München: Kohlhammer

Kroeber-Riel, W. & Weinberg, P. (2003) Konsumentenverhalten. München: Vahlen

Kutschker, M. & Schmid, S. (2005) Internationales Management. 4. Aufl., München, Wien: Oldenbourg

Landesanstalt für Medien Nordrhein-Westfalen (2008) www.lfm-nrw.de

Lerninitiative (2009) http://lernfaehigkeitsinitiative.de/1668369.htm

Lewis, R. D. (2000) Handbuch internationale Kompetenz. Frankfurt/M.: Campus

Liebert, T. (2003) Werbung als Typ öffentlicher Kommunikation, Vorlesung

Lönneker, J. (2007) Morphologie. Die Wirkung von Qualitäten – Gestalten im Wandel. In: Naderer, G. & Balzer, E. (Hrsg.): Qualitative Marktforschung in Theorie und Praxis. Wiesbaden: Gabler

Luckhardt, N. (2008) Die <kes>-/Microsoft-Sicherheitsstudie 2008, Vortrag im Rahmen der Systems it-sa 2008

LUGER, K., RENGER, R. (1994) Dialog der Kulturen – Die multikulturelle Gesellschaft und die Medien, Wien: Österreichischer Kunst- und Kulturverlag

MARTIN, J. & POWERS, M. (1995): Organizational Stories. In: Staw, B. (Hrsg.): Psychological foundations of organizational behaviour. Glenview: Scott

MEFFERT, H. & BRUHN, M. (2003) Dienstleistungsmarketing, Grundlagen – Konzepte – Methoden. Wiesbaden: Gabler

MEFFERT, H. (1998) Marketing, Grundlagen marktorientierter Unternehmensführung, Konzepte – Instrumente – Praxisbeispiele. Wiesbaden: Gabler

MITNICK, K. (2003) Die Kunst der Täuschung. Heidelberg: mitp

MUNLEY, M. (2004) Moving from Consciousness to Culture: Creating an Environment of Security Awareness, SANS Institue. http://www.sans.org

MÜNKLER, H. (2009) Wir brauchen wieder Mythen. Int. m. M. Hesse. In: Kölner Stadtanzeiger, Ausg. 132, 10.6.2009

NEON – DAS MODERÄTSELHEFT (April 2008). Hamburg: Gruner Jahr

OBERMAIER, D. (2005) Ist interkulturelle Kompetenz lernbar? www.xing.com

OECD (2002) OECD Guidelines for the Security of Information Systems and Networks: Towards a Culture of Security. http://www.oecd.org

OTT, B. (2007) Grundlagen des beruflichen Lernens und Lehrens. 3. Aufl. Berlin: Cornelsen

OTTEN, M., SCHEITZA, A. CNYRIM, A. (Hrsg. 2007): Interkulturelle Kompetenz im Wandel. Frankfurt/M.: IKO

PARMENT, A. (2008) Erwartungen der Generation Y an den Arbeitgeber. In: OSCARtrends, 1. Ausg. Köln: OFW student consulting and research

PERLS, F. S. (1974) Gestalttherapie in Aktion. Stuttgart: Klett-Cotta

PERLS, F. S. (1976) Grundlagen der Gestalttherapie. München: Pfeiffer

PERLS, F. S. (1978) Das Ich, der Hunger und die Aggression. Stuttgart: Klett-Cotta

Petty, R. E. & Cacioppo, J. T. (1986) The Elaboration Likelihood Model Of Persuation. In: Advances in experimental social psychology. Hrsg. von L. Berkowitz, 19, pp. 123 – 205. New York: Academic Press

POKOYSKI, D. (2007) Von der Psychologie der Information Security zum Tool askit. In: Information Security Management. Ergänzungslieferung August. Köln: TüV Media

POKOYSKI, D. (2008) Wer nicht hören will muss fühlen lernen. In: DuD, 9. Wiesbaden: Vieweg + Teubner

PRICEWATERHOUSECOOPERS & MARTIN-LUTHER-UNIVERSITÄT (Hrsg.) (2007) Wirtschaftskriminalität 2007. Sicherheitslage der deutschen Wirtschaft. www.pwc.de/fileserver/RepositoryItem/studie_wikri_2007.pdf?itemId=3169192

RHEINGOLD (Hrsg.) (2007) Wer den Markt bewegen will, muss ihn verstehen. Köln: rheingold

RIESEN, C. (2008) OpenThriller. 8 Leichen, 222 IT-Security-Fachbegriffe, 1 Bundestrojaner, 2 Bücher – der erste Informatik-Lernthriller der Welt. www.openthriller.com

RUDOLPH. K., WARSHAWSKY, G., NUMKIN, L. (1995) Security Awareness. In: Hutt, A., Bosworth, S., Hoyt, D. B. Computer Security Handbook. Hoboken: Wiley J.

RUST, H. (2008) Authentizität – Zukunfts-Ressource für erfolgreiches Management. In: OSCARtrends, 1. Ausg. Köln: OFW student consulting and research

SALBER, W. (1989) Der Alltag ist nicht grau. Bonn: Bouvier

SALBER, W. (1995) Was Wie Warum. Wirkungs-Analyse. Bonn: Bouvier

SALBER, W. (1999) Märchenanalyse. Bonn: Bouvier

SARTRE, J.-P. (1969) Drei Essays. Frankfurt/M.: Ullstein

SAUER, R. (2008) Spam aus dem achten Stock. https://secure.sophos.de/security/whitepapers/sophos-cyber-thriller-de

SCHEIN, E. H. (1985) Organizational Culture and Leadership. Hoboken: Wiley J.

SCHEITZA, A. (2007): Interkulturelle Kompetenz: Forschungsansätze, Trends und Implikationen für interkulturelle Trainings. In: Otten, M., Scheitza, A., Cnyrim, A. (Hrsg.): Interkulturelle Kompetenz im Wandel. Frankfurt/M.: IKO.

SCHOLL, W. (2006) Evolutionäres Ideenmanagement. In: Sommerlatte, T., Beyer, G., Seidel, D. (Hrsg.) Innovationskultur und Ideenmanagement. Düsseldorf: Symposion

SCHREYÖGG, G. & KOCH, J. (2007) Grundlagen des Managements. Basiswissen für Studium und Praxis. Wiesbaden: Gabler

SCHUCH, J (2003) Interkulturelle Kompetenz – die Kür der Kinder- und Jugendarbeit? In: Jugendsozialarbeit News, Ausg. 05.05.2003

SCHULZ VON THUN, F. & KUMBIER, D. (2006) Interkulturelle Kommunikation: Methoden, Modelle, Beispiele. Hamburg: Rowohlt

SENGE, P. M. (1996) Die fünfte Disziplin. Stuttgart: Klett-Cotta

SIEPMANN, F. (2008) Jahrbuch eLearning & Wissensmanagement 2008/2009. Albstedt: eLearning Journal

SIEPMANN, F., WISCHNEWSKY, M. B. (2007) Jahrbuch eLearning & Wissensmanagement 2007. Albstedt: eLearning Journal

SIETAR DEUTSCHLAND E.V. (2008) Society for Intercultural Education, Training And Research. www.sietardeutschland.de

STAEMMLER, F.M. & BOCK, W. (1999): Verstehen und Verändern. In: Fuhr, R., Sreckovic, M., Gremmler-Fuhr, M. (Hrsg.) Handbuch der Gestalttherapie. Göttingen: Hogrefe

STAEMMLER, F.-M. (1999) Gestalttherapeutische Methoden und Techniken. In: Fuhr, R., Sreckovic, M., Gremmler-Fuhr, M. (Hrsg.) Handbuch der Gestalttherapie. Göttingen: Hogrefe

Straub J., Weidmann, A., Weidmann, D. (Hrsg.) (2007) Handbuch Interkulturelle Kommunikation und Kompetenz. Grundbegriffe – Theorien – Anwendungsfelder. Stuttgart u.a.: Metzler

Teufel, S. (2007) Der Mensch im Zentrum – Sicherheitsaspekte unter Einbezug des Individuums. www.finnova.ch/de/downloads/070911_Prof_Dr_Stephanie_Teufel.pdf

Thieme, W. M. (2000) Interkulturelle Kommunikation und Internationales Marketing: Theoretische Grundlagen als Anknüpfungspunkt für ein Management kultureller Unterschiede, Frankfurt/M. Lang

Thier, K. (2006) Storytelling. Eine narrative Managementmethode. Heidelberg: Springer

Thomas, A., Kinast, E.-U., Schroll-Machl, S. (Hrsg.) (2003) Handbuch Interkulturelle Kommunikation und Kooperation. Göttingen: Vandenhoeck & Ruprecht

Tichy, N.M. (1997) The leadership engine – how winning companies build leaders at every level. New York: HarperCollins

Trommsdorf, V. (2009) Konsumentenverhalten. Stuttgart: Kohlhammer

Trompenaars, F. (2004) Business Weltweit. Der Weg zum interkulturellen Management. Hamburg: Murmann

Wielens, H. (2008) Werteorientierte Unternehmensführung. In: OSCARtrends, 1. Ausg. Köln: OFW student consulting and research

Wilkes, M. W. (1977) Farbe kann verkaufen helfen. In: Marketing Journal, 2. pp. 111-114

Wikipedia (2009) Neue Medien. http://de.wikipedia.org/wiki/Neue_Medien

Wilson, M. & Hash, J. (2003) Building and Information Technology Security Awareness and Training Program, In: National Institute of Standards and Technology (NIST), Publication 800-50

Wöhe, G. (2002) Einführung in die Allgemeine Betriebswirtschaftslehre. München: Vahlen

letzter Zugriff Online-Quellen am 31.03.2009 (außer www.securitymanager.de am 20.07.2009)

Über die Herausgeber und die Autoren und Autorinnen

Marcus Beyer arbeitet als Architect Security Awareness bei der ISPIN AG in Bassersdorf bei Zürich/Schweiz. Er berät vorwiegend größere (Industrie-)Unternehmen hinsichtlich der Umsetzung von Sensibilisierungsmaßnahmen zum Thema »Informationssicherheit«. Aufgrund seiner Mitwirkung im Rahmen zahlreicher internationaler Mitarbeiter-Kampagnen liegt sein Fokus u.a. auch auf der Umsetzung von interkulturellen und internen Kommunikationsstrategien. *www.ispin.ch*

Ankha Haucke ist Dipl. Psychologin und arbeitet als Therapeutin, Supervisorin und Wirkungsforscherin in Köln. Bis 2001 arbeitete sie als Marktforscherin und Projektleiterin für das rheingold Institut. Als Projektleiterin Corporate Identity und Security Research hat sie für die Kommunikations- und Beratungsagentur known_sense u.a. tiefenpsychologische Forschungsprojekte zu den Themen Unternehmens- und Sicherheitskultur und zu anderen Themenfeldern der Informations- bzw. Unternehmenssicherheit begleitet. *www.known-sense.de, www.paartherapie-koeln.de*

Michael Helisch ist Gründer und Inhaber der Firma HECOM Security Awareness Consulting. Unternehmensinterne Kommunikation sowie die externe Vermarktung von Dienstleistungen im Kontext IT und Information Security bilden seit 1998 den Schwerpunkt seines beruflichen Engagements. Dem Thema Security Awareness widmet sich Helisch seit 2002, u.a. als Projektleiter des International Security Awareness Programm der Münchener Rückversicherungs-AG. In dieser Position war er für die Gesamtkonzeption, inhaltliche Ausgestaltung, Umsetzung und Weiterentwicklung dieser weithin bekannten Awareness-Kampagne verantwortlich. Gemeinsam mit Dietmar Pokoyski hat er 2008 die Gründung des Kompetenznetzwerks aware-house initiiert. Helisch lebt mit seiner Familie in München. *www.hecom-consulting.de, www.aware-house.com*

Über die Herausgeber und die Autoren und Autorinnen

DIETMAR POKOYSKI war Geschäftsführer diverser Medienunternehmen der Verlags- und Filmbranche und ist heute Inhaber der Kommunikations- und Beratungsagentur known_sense, die seit 2002 in den Feldern Produktentwicklung und integrierte bzw. systemische Kommunikation agiert. Mit known_sense sowie über die Partner ISPIN (Schweiz) und aware-house, das er gemeinsam mit Michael Helisch initiierte, hat Pokoyski einige Dutzend Kampagnen im Bereich der Mitarbeiter-Kommunikation begleitet, darunter u.a. zu den Themen Security Awareness oder Leitbild-Implementierung. 2007 erhielt das von known_sense entwickelte »askit – awareness security kit« für eine besonders vorbildliche Leistung zur Informationssicherheit den IT-Sicherheitspreis NRW. Pokoyski ist verheiratet mit der Co-Autorin dieses Buchs, Ankha Haucke und lebt mir ihr und den beiden gemeinsamen Kindern in Köln. *www.known-sense.de, www.aware-house.com*

KATHRIN PRANTNER absolvierte das Informatikstudium an der Leopold-Franzens-Universität Innsbruck. 2005 war sie Mitbegründerin der E-SEC Information Security Solutions GmbH, für die sie bis heute als Geschäftsführerin tätig ist. E-SEC ist auf Software-Lösungen für Security Awareness spezialisiert und erhielt 2008 für das Produkt E-SEC VIRTUAL COMPANY den Innovationspreis der Initiative Mittelstand. Aufgrund ihres vertrieblich ausgerichteten Aufgabenprofils bei E-SEC steht Prantner in einem ständigen Kontakt zu Security Awareness Protagonisten wie z.B. Sicherheitsbeauftragten sowie zu Anwendern, den Mitarbeitern, in deutschen, österreichischen und schweizerischen Unternehmen. *www.e-sec.eu*

Danke

Dieses Buch ist nicht nur tagsüber am Schreibtisch entstanden, sondern vor allem vor und nach der eigentlichen Arbeit während zahlreicher Gespräche mit meiner Frau Ankha Haucke, die wesentlich dazu beigetragen hat, Kommunikation, Psychologie und das Thema Sicherheit zusammenzubringen. Danken möchte ich auch allen Studien-Partnern unserer Wirkungsanalysen, dem Deutschen Sparkassenverlag, <kes>, nextsolutions, Pallas, paulus.consult, der SAP, Sonicwall, Steria Mummert Consulting, Trend Micro, insbesondere aber der EnBW mit ihrem IuK Security Manager Wolfgang Reibenspies, der freundlicherweise die Präambel zu diesem Buch verfasst hat, und seinem Stellvertreter Andreas Fritz. Thomas Dallmann, seit einigen Jahren unser Awareness-Kunde und Motor zahlreicher generischer Tools, deren Entwicklung inzwischen auch bei Dritten für mehr Sicherheit werben. Marcus Beyer, der Chefredakteur von securitymanager.de und heute Architect Security Awareness bei der ISPIN AG, dem Schweizer Partner von known_sense, sowie Co-Autor dieses Buchs und nicht zuletzt Dr. Kurt Brand, Geschäftsführer der Pallas AG und Leiter des AK Sicherheit bei eco, der nicht nur Sponsor unserer Studien war, sondern auch regelmäßig Gesprächspartner, Kritiker und Multiplikator unserer Ansätze ist.

Ein entscheidender Impuls für das vorliegende Buch war auch der Beginn einer Kooperation mit der E-SEC Information Security Solutions und HECOM Security Awareness Consulting, die in der Gründung des Netzwerks aware-house mündete. Mit Kathrin Prantner (E-SEC) bzw. Michael Helisch (HECOM) als Autoren stellen beide Unternehmen ihre Expertisen in den Dienst dieses Buches. Aufgrund des so gewachsenen Umfangs, der zum Start des Projektes nicht absehbar war, freue ich mich zudem, dass im Verlauf des Sammelns und Schreibens Michael Helisch auch als Mitherausgeber gewonnen werden konnte.

Mein ganz besonderer Dank gilt den Psychologen und Psychologinnen unserer Studien, Ivona Matas und Andreas Pieper, allen voran aber Udo Eichstädt, der gemeinsam mit Ankha Haucke die Projektleitung der ersten beiden Wirkungsanalysen inne hatte. Außerdem rheingold für die zahlreichen Inspirationen und als freundlicher Gastgeber meiner Agentur. Meiner Art Directorin Carina Linnemann für ihre Unterstützung bei der Erstellung des Layouts sowie Nina Malchus, Geschäftsführerin der SecuMedia Verlags-GmbH für ihr Engagement im Zusammenhang mit unseren Studien und den Kontakt zu VIEWEG + TEUBNER, bei dem ich mich vor allem bei den Lektorinnen Sybille Thelen und Dr. Christel Anne Roß ganz herzlich für ihr Engagement und ihre fachliche Expertise bedanken möchte.

Schließlich möchte ich allen Interview-Partnern und denjenigen, die Materialien, z.B. in Form von Abbildungen o.ä. beigesteuert haben, danken, ohne deren Unterstützung das Buch nicht so umfangreich und so vielfältig geworden wäre, wie es sich hier darstellt.

Über ein Feedback an info@aware-house.de oder – persönlicher – an dietmar@pokoyski.de, etwa in Form von Anregungen, Ergänzungen, Wünschen, würde ich mich sehr freuen.

Dietmar Pokoyski

Schlagwortverzeichnis

A

Abspaltung s. Spaltung
Achtsamkeit 77
Add-on 131
Adgame s. Security Game
Afrika 196
AIDA 64
Alltag s. Wirklichkeit
Aktion s. Ausstellung, s. Event
Aktivitätsindex 48
Analoges Prinzip 104ff
Anderes s. Fremdes
Angst 27, 73, 85, 94, 100, 104, 136, 265, 275, 287
Animation 37, 40, 41, 43, 45, 51ff
Ansprache s. Wording
Anthropologie 79
Arabische Emirate 185, 191
Arbeitsalltag s. Wirklichkeit
Arbeitsbereich 7, 11, 22, 33ff, 45, 48, 53, 76
Asien 196ff, 203, 210, 214, s.a. Arabische Emirate
Assessment s. Audit
Audiobook 165ff, 213
Audit 179ff
Aufkleber 146ff, 222, 231, 257
Aufmerksamkeit VII, 25, 48, 55, 60, 62, 64f, 68f, 77, 293, 259
Aufsteller 145ff, 237
Ausbildung s. Lernen
Ausbruch 88ff
Ausstellung 178, 228, 235f, 241ff
Australien 192, 203f
Authentizität 14, 101, 155, 166, 196, 288, 300
Autorentool 42, 51
AV Medien s. Audiobook, s. Neue Medien, s. Video
Awarenesskoffer 143ff, 224f, 233, 273 275
Awareness-Tool 3, 11, 75, 99, 117, 120, 131ff, 140ff, 213ff, 251, 273, s.a. Giveaway

B

Balance 135, 266
Barriere 1, 35, 42, 44, 47, 52, 113, 148, 283,

Behaviourismus 59
Benefit 38, 47, 52, 122f, 131, 141, 165, 173,
Benelux 206
Bewusstheit 76
Bewusstsein VII, 1, 7, 9ff, 38, 45, 49, 53, 73, 76, 197, s.a. Sicherheitsbewusstsein
Bewusstseinsbildung 49, 53
Bildsprache 128, 138, 143, 185, 191, 195, 279, s.a. Brand Management, s.a. Nonverbales
Bildung s. Lernen
Biometrie 93
Black Box Modell 59
Blended Learning 22, 46
Blog 47, 116, 259
Botschaft 11, 56, 60, 62, 64f, 68, 75f, 131, 136, 140f, 146f, 152, 175, 190, 195ff, 202, 275ff, 293f, 299
Bottom-Up s. Top-Down
Braingame 177ff, 216, 227
Brand Management 123ff, 137ff, 196, 197, 211, 252, 259, 268, 273, 279ff, s.a. Corporate Design
Branding s. Brand Management
Broschüre s. Corporate Media
Budget 182f, 252, 264ff

C

Cartoon s. Comic
Changemanagement VIII, 6, 12, 21, 72, 75, 162, 170f, 179, 183, 283, 297ff
Chief Information Security Manager s. CISO
CISO 102ff, 124ff, 140ff, 259, 267, 276ff, 284,
Claim 196, 229, 253f, 259, 276ff, 279ff, s.a. Brand Management
Coaching 113ff, 148, 241f
Colombo 106ff
Comic 138, 148ff, 162, 214f, 279, 283, 294
Committment 51, 143, 202, 249, s.a. Management-Awareness
Community 39, 47, 90, 155, 191
Compact Disc 223f, 235, 252, s.a. Audiobook
Continuity Management 262
Core-Team 201, 251, 269

Corporate Culture s. Unternehmenskultur
Corporate Design 194, 195, s.a. Brand Management
Corporate Identity 72f, 195, 297, s.a. Unternehmenskultur, s.a. Unternehmenswert
Corporate Media 151ff, 168ff, 247, 253, 285, s.a. Audiobook, s.a. Braingame, s.a. Dokumentation, s. Event, s.a. Gewinnspiel, s.a. Giveaway, s.a. Kommunikationskanal, s.a. Poster, s.a. Postkarte, s.a. Printmedium, s.a. Security Game, s.a. Video
Corporate Value s. Unternehmenswert
Cover-Story 133ff
Customizing 298, s.a. Zielgruppen

D

Datenschutz s. Informationsschutz
Deutschland 187, 190ff, 197f
Dialog 8, 48, 79, 81, 101, 149
Didaktik s. Lerntheorie
Digital Immigrant 41
Digital Native 41, 42
Digitales Prinzip 105ff
Display s. Aufsteller
Diversity Management 191
Dokumentation 118, 162, 170, 300, s.a. Corporate Media
Doppelkultur 166ff
Dominanz 266
Dramatisierung 99
Drohung s. Angst
Dubai s. Arabische Emirate

E

Edutainment 171, 176f, s.a. Braingames, s.a. Event, s.a. Security Games
Einbindung s. Involvement, s.a. Mitarbeiter-Bindung
Einstellung 10, 23, 35, 60, 62, 64, 66, 68f, 71, 84, 118, 187, 195, 209, 245, 258, 290ff, s.a. Kognition
Elaboration Likeliheood Modell 66ff

313

Schlagwortverzeichnis

E-Learning 37ff, 194, 223, 239, 245, 264, 269
E-Mail 40, 83, 92ff, 98, 268f, 282
Empathie 131, 200f
Employer Branding s. Brand Management
Empowerment 2, 113, s.a. Coaching
Entsicherung s. Fehlleistung
Environment s. Ausstellung
Erfahrung 78ff, 108, 113f, 158f, 162f, 191
Erfolgskontrolle 49, 257, 260, 265, 274, 279, 288, 290ff, 300, s.a. Wirkungsanalyse
Ethnic 191
Evaluation s. Erfolgskontrolle
Event 164ff, 175ff, 179ff, 228, 281ff, 289, s.a. Ausstellung
Existenzialismus 80
Explosibles 126

F

Farbe 197
Fatalismus 130, 208
Fehlleistung 78, 80, 84, 86ff, 129, 141, 154 182
Feldtheorie 79ff
Figuration 88ff, 119ff, 139ff, 157, s.a. Leitfigur
Film s. Video
Flirt 95, 121, 129
Flurfunk 113, 125ff, 141, 161, 299
Flyer s. Corporate Media, s. Printmedium
Forschung s. Qualitative Forschung, s. Quantitative Forschung
Frankreich 196, 198, 210
Fräulein Rottenmeier 105ff
Fremdes 89ff, 96f, 122, 129, 145, 174, 178, 189, 200, 288
Froschkönig 107ff
Führung 26, 34, 44,100, 102, 106, 108, 112ff, 126, 136, 143ff, 149, 162ff, 172, 296

G

Game Based Development 170 ff s.a. Security Game
Geheimversteck 91
Gender 33, 43

Generation 24, 33, 41, 42, 53, 266
Geschützt-Sein 89, 100
Gestaltpsychologie 76ff, 95, 113, 129
Gewahrsein 77
Gewinnspiel 152, 177ff, 252, 257, 269, s.a. Braingame, s.a. Postkarte
Giveaway 131, 141ff, 152, 164ff, 175ff 213, 217, 224ff, 233, 251, 255, 260, s.a. Awarenesstool, s.a. Corporate Media, s.a. Kalender, s.a. Passwortbehälter, s.a. Security Game, s.a. Virusquartett
Globalisierung 34, 185, 189, 200, 203, 256, 262, 267, 271ff
Goldener Käfig 90
Griechenland 23, 205
Groschenheft s. Corporate Media
Großbritannien 187, 196, 210
Guerilla Marketing s. Marketing

H

Handbuch s. Corporate Media
Handlungseinheit 75, 83ff, 171, s.a. Wirkungseinheit
Helpdesk 263, 297
High Involvement s. Involvement
Hörbuch s. Audiobook
Humor 154, 169, 196, 288

I

Identifikation 8, 35, 41, 90, 99, 114f, 119, 127, 129, 132, 159, 246, 259,
Image 14, 17, 19, 62ff, 105,114ff, 118, 125, 157, 243, 263, 286, 297, 299, s.a. Figuration
Impact 45, 75, 85, 133ff, 142, 146, 159, 175, 179, 298
Impact-Story 133ff
Individualität 129, 195
Information 29, 31ff, 44, 56, 151ff, 161
Informationsschutz 114, 258, 278
Informationsvermittlung 35ff, 49, 51, s.a. Kommunikation
Innerlichkeit 77
Installation s. Ausstellung
Integrierte Kommunikation 131ff
Interaktivität 38, 40, 41, 47, 52ff
Interkulturelle Kommunikation 35, 44, 53, 187ff, 199ff

Internal Branding s. Brand Management
Interne Kommunikation 189, 194, s.a Brand Management, s.a. Corporate Media, s.a. Kommunikationskanal
Internet 37, 39, 40, 42, 47, 52, 94, 153, 267f,
Intranet 47, 141, 152ff, 167, 177f, 199, 218, 230f, 237, 288
Introspektion 76
Involvement 45, 48, 62, 65f, 68f, 71, 101, 106ff, 109, 129, 133, 143ff, 145, 152, 155, 165, 178f, 183, 298
ISM (Information Security Manager) s. CISO
ISO (Information Security Officer) s. CISO

K

Italien 189f, 197, 205f, 210
Kaizen 115ff
Kalender 217, s.a. Giveaway
Kernbotschaft s. Claim
Knowledge Management 158ff
Kognition 1, 7, 11, 24, 31, 35, 59f, 66, 68f, 71, 78, 81, 114, 117, 119, 144, s.a. Einstellung
Kommunikation s. Integrierte Kommunikation, s. Systemische Kommunikation, s.a. Marketing
Kommunikationskanal 131, 140ff, 194, 202, s.a. Awarenesstool
Kommunikationstool s. Awareness-Tool, s. Corporate Media, s. Kommunikationskanal
Konsumentenforschung 56ff s.a. Marktforschung, s.a. Wirkungsanalyse
Kontent 3, 39, 40, 43, 45, 47, 52, 151ff, 177, 289
Kontrollparadox 97
Kultur 186, 188, 190, s.a. Interkulturalität, s.a. Sicherheitskultur, s.a. Subkultur, s.a. Unternehmenskultur
Kulturmodell 188
Kulturstandard 190
Kultursystem 188

L

Lateinamerika 210
Lean Management 171
Learning Map 147ff

Schlagwortverzeichnis

Leitbild s. Unternehmenswert, s.a. Leitfigur
Leitfaden 49, 85, 162, 182
Leitfigur 123ff, 138ff, 253, 279, s.a. Brand Management, s.a. Figuration
Leitlinie s. Policy
Lernen VII, 30, 31, 38, 41, 49, 57, 72, 122, 148ff, 171ff, 193ff, 281, s.a. Training, s.a. Weiterbildung
Lernerfolg 31, 33ff, 36, 40, 41, 49, 53, 171ff
Lernfeld 113, 171ff
Lernplattform 49 s.a. E-Learning, s.a. Intranet
Lernprozess 29, 31ff, 35, 39, 45, 50f
Lernstil 32, 38
Lerntheorie 29, 40, 31, 33
Lerntyp 29, 31ff, 38, 43, 49, 53f
Logo s. Brand Management
Low-Context-High-Context-Modell 188
Loyalität V, 8, 50, 64, 81, 117, 129f, 150, 162, 172f, 182, 277, 297, s.a. Mitarbeiter-Bindung

M

Malware 16, 18, 92, 94ff, s.a. Virusquartett
Management Awareness 142ff, 209, 244f, 247, 256, 265, 297, s.a. Committment
Management-Tool 85, 113, 120, 183, 240ff
Märchenanalyse 106ff, 119ff, 158
Marketing VII, 6, 7f, 11f, 21f, 55ff,131ff, s.a. Kommunikation
Marktforschung 82, 85, s.a. Konsumentenforschung, s.a. Qualitative Forschung, s.a. Quantitative Forschung, s.a. Wirkungsanalyse
Medien s. Kommunikationskanal
Menschliches Eröffnen 88ff
Messung s. Erfolgskontrolle
Migration 191
Mitarbeiter-Bindung 50, 92, 100, 170, 173, s.a. Einbindung
Mitarbeiter-Fehler s. Fehlleistung
Mitarbeiter-Magazin s. Corporate Media
Mitarbeiter-Zufriedenheit 60, 99ff, 104ff, 114, 257, 290, 297, s.a. Mitarbeiter-Bindung

Mobile Security 114f
Moderationskoffer s. Workshop
Morphologie 81ff, 84, 86,108, 119f, s.a. Wirkungsanalyse
Motivation s. Mitarbeiter-Zufriedenheit
Multimedia 39ff, s.a. Neue Medien
Mutter Teresa 106ff

N

Narratives Management 156ff
Neo-Behaviourismus 59
Neue Medien 37, 38, 41, s.a. AV-Medien, s.a. Social Media
Newsletter 152, 177, 218, 260f
Next Generation 6ff, 38ff, 294ff
Nonverbales 87, 195
Normen 187

O

Oldschool s. Next Generation
Openmindness 200f
Österreich 187, 190, 205, 244ff

P

Painpoint 121,131, 149, 169, 175, 179, 181, 241
Paradoxe Intervention 144ff
Passwort 78, 83, 88ff, 135, 173, 254, 278
Passworthalter 143ff, 167, 225, 229
Passworttauschbörse 167ff
PDCA-Zyklus 115ff
Penetration 294
Penetrationstest s. Audit
Persistenz s. Wirksamkeit
Phänomenologie 78ff
Plakat s. Poster
Planspiel s. Game Based Development, s. Security Game
Podcast s. Audiobook, s. Video
Policy 14, 101, 112, 114, 15ff, 192, 206, 246, 285
Portal s. Intranet
Portugal 23, 197
Positionierung 2, 6, 171ff, 299
Poster 133ff, 145, 164ff, 212-214, 217, 219, 221ff, 224, 230, 232, 234f, 238, 260, 279ff, 285

Postkarte 215, 222, 238
Präsenzveranstaltung 33, 37, 46, 49, 52, 75, 260, 262ff, 269ff, s.a. Ausstellung, s.a. Event, s.a. Training
Printmedium 133ff, 151ff, 221f, 233, s.a Aufkleber, s.a. Aufsteller, s.a. Corporate Media, s.a. Poster, s.a. Postkarte, s.a. Security Game
Prinzessin 107ff
Proband s. Wirkungsanalyse
Promotion s. Giveaway
Psychoanalyse 76, 82
Psychologie 76ff, 266, 298 s.a. Gestaltpsychologie, s.a Morphologie, s.a. Tiefenpsychologie, s.a. Wirkungsanalyse

Q

Qualitative Forschung 85ff s.a. Erfolgskontrolle, s.a. Morphologie, s.a. Wirkungsanalyse,
Quantitative Forschung 250, 291ff, s,a, Erfolgskontrolle
Quiz s. Gewinnspiel, s. Braingames

R

Rätsel s. Braingames
Reaktion 30, 49
Realität s. Wirklichkeit
Regel s. Policy
Repräsentativität 85ff, s.a. Erfolgskontrolle
Ressource 12f, 13, 33, 35, 40, 45, 49, 50, 113, 270, 274, 290, 296
Ritual 83, 143, 165ff
ROI 292, s.a. Erfolgskontrolle
Rolle s. Arbeitsbereich

S

Sachliches Verschließen 88ff
Schicksal 95, 100, 159ff
Schulung s. Präsenzveranstaltung
Schweiz 124, 186, 189ff, 197, 203ff, 206, 248ff
Security Entertainment 193 s.a. Braingame, s.a. Comic, s.a. E-Learning, s.a. Event, s.a. Security Game

315

Schlagwortverzeichnis

Security Game 141ff, 170ff, 174ff, 177, 180, 223ff, 280ff, s.a. Braingame
Securityanalyse 84ff, 283, s.a. Erfolgskontrolle, s.a. Wirkungsanalyse
Securitymanager s. CISO
Seelenhaushalt 75
Selbstreflexion 31, 201
Selbstverantwortung s. Verantwortung
Sicherheitsbeauftragte(r) s. CISO
Sicherheitsbewusstsein V, 3f, 9, 18, 38, 45, 246, 253, 258, 260, 285, 288, 290ff, s.a. Bewusstsein
Sicherheitskultur VII, 9ff, 22ff, 70, 81, 97, 115ff, 146, 161, 170, 183, 194, 201, 244, 252, 258, 262, 266, 283, 291, 296ff
Sinnlichkeit 38, 77, 79, 91f, 96, 99, 102, 178, 181
Situatives 37, s.a. Verfassung
Skandinavien 198, 205, 210
Slogan s. Claim
Social Audit s. Audit
Social Engineering 19, 27, 122, 173ff, 193f, 248
Social Media 47f, 153, 300
Software 40, 41, 49, 50, 51, 52
SOR-Modell 59f, 70f
Soziale Entsicherung 101
Soziales Gedächtnis 160
Spaltung 103ff, 107, 171
Spam 89, 94, 103ff
Spanien 196, 205
Spiel s. Game Based Development, s. Security Game
Spielfilm s. Video
Sprache 25, 34ff, 84, 99, 143, 199
Stimulanz 59, 70f, 266
Storytelling s. Narratives Management
Studie 82ff, 102ff, 115ff, 283, s.a. Wirkungsanalyse
Stufenmodell 63ff, 68
Subkultur 25, 27, 189
Surveillance 130
Symbol 25, 90, 107f, 123, 126f, 139, 195, 197f, s.a. Leitfigur
Systemische Kommunikation 7, 124, 130, 131ff, 136ff

T

Tiefeninterview 84ff, s.a. Wirkungsanalyse
Tiefenpsychologie 81ff, s.a. Wirkungsanalyse
Tool-Box s. Awarenesskoffer
Top-Down 7, 245, 247, 249f, 251, 253, 256, 268
Training VII, 2f, 10f, 12, 22, 36, 39, 40, 41, 44, 52, 53, 193, s. a. Lernen, s.a. Präsenzveranstaltung, s.a. Weiterbildung
Typologie 105ff, 117, 166

U

Umfrage s. Quantitative Forschung
Unbewusstes 76, 78, 81ff, 95f, 120, 124, 197, 255, 264ff, 281, s.a. Tiefenpsychologie, s.a. Wirkungsanalyse
Unternehmenskommunikation 191, 194, 297, s.a. Corporate Media, s.a. Kommunikationskanal
Unternehmenskultur V, 3, 6, 23ff, 33, 35, 44, 48, 70ff, 80, 91, 96, 98ff, 101, 118, 125, 132, 138, 148ff, 160, 165f, 185ff, 283, 241, 281, 283, 297, s.a. Corporate Identity, s.a. Unternehmenswert
Unternehmenswert 101, 113ff, 130, 135ff, 163ff, 187, s.a. Corporate Identity, s.a. Unternehmenskultur
Ursache-Wirkung-Kette 136
USA 214

V

Veränderungsmanagement s. Changemanagement
Verantwortung 8, 80f, 88, 99f, 100, 130, 162, 179, 182, 193, 256, 263, 272, 290 300
Verfassung 7f, 78, 90ff, 94, 96ff, 132f, s.a. Wirkungsanalyse
Verhalten 3, 6f, 10, 12, 14, 21ff, 25ff, 56ff, 263, 292, s.a. Gestaltpsychologie, s.a. Psychologie, s.a. Tiefenpsychologie, s.a. Wirkungsanalyse
Verkehrung 90, 96
Vermittlungsmethode 31, 33, 35ff, 45
Versachlichung 96
Verwandlung 95, 119
Video 132ff, 153ff, 220, 270, 288, 294
Virales Marketing s. Marketing

Virus s. Malware
Virusquartett 174, 223ff, 227, 251
Vision 11, 41, 87, 100, 113, 117f
Vitalität s. Sinnlichkeit
Vorbild 109, 297, s.a. Führung, s.a. Unternehmenswert

W

Wachheit 78
Wahlfreiheit 77ff
Wahrnehmung 1, 29f, 60, 62, 64, 71, 76, 113, 130, s.a. Gestaltpsychologie
Wahrnehmungskontinuum 79
Web 2.0 s. Social Media
Weiterbildung 30, 31, 33, 34, 35, 40, 45, 49, 53, s.a. Lernen, s.a. Präsenzveranstaltung, s.a. Training
Werbemittel s. Corporate Media, s. Giveaway
Werbewirkungsmodell 60ff, 70
Wert s. Unternehmenswert
Wiki 47, s.a. Intranet, s.a. Knowledge Management
Wirklichkeit 9, 41, 44f, 75,79, 83f, 90, 96, 99, 101, 105, 107ff, 116, 121f, 124, 130, 140ff, 153, 158, 172, 189, 209, 240,
Wirksamkeit 75f, 292
Wirkungsanalyse 81ff, 115ff, 165, s.a. Morphologie, s.a. Tiefenpsychologie
Wirkungseinheit 83ff, s.a. Handlungseinheit, s.a. Wirkungsanalyse
Wirkungspfad 68f
Wissenmanagement s. Knowledge Management
Wissenschaftstheorie 57
Wissensvermittlung 29, 47, 193 s.a. E-Learning, s.a. Lernen, s.a. Präsenzveranstaltung
Witz s. Humor
Wording 101, 114, 140, 143, 196, 198, 281, 298, s.a. Claim
Workshop 120, 125, 241, 253, 278

Z

Zielgruppe 7, 11, 14, 33f, 38, 43, 49, 71, 73, 76, 85, 113, 180, 195ff, 199, 203, 250, 264, 267ff, 298, s.a. Customizing

Praxisbeispiele, Meinungen und Bilder von

Kanton Aargau, aware-house, Bayer (Schweiz) AG, Biotronik AG, EnBW Energie Baden Württemberg AG, E-SEC Information Security Solutions GmbH, FIDUCIA IT AG, Gemperli Consulting, HECOM Security Awareness Consulting, ISPIN AG, known_sense, LOGIS IT Service GmbH, M. DuMont Schauberg, Münchener Rückversicherungs-AG, Novartis International AG, Panalpina AG, SAP AG, Red Rabbit Werbeagentur GmbH, Ringier AG, RZZ Raiffeisen Rechenzentrum Tirol GmbH, Sunrise Communications AG, Swiss Reinsurance Company Ltd, TIWAG – Tiroler Wasserkraft AG, T-Systems, van den Bergh Thiagi Associates Gmbh, ein internationaler Spezialchemikalien-Hersteller u.v.m.

Interviews mit

Samuel van den Bergh, Lutz Bleyer, Andreas Fritz, Pascal Gemperli, Ralph Halter, Uwe Herforth, Roger Hofer, Heinrich Holst, Thomas R. Jörger, Margrit Karrer, Julia Langlouis, Michael Lardschneider, Jochen Matzer, Harald Oleschko, Ronny Peterhans, Klaus Schimmer, Manfred Schreck, Gunnar Siebert, Martin Sibler, Dr. Christa von Waldthausen, Gerhard Wieser und Prof. Dr. Konrad Zerr

Sind Sie verantwortlich für die IT-Sicherheit?

Sie suchen punktgenaue Lösungen zu den aktuellen Problemen der IT-Sicherheit? Den professionellen Dialog mit Kollegen und Experten? Tipps, wie sich Ihr Budget sinnvoll einsetzen lässt? Warnungen vor den Gefahren von morgen? In <kes> finden Sie, was Sie suchen.

Die Themen in <kes> - Die Zeitschrift für Informations-Sicherheit:

- Hackern ein Schnippchen schlagen - Internet sichern
- Kryptographie - Praktischer Umgang mit der digitalen Signatur
- Mit Knoten leben - Netzwerke sicher gestalten
- Keine Macken - Betriebssysteme optimieren
- Infektionen vorbeugen - Abwehrmittel gegen Computerviren
- Grenzenlose Spannung - Sichere Stromversorgung
- Unter Dach und Fach - Das Rechenzentrum als sichere Festung
- Aus erster Hand - Exklusiv-Informationen des BSI

Sie erhalten ein Gratis-Exemplar direkt unter:
Tel. 06725 9304-0, Fax 06725 5994
E-Mail: vertrieb@secumedia.de, www.kes.info
SecuMedia Verlags-GmbH, Postfach 1234, 55205 Ingelheim